ロシア革命と保育の公共性

どの子にも無料の公的保育を

村知稔三

九州大学出版会

The Russian Revolution and Publicness of Early Childhood Care and Education:

Free, Public ECCE for All Infants

MURACHI Toshimi

2007

Kyushu University Press

Fukuoka, Japan

は じ め に

　本書の概要と特徴　　20世紀に70年余りのあいだ存続したソ連が1991年に崩壊し，15の国に分かれてからすでに10数年がたつ。もともと日本において，ソ連は近隣諸国のなかであまり人気のない国だった。そのソ連が崩壊し，そこで最大の面積と人口を有したロシア共和国をほぼ引き継いで現在のロシア連邦となったあとは，同国への日本社会の関心はさらに低下している。
　本書は，そうしたロシアにおける乳幼児とその保育という，あまり目立たない問題の，しかも現状ではなく歴史をあつかう。今なぜ「ロシア」の「保育」の「歴史」なのか。この点を最初に説明しよう。
　ロシアで保育が始まったのは，日本より四半世紀ほど早い19世紀中頃なので（281ページからの年表を参照），すでに約1世紀半の歴史がある。ソ連時代には「社会主義国の保育」ということで日本でも関心を引き，見学に出かけた人々がいたり，両国間で交流をもった団体やグループが存在したりした。だが，1980年代後半のペレストロイカ（ソ連社会の再建）の時期にロシアの保育や社会の深刻な実態が国内外に明らかになり，同国の保育に興味をもつ人はほとんどいなくなった。研究者も皆無に近い。ロシアに関する日本での近年の報道は政治や経済・軍事・外交などの分野に限られ，乳幼児やその保育が取り上げられることはまずない。
　しかし，日本とロシアが隣に位置するのは変わらず，相互の理解は大切である。それも，上記の分野に代表される国家や社会の「ハード面」だけでなく，人々の暮らしや文化という「ソフト面」についても知り合うことが求められている。本書はそうした側面の理解を助けるものである。
　興味深いのは，少子化の進行にともない「子育て支援」や「次世代育成」が重視されている日本の現状からわかるように，国家や社会のハード面の問題点がソフト面に反映されるだけでなく，長期的にはソフト面のありようがハード面を左右するということである。その意味で保育のあり方は重要な問題であり，

それを客観的に見るうえで他国の事例を知るのは有益である。それも，各国で保育の成り立ちが異なるので，現状の対比だけでなく，歴史を比較することが望ましい。

ただし，1世紀半におよぶロシア保育史の全体を一冊にまとめようとすると叙述が粗くなるので，ここでは主として，保育政策の立案や保育施設(以下，ときに「施設」と略)の整備，保育者の養成などが本格的に始まった1910年代～1920年代，とくに1917年のロシア革命からの10年余りの期間を対象とする。主題に「ロシア革命」を掲げたのはこの意味からである。

本書のもうひとつのキーワードを「保育の公共性」としたのは，「広大な国土にどのような保育制度をつくっていくのか」という課題に直面した革命後の保育関係者の構想に注目するからである。この保育制度構想は「どの子にも無料の公的保育を」という副題につながるものであり，それは「どの家の子どもも人々の結びつきのなかで育つ」「みんなに必要な保育を社会全体で支える」という，いま多くの国で解決が急がれている課題にヒントを与えるものだからである。

なお，日本の国土の約45倍もあるロシアの全土をまとめて論じるのは難しいので，ここでは主に首都モスクワと，それにつぐ(サンクト)ペテルブルク，それから地方都市のヴャトカという3つの地域について考えることにする。

おおよそこうした内容の本書には，つぎのような特徴がある。

第1に，本書は，学校とりわけ小学校を中心にした歴史叙述を保育に置き換えた従来の多くの保育史研究のように保育施設の歴史を描くだけでなく，関連する人文・社会科学の最良の研究成果と切り結ぶように努めている。具体的には，施設やそこでの保育のあり方を左右する家族・女性・労働・人口といった問題の変化，とくに最後の歴史人口学との接点のうえに，施設が対象とした乳幼児の暮らしの実態に迫るようにする。

19世紀末～20世紀前半のロシアでは総人口の約2割を乳幼児が占めており，親を含めると半数ほどの国民にとって乳幼児の養育や保育は日常的な問題だった。それにもかかわらず，この問題の分析はこれまでのロシア史研究から抜け落ちてきた。保育史研究においてロシアに関する考察が欠落している現状を考え合わせると，ロシア革命と保育の関係を主題に掲げ，その「と」の意味を明

らかにしようとする本書の意図を了解いただけよう。

　第2に，本書は，四半世紀前に私がたずさわった保育実践で抱いた素朴な問い，すなわち「こんなにおもしろい保育とはいったい何なのか」という問いへの小さな答えである。これは，研究上の動機やエネルギーという個人的な理由においても，また執筆に際して常に日本の保育実践を念頭におくようにしたという意味でも，本書の重要な背景となっている。

　第3に，そうした点から本書はロシアや日本などの保育の歴史の比較，より広くいえば比較史をめざしている。そのため，保育制度構想からみた「ロシア型」「日本型」「フランス型」の特質に注目するという抽象化や単純化を序章と終章で試みている。

　これらの点の詳しい説明は序章以降に譲り，ここでは「日本の養育と保育の現状」「比較と比較史」「本書成立の遠因と近因」という項目で，以上の特徴について簡単に説明しておきたい。

　日本の養育と保育の現状　　20世紀後半の日本では「戦後」という言葉が第二次世界大戦後を意味するものとして長く通用してきた。その戦後もすでに60年余りが経ち，とくにここ10年ほどの間の政治・経済・文化などをめぐる状況の大きな変化から「すでに戦後ではなく戦前である」という実感が広まったり，その根拠を探るために「終わった戦後」と「終わらない戦後」の関係が考察されたりしている[1]。

　戦後史の画期となったのが1960年代を中心とする「高度経済成長」期である。この時期に戦後日本の基本構造が成立し，基本的枠組みが定着したという意味で，「1955年体制」ではなく「1960年体制」とよぶ論者がいるほどである[2]。のちほど序章や終章 (6) (259ページ以下) でみるように，この時期から1970年代にかけて，3〜6歳児を一日4時間ほど保育する幼稚園や，0〜6歳児を8時間以上うけいれる保育所に代表される保育施設は，親・保育者・専門家・行政従事者などの関係者の尽力で急増してきた。近代以降の日本で初めて保育施設は人々に身近な存在となり，戦後日本の基本構造のなかに一定の位置を占めるようになった。

1　グラック，1997年；中村，2005年，284〜289頁。中村，2006年を参照。
2　中村，2005年，278〜280頁。

他方，1970年代前半に高度経済成長が終了してからの四半世紀，なかでも戦後日本の基本構造が壊れたとされる1990年代とその後に人々の注目を集めているのが，少子化の急速な進展である。1990年代後半には子ども，とりわけ乳幼児の虐待という事象も社会的な関心を引き始めた[3]。これらを現代社会に共通する現象，あるいは，近代社会が生み出した純真無垢な子ども像からの離脱と解釈することもできよう。しかし，少子化にしても，乳幼児虐待にしても，その進展の速さと事態の深刻さは，こうした説明への安住を私たちに許さない。村落共同体を初めとする地域共同体が高度経済成長期以後にほぼ解体される一方，それに代わる人間形成力を内包するような共同的あるいは協同的な関係が日本社会にあまり生み出されてこなかったことや[4]，1970年代前半に「福祉元年」の宣言と石油ショック（高度経済成長の終焉），そして少子化の密やかな開始が重なったことが，上記の事象の重要な遠因や背景となっている。

　こうした事態を反映して，保育施設が新しい共同的関係の場となることが，20世紀最後の四半世紀に期待されるようになった。他方，保育施設の多くは，乳幼児期の育児を核として人々の間に成り立つ共同的関係の形成や維持に長く苦労してきた。少子化問題に直面して，保育需要の抑制という従来の姿勢をやや変えた厚生（労働）省や文部（科学）省などの保育行政機関は，これらの施設の一部をモデルにして，保育予算をあまり増やすことなく[5]，施設での保育や家庭で

3　児童虐待の相談として全国の児童相談所で受けつけた件数（概数）は，統計をとり始めた1990年度の1100件から1995年度の2700件，児童虐待防止法が成立した2000年度の1万7700件，同法が改正された翌2005年度の3万4500件と急増している（内閣府，2006年，97頁）。このほか，児童福祉法改正によって2005年度から相談窓口となった市町村でも3万8200件を受理している（児童相談所との重複分を含む。『朝日新聞』2006年10月31日夕刊）。

4　地域共同体に代わるものとして高度経済成長期につくられた「企業社会」は基本的にこの種の形成力をもたなかった。渡辺治，2004年a, bを参照

5　保育所運営費のうち国庫負担分は，負担率の引き下げの影響で1985年度の2439億円から翌年度の1853億円に急減して以降，2002年度の4220億円まで増加を続けた。だが，「三位一体改革」によって国庫負担金制度から保育所運営費が外され，公立保育所の運営費が一般財源化された結果，2004年度には再び大きく減少し，2665億円になった（全国保育団体連絡会ほか，2006年，34〜36頁，村山祐一・執筆）。他方，幼稚園を中心とした幼児教育関係の国家予算は2006年度に571億円であり，その6割強が私立幼稚園の経営費に対する補助である（http://www.mext.go.jp/a_menu/

の養育に一定の支援を始めている。

　そうしたなかで今日，第1に，19世紀後半の創設時からみられた日本の保育施設の二元的なあり方——有産階級の幼児向けの幼稚園と労働者階級や貧困層の乳幼児のための託児所(現在の保育所)——が，それから1世紀余りを経て，その解消に足を踏み出しつつある。これは，園児数の増大によって保育関係者が1000万人を超える規模になり，保育空間の統一が社会的課題として認識され始めたからである[6]。

　第2に，保育施設は基本的にすべての乳幼児に開かれ，必要な存在となりつつある。児童福祉法に規定された保育所の入園〔入所〕要件としての「保育に欠ける」とは[7]，乳幼児にとって最小限必要な世話や面倒をみる成人がいないことをさす，と解釈してきた保育行政機関が[8]，今その範囲をわずかながら実質的に広げつつある。他方，「生得的に母性を有する産みの母親が育児に専念しないと，乳幼児の成長に悪い影響が生じる」とする三歳児神話や母性(愛)神話にもとづいて，20世紀後半に行政機関が抑制してきた0～2歳児の保育需要は，このところ

---

　　　shotou/youji/gyosei/main_6.htm 2006年11月7日)。
　　　　国際的にみると，経済開発協力機構(OECD)に加盟する29〔30〕か国のなかで日本は教育への公的支出の国内総生産に対する比率が2003年に最低の3.7%だった(トルコと同順。1995年は下から3番目)。他方，教育費に占める私費負担の割合は4番目に高い25.9%であり，なかでも幼児教育と大学では49.5%(加盟国の平均は18.5%)と，韓国につぐ高い水準にあった(『東京新聞』2006年9月13日)。
6　ここでは，幼稚園と保育所を総合する幼保一元化施設として期待された認定こども園に関する法律が2006年10月から施行された経緯を考えている。ただし，この新しい施設については，当初の見込みと違い，幼保につぐ3番目の施設(保育所の機能を兼ね備えた幼稚園)になり，保育施設の一元化ではなく三元化につながるという不安が生じているばかりか，現行の保育制度を新自由主義的に改革する梃子にされるのではないかという心配も示されている(大阪保育研究所，2006年など)。
7　児童福祉法第24条第1項「市町村は，保護者の労働又は疾病その他の政令で定める基準に従い条例で定める事由により，その監護すべき乳児，幼児又は第39条第2項に規定する児童の保育に欠けるところがある場合において，保護者から申込みがあったときは，それらの児童を保育所において保育しなければならない。ただし，付近に保育所がない等やむを得ない事由があるときは，その他の適切な保護をしなければならない」(傍点は引用者による)。
8　厚生省児童家庭局，1991年，159頁。佐藤進ほか，1998年，138～146頁(田村和之・執筆)；児童福祉法規研究会，1999年，169頁を参照。

著しい高まりをみせている(8, 278 ページを参照)。園児数を乳幼児総数で割った就園率でみる限り、保育は義務教育に準じる位置を強めつつあるといえる。さらに保育施設は、そこに入園していない乳幼児とその親にも保育の機会と養育のノウハウを広く提供している。

他面で、保育施設を今よりもさらに安価なものとするため、非正規職の保育者や職員の増員、公立施設の私立施設への「民営化」、市町村が開いた施設を法人や企業などが運営する「公設民営」——といった動きが「構造改革」の一部として1990年代中頃から強められている。これは、保育施設をめぐる上の2点の積極的な傾向と矛盾しかねない材料であると同時に、「施設とそこでの保育が乳幼児や保育関係者だけのものではなく、社会全体のものである」という意味をわかりやすく説く研究の必要性と重要性を示している。

比較と比較史 本書は、日本の養育や保育の現状を以上のように大きくとらえ、その特徴や課題を照らし出す鏡の役割をロシアの保育史、とくに制度史と政策史に求める。より適切にいえば、この鏡をできるだけそのままに描き出すことが本書の主題である。同時に、その前提として日本の保育の歩みと現状に対する著者なりの理解や解釈がある。そのため、本書では、日本とロシアの間で、さらに両国とその「参照国」フランスとの間で近現代の保育史を、保育制度構想を軸として対比しようとする。

これを相対的に大きな比較とすれば、先に述べたロシアの3地域——モスクワ、ペテルブルク、ヴャトカの間でロシア革命後の保育の経過を追跡するのは小さな比較にあたる。

本書ではこうした比較が十分に行なわれてはおらず、わずかな点で着手されているだけである。だが、本書がめざす方法(論)である比較史は重要な問題なので、この点について少しだけふれておきたい。

歴史家でない私までもそのような思いに駆り立てるのは、フランス社会史家の二宮宏之氏(1932～2006年)の遺著『マルク・ブロックを読む』である。同書は専門誌だけでなく、一般の新聞や出版社の広報誌などでも取り上げられ[9]、その

---

9 『日本経済新聞』2005年5月8日;『朝日新聞』同15日;『UP』2006年4月号、42～48頁;『史学雑誌』第115編第6号(2006年)1148～1155頁など。「二宮宏之氏を悼む」『思想』第986号(2006年6月号)127～146頁を参照。

内容はよく知られている。そこで最も興味深いのは,「歴史を捉えるブロックの視点」として紹介されている「長期的持続の相と歴史的出来事の交錯」であり,またブロック(1886～1944年)が1936年に打ち出した「比較史の方法と遡行的方法の結合という」「主張」である。「比較の視点に立つこと」で,「個別性ひいては無限の多様性の指摘〔あれもある,これもある〕に終始」したり,たとえばフランスという特定の「政治的枠組みを均質性保証の暗黙の前提とし」たりするような「過ち」が避けられるからである[10]。

同じ点についてのブロックの指摘を二宮氏はすでに20年ほど前につぎのように紹介していた。「歴史家は,自分の選んだ対象に没入しているために,あたかも世界でそこにしか見出されない事実であるかのように思い込んでいるが,実はそうでないことが山ほどある」。「歴史家の比較の方法」の目的は,一般的な状況分析と個別的なそれを精密に組み合わせることにより,「共時的な構造を踏まえた上で,それがどういう状況の中で歴史具体的な形で発現しうるのかを明らかにする」[11] ことにある。

ある事象が歴史的にもつ一般的な意義や個別的な意味は,他の事象との比較を経ることで,すなわち比較史の水準に達することで初めて多面的に明らかになる。

その比較の方法には,やはりブロックにもとづいた福井憲彦氏のまとめによれば,つぎの4つがあるという[12]。

　①比較の対象が時間的・空間的に著しく隔たっているため,直接的な相互影響の関係によっても,起源の共通性によっても,その類似性が説明されない場合。

　②比較の対象が隣接した地域に関わるとともに同時代のものであり,絶えず相互に影響しあっており,その近接性と同時性のゆえに発展過程で同一の大きな原因の作用に支配されていて,少なくとも部分的に共通の起源にさかのぼりうる場合。

10　二宮, 2005年, 36, 93, 101, 123頁。
11　同上, 1994年, 193, 196～197頁(初出は1986年)。
12　ブロック, 1978年, 7～9頁；福井, 2006年, 117～127頁(③と④は後書で追加されたもの)。

③ 比較の対象が時間的・空間的に隔たっているものの，何らかの交流関係や起源の共通性などが推定される場合。

④ 比較の対象が同類の現象や問題領域であり，同じ社会や国であっても異なる時代を捉えて比較することで時代による特徴が明確になる場合や，別の社会や国を捉えた比較によってその問題に関する各々の社会や国の特徴が明確になる場合。

この区分を前提とすれば，上にあげた保育制度構想を軸とする大きな比較は③あるいは④の後半として，ロシアの3地域における小さな比較は②として展開することが予測される。

本書成立の遠因と近因　20世紀後半を同時代として歩んできた私が，文字どおりの拙著をまとめるまでには多くの方々の支えがあった。その経過と支援の詳細については別に述べたので[13]，ここでは本書成立の要因のうちで遠いものと近いものを少しあげて，謝辞に代えたい。

まず遠因としては，1980年代前半に埼玉県深谷市のさくらんぼ保育園で0～3歳児を保育したという経験がある。

1970年代後半に進んだ名古屋大学の大学院で私のような門外漢をゼミナールに受け入れてくださった佐々木享先生(技術教育学・中等教育論)の指導により，保育学の研究をするうえで保育の実践にふれる必要性を感じていた私は，当時さくらんぼ保育園など3園の代表園長だった斎藤公子先生にお願いして，同園の0歳児クラスを担当することができた。産後休暇を終えた母親からあずかった生後43日目の赤ちゃんを抱いたときの軟らかく，ずっしりとした感触は今も私の腕に残っている。

さくらんぼ保育園では，生後6か月頃に赤ちゃんが寝返りをするようになると，動きやすさと快・不快の感覚の育成を考え，オムツをパンツに替えていた。これは今から考えても赤ちゃんに最適な環境を用意するものである一方，保育者には赤ちゃんの動きから一時も目を外せない保育である。そのため，たとえば保育者の昼食時間は5分くらいで，その間にもオムツやパンツを替え，そのあと手洗いを忘れて食事を続けることもよくあった。O-157のような感染症が

13　村知，2006年。

まだ流行していなかったのが幸いした。子どもたちが2歳児クラスに進み，「おしっこ」と言うようになったとき，その成長を実感した。

　保育のなかでは中腰や抱っこの姿勢が多く，注意していたにもかかわらず，軽い頸肩腕症候群になった私は，3年で保育者を辞めざるをえなかった。その間，給与は最低限度の生活が何とかできるほどの水準だった。だが，子どもたちとの毎日は新しいことの連続であるうえ，保育者と親のめざすものがほぼ一致していたので，保育を中心にした日々は楽しかった。この時期をのちに振り返るなかで生じたのが，「どうしてこんなに保育はおもしろいのか」「いつから保育は人々にとって大切なものとなったのか」「そもそも保育とはどういう営みなのか」といった疑問である。本書では，残念ながら，そのおもしろさを読者の皆さんに伝えることはできない。しかし，おもしろさと並ぶ保育の大切さをともに考えることができれば，さくらんぼ保育園のかつての園児や親，同僚に対する小さな返礼となろう。

　他方，本書を著すうえで最大の近因は，佐々木先生を初めとする多くの方々からの指導と批判である。本書のもとになった長い題目の博士学位請求論文「初期ロシア共和国における保育制度の成立過程に関する研究——『全員就園・無償・国営』の保育制度構想と保育の実際——」は2003年1月に名古屋大学に受理され，11月に博士(教育学)の学位が授与された。その際，佐々木先生の後任の寺田盛紀先生(技術・職業教育学)らに審査していただいた。両氏やその前任者の故・長谷川淳先生は同大学の出身者でも，教育学部の卒業生でもない。それに示されている自由な学風と厳しい研究方法論をもった講座の門戸がいつも開かれていたことに感謝するばかりである。

　同じく感謝したいのは，1990年代初めから参加した2つの研究会，すなわち，スターリン批判が行なわれたのと同じ1956年に創設されたロシア史研究会(学会組織)と，高田和夫先生(ロシア近代史)や山口喬先生(ロシア教育史)らによって1985年に福岡で発足したソ連東欧史研究会である。また，拙い仕事を長く励ましてくださった宍戸健夫先生(日本保育史)，竹田正直先生(ロシア教育史)，勅使千鶴先生(保育学)らに対しても同様である。これらの方々や研究会も学閥などとは無縁で，保育史についても，ロシア史についても独学の私を育ててくださった。

　もうひとつ近因をあげるとすれば，2005年度まで20年間ほど勤めた長崎大

学にあった「ゆったりと流れる時間」である。そのおかげで，ロシアなどのスラブ地域に関する研究の中心である北海道大学において本書につながる研究を1990年に始められた。またその後も文部科学省・日本学術振興会・国際交流基金・国際文化交流事業財団などの援助で，1994年から2004年にかけて数回にわたり長期・短期にロシアに滞在し，図書館や公文書館を利用することができた。さらに，本書の特徴として先にあげた「保育史と歴史人口学の接点」をロシアについて例示するうえで[14]，長期の地域統計を所蔵する一橋大学経済研究所で2005年に研修の機会を与えられ，斎藤修先生(社会経済史学・歴史人口学)のもとで学べたのは幸いだった。これらの機関と関係者，および本書の草稿に貴重な意見をいただいた土方苑子先生(日本教育史)，坂内徳明先生(ロシア文化史)，松永裕二氏(ロシア高等教育論)，浅岡善治氏(ロシア現代史)，後藤健介氏(東京大学出版会)らに深謝したい。

本書のもとになった拙稿は，319ページにあげた『ロシア史研究』『西洋史学論集』などのほか，つぎのものに掲載された。科学研究費報告書(竹田正直・代表)『1930年代におけるロシア教育の歴史的総合的研究』(1995年)，佐々木享編『技術教育・職業教育の諸相』(大空社, 1996年)，『乳幼児教育学研究』第8号(1999年)，長崎大学生涯学習教育研究センター編『地域環境の創造』(大蔵省印刷局, 2000年)，『保育学研究』第38巻第2号(2000年)，*International Medical Journal*, Vol. 9, No. 1 (2002)，『教育学研究』第69巻第4号(2002年)，『長崎大学教育学部紀要—教育科学—』第58号，第59号(ともに2000年)，第66号(2004年)，第69号(2005年)，第70号(2006年)，『青山学院女子短期大学紀要』第60号(2006年)。また，上記の学位請求論文の雛形にあたる拙論の要旨は『北海道大学教育学部紀要』第80号(2000年)にある。

独立行政法人日本学術振興会の平成18年度科学研究費補助金(研究成果公開促進費)の交付を受けて，長崎大学も加盟校である九州大学出版会から本書が刊行されるのは望外の喜びである。編集部の永山俊二氏，尾石理恵氏と日本学術振興会に心からお礼を申しあげる。

---

14 ただし，本書の主題と内容の制約から，この例示はわずかなものに留まっており，いっそうの展開は今後の課題である(村知, 2002年; 同, 2003年a; 同, 2003年b を参照)。

最後に，本書を母と亡き父に捧げることをお許しいただきたい。

2007 年 1 月 31 日　　　　　　　　　　　　　　　　村 知 稔 三

目　次

はじめに i
　　本書の概要と特徴 (i) / 日本の養育と保育の現状 (iii) / 比較と比較史 (vi) / 本書成立の遠因と近因 (viii)

表　一　覧 xxi
凡　　　例 xxiii
地　　　図 xxv

序　章
　(1) 本書の目的と分析課題 3
　　目的・対象・課題 (3) / 保育制度構想の意義 (4) / フランスと日本の保育制度構想 (5) / 乳幼児の養育環境と労働・家族・人口の変化 (9)
　(2) 先行研究の批判と本書の時期区分 10
　　日本語文献 (10) / ソ連期のロシア語文献 (11) / ソ連期の英語文献 (12) / ソ連崩壊後の研究 (13) / 革命前後の連続性の評価 (13) / ソ連期の全面否定 (14) / 非政治主義への傾斜 (15) / 保育理念のユートピア性 (16) / 最近の動向 (17) / 初期の意義 (17) / 初期の小区分と本書の構成 (19)
　(3) 対象の設定と資料・用語 19
　　大会と協議会 (19) / 3 地域 (21) / 資料 (21) / 用語 (22) / 保育施設のタイプ (22)

第 1 章　帝政末期のロシア社会における養育と保育をめぐる関係
　第 1 節　世紀転換期の社会と養育の動向 27
　　(1) 女性労働者の変化 27
　　　量の側面 (27) / 質の側面 (29)
　　(2) 乳幼児死亡率の推移と人口転換の開始 29
　　　人口推移 (29) / 高い乳幼児死亡率とその要因 (32) / 3 地域の乳幼児死亡率 (34) / 人口転換と乳幼児人口 (36)

(3) 小家族の出現と養育の変化 37
    1. ロシアの家族の特徴と都市の生活環境 37
      西欧とロシアの家族の違い（37）／出稼ぎの拡大（38）／女性の出稼ぎ
      者（40）／都市の生活環境（42）／住宅事情（43）
    2. 出産と養育の環境の変化 45
      女性労働者の保護と出産（45）／中絶と婚外子（46）／養育院と里子
      （47）／養育の方法（48）

 第2節　全国と3地域の保育界の動き 50
  (1) 保育施設の誕生と保育制度構想の芽生え 50
      二元施設の発足（50）／農繁期保育所の発足（51）／19世紀末のシム
      ビルスク県（52）／20世紀初めの農繁期保育所（53）／20世紀初めの
      保育制度構想（54）／二月革命期の保育制度構想（55）／帝政末期の保
      育施設網（58）
  (2) ペテルブルクの保育界 58
      『幼稚園』誌（59）／フレーベル協会（59）／自由教育論（60）／第1回
      全ロシア家庭教育大会（61）／保育施設と保育者養成機関（62）／モン
      テッソリ思想の影響（63）／ウクライナの保育界（64）
  (3) モスクワの保育界 64
      市会と市参事会（64）／教育・保育関係の団体（65）／セツルメント協
      会（65）／大戦下の動向（66）／養育院（66）／有償幼稚園（67）／モ
      スクワ学区の幼稚園（69）／民衆幼稚園（70）／大戦下の託児所（71）／
      臨時施設（71）／障害児施設（72）／保育者養成機関（72）／シャツキー
      方式（73）
  (4) ヴャトカの保育界 74

第2章　保育制度構想の提起と追求（1917〜1921年）
    ――近代公教育の原理と内戦の影響――
 第1節　革命・内戦下の乳幼児をめぐる状況と保育施設の急増 79
  (1) 新政権の保育政策と保育施設網の拡大 79
      保育部の発足（79）／革命直後の教育と保育の制度構想（80）／モスク
      ワ派とペトログラード派（81）／就学前教育としての保育（83）／保育
      施設網の拡大（84）／就園率の推移（86）／ヴャトカ県の保育施設網
      （88）

(2) 乳幼児をめぐる状況 90
　　　——女性労働者・家族の変化と人口動態から——
　　1. 女性労働者の増減と新政権の労働者政策 90
　　　全国の動向 (90) / モスクワ市の動向 (91) / 労働者政策の変化 (92)
　　2. 1918年家族法と家族消滅論 93
　　　1918年家族法 (93) / 離婚の増大 (94) / 家族消滅論 (96)
　　3. 出生率と乳児死亡率の推移 98
　　4. 児童保護組織をめぐる対立 100
　　　児童救済連盟 (100) / 児童保護会議 (101) / 子ども委員会 (102)

第2節　「新社会」の保育課題と保育制度構想の提起 103
　(1) 第1回大会(1919年春)における保育制度構想の提起 103
　　　養育と保育の関係 (103) / 全員就園制と無償制 (105) / 保育と政治 (106) / 保育と労働・生活 (107) / 国営制 (109)
　(2) 保育制度構想の基盤とペトログラード派の異論 110
　　　就園率と保育予算 (110) / ペトログラード派の異論 (110)

第3節　保育施設の基本タイプをめぐる論争 112
　(1) 保育時間の長短についての3つの考え 112
　　　保育時間に関する基本方針 (113) / 託児所派 (114) / 幼稚園派 (115) / 中間派 (115)
　(2) 養育の共同化と保育時間 116
　　　保育時間とその規定要因からみた3つの考え (116) / 養育の共同化をめぐる理念と実態の交錯 (119)

第4節　保育者養成の原則と実際 121
　(1) 第1回大会における「実践から理論へ」と
　　　「理論から実践へ」の選択 121
　　　養成内容の編成方針 (121) / 労農層からの養成 (123) / 短期の養成 (124) / 長期の養成 (125)
　(2) 1910年代末の保育者養成機関 126
　　　モスクワ市の養成所 (126) / ペトログラード市の養成所 (128) / モスクワ市の講習会 (129) / ヴャトカ県の講習会 (130) / 促成養成 (131)
　(3) 1920年代前半の保育者養成の原則と保育者の特徴 132
　　　第2回大会における養成所の重視 (132) / 保育者の特徴 (134)

第 3 章　保育制度構想をめぐる矛盾とその打開の模索（1921～1924 年）──飢饉と市場経済化のなかでの保育──

第 1 節　飢饉と乳幼児の生存・生活の危機 ……………………………… 139
（1）飢饉の概要と乳幼児・保育施設に対する影響 ………………… 139
発端と原因（139）/ 規模（140）/ 子どもへの影響（140）/ 配給と給食（141）/ 救済機関（142）/ 疎開（144）/ カニバリズム（145）/ ヴャトカ県の状況（147）

（2）浮浪児の急増とその対策 ……………………………………… 147
浮浪児の概数（147）/ 救済策（148）/ 児童ホームの増減（149）/ 養子制度の復活（150）/ 児童ホームの実態（151）

（3）1926 年家族法と家族強化論 ………………………………… 152
1926 年家族法（152）/ 中絶の実態（153）/ 家族強化論（154）

第 2 節　保育と女性労働者に対するネップの影響 …………………… 155
（1）教育予算・保育予算の削減と地方予算化 …………………… 155
教育予算比の推移（155）/ 教育の地方予算化（156）/ 保育の地方予算化（158）/ 常設施設の予算（160）/ 保育施設の給食（160）/ 臨時施設の予算（161）/ ヴャトカ県の事例（162）/ 地方国民教育部の窮状（163）

（2）女性の労働者と失業者の増大 ………………………………… 164
就業人口の変化（164）/ 失業者の増大（165）/ 女性の保護と解雇（166）/ 平均賃金と男女差（168）

第 3 節　保育施設網の縮小による全員就園制の断念 ………………… 170
（1）保育施設数の急減 ……………………………………………… 170
全国の動向（170）/ 中央施設と一般施設（172）/ モスクワの動向（173）/ ペトログラードの動向（174）/ ヴャトカの動向（175）/ 第 3 期以後の動向（177）

（2）就園率の急落 …………………………………………………… 180
地方別の動向（180）/ レニングラード市の動向（180）/ ヴャトカ県の動向（183）

（3）幼稚園会議 ……………………………………………………… 183
住民代表の重視（184）/ 機関代表の重視（185）/ 校長職の復活（186）/ 参加なき支援（187）

目　　次　　xvii

第 4 節　ネップへの転換と保育制度構想をめぐる論議 188
　（1）　第 2 回大会（1921 年秋）における国営制と
　　　　無償制に関する方針 188
　　　　保育者の献身性の要請（188）/ 保育の自由（189）/ 保育と教化（190）/
　　　　国営制と無償制の「原則維持」（191）/ 方針の 2 つの解釈（193）/ ネッ
　　　　プ下での保育制度構想の修正（194）
　（2）　私立施設の拡大と有償制の部分的導入 196
　　　　私立施設の拡大（196）/ 有償制の部分的導入（197）

第 4 章　保育制度構想の実質的な転換と農村の保育活動
　　　　（1924～1928 年）
　　　　――開園権・有償制の拡大と簡易施設への傾斜――
　第 1 節　保育制度構想の転換――無償制の断念と開園権の拡大―― ... 201
　（1）　第 3 回大会（1924 年秋）における開園権の条件つき拡大と
　　　　有償制の導入 201
　　　　公認団体と一般団体（201）/ 保育部長の報告（203）/ 開園権（203）/
　　　　有償制（204）/ 保育者の社会活動（205）
　（2）　住民グループをめぐる異論と有償制導入に関する一致 206
　　　　開園権の範囲（206）/ 住民グループに対する 3 つの立場（208）/ 有
　　　　償制の対象（209）/ 有償制の基準（210）/ 無償制の断念（211）/ 保
　　　　育者の責務（212）
　第 2 節　開園権のさらなる拡大と国営制の転換 213
　（1）　第 3 回協議会（1926 年春）直前の開園権拡大の動き 214
　　　　1925 年 11 月（214）/ 1926 年 2 月（214）/ 1926 年 3 月（215）
　（2）　第 3 回協議会における全住民グループへの開園権の付与 216
　　　　教育人民委員部内の不一致（216）/ モスクワ派とレニングラード派の
　　　　見解（217）/ 地方の見解（218）/ 保育部の見解（219）/ 開園権の対
　　　　象の構造（221）
　第 3 節　簡易施設の普及 223
　（1）　第 3 回大会における保育施設の経費削減と簡易施設の勧め 223
　（2）　第 4 回大会（1928 年末）における簡易施設への傾斜 225
　　　　焼き直しの保育政策（225）/ 施設・設備基準と保育水準（227）/ 簡

　　　　　易施設と常設施設（228）/ 保育関係者の間の不一致（229）

　第4節　1920年代中頃の農村における保育活動 230
　　（1）1924年のヴャトカ県での活動 231
　　　　　開園まで（232）/ 園児の体調と給食（232）/ 園内外の活動（233）
　　（2）1924年のロシア中央部での活動とその後 234
　　　　　開園地と資金（234）/ 農民の反応（234）/ 機関と団体の対応（236）/
　　　　　1925～1928年の活動（237）/ 農村の保育施設の両面性（237）

終章　総括と含意──保育制度構想の今日的意義──
　（1）19世紀末～20世紀初めにおける保育制度構想の芽生え 241
　　　　労働者（241）/ 人口動態（242）/ 小家族（242）/ 養育環境（243）/ 保
　　　　育施設（244）/ 保育制度構想（244）
　（2）1910年代末における保育制度構想の提起 245
　　　　保育制度構想（245）/ 社会状況（246）/ 社会的基盤（246）/ 施設と
　　　　予算（247）/ 保育者養成（247）
　（3）1920年代前半における保育制度構想をめぐる矛盾 248
　　　　困難（248）/ 障害（249）/ 意図（249）/ 予算（250）/ 施設と行政機関
　　　　（250）/ 幼稚園会議（251）/ 保育理論と保育者養成（251）/ 構想の転
　　　　換（252）/ 転換の背景（252）
　（4）1920年代中頃以降における保育制度構想の転換 253
　　　　転換後の構想（253）/ 開園権の構造（254）/ 保育施設網と簡易施設
　　　　（254）/ 農村の活動（255）
　（5）保育需要と保育制度構想 255
　　　　潜在的な保育需要（255）/ 不一致の表面化（256）/ 再考の機会（257）/
　　　　オールタナティヴ（258）/ 保育部の選択（259）
　（6）保育制度構想の歴史的・今日的な意義 259
　　　1. 近代公教育の系譜（19世紀以前との関係） 260
　　　　戦後日本の公教育論（260）/ フランス革命期の公教育論（262）/『国
　　　　民教育と民主主義』（263）
　　　2. 社会主義の系譜（20世紀との関係） 265
　　　　3つの構想の比重の相違（265）/ 近代化と社会主義（267）/ 現代化の
　　　　構図と養育共同化の見取り図（269）/ 日本における養育の共同化
　　　　（270）/ ロシアの養育共同化と「初期」後の制度構想（271）

3. 公共圏の系譜(21世紀との関係) 273
　　　公共圏と公共性の理論（273）/ 保育の共同性（275）/ 保育制度構想
　　　の読み替え（278）/ 現代社会における公的保育の制度構想（280）

年　　表 281
文　　献 293
索　　引 323

表 一 覧

0–1	初期ロシア共和国の保育施設のタイプ	23
1–1	全国と3県の女性工場労働者の数と比率(1901〜1914年)	28
1–2	欧露部と3地域の人口推移(1811〜1979年)	30
1–3	欧露部の出生率と乳児死亡率(1861〜1917年)	33
1–4	欧露部と3地域の人口動態(1867〜1913年)	35
1–5	県都所在の養育院とマリア皇后庁管轄の養育院の数(1844〜1911年)	68
1–6	モスクワ学区の新設幼稚園数(1900〜1914年)	69
2–1	全国の常設施設・3歳未満児施設と子どもの広場の数(1917〜1929年)	84
2–2	全国の〔常設施設の〕園児の年齢比(1920年)	85
2–3	3地域の保育施設網(1919年10月1日〜1922年4月1日)	86
2–4	ヴャトカ県の郡・市別の乳幼児数(1917年)と保育施設網(1919年)	88
2–5	帝政ロシアとソ連の女性の労働者・失業者の数と比率(1890〜1930年)	90
2–6	モスクワ, ペトログラード〔両市〕とソ連・欧露部の出生率と乳児死亡率(1912〜1937年)	99
2–7	ヴャトカの県国民教育部職員と保育者の賃金(1923年2〜12月)	134
3–1	全国とレニングラード, ヴャトカ両県の保育・教育予算(1923/24年度〜1926/27年度)	157
3–2	ヴャトカ県の保育予算(1926/27年度〜1927/28年度)	162
3–3	全国の常設施設・学校・児童ホーム網(1921〜1929年)	171
3–4	モスクワ県・市の常設施設・学校・児童ホーム網(1921〜1925年)	174
3–5	ペトログラード県・市の常設施設・学校・児童ホーム網(1921〜1925年)	175
3–6	ヴャトカ県の常設施設・学校・児童ホーム網(1921〜1925年)	176
3–7	全国とモスクワ, レニングラードの常設施設網(1926/27年度〜1930/31年度)	179

3-8 全国の幼児数，幼稚園・託児所・(就学)準備学級の就園率，第I段学校の就学率(1926/27年度) 181

3-9 レニングラード市の幼児数，託児所網と保育予算 (1926/27年度～1932年) 182

凡　　例

1. 本文中の〔　〕は「あるいは」という意味であり，引用文中の〔　〕は本書の著者による補足である。

2. 本書では，慣例どおりに，1918 年 1 月末まではロシア暦で示す。それを新暦に換算する際は 19 世紀で 12 日，20 世紀で 13 日を足せばよい。

3. 1898 年に創設されたロシア社会民主労働党は，1918～1925 年に「ロシア共産党(ボリシェビキ)」，1925～1952 年に「全連邦共産党(ボリシェビキ)」と改称された。

4. ロシア共和国などの同盟体として「ソ連(邦)」が結成されるのは 1922 年末のことである。しかし，本書では，会議一般や代議制権力機関を意味する「ソビエト」と区別するため，新(ソビエト)政権の発足した 1917 年の十月革命から 1922 年末までの期間についても国名として「ソ連」を，時期名として「ソ連期」を用いる。

5. 1918 年の統一労働学校規程 (положение) は，第 I 段学校(初等学校)を 8 歳就学で 5 年制，第 II 段学校(中等学校)を 4 年制とし，両者を統一労働学校とよんだ。1923 年の統一労働学校令 (устав) で各学校が 4 年制と 5 年制(前期 3 年制，後期 2 年制)に改組された。

6. 文献は「著者の姓(と名。それがないときは主題)」「刊行年(同一年に複数があるときは a, b で区別)」「ページ数」で示す。詳しい書誌情報は末尾の「文献」欄を参照していただきたい。

7. 「前掲」「op.cit.」「указ.соч.」は分かりにくいので使わない一方，「同上」「Ibid.」「Там же」は便利なので用いる。

8. 公文書館資料は公文書館の略称に続けて「фонд/опись/дело/лист」の順に示す。

9. 複数の文献を列挙する際は原則として刊行年の順である。

10. 編著者名のあるものを除き，議事録類には刊行年を付さない。*Труды*

ЦСУ СССР についても同じで，代わりに巻・分冊数を示す。

11. ロシアの人名・地名などの固有名詞を日本語で表記する際には，慣例を尊重しつつ，音引の原則にもとづいた。

12. 本書の数値には原資料のそれを四捨五入して表記している箇所がある。そのため，個別の値の合算が合計値や平均値と一致しないことがときに生じる。

1914年のヨーロッパ=ロシア部

(江口, 1968年を改変)

序　章

中扉: 全ロシア母子保護協会の乳幼児向け保護施設における朝食の光景（1915 年に撮影。本書 53 ページを参照）(Семенов, 2000, с. 236)。

(1) 本書の目的と分析課題

目的・対象・課題　本書は，日本の乳幼児の養育や保育の現状を「はじめに」で述べたように大きくとらえ，それを，従来の研究でなおざりにされてきたロシアの保育史，とくに制度史と政策史から照らし出すものである。具体的には，乳幼児の養育の部分的な共同化とその一形態である社会制度化(以下，両者を「共同化」と一括)の過程を，1917年に誕生したばかりのロシア共和国の事例にそって明らかにする。なお，ここでいう養育の共同化の過程とは，その養育との連携を前提に，保育施設を核として乳幼児期の育児行為が展開されていくなかで，家庭や共同体における乳幼児の養育の一部が専門施設での保育に移し替えられる過程のことである[1]。

本書のような試みは，一般に近現代社会で保育制度が成立する際に直接に関係する要因について考察することに何らかの貢献をもたらすだろう。普通に考えられているほどにロシアが他の主要国と異質な社会でないことは，「社会主義」を掲げていたソ連期(1917～1991年)の保育についても当てはまると考えられるからである。

上記の目的に迫るために本書では，19世紀中頃に始まるロシア保育史のうちでソ連初期にあたる1917～1928年を対象期とし，つぎの2点を分析課題とする。第1に，希望する全員の，あるいは，文字どおりすべての幼児(3～7歳児)の保育施設への入園を意味する「全員(всеобщий)就園制」に加えて「無償制」「国営制」の保育制度構想(以下，ときに「(制度)構想」と略)，すなわち「(入園を望む)すべての幼児を国立施設で無料で保育する」という構想の生成と転換の動きを明らかにする。第2に，構想の展開を，①そのあり方を左右した養育と保育の実態，乳幼児をめぐる環境，親の保育需要の推移などとの関係において，②それらと相互規定の関係にあった(女性)労働者や家族のあり方の変化[2]，人口動態(出生・死亡・婚姻・移動など)といった労働史・女性史・家族史・人口史の視点から，分析する。

1　この過程については終章(6)の「現代化の構図と養育共同化の見取り図」(270頁)でやや詳しくふれる。

保育制度構想の意義　ソ連初期を対象とする理由はのちほど 18～19 ページで論じることにして，ここでは上記の 2 つの分析課題について説明する。まず，ロシア教育史・保育史における保育制度構想の位置，すなわち，構想と 19 世紀の教育・保育の思想・実践との連続性・非連続性にふれ，本書が第 1 の，主要な分析課題を論じる教育学上の意義について考えよう。

一般に，全員就学〔就園〕をめざす義務性〔制〕と無償性〔制〕は，世俗性〔非宗教性・中立性〕とともに，近代公教育の(基本)原理とみなされている[3]。その意味で全員就園制と無償制の構想は，それ自体では，ソ連期に固有な「社会主義的なもの」といえない。

それが，実態ではなく理念として，まずソ連初期の初等(・中等)教育に引き継がれ，つぎにその範囲が保育分野にも広げられる。そのうち，教育への継承を示す，1917 年の十月革命(以下，「革命」と略)直後のロシア共和国の文書は，10月 29 日の教育人民委員部(文部省に相当)のロシア市民への呼びかけ「国民教育について」[4]，翌 1918 年 9 月 30 日に全ロシア中央執行委員会本会議が承認した「統一労働学校規程」(以下，「1918 年学校規程」と略)[5]，および，その解説である同年 10 月 16 日の「統一労働学校の基本原則」[6] などである。このうち，上記の呼びかけには，① 普通・無償・義務的教育，中立〔世俗〕学校，統一学校制度の確立，② 勤労人民の学習・教育活動への援助，③ 教員養成と教師の条件改善，④ 国民教育の管理・統制機構の改革などが盛りこまれ[7]，1918 年学校規程とその原

2　帝政末期やソ連初期のロシア社会で男性が養育に関心を向けることはまれだったので (Engel, 1994, p. 234)，以下では主に女性と女性労働者に注目する。

3　堀尾，1971 年，8～9，144～147 頁などを参照。同書はこれらを「近代教育原則」とよぶ。これらの原理や原則については終章 (6) で再考する。

4　Абакумов и др., 1974, с. 7–9; Мчедлидзе и др., 1988, с. 38–40.

5　Абакумов и др., 1974, с. 133–137; Мчедлидзе и др., 1988, с. 44–45; 柴田ほか，1976 年，486～493 頁など。全ロシア中央執行委員会とは，1917～1936 年にロシア共和国の最高権力機関である全ロシア・ソビエト大会が閉会中に立法・行政・監察の全権を行使した機関である(Прохоров, 1997, с. 232)。梶川，2004 年，xvii 頁を参照。

6　Абакумов и др., 1974, с. 137–145; Мчедлидзе и др., 1988, с. 45–52; ルナチャルスキー，1960 年，35～57 頁など。

7　村山士郎，1980 年，231～233 頁。

則がそれを体系的にした。ロシアで幼稚園を学校制度に初めて位置づけたのもこの規程である。

世俗性についていえば，ロシア正教会の強い影響下にあった帝政期(1917年まで)の学校の世俗化は初期ロシア共和国の教育改革の焦点だった。1918年学校規程とならんで，同年1月20日の政教分離令(正式名称は年表を参照)で学校の世俗化が宣言され[8]，1910年代末には学校から宗教色を除くことがめざされた。それが積極的な反宗教闘争に進むのは1920年代に入ってからである。保育施設も学校と同様な経過をたどる。こうした事情から，初期ロシア共和国においてほぼ新規の事業だった保育にとって世俗性はなかば当然視され，保育制度構想には含まれない。

それに代わる形で国営制の構想が加わる。これは，全員就園制すなわち義務制の一面である，保育施設網の整備に関する保育行政機関の責務が発現する際の一形態である。なお，一般的には，施設の設置形態と運営形態が違い，国立と国営，公立と公営，私立と私営がそれぞれに等しくない場合や，公設民営などのように設置形態と運営形態が混在することがある。だが，初期ロシア共和国の保育界[9]では国立と国営などを等号で結んでもよい。

こうして近代公教育の原理という点からみて，全員就学〔就園〕制・無償制の構想と国営制の構想には位置づけの違いがあった。それらが全体としてソ連初期の学校制度の原理となり，さらに新設に近い保育制度の骨格となる。そのため，保育制度構想を通して初期ロシア共和国の保育制度史をみることで，その本質的な姿が鮮明になりやすいと思われる。

フランスと日本の保育制度構想　ロシア保育制度史において第1の分析課題がもつ意義を説明する意味で，保育制度構想を中心に，19世紀〜20世紀初めのフランスと日本の保育の歩みを概観し，そのタイプを特徴づけよう。

8　Абакумов и др., 1974, c. 12–13.
9　保育界とは保育関係者が共有する結びつきを意味する。ある程度まで共通の職業と生活意識をもち，連帯意識や共通利害を有する存在として，ひとつに括られる世界が保育関係者に形成されたか否か，形成されたとすればそれはいつごろからか，という点を明らかにするのは難しい。なお，技術者集団について中嶋毅は，「教育を通じて得られる一体感」「(独自の行動規範に基づいた)組織化と自律性」「職業倫理」を集団形成の指標とみる(中嶋，1999年，6，402頁)。

初期ロシア共和国と類似の保育制度構想を表明し，かなり実現していたのは，主要国でフランスだけだった。同国では，1830年代に保育施設(保育所・母親学校)が普及し始めたころ，その設置は市町村の任意事項であり，設置費用の3分の2は寄付や献金などの慈善的な資金に頼っていた。すなわち，保育施設は私的な性格が強かった。それが1850年代以降は施設数で公立が私立を上回るようになり，1890年代前後を除いて，両者の格差は急速に拡大し，20世紀に入ると公立施設がほぼ原則となった。1880年代には完全無償制の構想が導入され，母親学校，小学校付設の幼児級，小学校の学級内に編成された幼児班などの多様な受け皿で全員就園制の構想が追求された。その結果，20世紀初めに約147万人の幼児が何らかの形で保育を受ける水準に達した。全員就園制の構想は達成が難しかったものの，無償制と「公営制」の構想はかなり実現されていたことになる[10]。なお，就園率はそのあと上昇し，1994年には3〜5歳児で100%になり，現在は2歳児の幼稚園教育の妥当性が問われている[11]。ここでは，これを「フランス型」と仮称しよう。

　他方，日本では，多くの主要国と同じく，一日の保育が4〜6時間以下の短時間制で有償の幼稚園と，8〜10時間以上の長時間制で無償の託児所といった二元的な保育施設が19世紀後半に生まれた。そのうち，国策の一部として1876年に開園した東京女子師範学校附属幼稚園は官立(国営)であり，その後も発足期の幼稚園の多くは国立・公立だった。しかし，私立幼稚園は1909年から全体の半数を超え，総数が1.5万園に達した1980年代(最大値は1985年の1万5220園)からは約6割を占めている。なお，2005年の総数1万3949園は最大値より1300園近くも少なくなっている。

　第二次世界大戦後の保育所の前身である無償施設は，戦前まで一般に託児所とよばれた。その最初の事例は，弟妹の子守に追われる貧困層の学童や，親の労働のあいだ放置されている幼児をみかねた私人によって19世紀末に各地に設

10　Briand et al., 1987, pp. 36-39, 42, 77, 119; 藤井穂高, 1997年, 151〜155, 286〜289頁. 本文で国営制ではなく公営制とした点については終章(6)で再びふれる.

11　Ministère de l'éducation nationale, de l'enseignement supérieur et de la recherché, 2005, p. 71 (本書については藤井穂高氏から教示をいただいた). 1980年度〜2002年度に30%台で推移してきた2歳児の就園率は2004年度に26%まで低下した. 2歳児の幼稚園教育についてはザゾ, 1989年を参照.

けられた。それ以来，米国の無償幼稚園運動の影響を受けて[12]，東京のスラム街に1900年に開かれた二葉幼稚園(1916年に二葉保育園と改称)を含め[13]，無償施設の大半は私立だった。例外は，1892年に創設され，一日6～7時間の保育をした女子高等師範学校附属幼稚園分室や[14]，1918年の米騒動の翌年に大阪市などが設置した託児所である[15]。1980年代から保育所の6割近くを占めていた公立施設の割合は，近年の民営化の影響で低下傾向にあり，2004年には53％になった[16]。

有償施設では，初等教育の準備施設としての保育施設を市町村の責任で担おうとするフランスと，導入時の国営モデル施設から出発し，しだいに私立施設に比重を移した日本との間で違いが認められる。他方，無償施設については，国家の教育政策や福祉政策が打ち出される前に，労働者階級や貧困層の子どもを対象に有徳の士が保育施設の開園に乗りだす傾向——私立施設が国立施設や公立施設に先行する傾向が諸国でみられる[17]。日本の保育界もそのひとつで，無償制の構想は貧困層の一部を対象に実施されてきたにすぎなかった。

戦前日本における5歳児の就園率は幼稚園で1941年の10％が最高だった。そこに，数％にあたる託児所の値を加えても，7～8人に1人の5歳児が通園していたという水準である。なお，同時期に保育関係の大会・団体や研究者らが「5歳児の幼稚園教育の義務制実施」を求めたのは，その国家主義的な意図とは別に，興味深い[18]。しかし，実際に保育施設が国民に身近な存在となるのは1960年代～1970年代のことで，この間に3～6歳児の就園率は1960年の27％から

---

12 松川，1987年aを参照。
13 宍戸，1968年b；宍戸，1990～1991年；上ほか，1980年などを参照。
14 宍戸，1987年；湯川，2001年，321～329頁。
15 宍戸，1969年aなど。
16 厚生労働省大臣官房統計情報部，2006年a，144頁。首都圏の主要都市と政令指定都市など95市区に限った2005年の同じ値は46％である(保育園を考える親の会，2005年，3頁)。
17 松川，1987年a；同，1987年b；同，2000年；Brennan, 1994; Beatty, 1995; 橋川，1995年；岩崎次男，1999年；Michel, 1999; Rose, 1999; 小川，2004年などを参照。
18 宍戸，1988年，130～139頁。

1970年の52%，1980年の71%へと急激に上昇した[19]。21世紀初めには小学校1年生になった子どものほぼ全員が幼稚園か保育所を卒園し，乳幼児の半数余りがそこに通っている[20]。

このように，フランスと違い，日本では保育制度構想が部分的に実現されてきたにすぎない。そのため，これを「日本型」と仮称する[21]。

19　村山祐一，1983年，15頁。
20　年齢別の就園率は，①2003年5月1日(幼稚園)と10月1日(保育所)の時点で，0歳児3.9%，1歳児16.9%，2歳児24.5%，3歳児67.7%，4歳児95.1%，5歳児96.5%であり(内閣府，2005年，120頁)，②2005年5月1日(幼稚園)と10月1日(保育所)の時点で，0歳児4.2%，1歳児18.0%，2歳児25.6%，3歳児69.3%，4歳児94.6%，5歳児98.9%である(同上，2006年，49頁。ともに全数調査)。この2年間に1～3歳児で1ポイント余り，5歳児で2ポイント余り上昇している。さらに，③幼稚園と保育所に無認可保育施設や事業所内保育施設などを加えた就園率は2004年12月1日時点で，0歳児9.4%，1歳児25.0%，2歳児23.6%，3歳児47.0%，4歳児88.8%，5歳児97.9%，6歳児98.8%である(厚生労働省雇用均等・児童家庭局，2006年。標本調査)。①や②に比べて③は調査月が遅いにもかかわらず，0～1歳児の就園率が高いのは，保育所に入れない「待機児童」を無認可保育施設などが受けとめているからである。
21　他の諸国の「型」については，利用できる日本語文献が少ないので，注記に留めたい。
　　(1) 保育ではなく初等教育の一部として幼児の「就学率」がフランスとやや近い水準に達したのが19～20世紀の転換期の英国である。同国では，1870年の基礎教育法で就学年齢が5歳と規定されたにもかかわらず，弟妹の子守に追われる兄姉の就学を促すため，初等学校(その第1段階としての幼児学校)に3～4歳児がかなり在籍し，その就学率は1870年度の24%から1890年度の33%，1900年度の43%に上昇した。その後，この値は低下し，戦間期には10%台前半で推移したので，世紀転換期に限られるものの，3～4歳児の「全員就学制」は半分近くまで実施されていたといえる。無償制については，1891年に「公立(パブリック)」初等学校に在籍する3～14歳児の授業料廃止策が打ち出され，就学率の上昇につながった。他方，「伝統ある特権的私立中等学校」をパブリック・スクールとよぶことで有名な英国で国営制が選択されることはなかった。しかし，1910年代末になると，「地方教育当局によって提供され維持される」公立の保育学校(保育施設)などの整備が始まった (Great Britain. Board of Education. Consultative Committee, 1933, pp. 28-29; Cusden, 1938, p. 28;『世界大百科事典』1998年，宮澤康人・執筆。以上に関して楢瑞希子氏と中嶋一恵氏から教示をいただいた。関連して，大田，1992年；松塚，2001年を参照)。
　　(2) 19世紀後半に幼稚園が主要国に広まる契機となった施設を1840年にフレー

初期ロシア共和国の保育制度は，その構想からみて，どのような型だったのか——これが本書で明らかにしたい第1の，主要な分析課題である。

乳幼児の養育環境と労働・家族・人口の変化　つぎに，本書の第2の，副次的な分析課題について簡単に説明しておこう。

保育制度の成立過程を分析する際，その前提条件として乳幼児のおかれた状態や養育・保育の実態に注目するのは不可欠である。しかし，次ページからの(2)でみるように，従来の，ロシア教育史の一分野としての保育史研究，すなわち「学校中心史観の幼児教育版」[22]としての保育史研究はこの前提条件に十分な考慮を払ってこなかった。保育や養育のあり方と相互規定の関係にある労働や家族の変化と人口動態についても，「社会主義社会の担い手である女性労働者の増大を支える保育施設」という点のイデオロギー面での強調を除けば，同じである。本書では，家族の変化や人口動態との接点に配慮して，保育の制度・政

ベルが幼稚園と名づけたことで知られるドイツでは，彼「の考えを高く評価し」「幼稚園の公立化，統一化，無償化及び世俗化を主張」する新教育運動の担い手や社会主義者が，「3〜6歳のすべての児童を対象とする義務制幼稚園」を1910年代後半に要求した。同国の2002年の就園率は5歳児で89%，3〜5歳児で78%である(岩崎次男，1999年，376〜382頁；文部科学省生涯学習政策局調査企画課，2006年，2頁)。

(3) 以上から遅れて，20世紀，とくにその後半の米国では，公立小学校付設の幼稚園に入った就学直前の幼児(多くの州で5歳児)に限ってみれば，保育制度構想はかなり実現に近づいていた。同国で5歳児の保育が普及するのは1890年代からで，施設数は同年代の10年間で約1300園から約4800園になり，さらに1920年代初めまでに約8900園に増えた。この傾向はその後も続き，とりわけ第二次世界大戦後の20年足らずの間に園児数は83万人から240万人に増え，その結果，5歳児の就園率は1965年に6割，1975年に8割に達した。2001年にはそれぞれの値が346万人，87%に伸長し，3〜5歳児の就園率も64%になっている。幼稚園のうちで公立施設の占める割合は前回の世紀転換期に6割弱になり，1920年頃からは9割を超えた。この動向の前提となったのが「民衆の幼児」を対象とした慈善幼稚園の拡大だったという伝統を反映して，「完全無償化」はすでに「実現」されているという(上野，1995年，99〜100，173，319頁；岩崎次男，1999年，394頁；文部科学省生涯学習政策局調査企画課，2006年，1頁)。

なお，こうした保育の型を規定するひとつの要因であり，保育に接続する初等教育の「型」について本書は論じていない。

22　宮澤，1998年，382頁。

策・施設の歴史を叙述するように努める。さらに，豊富な研究蓄積のあるロシア労働者論のうちで手薄だったものの，近年その充実が著しい女性労働者論との関係にも留意する。

養育の慣行や労働・家族・人口の変動にみられる傾向は革命などの政治的な事件を超えた連続性を有している。そのため，本書では，大改革とよばれ，帝政ロシアの近代化がはかられた1860年代から1917年の革命にかけてのロシア社会における養育と保育をめぐる問題にも論及する。この半世紀ほどの間，とくに1890年代～1917年の帝政末期の社会はソ連初期のそれが克服すべき対象というだけでなく，継承すべき対象でもあり，また実際にそうだったと考えるからである。

初期ロシア共和国の保育制度の成立にあたり，乳幼児の養育・保育と社会の間にどのような関係がみられたか――これが本書で解明したい第2の，副次的な分析課題である。

（2） 先行研究の批判と本書の時期区分

日本語文献 本書の最初に述べた事情を反映して，日本におけるロシア保育史全般についての実証的な研究は空白に近い状況が長く続いてきた。関連文献がなかったのではなく，その大半がロシア側の研究の紹介に留まっていたからである。そのため，「試行錯誤を含みながら，社会主義社会ロシアでは保育が発展・充実し，子どもの発達と女性の解放に役立っている」という基調が日本語文献を支配していた[23]。さらに，ロシアの保育に対する見方はその個人がもつ社会主義の好悪の感情と結びつきやすく，客観的な評価をめざす冷静な論議の蓄積が難しかった。これは保育分野だけでなく，ロシアに関する研究全般に多少ともみられた傾向である。ただ保育では，ロシア研究の専門家が少なく，日本の保育界が未成熟なため，この傾向が著しく，是正されにくかった。こうした日本の研究状況で，保育制度構想に焦点をあわせた個別研究を見出すのは難

---

23 主な通史である藤井敏彦，1975年；同，1983年；同，1996年；後田ほか，1975年に類似の基調がみられる。他方，ロシア保育界の実態への疑問を部分的に示した訪問記や体験記として岩橋，1962年，99～101頁；松下，1972年；守屋，1972年，147～168頁などがある。

しい。

ソ連期のロシア語文献　ソ連期のロシアの研究では，スターリン体制の成立した1920年代末以後の大半のものが保育理念の順調な実現過程を追う書き方を基調としていた。こうした論調の芽生えは，ロシア共和国教育人民委員部で保育行政を担った保育部（Отдел дошкольного воспитания）の第2代部長を務めたM. M. ヴィレンスカヤが1928年の『教育学事典』に寄せた論文にすでに認められる[24]。全国の保育行政に責任を負う立場から，彼女の筆が革命後の保育の実態と保育行政を合理的に，すなわち，新(ソビエト)政権に有利に説明する方向へ走ったのはやむをえない。ここで興味深いのは，初期ロシア共和国で5回にわたり開かれた全ロシア保育大会と同協議会（以下，「大会」「協議会」と略。19～20ページを参照）のうち，第1～3回の各大会と第3回協議会に彼女が注目している点である。本書もまた，これらの大会や協議会に着目し，そこで行なわれた保育制度構想に関する論議とその変遷を第2～4章で分析するからである。もちろん，事典向けに短く書かれたヴィレンスカヤ論文は大会や協議会について略述しているだけであり，保育制度構想を重視していない。この点は，事態の合理的な説明とともに，彼女らが1929年に編集した保育者養成所の参考書などにも共通する特徴である[25]。

　全体として，スターリン体制期(1920年代末～1950年代前半)以後のロシアの保育史，とくに制度史の研究は，保育の実践や実態にもとづいて保育の政策や理念が修正される過程をよく反映せず，政策や理念が実践や実態を規定する側面を強調するものが多かった。その典型が1938年の『保育発展概説』である[26]。表紙に「保育部の承認」をうたった同書は，その第2～3章で上記の大会や協議会に言及している。しかし，それは政権側に都合のよい箇所のみの引用であり，さらに，その合間にИ. В. スターリン(1879～1953年)の言葉を引くことで同書の権威づけをねらっている。結果的に同書は，同じ1938年にスターリン自らが刊行を主導した『ソ連共産党(ボリシェビキ)歴史小教程』[27]の影響を色濃く受

24　Виленская, 1928a, с. 45–58.
25　Виленская, 1929, с. 16–88.
26　Красногорская, 1938.
27　ソ連共産党(ボリシェビキ)中央委員会特別委員会，1971年。

け，イデオロギッシュな調子で包まれている。そこに保育制度構想への関心や保育の実態にもとづいた記述を求めるのは無理である。

『歴史小教程』の保育史研究への影響は，1953 年のスターリンの死後に脱スターリン主義化が試みられてからも，あまり変わらなかった。それは，教育大学や教育専門学校で保育者と教師の養成に使われた保育史・教育史の教科書や[28]，1950 年代後半から発表された 40 本以上の保育史関係の学位論文(教育学の博士学位請求論文と博士候補学位請求論文)に明らかである。その数少ない例外である，法制史家シュタムが革命後 20 年間の教育制度の変遷を論じた 1985 年の著書は第 2 章第 1 節で保育問題について実証的に考察している。しかし，10 数ページというスペースの制限もあり，保育制度構想への論及はそこにみられない[29]。

以上から明らかなように，1980 年代までのロシア語文献においては，初期ロシア共和国の保育の制度構想と実態の関係についてほとんど分析されてこなかった。

ソ連期の英語文献　　ロシア保育史，とくに制度史を主題とした英語圏の研究は少なく，対象をソ連初期とその前後に限れば，つぎの 2 つの学位論文が代表的である。

1 つ目は，0〜14 歳の育児の問題を論じた 1982 年の M. K. ストリーの博士論文である[30]。ただし，かなりの量の文献を利用した同論文の叙述が全体として平板な点が惜しまれる。保育制度を論じた第 4 章でも，施設タイプや保育理論の説明に留まり，制度構想の分析や保育の実態の考察まで筆が進んでいない。

2 つ目は，ソ連初期のうちで最も早期の 1918〜1921 年(19 ページでふれる本書の第 1 期＝1917〜1921 年とほぼ重なる)を対象とした 1989 年の K. Z. キングの修士論文である[31]。その特徴は，教育人民委員部が 1918 年に創刊した月刊『国民教育』誌を分析して，上記の数年間のロシア保育界に J. H. ペスタロッチ(1746〜

28　См.: Константинов и др., 1955; Шабаева, 1953, и др. これらへの批判として山口喬，1980 年を参照。

29　Штамм, 1985.

30　Stolee, 1982.

31　King, 1989. 同論文の骨子はのちに idem, 1992 として発表された。

1827年), F. W. A. フレーベル(1782～1852年), M. モンテッソリ(1870～1952年)らの保育思想の影響が認められる点を指摘したことにある。長い間, ロシア側の研究の主流は, 欧米諸国の「ブルジョア的保育」理論を克服して「ソビエト(型)保育」が成立した点を強調してきたので, 1980年代後半のペレストロイカ(ソ連社会の再建)期の風潮を反映したキングの指摘は新鮮だった。他方, ヨーロッパの保育理論との交流のなかで生成されてきた革命直後のロシアの保育理論が, 保育の実態という現実に裏切られ, 夢と化したという理解は少しありきたりである。同時に, そうした解釈は, この時期の保育理論が保育の実際を規定する色々な要因の影響下にあったことを否定的にだけ見る結果を生んでいる。とくに, 先の1918年学校規程によって「教育は普遍的・義務的であり, 無償であるという図式から保育が除かれている」[32]というキングの指摘は, のちに第2章でみるように, 妥当でない。

ソ連崩壊後の研究 1991年末のソ連崩壊に伴い, 旧ロシア共和国を引き継いでロシア(連邦)が成立した。それから今日までの10数年間, なかでも1990年代前半にロシア語文献の叙述と評価の座標が一変し, 同じ頃に英語圏で初の本格的な研究が出された。その直前のペレストロイカ期にみられた「歴史の見直し」の動きが(18ページを参照), 少し遅れてロシア保育史研究に届いたわけである。そこで以下では, ソ連初期とその前後のロシア保育史, とくに制度史を主題としてロシアと米国で1990年代前半に公表された学位論文を対象に, そこにみられる保育の制度構想と実態への関心, さらに時期区分について検討しよう。

革命前後の連続性の評価 まず, スターリン主義の影響から初めて離れたロシア保育史研究として, Г. А. メドヴェジェワの『ロシア連邦における保育の生成と発展』が1992年に博士候補論文と認められた[33]。東シベリアのアルタイ地方における1917～1932年の保育制度史を対象にした第2章と, その前提として全国の動向を整理した第1章で構成される同論文は, 対象期を1917～1921年(第1段階), 1921～1928年(第2段階), 1928～1932年(第3段階)に区分し, 本書と同じく, 全ロシア保育大会・協議会の論議に注目している。そこで著者は,

---

32 King, 1989, p. 31.
33 Медведева, 1992.

革命前後の断絶を重視したソ連期の研究に異論を挟み，帝政期と第1段階の保育理念に共通性を認め，その重要性を評価したうえで，それが第2〜3段階に損なわれたとする。保育の「ヒューマニズム化」（ペレストロイカ期に流行した言葉）が問われている今日，帝政期と第1段階の保育理念に立ち戻るべきだ——というのがメドヴェジェワの結論である。

論文の執筆がペレストロイカ期だったので仕方がないとはいえ，一方の極から他方のそれへの評価の急激な転換にはやはり無理がある。それは，まず，子ども像や保育目的の言葉の上での変化を保育全体の変容の指標とするのは必ずしも生産的でないからである。たとえば，保育内容面で言葉が変わっても実態はそれほど変化しないという状況が第1段階と第2段階の間にみられた。つぎに，双方の段階の間での保育理念の連続性を考慮しないからであり，そのために第1段階の保育理念を過大評価しているからである。

ソ連期の全面否定　翌1993年に，戦間期（1918〜1939年）とほぼ同時期の保育制度史を論じた博士論文『ロシア共和国における保育制度の生成と発展』がЛ. Н. リトヴィンによって著された[34]。同論文はソ連末期に保育制度史研究の指導的な立場にあった著者による[35]，「ソビエト保育学」への鎮魂と郷愁の書である。そこでは，K. マルクスやF. エンゲルスの「保育論」から演繹される旧来の叙述手順が踏まれている。他面，ソ連崩壊は著者にも影響を与えたようで，かつての自らの叙述を，明示することなく，訂正し，否定する箇所が随所にみられる。多少の困難や錯誤はありつつも新政権の誕生で保育問題は解決の基礎を得た，とする旧著の見方は後退しており，ソ連期の保育の経験とそれに対する著者のこれまでの礼讃はほぼすべて削除されている[36]。新旧の叙述の混同，評価の混乱が同論文の最大の特徴である。

興味深いのはリトヴィンが，対象期を「1917〜1920年」「1921〜1928年」「1929〜1940年」の3期に分けたうえで，メドヴェジェワと同じく，帝政末期の進歩的な教育学者らの考えや期待が反映された第1の時期の保育政策に民主的なスローガンが盛りこまれた側面を評価し，それが第2の時期に歪められた

34　Литвин, 1993.

35　См.: Ядэшко и др., 1978; Литвин, 1981, и др.

36　См.: Литвин, 1993 (Автореферат), с. 29.

とみている点である[37]。同論文でも子細に考察されていない保育制度構想そのものではなく，それを含み，それに規定される保育政策全般に対する著者の評価に本書は同意しない。のちに第 2 章以降でみるように，第 1 の時期の保育政策に帝政末期のそれとの連続性を確認できると同時に，その政策には 1918 年中頃〜1921 年初めの内戦(対ソ干渉戦争)のもとで新政権が採用した戦時共産主義政策の影響も認められるからである[38]。

非政治主義への傾斜　1994 年の Л. В. ヴォロブエワの博士候補論文『モスクワにおける保育の生成と発展』は，リトヴィン論文の混乱を克服しようとして，20 世紀最初の 30 年間の保育制度史を論じた[39]。その特徴は，第 1 に，革命前後の保育制度史のもつ連続性を肯定している点である。リトヴィンはこの連続性をおずおずと認め，新政権のスローガンに反映された範囲で連続性を評価できると考えた。こうした迷いや，リトヴィンが守っていた叙述上の手順，さらにソ連期固有な見方への未練はヴォロブエワにない。

第 2 に，その裏返しとして，ヴォロブエワは帝政期の保育実践と保育理論の蓄積を積極的に評価する[40]。その際に著者は，リトヴィンと違い，ロシア共産党(以下，「党」と略)やその他の党派の保育行政上や保育政策上の役割について論じない。

第 3 に，そうした非政治主義が革命後の保育制度史の評価の基礎にあるためか，ヴォロブエワは対象期の時期区分に関心を示さない。そして，保育の実態に目を向け，個別のできごとに従来と違う見解を示すことにページを割いている。たとえば，第 1 期における保育施設の急増について(84 ページを参照)，ソ連期の研究の大半は保育行政機関の主導によるものと評価してきた。しかし，著

37　Там же, с. 11–12, 15–16, 18.

38　戦時共産主義政策は，大半の工業の国有化と中央集権的管理体制，食糧徴発制度と配給制，貨幣消滅論，労働義務制などを特徴としていた(川端ほか，2004 年，418 頁，塩川伸明・執筆)。その詳細を知るためには，渓内，1989 年；カー，1967 年，第 2 巻；同，1979 年；ノーヴ，1982 年；梶川，1997 年；同，1998 年；同，2004 年などが有益である。特定の中間集団を中心に初期ロシア共和国の社会の実相を描いた近年の労作として中嶋，1999 年；松井康浩，1999 年などがある。

39　Волобуева, 1994.

40　Там же, с. 23–32, 34–40, 42–55, 58–69.

者はこれを「事実上，自然発生的なもの」だったとみる。発足直後の保育部の力量は低く，保育者は理論に疎く，我流で保育にとりくまざるをえず，特定の意図が全国に伝わるような状況になかったからである。また，増大した施設の保育は短期に養成された保育者に担われたため，その水準は低く，第2期(1921～1924年)の急減期に閉鎖され，そこで残ったのは多くが帝政末期に開園された施設だった，と著者はいう[41]。

　評価や分析の座標の妥当性という問題は残るものの，これまでとは違う視点で革命前後の保育制度史を通して，とくに保育の実態に注目して検討するというヴォロブエワの仕事は，部分的に興味ある指摘につながっている。しかし，保育の実態に目を向け，特定の保育理念の影響力を否定するあまり，保育制度構想に注目して初期ロシア共和国の保育界を分析する姿勢が彼女には縁遠いものとなっているのも確かである。

　保育理念のユートピア性　　保育の実態に迫ろうとする姿勢をヴォロブエワと共有するのが，米国のL. A. キルシェンバウムによる1993年の博士論文である[42]。その姿勢は，たとえば，本書でいう第1期の保育史の評価に現われている。前述のように，メドヴェジェワらはこの時期に帝政末期の保育の蓄積が生かされ，多様な保育実践が追求されたとみる。他方，キルシェンバウムは，そうした追求が現実的な基盤をもたず，ユートピア待望論の産物であり，それが1920年代末からの文化革命期にスターリン主義的なものに転換したと考える。そして，この転換の契機が第2〜3期に伏在していたと結論づけ，その例として，① 第1期の児童中心主義的なプログラム〔カリキュラム〕が第2〜3期にはグース(国家学術会議)・プログラムに[43]，文化革命期にはスターリン主義的なそれに置き換わった，② 本書でいう全員就園制の構想が第2〜3期の試行錯誤の末，文化革命期に最終的に断念され，その代わりに家庭の養育力の強化がはかられ，家庭幼稚園(23ページを参照)が想定された，ということをあげる。

41　Там же, с. 90–91, 96–97.
42　Kirschenbaum, 1993, pp. 126–138.
43　「自然」「労働」「社会」を柱としたグース・プログラムの素材図は，《*Народное просвещение*》(Ежемес.), 1923, No. 4/5, с. 77; 村山士郎，1980年，147頁；同，1999年，108頁; 福田，1981年，45頁などを参照。

著名なロシア帝政史家 R.E. ゼルニクの指導で学位論文を執筆したキルシェンバウムは，欧米の歴史学の成果を摂取したうえ，同論文で親子関係史の解明を意図し，そのための方法について熟慮している。ロシア語の学位論文の多くが依然として「学校中心史観の幼児教育版」として保育史，とくに制度史を描いていることからすると，彼女の意図は重要である。ただし，そうした姿勢は，制度史として信頼に足るロシア保育史の研究を見出し難い現状では空回りに終わる危険性をもっている。実際，キルシェンバウムは，保育の実態という面からみてヴォロブエワとも違う新しい指摘を重ねている一方，それらを保育制度構想との関係で位置づけ，保育制度史の全体像を示す意欲を欠いている。

　最近の動向　　研究史からみて深刻で重要なのは，ロシア保育制度史を主題とした原著論文が1990年代後半からあまり見られないことである。比較的に近い分野の博士候補論文には，1996年の C.B. ルイコフ『ロシア保育学における合目的的学習と子どもの自発性との相互関係の問題』[44] と，1999年の T.H. シカロワ『1920年代のロシア教育学における保育内容の生成と発展傾向』[45] がある。ただし，両論文とも，題目からわかるように，制度史ではなく内容史を対象としている。他方，これまでに検討した研究者らが近年に刊行した文献の多くは概説的な論述に流れている[46]。

　先行研究についての以上の概観から，1920年代末～1980年代の研究には保育理念の順調な実現過程を追う書き方がめだち，1990年代の研究ではそうした叙述を否定する意識が先立つため，ともに，初期ロシア共和国の保育制度構想の分析が断片的にしか試みられず，構想の変遷がほとんど解明されていないことがわかる。また，保育の実態については，スターリン主義の影響が強かった1980年代までの先行研究で曲解されてきた事実に対して，1990年代の学位論文で新たな光が当てられていることを了解できよう。他方，ソ連初期の保育制度史とその時期区分に対する関心は近年の研究で低下している。

　初期の意義　　こうした研究状況を考えれば，本書が，(1) でみた歴史的意義

44　Лыков, 1996.

45　Шикалова, 1999.

46　См.: Белая и др., 1997; Kirschenbaum, 2000; Егоров, 2001. 他方，概説書ではなく博士論文の刊行が Kirschenbaum, 2001 である。

をもつにもかかわらず，今日もなおよく知られていない初期ロシア共和国の保育制度構想の実像に迫ろうとするわけを理解できよう。その際，構想と相互規定の関係にあった保育の実態にも目配りするうえで，70年余りのソ連期全体を対象とすることは研究の密度を低下させる。そこで本書では，保育制度構想が提起され，転換を迫られた1917～1928年のソ連初期を主な研究対象とする。

保育の制度構想と実態に着目して初期のロシア保育制度史を考えることは，ソ連期全体のロシア保育史，とくに制度史の考察にとって，つぎのような意義をもつと思われる。

第1に，ソ連初期は新国家の生成期にあたり，保育もその小さな一部を占める。この間に，戦時共産主義政策から新経済政策(通称「ネップ」)[47]に転換し，さらに「上〔権力〕からの革命」と総称される第1次五か年計画(1928～1932年)のもとでの急進的工業化，農業の全面的集団化，文化革命の準備と部分的な出発がはかられる。変化の著しい時代の転換点にこそ，保育問題は，政治・経済・社会・文化上の問題などと同じく，鮮明な姿で現われやすい。

第2に，生成期や転換期は模索の時期であり，そこには実現されなかった選択肢(オールタナティヴ)が秘められている。ソ連初期もそうした時期のひとつである。オールタナティヴを探す試みは，たとえば歴史の見直しとしてペレストロイカ期に高揚し，ソ連崩壊で放棄された感がある。ロシアに関する日本語文献では，歴史の見直しの動きは教育史にまで及んだものの，保育史には届かなかった。他方，ロシア語文献や英語文献では，前述したように，1990年代後半から保育史研究への関心は冷え込んでいる。そのため，初期ロシア共和国の保育史，とくに制度史の見直しは手つかずに近い状況にある。

第3に，初期ロシア共和国の保育史は，保育の量の側面——保育施設・保育者養成機関・保育行政機関の広がりなど——において，帝政末期から大きな一歩をしるし，保育の質の側面——保育思想・内容・方法の深化や多様性の進展

47　ネップとは，食糧徴発制度を食糧税に代え，小企業の国有化を解除し，大企業と中企業を独立採算制に移すなど，市場経済化の原理の部分的な導入を特徴とする1920年代ロシアの経済政策の総称である(川端ほか，2004年，563頁，塩川伸明・執筆)。その詳細については註38の文献や，カー，1977年; 塩川，1991年などを参照。

など——において，一元化の進む文化革命期以後よりも興味深い。ただし，制度史研究である本書で後者の側面にふれる機会はきわめて少ない。

初期の小区分と本書の構成　本書ではソ連初期を，1917〜1921年の第1期，1921〜1924年の第2期，1924〜1928年の第3期に細分する。これらは，各時期をあつかう第2〜4章で詳しく述べるように，ロシア保育界において保育制度構想が提起され，検討され，保育の実態と幼児の状態に応じて転換する過程——保育制度構想の提起と追求の第1期，部分的な転換の第2期，実質的な転換の第3期——を区分したものである。なお，第1章では，初期ロシア保育界の前提となる理解を読者と共有するため，帝政末期のロシア保育界の動向と養育や保育に関係する幾つかの問題について概観する。各章のまとめは終章の(1)〜(4)で述べることにする。

(3) 対象の設定と資料・用語

本書では，その課題である初期ロシア共和国における保育の制度構想と実態を分析するにあたり，つぎの2つの対象を設定する。第1に，保育制度構想の提起と転換の動向をみるため，教育人民委員部が1919〜1928年に開いた第1〜4回全ロシア保育大会と第3回全ロシア保育協議会の論議に注目する（第1,2回協議会についての情報はない）。第2に，保育の実態や乳幼児の状態，親の保育需要を検討するうえで，モスクワ，ペトログラード，ヴャトカの諸県の動きを注視する。これらの対象を設定した事由をつぎに説明しよう。

大会と協議会　本書が，ともにモスクワ市で開かれた第1回(1919年4月25日〜5月4日)，第2回(1921年11月25日〜12月2日。終了日に異説がある)，第3回(1924年10月15〜21日。同上)，第4回(1928年12月1〜5日)の各大会と，第3回協議会(1926年3月15〜20日)に着目するのは，つぎの理由による。

①それらは，「全ロシア」という名称にもかかわらず，ウクライナなど，ソ連をつくる他の構成共和国からも参加者を得た。また，主催者である，中央の保育部や地方の国民教育部(教育委員会に相当)の保育課などの保育行政機関の関係者ばかりか，保育者や親なども中央や地方から大会と協議会に参加した[48]。一回

48　本書でいう「中央」とは，1918年3月までのペトログラード，モスクワ両市，その後の後者，および，それぞれにおかれた政府，とくに革命後は保育部をさす。そ

の参加者は約570〜1200人にのぼった。それらは全国規模の政策論議と情報交換の場となり、保育界の全体動向をよく反映した。

② 大会と協議会では、保育の行政・財政・思想・理論・内容・方法、保育者養成、保育施設と学校・家庭などとの関係、女性労働者論、農村での保育活動など、初期ロシア共和国において保育制度の構想が現実となるうえで欠かせない問題が取り上げられ、相対的に自由な雰囲気のなかで、異論を含めて多面的に論議された。

③ 1919年春〜1928年末の約10年間に計5回もたれた大会と協議会は、それぞれの間隔が1年半から3年弱だった。そのため、そこでの論議を素材とすることは、保育政策の論議の経過を時間軸にそって継続的に追ううえで有利である。

④ 大会と協議会の詳細な議事録が残されており、そこから中央の提起に対する地方の反応や対応がよくわかる。

⑤ 最も重要なのは、大会と協議会の論議が保育制度構想を核とする保育政策の生成と変遷に影響をおよぼした点である。同種の大会は、帝政末期に家庭養育を主題に一度だけ開かれるものの(61ページを参照)、直後に第一次世界大戦に突入したので、そこでの論議や合意は実践的意味をもたなかった。他方、文化革命期以後に幾度か開催された類似の大会や協議会は、基本的に上からの伝達と宣伝の場だった。そのため、本書で対象とする大会と協議会は、ロシア保育界の歩みのなかでほとんど例のない、保育者・行政従事者・専門家[49]や一部の親などの保育関係者が共同で保育界の進路を探求し、初歩的で部分的ながら、民主的な論議を試みた場といえる。

れと対比的に用いる「地方」とは「県―郡―郷―村」を意味するのが一般的である。しかし、郷以下に論及できる資料がほとんど見出せない本書では、地方として県と郡を念頭におき、とりわけ県・郡ソビエト執行委員会国民教育部社会教育部の保育課をさす。なお、帝政期に欧露部の49県1軍州(通称「50県」)は12の地方に区分されていたし(xxvページの地図を参照)、1920年代後半の行政区画の再編後に州や地方(край.辺区)などが行政単位として使われるようになった。

49 本書では、保育分野の実践と理論の問題に帝政末期から携わってきた「旧専門家」という意味で保育専門家という用語を使う。この点は中嶋、1999年、8〜9頁を参考にした。

序　章

3 地域　本書は，農村とその住民を念頭におきつつ，ロシア共和国のヨーロッパ部(通称「欧露部」)の県都・郡都(県庁・郡庁所在地)レベルの都市と，そこに住みながら農村との結びつきを保つことの多かった労働者を主な対象とする。とくに注目するのは，帝政期に両首都として並んだモスクワ市とペトログラード(1914年までと1991年からのサンクトペテルブルク，1924～1991年のレニングラード)市，および，それぞれを県都とする両県である。そこは保育活動が全国で最も盛んであり，その動きが新政権の保育政策に反映されやすかった。

他面，両地域がロシア共和国で特別な位置を占めただけに，その動向のみで全国の動きを判断できない。そこで地方の一例として，モスクワから北東に900 kmほど離れ，ウラル地方(ウラル山脈の西側)に属するヴャトカ県とその県都ヴャトカ市を考察の対象に加える。1934年以後にキーロフ地方(州)と改称する同県の動静は，第1章以降でみる保育施設網の推移に象徴されるように，全国の傾向を色濃く反映しているからである。

本書ではこれらの県や市を「3地域」とよぶ。

資料　293ページからの「文献」欄にあげたように，本書で用いる資料にはつぎの4種類がある。

第1は，上記の大会や協議会などの議事録類である。そのなかには参加者である代議員に事前に配布された「必携」や，開催直後に出された「速記録」「決議集」などもある。

第2に，それらの一部も所蔵されている3地域の公文書館の資料である。すなわち，現在の名称でいえば，①キーロフ州国立公文書館，②ロシア連邦国立公文書館(モスクワ市。同館には「本館」があり，ここでは「別館」の旧ロシア共和国中央国立公文書館をさす)，③モスクワ市中央歴史公文書館，④ペテルブルク中央国立公文書館，⑤ペテルブルク中央国立歴史・政治資料公文書館である。このうち，①では帝政期とソ連期の公文書が良好な状態で同一館に所蔵されている。本書で最もよく利用したのはソ連期の子どもと教育に関する資料を収めている②である。他方，帝政期の幼稚園の開園申請書などは③で見ることができた。ペテルブルク市関係の公文書は主として④で，副次的に⑤で閲覧した。

第3に，帝政期とソ連初期に刊行された新聞・雑誌・著書である。このうち，ロシア語の著書には国勢調査結果などの公式な統計書が含まれる。

第4に，本書の課題に関係する研究書などである。

これらの文献のうちで1,3,4番目のグループはモスクワ，ペテルブルク，キーロフの各市と日本・米国・英国などの国立図書館や大学図書館で利用の機会を得た。ただし，新聞については一部の中央紙を見ただけである。

用語　本論部分に入る前に，つぎの3点を断っておきたい。第1に，戦間期のロシア保育界では，3歳(まれに4歳)から就学年齢の8歳になるまでの幼児の保育を「就学前教育（дошкольное воспитание）」，3歳未満児の保育を「就学前々教育（преддошкольное воспитание）」と区別し，前者を教育人民委員部，後者を保健人民委員部(厚生省に相当)が管轄した。このうち，本書で保育とよんでいるのは就学前教育のことである。これと就学前々教育とで問題の現われ方がときに違った。たとえば，管轄の官庁名が示すように，前者では幼児の就学準備教育が重視され，後者では乳幼児死亡率(出生数千人あたりの生後1年未満と5年未満の死亡数)の低下といった3歳未満児の生存条件の改善が最大の課題とみなされがちだった。こうした事情とそれを反映した資料の制約などから，本書は3～7歳の幼児とその養育や保育を中心に考え，3歳未満児は視野に入れるに留める。

第2に，本書では，人口の大半を占めたロシア人(ロシア正教徒をさす)を主に念頭におく。ソ連初期の前後における総人口に対するロシア人の人口比は，1897年の国勢調査の結果によれば帝国全土で70％弱，欧露部で82％弱であり[50]，1939年の国勢調査の結果の再検討によればロシア共和国で83％ である[51]。1912年の3地域では，モスクワ県98％，ペテルブルク県83％，ヴャトカ県78％ と，この人口比に格差がみられた[52]。

保育施設のタイプ　第3に，初期ロシア共和国の保育施設のタイプについて説明しておきたい(次ページの表0-1を参照)。狭義の保育施設であり，本書の主な対象である幼児向けの施設として代表的なのは，① 短時間制の幼稚園や，② 長時間制の託児所といった通年で開いている常設施設と，③ 6～12時間の保育を年に3～5か月間ほど実施する夏季(まれに冬季)の子どもの広場などの臨時施

50　Тройницкий, 1905, т. 1, с. XV.
51　Поляков и др., 1999, с. 20, 39.
52　西山, 2002年, 36頁.

表0-1 初期ロシア共和国の保育施設のタイプ

	対象児の年齢	開園時間	開園期間	特記事項
① 幼稚園	3〜7歳	4〜6時間以下	通年	
② 託児所	3〜7歳	8〜10時間以上	通年	
③ 子どもの広場	3〜7歳*1	6〜12時間	主に夏季	主に農村。簡易施設
④ 子どもの部屋	3〜7歳*1	2〜4時間(夕刻)	通年	簡易施設
⑤ 保育グループ	3〜7歳*1	8〜10時間以上	通年	約10人以下。簡易施設
(⑥ 家庭幼稚園)				
⑦ 保育所	0〜2歳	8〜10時間以上	通年	
⑧ 幼児ホーム	3〜7歳	24時間	通年	
⑨ 乳児院	0〜2歳	24時間	通年	

註: *1 3歳未満児を含む場合がある。子どもの広場には24時間の開園という事例があり，帝政末期の類似の施設は農繁期保育所とよぶ。各タイプの施設の原語はつぎのとおり。① детский сад，② детский очаг，③ детская площадка，④ вечерняя детская комната〔дошкольная группа〕при клубе; вечерняя клубная детская комната，⑤ дошкольная детская группа，⑥ семейный детский сад，⑦ детские ясли，⑧ дошкольный дом，⑨ дом ребенка.

設である[53]。ここで古い語感を伴う託児所という語を用いるのは訳し分けるためである。農村の屋外施設である子どもの広場はまれに都市でも開かれた[54]。

その他の代表的な保育施設には，④ 労働者クラブ付設「夜間子どもの部屋」あるいは「夜間保育グループ」(以下,「子どもの部屋」と略)と，⑤ 保育グループがある。子どもの部屋は，社会活動や文化活動に親が参加できるよう，労働者団体がクラブの建物に，住宅協同組合が共同住宅に，午後5, 6時から8, 9時にかけて年間を通して開いていた。保育グループは，園児数が10人前後に満たない規模で労働者クラブや共同住宅などに付設され，保育時間や保育内容は幼稚園に準じる[55]。保育グループには，複数の住民が一般家庭や住宅の一室などで共同で保育する形態がある。同様な活動を数名の母親がわが子を対象に行なうときは，⑥ 家庭幼稚園とよばれる。

3歳未満児向けには，託児所の前段階にあたる，⑦ 保育所がある。これは保健人民委員部の母子保護部が管轄した母子保護施設の一種である。

---

53 См.: Виленская, 1928a, с. 30, и др.
54 Плюснин-Кронин, 1926, с. 52.
55 Там же.

以上はみな通園タイプの施設である。

他方，浮浪児などに対して 24 時間の全日の保育や教育を担う生活〔居住〕施設である児童ホーム(детский дом)は，入所児の年齢に応じて，⑧幼児ホーム，学童ホーム，未成年者ホーム，それらを混在した異年齢児ホームなどに分かれる。幼児ホームに幼稚園が付設され，そこに近くの幼児が通園する例や[56]，逆に，児童ホームの幼児が外部の常設施設に通う例がみられる。ほかに 3 歳未満児向けの児童ホームとして，⑨乳児院があった[57]。なお，未成年者ホームを児童労働コロニー(コミューン。以下，「コロニー」と略)[58] とよぶことがある。

①～⑥の狭義の保育施設に，保育所や幼児ホームなどを加えて，本書では広義の保育施設とみる。このうち，子どもの広場，子どもの部屋，保育グループなどは，常設施設に比べて建物・設備・資金・保育者などの点で安価なため，簡単で簡易な施設(примитивное учреждение. 以下，「簡易施設」と略)とよばれる。

ただし，初期ロシア共和国では保育施設のタイプについて異なる理解が存在し，保育時間や園児の年齢についても例外が多かった点は注意を要する。なお，ここでは障害児向けの施設については論じていない。

56　Васильева, 1928, c. 357. 児童ホームの前身は帝政期の養育院(66〜67 頁を参照)である。それにも「通園」「生活」，両者の「混合」の 3 つのタイプがあった(Чувашев, 1955, c. 250)。

57　Давыдов, 1993, c. 282 (автор: Л. В. Дружинина).

58　児童労働コロニーの最も著名な指導者 A. C. マカレンコ(1888〜1939 年)については岩崎正吾の一連の論稿，なかでも 2002 年のそれを参照。

第 1 章

帝政末期のロシア社会における
養育と保育をめぐる関係

中扉: ペテルブルク市内を流れるモイカ運河に面した旧ペテルブルク養育院の建物（20世紀初めに撮影。本書67ページを参照。現在はロシア国立教育大学の本館として使用。右後方のドームはカザン聖堂）（Семенов, 2000, с. 52）。

第1章　帝政末期のロシア社会における養育と保育をめぐる関係　　27

　ロシア社会における家庭や共同体での養育と施設での保育をめぐる関係やそれらをとりまく問題には，1917年の(十月)革命の前後を通して連続性がみられる。そこで本章では，まず，初期ロシア共和国の社会と生活の特徴を理解するため，養育と保育に関係する範囲で19世紀後半以後，とくに19世紀末〜1917年の帝政末期のロシア社会における女性労働者や家族の変化と人口動態，なかでも乳幼児死亡率の推移について概観しよう(第1節)。つぎに，モスクワ，ペテルブルク，ヴャトカを中心に同時期のロシア保育界の動きについて略述する(第2節)。なお，このあとの各章のまとめは終章の (1)〜(4) で述べる。

第1節　世紀転換期の社会と養育の動向

(1)　女性労働者の変化

　最初に，19〜20世紀の転換期のロシアで女性労働者にみられた変化を量と質の両面から検討する。1970年代後半からこの種の英語文献などが続出しており，ここでは主にそれらにもとづいて，問題の全体状況とその変化を見てみよう。女性労働者がどこから，どのようにやって来たのか，という出身〔出自〕の問題には(3)でふれる。

　量の側面　20世紀初めの女性労働者数の増大を示した次ページの表1–1から，つぎの点を指摘できる。

　第1に，帝国全体で1901〜1909年の間に女性労働者比(全労働者に占める女性労働者の割合)が約5ポイント上昇し，実数が10万人ほど増加した。1910年代前半は女性労働者比がほぼ横ばいで，実数が16万人ほど増えた。その結果，1901年から第一次世界大戦直前までに女性労働者は比率で5〜6ポイント，実数で30万人弱だけ増した。他方，同じ期間に男性労働者は125万人から156万人に30万人余り増えた。両者の増加数は同じで，増加率は女性が男性を上回っている。女性労働者のこうした増加の近因は，その低い賃金とストライキへの消極的な態度にあった[1]。同時に遠因として，1890年代から工業化の進展度の増したこと

表1-1　全国と3県の女性工場労働者の数と比率(1901~1914年)

年	1901	1902	1903	1904	1905	1906	1907	1908	1909	1910	1911	1912	1913	1914
女性労働者比														
モスクワ	33.8		31.8	33.9	35.3			37.9		39.1		39.5	40.0	41.5
ペテルブルク	24.7		24.9	24.2	25.9			29.8		29.3		29.1	29.5	29.5
ヴャトカ	11.6		9.2	5.2	6.2			6.8		7.7		—	—	9.4
全国平均	26.8		27.4	27.6	28.4			30.2		31.7		31.0	31.2	31.7
(2)/(1)	26.0	26.8	27.3	27.4	27.6	28.4	28.6	30.4	30.9	31.5	31.5	31.5	31.5	32.1
労働者数(万人)*1														
(1)男女	169	169	164	168	166	168	178	177	176	179	192	202	212	228
(2)女性	44.1	45.3	44.8	46.2	45.8	47.8	50.9	53.9	54.5	56.5	60.6	63.8	66.7	72.4
(3)女性	45.3		46.3	45.9	48.1			54.6		60.7		66.7	72.4	66.3

註(以下，特記しない限り訳註)：下線部は再計算で左から「26.5」「33.62」。参考までに実数の(2)/(1)を示した。*1 (1)は全国の全労働者数，(2)(3)は女性労働者数で，(1)(2)は1月1日時点の値。原表で(1)(2)は百の位まで，(3)は一の位まで示されている。本表ではスペースのため，(1)の千の位を，(2)(3)の百の位を四捨五入した。

出典：Рашин, 1940, c. 194 (実数の2); Его же, 1958, c. 42, 225 (実数の1と2); Bobroff, 1974, p. 550 (実数の3); Glickman, 1984, pp. 81, 83 (比率).

があげられる[2]。「ロシアにおける資本主義の発達」が女性労働者を求めた。

　第2に，表1-1の出典の文献にあって同表に載せなかった5県を含めて，県別の女性労働者比をみると，中央工業地方(モスクワ県を中心とする7県)に属するウラジミル，コストロマ両県で値の高さがめだつ。前者では1910年から，後者では1912年から全労働者の過半数を女性が占めるようになった。本書が注目するモスクワ，ペテルブルク，ヴャトカの3地域のなかでは，モスクワ県の女性労働者比が上記の両県につぐ高さで推移した。ペテルブルク県はこの比率の低い金属工業の中心地であるため，同県の値はモスクワ県に比べて約10ポイント低かった。他方，これらの諸県と逆の動きを示したのがヴャトカ県で，その女性労働者比は8県の最低水準にあり，1901年から1904年にかけては，それが低下する事態さえ生じた。同県では労働者数が他県よりもかなり少なく，小規模な工場の閉鎖が女性労働者比の高低に直接に影響したからである[3]。

1　Bobroff, 1974, p. 550.
2　冨岡, 1998年, 244頁を参照。
3　Glickman, 1984, p. 81.

質の側面　女性労働者の増加の主な原因はその低い賃金にあった。事業所内労働者の平均年間賃金を 1900 年と 1908 年で比べると（単位はルーブル），金属加工業が 339 → 374 であるのに対し，綿工業が 168 → 213，食料品製造業が 161 → 146 だった[4]。女性労働者比の高い後二者の賃金は，男性労働者比の高い最前者よりも低いうえに，食料品製造業にいたっては賃金が低下していた。

女性労働者の年齢と婚姻関係の構成の変化をモスクワ県について指摘しよう。1880 年と 1908 年の女性労働者の年齢別構成をみると，10 歳代が 44% から 28% に 16 ポイント減り，逆に 20 歳代の前半と後半，30 歳代以上がともに 4〜5 ポイントずつ増した。10 歳代の減少と 20 歳代以上の増加という傾向は，男性労働者でもほぼ認められる[5]。

この変化は婚姻関係に影響し，女性労働者全体における 20 歳以上の既婚者の割合が増えた。1880 年代と 1908 年の女性労働者の年齢階級別と既婚・未婚別の比率をみると，15 歳未満の未婚者が 14% から 2% に，10 歳代後半の未婚者が 28% から 22% に減る一方，20 歳代の既婚者が 20% から 26% に，30 歳代の既婚者が 11% から 16% に増大した。全年齢を通すと，未婚者が 52% から 38% に減り，既婚者が 40% から 53% に増えた。ちなみに，寡婦（未亡人）の比率は 1880 年代に 8%，1908 年に 9% とあまり変わっていない[6]。

（2）乳幼児死亡率の推移と人口転換の開始

乳幼児の養育と保育の問題にロシア社会の関心が集まり始めた別の契機は，主要国に比べて著しく高い乳幼児死亡率への危機感だった。ここでは，この点を中心に，大改革期（1860 年代）以後の人口推移と人口動態の特徴を概観しよう。

人口推移　19〜20 世紀の 3 地域と欧露部（ヨーロッパ＝ロシア部）における人口推移の傾向を次ページの表 1–2 にあげた。同表ではヴャトカ県の人口規模が目を引く。帝政期に同県の人口はモスクワ，ペテルブルク両県よりも大きく，

4　冨岡，1998 年，289，292 頁。
5　Glickman, 1984, p. 91.
6　Ibid., p. 95. モスクワ県内には在村工場（39 頁を参照）が多く，本文の値はそこで働く女性労働者を含んでいる。そのため，そこから都市工場の女性労働者を分離する手続きが必要である。平均初婚年齢については村知，2003 年 b，51〜53 頁を参照。

表1-2　欧露部と3地域の人口推移(1811～1979年，万人)

年	1811	1838	1851	1863(A)	1885	1897	1914*¹(B)	B/A
モスクワ県	94.68	124.97	134.80	156.42	218.36	243.06	359.13	2.30
市	27.02	34.86	33.29	46.25	75.3*²	103.86	176.27	3.81
ペテルブルク県	60.00	58.52	56.64	117.42	164.61	211.20	313.65	2.67
市	33.56	47.02	49.62	53.95	95.64	126.49	211.85	3.93
ヴャトカ県	112.02	151.16	181.88	222.06	285.90	303.08	392.67	1.77
市	0.42	1.10		1.47		2.50	4.70	3.20
欧露部　計	4,180.56	4,882.54	5,286.45	6,117.59*³	8,172.52	9,344.29	12,777.65	
平均	85.32	99.64	107.89	122.36	163.45	186.89	255.55	2.09

年	1917	1920	1923	1926	1939	1950	1959	1970	1979
モスクワ県	369.78	262.1(269.4)	376.9	457.9	879.7	923.8	1,095.0	1,283.6	1,437.0
市	204	127.0(102.8)	151.1	202.6	460.9	524.7	613.4	719.5	814.2
ペトログラード県	353.46	160.0(160.0)	214.9	279.2	467.9	379.6	456.7	538.6	610.7
市	230.00	82.0(70.6)	107.1	161.4	343.1	283.0	339.0	403.3	458.8
ヴャトカ県	391.96	318.0(205.2)	220.9	222.5	228.4	193.5	188.6	172.7	166.2
市		4.1	5.2	6.2	14.4	14.4	25.2	35.9	42.1
欧露部　計	1,2763.09								

原註: *1 1月1日の値。やや過大である。 *3 若干の地区のデータを欠く。1920年の( )は1921年9月1日の領土の人口。1923年は同年3月15日の領土の人口。1926年以降は1月1日の値。

註: *2 1882年の値 (Статистический отдел Московского совета, 1927, с. 9)。欧露部の平均値は著者が算出(原表では1851年までが49県の合計値)。1920年代後半の行政区画の再編で州と改称された県を以下、「県」と一括する。

出典: Главнейшие предварительные данные переписи города Москвы в марта 1912 года, 1913, с. 38 (1838, 1851両年のモスクワ市); РСФСР. ЦСУ. Петроградский губернский отдел статистики, 1922, с. 1-2 (1851, 1885両年のペテルブルク市); Труды ЦСУ СССР, т. 1, вып. 3, диаграмма 2 (1920年); То же, т. 8, вып. 1, с. 2 (1920年の丸括弧内); То же, т. 8, вып. 5, с. 3 (1923年3月15日。ヴャトカ市のみが то же, т. 18, отдел 1, с. 38 から。同ページのモスクワ、ペテルブルク両市の人口は本表の値と異なる); СССР. ЦСУ, 1929a, с. 3-7, 26-29 (1926年); Рашин, 1956, с. 28-29, 44-45 (1914年以前、90 (1838, 1851両年のモスクワ市、1851, 1885両年のペテルブルク市と注記の箇所を除く 1920年以前の3市。ただし、1920年のヴャトカ市のみが Труды ЦСУ СССР, т. 1, вып. 2, с. 16から); Поляков, 1994, с. 11-14 (1917年); Госкомстат России, 1998, с. 50-51, 58-61 (1926年以降)。

1914年の欧露部50県の人口順でヴャトカ県は上から6番目に位置した[7]。なお，同県の1920年の人口について丸括弧の内と外で100万人以上の格差があるのは，この時期の県境の変更で同県の領域が大幅に減少したからである[8]。

表の上段の最右欄にある1863～1914年の間の人口増加率をみると，ヴャトカ県は50県の平均値を下回っており，モスクワ，ペテルブルク両県は逆に上回っている。両県の全国的な比重は，人口からみる限り，大改革期にそれほど大きくなかった。それが19～20世紀転換期に急速に比重を増した。他方，ヴャトカはその比重をしだいに小さくした。

18世紀～19世紀前半に年率1%弱だった全国平均の人口増加率は，19世紀後半に1.5%を超え，世紀転換期には2%弱まで上昇した[9]。年率2%の増加が35年間つづけば，人口は倍増する。1863～1914年のモスクワ，ペテルブルク両県の人口増加率はこの水準に匹敵した。とりわけ世紀転換期の両市の増加率は著しく，モスクワ市の値は2%台後半～5%弱の間にあり，1897年からの20年間で，近郊を含む同市の人口は倍増し，240万人台に達していた。

しかし，大戦の開始に伴い事態は一変した。表1-2にあるように，1914年から1920年にかけてモスクワ市で約3割，ペトログラード市で6割以上も人口が減少した。同表にない値を含めて，その経過をやや詳しくみると，ペトログラード市の人口は1916年に241万人で頂点に達したあと，1917年に230万人，1918年に189万人と減り始め，1919年に119万人，1920年に82万人と急減し，1921年の79万人で最小値に至った。5年間で実に3分の1まで減少したわけである。それほど著しくなかったものの，モスクワ市（近郊を除く）の人口も類似の軌跡をたどり，1917年の204万人で最大に，1921年の115万人で最小になった[10]。

7　Рашин, 1956, c. 44-45.
8　Кировский областной комитет государственной статистики, 1996, c. 28. ヴャトカ県の面積は1897年の15.36万 km²（日本の現国土の41%に相当）から1937年の9.84万 km²（同じく26%）まで減少し，その後に少し回復する。
9　Mironov, 2000, p. 18. См.: Миронов, 1999.
10　Wheatcroft, 1997, p. 527（1917年のペトログラード市の人口を「230万人」，モスクワ市のそれを「194万人」とする）. 1764～1921年の各年のペテルブルク市の人口と人口動態についてはРСФСР. ЦСУ. Петроградский губернский отдел

こうした経緯の背景には，内戦期(1918～1921年)に生じた食糧事情の悪化があった。ペトログラード市では，大戦時のドイツ軍の侵攻予想や首都移転の決定の影響がそれに加わった[11]。人口急減で同市の住宅の3分の1(集合住宅では8000棟強)が空き家となり，市内はゴーストタウンとなった[12]。他の多くの都市にも共通した同時期の人口減はモスクワ，ペトログラード両市，とくに後者で著しかった。他方，農村県ヴャトカの人口が1914～1920年の間に表1-2で約75〔188〕万人も減ったのは，同県が内戦時に前線に位置したからだろう。

ここで1916年の都市人口比を補うと，モスクワ県で59％，ペトログラード県で70％と，首都を抱える両県での高さがめだつ。他方，農村県ヴャトカの値は4％で，50県の平均値の17％に対して4分の1に満たなかった。その後も同県の都市人口比は，全国値の上昇に少しずつ遅れ，1939年に15％，1959年に37％，1970年に55％と推移する[13]。

高い乳幼児死亡率とその要因　大改革期から20世紀初めまでの欧露部における乳児死亡率の推移を，普通出生率(人口千人あたりの出生数。以下，「出生率」と略)とともに，表1-3にまとめた。帝政最後の半世紀の間に乳児死亡率はやや減少傾向にあったとはいえ，少なくとも250‰(パーミル)前後という高い水準にあり，数年おきには約300‰まで上昇していた。そのため，1860年代後半～1890年代の平均値は270‰を上回った。

ここで，ロシアの農村において高い乳幼児死亡率につながった色々な要因とそれらの間の関係を示せば，つぎのようになる。主な要因は，第1に，短く，それゆえ過度に集中した農繁期(夏季を中心とした数か月)や，それと重なりがちな出稼ぎ期間の終了後に結婚と性生活が集まり，宗教上の慣行からそれがさらに短期間になりやすかったことである[14]。第2に，その結果，妊娠後期と出産期がつ

  статистики, 1922, с. 1–2, 12–15 を，1862～1908年の各年のモスクワ市の死亡率と乳児死亡率については Статистический отдел Московской городской управы, 1910, с. 49, 57 を参照。
11 高田，1995年b，282頁。
12 Jahan, 1990, p. 220; McAuley, 1991, p. 267.
13 Кировский областной комитет государственной статистики, 1996, с. 34; Волков, 1930, с. 136–137; 村知，2002年，65～66頁。
14 宗教上の慣行については広岡，1994年; Mironov, 2000, p. 71 などを参照。

表 1-3　欧露部の出生率と乳児死亡率（1861～1917 年，‰）

年	1861	1862	1863	1864	1865	1866	1867	1868	1869	1870	1871	1872
出生率	49.7	51.1	50.0	52.9	50.0	—	51.2	48.8	49.7	49.2	51.0	50.0
乳児死亡率							243	299	275	248	274	295

年	1873	1874	1875	1876	1877	1878	1879	1880	1881	1882	1883	1884
出生率	52.3	51.4	51.5	50.6	49.6	47.3	50.2	49.7	49.1	51.6	50.6	51.5
乳児死亡率	262	262	266	278	260	300	252	286	252	301	284	254

年	1885	1886	1887	1888	1889	1890	1891	1892	1893	1894	1895	1896
出生率	50.0	49.5	49.9	51.6	50.3	49.6	50.6	46.0	48.8	49.2	50.1	50.4
乳児死亡率	270	248	256	250	275	292	272	307	252	265	279	274

年	1897	1898	1899	1900	1901	1902	1903	1904	1905	1906	1907	1908
出生率	50.0	48.6	49.3	49.3	47.9	49.1	48.1	48.6	44.9	47.0	47.2	44.7
乳児死亡率	260	279	240	252	272	258	250	232	272	248	225	244

年	1909	1910	1911	1912	1913	1914	1915	1916	1917
出生率	44.7	45.1	45.0	43.7	47.0	46.9	39.7	29.9	23.9
乳児死亡率	248	271	237	—	—	—	—	—	—

出典: Рашин, 1956, c. 155-156（1865 年以前と 1913 年の出生率），194（乳児死亡率）; Новосельский, 1958, c. 67-68（1867～1912 年の出生率）; Heer, 1968, pp. 208-211（1914～1917 年の出生率）.

ぎの農繁期に偏り[15]，それが乳幼児死亡率の季節性を著しくし，その水準を押し上げた．副次的な要因は，農民の子ども観，不十分な衛生条件・栄養条件と不適切な養育の仕方，数年おきにやってくる飢饉と疫病（伝染病）——これらの結果として時にみられた子どもへの関心の低さなど，いくつもあり，それらが相互に影響していた．

このうち，飢饉について見てみると，11 世紀～19 世紀前半のロシアでは 6 年に 1 回ほどの割合で生じており，表 1-3 の期間でも，1867～1868 年，1872～1873 年，1877 年，1884 年，1891～1892 年，1897～1899 年，1901 年，1905～1907 年，1911～1912 年，1915 年と頻発し，数十万～百万人の，ときに数千万人の規模で犠牲者の発生を繰り返していた[16]．

15　結婚と出産の季節性については村知，2003 年 b，53～55 頁を参照．
16　H. H. Fisher, 1927, pp. 474-475; Кондрашин, 1996, c. 115-119, и др.

なお，農夫の都市への出稼ぎは，短期的にみれば，残された農婦の多忙の原因となり，乳幼児死亡率を上昇させる方向で働いた一方，長期的にみると，出稼ぎ者が農村に持ち帰る都市文化の影響を通して，その低下に結びついた，という複雑な関係にあった[17]。

　乳児死亡率は農村よりも工場地区で高く，1907年のウラジミル県では前者が約250‰なのに対し，後者では約660‰という驚くべき水準に達していた[18]。こうした関係は他県でもみられた[19]。別の調査によれば，妊娠100件に対する5歳以上の生存児の比率は，「結婚生活の半分以上を工場で働く母親」38%，「半分未満を工場で働く母親」40%，「工場で働いていないが，工場街に住む母親」46%，「工場で働いておらず，農村に住む母親」51%と，工場やそこでの労働から離れている母親の子どもほど生存可能性が高かった。この調査の対象となった繊維工場は産後休暇（以下，産前を含めた出産休暇を「産休」と略）と授乳時間を女性労働者に保障するという，20世紀初めのロシアでは例外的に良好な労働条件を備えていた[20]。それでも，その6割以上の子どもが5歳より長くは生きられなかった。

　都市，とくに県都で乳児死亡率が高かったのには，近隣の町や村からの捨て子が多く，養育院（воспитательный дом; приют）などの施設において死亡率が高いという理由もあった[21]。

　なお，出産前後の女性（妊産婦）の死亡率も高かった。その主な原因は，多くの出産が「とりあげ婆」とよばれる無資格の産婆による介助でなされていたことである[22]。副次的な原因として，前述したように，妊娠後期から出産期までが農繁期と重なりがちだった点も見逃せない[23]。

3地域の乳幼児死亡率　　表1-3とほぼ同時期の欧露部と3地域の人口動態を表1-4に見てみよう。その上半分で1870年代前後の幼児死亡率に注目する

17　乳幼児死亡率については村知，2003年aを参照。
18　Glickman, 1984, p. 129.
19　Рашин, 1956, с. 205-206.
20　Писменный, 1904, с. 40.
21　広岡，1993年，103～104頁。
22　同上，106頁。
23　Mironov, 2000, pp. 70-72.

と，モスクワ，ペテルブルク両県の高さがめだつ。工場地区での高水準の乳幼児死亡率や都市での多数の捨て子などのためである。他方，農業県ヴャトカでも幼児死亡率は決して低くない。同県とモスクワ県では，生まれた子どもの約半数が5歳になる前に死亡する世界が19世紀末まで続いていた。1910年頃にはモスクワ県の幼児死亡率がヴャトカ県の水準を下回るようになった。

両県の値の逆転は乳児死亡率のほうが著しい。1870年代前後のモスクワ県で400‰を超えていた乳児死亡率は，1910年頃にかけて100ポイント以上も改善された。他方，ヴャトカ県のそれは同じ期間に60ポイント弱の低下に留まったため，両県の乳児死亡率は逆転した。これは，世紀転換期頃に欧露部の都市と農村で乳児死亡率が逆転し，農村の値が都市のそれを上回るようになった事態の一例である(99ページの表2–6も参照)。

農村から人々を引き入れては殺し，また引き入れるという「蟻地獄」的な都市の様相は，ロシア社会で20世紀初めまでに少し改善され，その後は普通死亡率(人口千人あたりの死亡数。以下，「死亡率」と略)・乳児死亡率ともに農村が都市を上回る傾向が続いた。

表1–4　欧露部と3地域の人口動態(1867〜1913年，‰)

年		1867–81	1886–97	1908–10
モスクワ県	乳児死亡率	406	366	299
	幼児死亡率	554	516	436
ペテルブルク県	乳児死亡率	345	341	267
	幼児死亡率	497	410	403
ヴャトカ県	乳児死亡率	383	371	325
	幼児死亡率	499	500	449
欧露部	乳児死亡率	271	274	253
	幼児死亡率	423	432	389

年		1871–80	1881–90	1891–1900	1901–05	1911–13
欧露部	出生率	50.4	50.4	49.2	47.7	43.9
	死亡率	36.4	35.5	34.2	31.0	27.1
	自然増加率	14.0	14.9	15.0	16.7	16.8

出典：Рашин, 1956, с. 5 (1900年以前の出生率・死亡率・自然増加率), 195, 198 (乳幼児死亡率); Исупов, 2000, с. 40 (1901年以降の出生率・死亡率・自然増加率).

人口転換と乳幼児人口　　つぎに，表1-4の下半分にある欧露部の出生率と死亡率に注目しよう。19世紀まで高水準にあったこれらの値は20世紀初めから明らかに低下し始めている。多産多死段階から，多産少死段階を経て，少産少死段階に至る，という古典的な〔第1の〕人口転換の開始が世紀転換期の欧露部の人口動態にも認められる[24]。

多産多死段階の高い死亡率を反映して，年齢別の乳幼児数は大きく違った。たとえば，1891年の全国のロシア人について，0歳児数を100とする年齢別の乳幼児数の指数をあげると，1歳児が84，2歳児が78，3歳児が71，4歳児が67，5歳児が65，6歳児が63，7歳児が61となった[25]。ここから，生命の最初の難関が1歳の誕生日を迎えるまでにあり，子どもが3, 4歳になると，その死の危険はひとまず去ったとみてよいだろう。

この点は平均余命でも確認できる。1896～1897年の全国値は，男が0歳児で29.4歳，5歳児で49.7歳，女児が各々31.7歳，50.4歳だった。それが1926～1927年には男児が40.2歳，54.2歳，女児が45.6歳，59.0歳と大きく伸び，とりわけ0歳児の値(いわゆる平均寿命)の伸長は著しかった。ただし，5歳児が0歳児よりも長命な点は変わらなかった[26]。

強調したいのは，帝政末期の総人口の約2割を乳幼児が占めていた点である。1891年に全国のロシア人には1947万人(うち男児966万人，女児981万人)の乳幼児がいた。また，その6年後の1897年に実施された帝政期唯一の国勢調査の結果によれば，欧露部の全民族の乳幼児数は人口の23%にあたる2112万人(うち男児1049万人，女児1063万人)だった。この実数と比率は20世紀前半に実施され

24　人口転換(論)については，最も簡明な人口学のテキストである阿藤，2000年を参照。人口転換論の見直しも進んでおり，具体的な成果として斎藤，1997年; 同，2001年などがある。

25　年齢別の乳幼児数はつぎのとおりである(単位は万人)。0歳児330.3(うち男児162.9 / 女児167.4)，1歳児278.9 (139.1 / 139.9)，2歳児259.2 (128.2 / 130.9)，3歳児234.3 (116.5 / 117.7)，4歳児222.1 (110.2 / 111.9)，5歳児213.7 (105.9 / 107.8)，6歳児208.3 (103.6 / 104.8)，7歳児200.5 (99.3 / 101.1)，計1947.2 (965.7 / 981.5) (Брокгауз и др., 1899, с. 90)。

26　Госкомстат России, 1998, с. 167.

27　Тройницкий, 1905, т. 1, с. III, 56. See Mironov, 2000, p. 82; Жиромская, 2001, с. 96; 村知，2002年，75～76頁; Араловец, 2003, с. 76.

た幾つかの調査でもほぼ同じ程度であった[27]。住民5人に1人が乳幼児であるという、若い、文字どおりピラミッド型の人口構成の社会が19世紀末〜20世紀前半のロシアに存在していた。多産少死段階に一般的に認められるこの傾向は、帝政末期からソ連初期にかけて乳幼児問題を考える本書の課題の重要さを量の側面から示している。

（3） 小家族の出現と養育の変化

1. ロシアの家族の特徴と都市の生活環境

西欧とロシアの家族の違い　ここでは農村を中心にした家族史研究の成果にもとづいて、19世紀後半〜20世紀初めのロシアの家族にみられた特徴について考える。その前に、比較の意味で、西欧の家族の特徴を見ておこう。

1960年前後から欧米諸国の歴史学は家族に目を向けるようになり[28]、「中世農村社会の大家族から近代資本制＝工業制社会の小家族へ」という通説を疑い、つぎのように考えるようになった。すなわち、工業化が始まる前から西欧の農村社会では単純世帯が広まっており、他方、農村を後背地にもち、原基的〔原初的〕工業を営む都市では、直系・傍系の親を含む世帯や、奉公人などの親族外の若い未婚の同居人を含む拡大世帯が一般化していた[29]、いいかえれば、西欧では産業革命前においても、夫婦とその子どもからなる核家族に代表されるような単純世帯が支配的であり、拡大世帯や多核世帯は例外だった、という説である[30]。

ここから、西欧、とくに北西ヨーロッパの家族の特徴として、晩婚、夫婦間の小さい年齢差、独身率(50歳時点の生涯未婚率)と核家族の比率の高さ、世帯内での血縁関係のない者の存在があげられる[31]。晩婚で独身率が高いので、妊娠可能期間が短く、出生率が低い傾向が生じた[32]。

以上でいう西欧とは、ペテルブルクからイタリア北部のトリエステに至る線——提唱者の名をとった「ヘイナル・ライン」の西側を意味する。その東側に

28　若尾、1993年、192頁。
29　伊賀、1982年、172頁；ラスレット、1983年、44〜45頁。
30　二宮、1983年、18頁。
31　同上、19〜20頁。
32　佐藤芳行、1996年、5頁。

は現在のロシア，ベラルーシ，ウクライナ，ルーマニア，旧ユーゴスラビアが位置する[33]。これらの国々の家族の特徴は，西欧諸国のそれとは逆に，早婚，夫婦間の大きい年齢差，有配偶率（結婚可能人口のうちで現に配偶者をもつ者の割合）と多核世帯〔複合家族〕の比率の高さ，父系（制）的な血統主義とみなされた。

ここでは保育問題を考える際に重視される多核世帯の比率の高さ，すなわち大家族（制）について考えよう。一般に，「大家族」であれば，兄姉が弟妹をみる，叔父・叔母が甥・姪をみるなど，乳幼児を世帯構成員が養育しやすく，逆に「小家族」ではそれが難しい。その意味で大家族からは保育需要が生まれにくく，小家族は保育需要の基盤となりうる。

結論からいえば，大改革期以後のロシアにおける家族の基本タイプを大家族とするか小家族とみるか，という点については研究者間で決着がついていない[34]。しかし，世帯規模（平均的な世帯構成員数）の推移をみる限り[35]，大家族が減少傾向にあった，あるいは，少なくともモスクワ県などの特定の地域で小家族が一般的な形態になりつつあったと考えてよい。実際，ロシアを代表する社会史家ミローノフによれば，欧露部の平均的な世帯規模は1710年の7.6人から1850年の8.4人，1897年の5.8人，1900～1910年平均の6.1人へと推移した[36]。

出稼ぎの拡大　　小家族化に加えて，農民家族の変化を促した主な原因として，農業外の副業収入の存在と増大をあげることができる。それには次のよう

33　若尾，1998年，223～224頁。J. ヘイナルらによる家族史研究の最良の成果は速水，2003年で読むことができる。

34　この点については次の文献を参照。松井憲明，1976年，955頁；同，1978年，117，123，129頁；Johnson, 1979, p. 66; Glickman, 1984, pp. 28–32; 肥前，1997年，60頁；高田，1990年a，71頁；同，1990年b；Worobec, 1991, p. 12; 佐藤芳行，1994年，74，79頁；同，1996年，4頁；同，2000年，117頁；ミッテラウアー，1994年，155～201頁；McDermid et al., 1998, p. 41; 畠山，1998年，314頁など。

35　「大家族」は世帯規模のほかに拡大世帯や多核世帯を意味するあいまいな概念なので，総じて使ってはならないという（ミッテラウアー，1994年，169頁）。

36　Mironov, 2000, pp. 124–125. 同書は，北西地方や中央農業地方で世帯規模が大きく，逆に北部地方や中央工業地方などで小さい，という地域差も指摘している。See Burds, 1991, p. 63.

なものがあった。

　①各農家が1〜2台，まれに3台の織機をもち家族で生産に従事する手工業と，何台もの織機をおいた機小屋に近所の農民が通う(問屋制)家内工業である。後者は1820年代に登場し，その後も存続した。両者をあわせたクスターリ工業とは，農民の需要を満たす農民的家内工業であり，地域間市場のために働く手工業である。賃金は出来高払いで，農作業期間は生産を中断した。ロシア中央部，とくに中央工業地方に広く普及した[37]。

　②マニュファクチュア(工場制手工業)としての在村工場(地元の工場)である。1860年代以後に広まった在村工場には約5km以内に住む農民が働きに来た。複数の在村工場を抱える工業村には都市を上回る人口規模のものがあった。

　③都市の大規模な工場などへの出稼ぎである。都市工場では5〜10数km以内の農民が主な労働力をなし，その不足部分を遠方からの，歴史的にルートがつくられた出稼ぎ労働力で補うという二重の構造があった[38]。

　19世紀後半〜20世紀初めのロシアの出稼ぎ問題を概観した小島修一によれば，出稼ぎ者数は1860年代初めの農奴解放時の100万人強から19世紀末の約600万人へと40年間で5倍以上に増えた。出稼ぎ先はモスクワ，ペテルブルクの両首都に代表される都市(以下，「工業出稼ぎ」と略)と，モスクワ県南の中央農業地方を主とする農村(以下，「農業出稼ぎ」と略)であり，前者が約55%を占めた[39]。また，ミローノフによれば，19世紀末の年間平均の出稼ぎ者数は720万人にのぼり，そのうち商人とブルジョアジーが340万人(都市人口の28%)，農民が380万人(農村人口の5%)だった[40]。このように，農村から都市や他の農村に向かう出稼ぎとともに，都市から農村や他の都市に行く出稼ぎも活発化していた。

　農家収入に占める副業収入の比重は大きかった。1880〜1913年に欧露部の28県で487万の農民世帯の62%が副業収入をもち，その額は総収入の17%に

37　鈴木，1995年，229頁; 佐藤芳行，1996年，2，19〜20頁。
38　高田，1990年a，53〜56頁; 佐藤芳行，1996年，20頁。
39　小島，1991年，163〜194頁。
40　Mironov, 2000, p. 83.

達していた。それが5割を超え，現代日本の第2種兼業農家にあたる事例も世紀転換期のロシアでは珍しくなかった。とくにモスクワ県では1877～1882年に18～60歳の農夫の8割弱が副業に携わっていた[41]。

出稼ぎ者のうちで多数を占めた男性については，日本語文献を含めて多くの研究がある[42]。そこには，農村で生まれ育ち，17歳で工場に入り，40歳近くで帰農するというロシアの男性出稼ぎ者の平均的な生涯が描かれている。他方，男性の抜けた穴を埋め，農作業を担い，家政を切り盛りしたのは女性であり，その多くは在村工場でも働いていた[43]。

工業出稼ぎが広まった主な原因として，第1に，土地割替の際に世帯規模に応じて土地が配分される土地共同体としての農村共同体の性格があげられる。第2に，都市での生活費が高く，そこに家族をよびよせて一緒に暮らすのが難しかった。第3に，農作業の担い手である女性を得るために多くの出稼ぎ者が結婚相手とした農村の娘が都市生活を嫌った[44]。

女性の出稼ぎ者　出稼ぎ者のなかに少数の女性がいた。その全国総数はいま見出せないので，帝政ロシア女性史に詳しいエンゲルの著書から2種類の値をつぎに紹介しよう[45]。

① 両首都への1869～1910年の出稼ぎ者について男性を100とした女性の指数は，モスクワ市で1871年の39から1882年の48，1902年の65に，ペテルブルク市で1869年の31から1900年の67，1910年の81に上昇した。大改革期直後に男性の約3分の1だった女性の出稼ぎ者は，20世紀初めになると，その3分の2ないし5分の4に近づいた。この上昇分の多くを占めたのが婚期(16～25歳)を過ぎた女性と寡婦だった。

② 出稼ぎ者を出した一例として，モスクワ県の北隣に位置するトヴェリ

41　小島，1991年，166頁；佐藤芳行，1996年，24～25頁；高田，1990年a，45頁；同，1990年b，117，156～160頁。

42　青木，2000年を参照。

43　小島，1991年，177～179頁；高田，1990年a，71～72頁；畠山，1998年，286～291，307頁。

44　高田，1990年a，72頁；同，2004年，190頁；畠山，1998年，283頁。

45　Engel, 1994, pp. 67, 70–71. See Mironov, 2000, p. 151.

県の事例をみよう。同県の男女別の出稼ぎ者数が農夫と農婦の各々の総数に占める比率は，1879年から1910年にかけて男性で15%から34%に，女性で3%から11%に高まった。1913年には県全体の値がないので，県下12郡のうちの3郡について郡別の比率をみると，男性が35～47%，女性が11～13%の幅でさらに上昇した。こうして大戦前にトヴェリ県の農夫の3分の1以上，農婦の8分の1ほどが出稼ぎに従事していた。出稼ぎ者のなかで女性は男性よりも依然として少ないものの，その数は着実に増大しつつあった。

①の間接的な証拠として，1871年と1902年の時点で5年間以上モスクワ市に滞在した出稼ぎ者数を見てみよう。この期間にその数が男性で34万人から58万人の1.7倍に，女性で23万人から44万人の1.9倍になった結果，男性を100とした女性の指数は69から77に上昇した。しかも，こうした長期の出稼ぎ者数がその総数に占める割合は，同じ期間に男性が48%から25%に半減したのに対し，女性では63%から50%の低下に留まった。このように，大改革期後にモスクワ市へ出稼ぎに行った女性は，総数が増えただけでなく，同市に定住する者も増加した[46]。分与地の維持能力が乏しい寡婦らの離村を農村共同体が積極的に承認したので，彼女らは家事奉公人や労働者として都市に住まざるをえなかったからである[47]。他方，ペテルブルク市では，1900年まで出稼ぎ女性の3分の1が寡婦で，婚期にある女性は18%にすぎなかった[48]。さらに，同市の性比(男女比)が均衡化しつつあったとはいえ，男性は女性に比べて1900年に20%，1910年に10%ほど多かった[49]。男性の出稼ぎ者が結婚相手として農村に住む女性を求めるという前述した傾向の背景には，こうした事情もあった。

46　Гаврилова, 1997, с. 64.
47　高田，1990年a。わずかだが，家族をもちながら単身で出稼ぎに行く女性もいた (See Engel, 1994, p. 205)。それが少数に留まったのは，モスクワやペテルブルクで出稼ぎ者に義務づけられた居住登録に必要な国内旅券が夫婦名の併記とされ，妻の出稼ぎには夫の同意が不可欠だったからである(高橋，2003年，56～61頁)。
48　Engel, 1994, p. 67.
49　Рашин, 1956, с. 273-274; Жиромская и др., 2000, с. 32 (автор: Н. А. Араловец). ペテルブルク市よりも偏りが著しかったモスクワ市の性比などについては村知，2003年b，47～49頁を参照。

都市の生活環境[50]　都市に定住した出稼ぎ者を待っていた生活の特徴づけは，彼らの出産や養育・保育の問題を考える重要な前提条件なので，やや立ち入って述べよう。

男性の出稼ぎ者の多くは都市で単身生活をしており，その主な理由は経済的なものだった。20世紀初めのペテルブルク市について，この点を示す2つの例をあげよう。

① 1908年の繊維工の年間家計調査では，単身の最低生活費が230ルーブルであるのに対し，平均賃金は独身男性で335ルーブル，農村に家族を残した男性で314ルーブル，両親と同居の女性の年少労働者で154ルーブル，独身の女性労働者で287ルーブルだった[51]。

② 翌1909年の調査によれば，同市で妻と暮らすには年収400～600ルーブル，妻子を養うのには600ルーブル以上が必要だった一方，コストロマ県からペテルブルク市への出稼ぎ者の大戦前夜の平均賃金は印刷工で241ルーブル（3～11月），大工で222ルーブル（4～11月）だった。単身なら，この賃金で湿気の多い半地下で簡易ベッドを借りるか，部屋を共有して一隅をつかい，土産を買い，ときに飲み，楽しい一時を過ごすこともできた。

そのため，家族と同居している男性労働者は1897年にモスクワ市で全体の4％，ペテルブルク市で5％に留まった。相対的に賃金の高い金属工でさえ，それは16％弱だった。

20世紀に入り，男性労働者が妻子との同居をしだいに望むようになった。しかし，賃金が生活費に比べて極端に低いため，同居の妻が専業主婦でいるのは難しく，農村で結婚し，都市に出てきた女性の多くは働かざるをえなかった。

共働きの必要度は夫の収入に左右された。たとえば，1914年にフルタイムの居宅外労働に従事した妻の割合が，夫の月間賃金が50ルーブル以上で7％，31～50ルーブルで30％，20ルーブル以下で60％だった。ほかに，雇用は不定期で低賃金であるものの，労働時間が割に柔軟な洗濯・裁縫・清掃などに携わ

50　以下は，特記しない限り，Engel, 1994, pp. 61–62, 135, 199–214, 218–220, 223–225 による。
51　Glickman, 1984, p. 115.

る妻がおり，住居の一室や一隅を間貸しすることで収入を得る道もあった[52]。同居者どうしで育児を助けあうため，2人以上の子どもをもつ家庭は間貸しを望んだ。厳しい住宅事情のために借り手はすぐに見つかった。

以上から次の状況が生じた。① モスクワ市の女性繊維工のうちで既婚者は1882年の38％から1897年の47％に上昇した。② 同年のモスクワ市で家事奉公人を除く全女性労働者5.1万人の約3分の1が既婚者であり，ペテルブルク市の全女性労働者3.7万人についても同様だった。③ 1900～1909年に工場労働者の全家庭の約8割が共働きをしていた[53]。

夫婦がともに暮らすために夫の働く都市に妻が出てきたはずだった。しかし，① 双方の職場が遠く離れており，② ともに労働時間が長く，③ 適切な住宅と交通手段がないため[54]，結果として多くの夫婦が別居を強いられた。こうした事情に加えて，上記の生活費の問題や性比の不均衡などのために大都市の婚姻率は低かったので，1897年に単身で生活する女性労働者はペテルブルク市で全女性労働者の86％，モスクワ市で93％と大半を占めた[55]。

住宅事情 同居を妨げた要因のうち，食事と並んで重要であるとともに，保育需要を左右する住宅事情について，つぎに概観しよう。

労働者の多くは工場内の宿舎に住んでいた。たとえば，1882年のモスクワ市では全労働者の9割がそうしていた[56]。その後，この比率はしだいに低下したも

---

52 帝政末期のペトログラードで労働者一人平均の居住面積は，既婚・未婚を問わず，2～2.5 m^2 だった（Jahan, 1990, p. 214）。

53 Glickman, 1984, p. 121; Jahan, 1990, p. 214.

54 McKean, 1990, p. 40; Дмитриева, 2003, с. 273. 本文中の②の労働時間については，1897年まで11時間半の規制のところ，実際は最長18時間だった。③の交通手段については，市電がモスクワの労働者に利用可能な時間の運行を始めたのは1910年からであり，ペテルブルクの市電は1895年に供用されだし，1917年までに総距離200 kmに延長されたものの，運行は午前8時からのうえ，運賃が高かった。

55 モスクワ，ペテルブルク両市の普通婚姻率（人口千人あたりの婚姻件数）は19世紀第4四半世紀に上昇したものの，20世紀初めに約5～6‰と，欧露部の平均値の3分の2ほどだった（村知，2003年b，49, 66頁; Араловец, 2003, с. 67）。

56 他方，ペテルブルク市では事態が逆だった。工場内の宿舎は維持費がかさみ，革命家による労働者の教育と組織の場となりがちだったので，1870年代に減少したからである（高田，1979年，7頁）。

のの，20世紀初めになっても繊維工の多くは宿舎での生活を続けざるをえなかった。

別種の住宅として，工場主が用意した，同じ工場に勤める複数の労働者が住居の一室に住む共同住居という形態があった。しかし，これは夫婦向けではないため，家族用の部屋が空くまで夫婦は別居を強いられた。1897年にペテルブルク市の全労働者の約1割が共同住居で暮らしていた。

その他の形態の住居ではさらに事情が厳しかった。その主な原因は，① 人口増加分の多くが都市の周辺部に集中し，そこで生じた住宅の需要に対して供給が追いつかない，② 慈善協会などによって提供される住居はごくわずかである，③ 市会（1870年の都市法で設置された議決機関）が労働者向けの安い住居の提供に関心をもたない，④ 儲けに結びつきにくい労働者向け住宅には建築業界が消極的である，という点にあった。こうした厳しい住宅事情が1912〜1914年のストライキの誘因にさえなった[57]。

施設・設備面をみると，1890年代末に，ペテルブルク市で労働者の多いヴィボルク地区の労働者向け住宅の85%では水が出なかった。その後，水道事業は拡大したものの，1905年に労働者向け住宅の4分の3，1914年にペテルブルク全市の4分の1，モスクワ全市の3分の1の住宅ではまだ水道が整備されていなかった。水が出ないので，洗濯は女性にとってかなりの負担となった。台所はいくつかの部屋や各階で共同だったから，食事の準備はしばしば女性間のもめごとの原因となった。

厳しい住宅事情から，家具は必要最小限に留めざるをえなかった。

日々の食糧は商店や野外市場・巡回行商人から購入した。一般に，工場地帯で手にはいる品は市中心部のものよりも質が悪く，値段が高かった。

こうして家政を任された妻の負担は大きいうえに，厳しい労働との両立が求められた。1890年代にペテルブルク市の煙草工場に勤めた既婚女性は，午前7時半から10時，11時まで働いたあと，夫や子どもの昼食の準備に帰宅し，午後に再び工場に戻り，労働を続けた。こうした帰宅時間分は賃金から引かれた。他

---

57 Glickman, 1984, p. 117; McKean, 1990, pp. 39-41; 畠山，1999年，702〜705，718〜719頁。

方，同居する夫の暮らしは単身の頃よりも全体として良くなった。

2. 出産と養育の環境の変化

つぎに，ロシアの都市に定住した夫婦の出産や養育という，本書の課題に直結する問題の検討に移ろう。

女性労働者の保護と出産　1885年に工場・製作所・マニュファクチュアで女性と17歳未満の未成年者の深夜労働を禁ずる法律が成立した。その結果，多数の年少労働者が解雇された。おそらく女性労働者の一部も同様なあつかいを受けたことだろう。1890年には同じ制限の範囲を手工業者にも拡張するように法が改正された[58]。

女性労働者の妊娠や出産の問題に行政機関が関心を向け始めたのは1894年からである。同年，12県の行政府がこの問題を扱う部局を設け，1899年までさまざまな方策を試みた。ペテルブルク県では100人以上の女性労働者を雇う工場に助産婦の常駐を決めた。重い荷物を妊産婦が持つのを禁じたり，一定数の女性労働者がいる工場を助産婦が定期訪問したりするように規定した県会(51ページでふれる地方自治機関ゼムストヴォの議決機関)[59]もあった。しかし，それらについては履行義務がなく，実施の有無は工場主の判断に任された。その工場主が授乳の時間と場所の確保に配慮するのはまれだった。

ロシアで1890年代からみられた産休の保障という考えを成文化し，2週間の産前休暇を認めたのは1912年の保険法である。しかし，女性労働者の多くは出産の直前まで労働し，直後に復職するのが一般的だった。同年の調査によれば，出産した労働者の約75％に産休がなく，18％が2週間の産前休暇，7％が2〜4週間の産後休暇をとっていた。産休の取得がこのように低率だったのは，それが賃金の削減や解雇につながりやすかったためである。1908年末の第1回全ロシア女性大会で有給の産休の必要性がすでに合意に近づいていたにもかかわらず，事態の改善は難しかった[60]。

58　荒又，1971年，132，156，342頁。
59　松里，1993年を参照。
60　Bobroff, 1974, p. 550; L. H. Edmondson, 1984, p.96; Glickman, 1984, pp. 121–125, 165–166; Lindenmeyr, 1993, p. 116; Bobroff-Hajal, 1994, p. 131.

帝政末期のロシアでも出産の場は家庭から医療施設に移りつつあった。1930年頃までを通してみると，その移行の程度は都市と農村の間で次のような開きがあった。

①厳しい住宅事情のために都市の女性はこの移行を支持した。ペテルブルク市の全出生数に占める産院での出生数の割合は1883年の5％から1907年の39％に増加した。さらに1914年までに両首都の出産の6割は病院でなされるようになった。しかし，革命直後の2年間にペトログラード市では，病院への交通手段と病院における暖房用燃料が不足したので，この割合が2割ほど低下した。1920年代末までに都市では「全面的な入院出産への道が整えられ，出産は医療に属する事柄にかわっていった」[61]。

②新(ソビエト)政権が助産婦の農村への配置を進めようとした。しかし，物的・人的な不整備と農村の慣習の無視によって思わしい成果を得られず，モスクワ県の南東に隣接するリャザン県で1927年に助産婦の立ち会いで出産したのは全出産の16％に留まった[62]。

③初期ロシア共和国の若い医師がゼムストヴォの医師にみられた大衆的精神を失ったため，1930年頃には約9割の農婦が一人でか，女性祈禱師の助けを借りて出産していた[63]。

こうした状況で誕生したロシアの乳児の死亡率が主要国のなかで著しく高く，それを引き上げていたのが工場地区だった(34ページを参照)。

中絶と婚外子　　妊娠や出産に関わる別の2つの問題にふれよう。1つ目は人工妊娠中絶(以下，「中絶」と略)である。出産と養育をめぐる困難な状況から都市の家族は多くの子どもをもてず，産児制限の必要に迫られていた。彼らが実際に利用できる身近な産児制限の手段は中絶だった[64]。他方，農民の世界観には，子どもに対する親の養育責任という視点は弱く，親に対する子どもの扶養責任

61　Семенов, 2000, c. 44; Waters, 1987, pp. 54–56; ウォーターズ，1994年，203～206頁; Ransel, 2000, p. 45.
62　広岡，1993年，104頁。
63　McDermid et al., 1998, p. 204; Ransel, 2000, p. 43.
64　Engel, 1994, pp. 146, 217–218.

という見方が強かった。「子どものいない人は罪深い生活を送る」という諺は，子どもの存在こそが結婚の道徳的正当性の証しであることを示していた。ただし，多子は農民に必ずしも歓迎されなかった。農婦に中絶の機会は少なく，効果的な避妊法のないことが，結果として出生率を押し上げた[65]。

2つ目は婚外子の問題である。その全国総数は1885～1892年の平均で年に11万人だった。出生児千人あたりの婚外子数は同じ期間の平均で27人になり，アイルランドとほぼ同じ水準，オーストリアの5分の1強の水準に相当した。20世紀初めに欧露部の平均値は22～23人に低下した。ただし，都市で110人なのに対して農村では18人と，格差は大きかった[66]。とりわけモスクワなどの16大都市では，1867年の334人を頂点に，1890年までおおよそ200人以上，20世紀初めにかけて150人以上という平均値を記録した[67]。婚外子を産む機会の多い家事奉公人や労働者が都市に多数いたうえに[68]，周辺の町や農村で婚外子を妊娠した女性が，わが子を養育院に入れるため，都市に移住し，そこで出産することを望んだからである。そのほか，農村で生まれた婚外子を養育院に入れる目的で大都市に運ぶケースも多数あった。その際，運び手には謝礼が支払われた[69]。

養育院と里子　婚外子に加えて孤児や貧困児を中心に受け入れた養育院は帝政ロシアでも「死の施設」という状況にあった。たとえば，モスクワ養育院では（67ページを参照），1913年に入所児が9306人，死亡児が7251人おり，単純な死亡率は78％になった。死亡率が高いのは同年だけではなく，1902年以後をみれば，その最低値は1906年の71％，最高値は1911年の84％を記録していた。他方，ペテルブルク養育院の死亡率はこれより少し低いものの，1902年以後の最高値は1903年の48％，最低値は1905年の27％と，やはり厳しい

65　広岡，1993年; Жиромская и др., 2000, с. 66（автор: О. М. Вербицкая и др.）; Mironov, 2000, pp. 64–66. 中絶については村知，2003年b，55～57頁を参照。

66　Madison, 1963, pp. 82–83. 帝政ロシアの婚外子に関する詳細な考察として高橋，2004年を参照。

67　Ransel, 1982, pp. 111–112.

68　McDermid et al., 1998, p. 89.

69　Engel, 1994, p. 118.

水準にあった[70]。

　こうした事態には，建物が手狭で，疫病の蔓延の危険性が高く，乳母の確保が難しいことに加えて[71]，入所児の大半が生命力の最も弱い生後 4 週間以内の新生児だったという事情が関係していた。1868～1875 年にモスクワ養育院の全入所児に占める生後 1 週間以内の早期新生児の割合は，最低で 1871 年の 55%，最高で 1874 年の 75% だった。この割合は 1890 年に 89% に達したあと減少したものの，1907 年にも 32% を記録した。他方，ペテルブルク養育院では，この割合が 1890 年に 51% で頂点を迎えたあと低下し，1901 年以後は一桁に落ち着いた[72]。この点の違いが両養育院における入所児の死亡率の格差に反映していた。

　実はモスクワ養育院では，1764 年の開設直後から近郊の農民に養育費を払い，入所児を里子に出す一方，監督官をおいて，里子の養育状況を点検させていた[73]。しかし，里親から適切な養育を受けられない里子が多く，19 世紀中頃には年平均 8243 人の里子のうち，1 歳を迎えられずに死亡する子どもの割合が 68% になっていた[74]。

　養育院にいるのも，そこを去るのも，入所児にとっては「地獄」だった。

　養育の方法[75]　　帝政末期の労働者家庭における主な養育方法には次の 5 通りがあった。

　① 子守を雇う：工場で働く前の 7～10 歳の少女，あるいは乳幼児の姉，ときに兄に乳幼児の面倒をみさせた[76]。姉は子守だけでなく家事も代わった。6～8 歳

70　Ransel, 1988, pp. 307–308.
71　高田，1988 年，122 頁。
72　Ransel, 1988, pp. 95, 113, 303–308. 18 世紀末の記録を初めとして，両養育院には多数の文献が論及している。久米，1980 年，91～93 頁；桂川，1990 年，188～189 頁；トロワイア，2000 年，90～96 頁など。
73　高田，1990 年 a，82 頁；同，1988 年，122 頁。
74　Ransel, 1988, p. 259.
75　以下はつぎの文献による。Glickman, 1984, pp. 126–129, 165–166, 192, 200; idem, 1977, pp. 71–72, 208; Шабаева, 1981, c. 209; 佐々木，1984 年，30 頁；荒又，1885 年；高田，1990 年 a，72 頁；Bobroff-Hajal, 1994, pp. 131–146; Engel, 1994, pp. 214–234; McDermid et al., 1998, p. 89.
76　竹田，1976 年，252 頁。第 16 巻を含めて『世界教育史大系』における竹田の執筆分は，竹田，1991 年，第 1, 2, 4, 5 章に所収。

からそれを始め，10歳までに家事全般をこなすようになった。このために15歳以下で工場労働を開始する者の比率は男性の56％に比べ，女性は50％と低かった。労働期間も女性は男性より短く，40％以上の女性が3年以下で工場を去ったのに対し，32％の男性は16年以上の間つとめた。

　②田舎の親族にあずける：都市で妊娠した女性労働者のなかには，仕事を辞め，村に帰って出産し，子どもが2〜3歳になり，手がかからなくなるまで村に留まり，そのあと子どもを親族(できるだけ年輩の女性)に託して，都市に戻り，再び働く者もいた。繊維工業の女性労働者2000人弱を対象にした1900〜1902年のペテルブルク市の調査結果によれば，約15％がこの方法を選んでいた。

　③工場に子どもを連れていく：工場付設の保育施設は，1880年にモスクワ県下の紡績工場に設けられたのち，あまり普及しなかった。1882〜1883年にウラジミル県の71の工場を調査した工場監督官によれば，5歳児向けの保育施設をもっていたのは1か所だけであり，授乳に配慮した工場主はごく少数だった。そのため，1880年のある工場のストライキでは産休と，一日2回の授乳時間を生後9か月まで保障すべきだという要求が労働者から出された。また，1905年のストライキでは産休と授乳時間の保障，工場立の託児所と保育所の開園の要求が盛りこまれた。さらに1912年，繊維労働組合連盟は労働者の子どもの保育の必要性について議論をおこし，同連盟が保育施設の開園を主導することにした。その結果，ペテルブルク市で働く母親の4分の1には同年に授乳時間が認められることになった。しかし，その時間分の賃金は差し引かれた。また，子持ちの女性労働者は工場内の宿舎から追い出され，自力で住居を見つけなければならなかった。

　④乳幼児の委託先を探す：工場付近に年輩の女性が開いた託児施設があった。そこでは，儲けのために，一人でも多くの乳幼児を受け入れる一方，食費などを削ったので，子どもの死亡などが頻発した。

　⑤養育院や教会の前に捨てる：後世からみれば，これは養育の方法とは言いがたい。だが，家庭で乳幼児を育てても高い死亡率につながるなら，その養育を施設や教会に委ねるほうがよいという考えは，当時，割合に一般的だった。

　これらの方法のほかに，ソースカとよばれるおしゃぶりを与えられ，部屋に閉じこめられて，誰に保護されることもなく育ち，死亡した乳幼児がおそらく

最もたくさんいただろう。

第2節　全国と3地域の保育界の動き

本節では，まず，保育施設が出発した帝政末期の全国的な動向を，有償施設・無償施設・農繁期保育所の誕生と保育制度構想の芽生えという2点から概観し，つぎに，モスクワ，ペテルブルク，ヴァトカという3地域の保育界の動きを略述する。

（1）　保育施設の誕生と保育制度構想の芽生え

二元施設の発足[77]　　1859年，有産階級の子どもを対象にした有償の幼稚園がロシア帝政下のゲリシンクフォルス(現ヘルシンキ)に開かれた。その後，有償幼稚園は1860年に18園，1870年に19園，1881年に37園，1896年に66園，1903年に84園(総数ではない)，1917年に250園と増えた。このうち，1870年の19園はモスクワ市に13園，オデッサ市(ウクライナ)に4園，キエフ市(同上)とチフリス市(グルジア)に各1園と，大半がモスクワ市にあった。幼稚園では読み書き算に加えて，フランス語やドイツ語が教えられた。また，1896年の66園は，ペテルブルク市に19園，モスクワ市に11園，リガ市(ラトビア)に5園などと，1903年の84園は，ペテルブルク市に31園，リガ市に26園，オデッサ市に11園などと，大都市を中心に設けられた。なかでも世紀転換期のペテルブルク市において有償幼稚園の増加がめだつ。

77　以下は，特記しない限り，つぎの文献・資料による。Чувашев, 1928; Его же, 1955; Шабаева, 1981; 佐々木，1984年; Ransel, 1988; 和田あき子, 1989年, 11頁; Волобуева, 1994; Лыков, 1996; ロシア国立教育大学保育学部の展示資料(1996年6月14日記録。以下，「展示資料」と略); Белая и др., 1997; Шикалова, 1999。とくに2番目のチュワショフの著書は，帝政保育史を論じた唯一の博士論文 Чувашев, 1950にもとづくものであり，この半世紀の間によく参照されてきた。本書もその例外ではない。ただし，思想史に重点をおく同書では，出典が十分に示されず，ときに不正確なのは残念である。この点の確認や訂正だけでなく，歴史記述の基軸の再考などを含めて，帝政ロシア保育(制度)史の書き直しが求められている。

他方，ロシア初の乳児向けの保育所は1845年にペテルブルク市に開かれ，民衆〔無償・慈善〕幼稚園は1866〔1863〕年にペテルブルク低所得者住宅協会（1861年創設）に，労働者の乳幼児向けの保育施設は1880年にモスクワ県の紡績工場（49ページを参照）に付設された。

こうして，主要国と足並みを揃えるかのように，ロシアでも19世紀後半から階級差や階層差に対応する二元的な保育施設が都市に誕生し，各地に広まり始めた。その経過は3地域の保育界にふれる本節(2)〜(4)で詳しく述べよう。

農繁期保育所の発足[78]　その前に農村の保育施設について少し見てみよう。都市の保育問題を主題とする本書で農村の問題を論じる機会はあまりないので，1870年代初めから農繁期保育所が開かれ始めた経過をここで略述したい。

1872年にペテルブルク県ツァルスコエ・セロー郡のある村で午前9時から夜まで3〜6歳児を受け入れる農繁期保育所が開かれた。主体はペテルブルク養育院の管理部門で，保育内容はフレーベル思想にもとづく課業や遊びなどで構成された。県内の同じ施設は1878年に5園，1889年と1890年に各7園と増えた。他方，モスクワ県では開園が遅れ，1884年にルザ郡の診療所に付設された農繁期保育所が最初となった。そのあと，1897〜1898年にモスクワ〔市〕貧困児保護協会の資金で同市近郊の農村に医師が開いた例や，1892年創設のエリザベス慈善協会が県内に43園を設けるという大規模なとりくみが続いた。

農繁期保育所の開園の主な目的は，①農繁期にとくに高い乳幼児死亡率の低減，②放置された子どものいたずらで頻発する火災の防止と保険料支出の削減，③乳幼児の養育状況の改善と近代的な育児知識の普及という点にあった。そのため，園児の年齢を0歳〜10歳前後に広げ，昼間だけでなく夜間にも保育する施設も出てきた。

農繁期保育所の拡大を19世紀末から主に担ったのは，欧露部の34県とその下にあった359郡に1864年から設置された自治機関のゼムストヴォだった。この開園にいち早くとりくんだペルミ県（ウラル地方）では，1895年の県ゼムスト

78　Кудрявцев, 1900, с. 33–55, 59, 184; *Материалы по вопросу*, 1914, с. 26–34; Чувашев, 1955, с. 349; Frieden, 1978, pp. 252–253, 256; 広岡，1993年，107頁；松里，1995年，251頁；Lindenmeyr, 1996, p. 63; Ransel, 2000, pp. 40–44.

ヴォ集会で設置が決定され，第6回県ゼムストヴォ医師大会の執行部にその準備が委託された。翌年にゼムストヴォが3園，農村団体や私的慈善団体などが同じく3園を開き，それが1897年に11園，1898年に12園，1899年に19園と増えた。ヴォロネシ県（中央農業地方）がそれに続き，1897年に初の保育所を設けたあと，翌年の12園から1902年の98園，園児数1万2266人に施設網を広げた。1898年にゼムストヴォや慈善協会が18園を開いたクルスク県（同上）では，翌年の22園から1904年の67園に3倍以上にした。ニジニ＝ノヴゴロト県（中央工業地方）では1899年の20園から1904年の41園に倍増させ，サマラ県（ヴォルガ中流域）では1898年の4園から翌年の27園に急増させた。ウクライナではポルタワ県が先例となり，1898年の56園から1901年の151園に3倍に増やした。このあと同県では1913年にかけて公的救済予算の59％が児童救済にあてられた。それに続いたのがキエフ県で，1911年に24園を開いた。

19世紀末のシムビルスク県[79]　1899年にシムビルスク県内の4郡の56村などに開かれた60園のうち，51園（園児数2186人）について県会衛生局が活動の実態を把握した。その内容を「保育所像」「保育需要」「乳幼児死亡率」という点について要約すると，つぎのようになる。

①　一般的な農繁期保育所はつぎのようなものだった。保育所は昼間・夜間・混合の3つのタイプに分かれ，新生児から10歳前後までの園児43人を，知識人層が就いた園長，農民から雇用された4人の保育者と1人の調理婦で保育した。保育活動は6月後半から8月末にかけての54日間，夏休み中の学校などを借りて行なわれた。一日の保育は午前4～8時に始まり，午後6～9時まで行なわれた。夜間や混合のタイプの保育所では夜も園児が残った。

大半の園児は保育所から1km以内の貧しい農家から通園するロシア人の子どもだった。登園後，彼らには給食と散歩・遊び・課業を中心にした日課が用意されていた。先の開園の第1の目的から，園児の死亡を避けるため，保育所では三食と軽食・おやつなどが出され，衛生的な環境の維持が重視された。そのため，200ルーブルの予算の42％が給食費に消えた。さらに26％が賃金に回されたので，備品や家具などは間に合わせのものを使った。借用された園舎は，

79　村知，2005年を参照。

部屋数こそほぼ足りたものの，保育に適した設備を有していなかった。

②保育の条件や環境に必ずしも恵まれなかったもかかわらず，農民の保育需要はおおむね高かった。親が農作業に追われたり，出稼ぎや家事奉公の必要性に迫られたりしていたからである。保育所が開かれた農村では10歳未満児の平均1割弱が入園した。5割以上が園児になった村もあった。世帯規模が小さいほどこの割合が高かったのは，乳幼児の子守役を世帯内に見出しにくかったからである。他方，いったん入園したものの，保育所が活動を終える前に退園した園児が27%いた。ただし，その過半数は保育需要の消失によるもので，病気や死亡，保育所への不信などの理由で早期退園したのは13%に留まった。

③入園時の園児の健康状態は必ずしも良くないうえに，20園では病児も受け入れた。しかし，給食の実施と衛生条件への留意などにより，未入園児に対する園児の死亡率を，0歳児で4分の1強，1～4歳児で1割未満の水準まで低下させることができた。夏季に流行した乳児下痢症の発病を抑えられたからである。その結果は普通死亡率の低減につながった。この明確な保育効果は農民の一般的な保育(所)観を肯定的なものに変えた。

20世紀初めの農繁期保育所[80]　世紀転換期に19以上の県で農繁期保育所が開かれ，1902年には全国の約400園で4万～8万人の園児が保育されていた。他方，県ゼムストヴォの医師 Д. Н. ジバンコフ(1853～1932年)の1910年の推計によれば，必要な農繁期保育所数はモスクワ県だけで4000園(維持費は1万ルーブル)だったので，実際との格差は大きかった。

たしかに34県のゼムストヴォの予算総額は1907年の1億2400万ルーブルから1913年の2億5300万ルーブルに倍増していた。しかし，1910年代に入ると，農繁期保育所の新設はもとより，すでにある施設の維持もゼムストヴォの予算だけでは難しくなった。

それを補ったのが全ロシア母子保護協会だった。1913年にアレクサンドラ皇后(1872～1918年)の支援を受け，国家機関として発足した同協会は，下賜金と寄付金の100万ルーブルで1917年までに800園弱の農繁期保育所を開き，4.6万人の園児を保育した。

80　同上。

このように，農村の保育施設網は季節的なものであり，保育需要をとうてい満たすものではなかった。しかし，都市の保育施設網よりは大きかった(58ページを参照)。この経験が革命後には子どもの広場の活動に引き継がれるものの，その施設網が内戦期に崩壊し，1920年代に再建される過程は第2章以下で述べよう。

20世紀初めの保育制度構想[81]　資本主義的工業化の進展に伴い生じた児童労働の問題や，労働者家庭における乳幼児の養育困難に対応するため，20世紀初めにセツルメント運動などが産声をあげた[82]。これらの運動におされ，また高い乳児死亡率に刺激されて(35ページを参照)，帝政政府は家族問題や乳幼児の養育・保育問題に関心を向け始めた。

まず，国民教育省は1900年から保育事業にわずかな支出を始めた。この予算は1909年と1910年に各2.4万ルーブル，1911年に2.6万ルーブル，1912年に3.6万ルーブルと増えた。しかし，これらの金額が国民教育省の年間予算の0.03%にすぎず，園児一人あたり約1コペイカである，という点は変わらなかった[83]。他方，19世紀末からの世界的な新教育運動を受けてロシアで生まれた自由教育論をK. H. ヴェンツェリ(1857～1947年)とともに理論的・実践的に担ったH. B. チェーホフ(1865～1947年)は，国民教育省の年間予算の0.1%にあたる16万ルーブルを保育施設に向けることを最低措置として1912年に政府に求めた[84]。両者の間で金額の開きは大きく，結局，同省の支出額は1916年や1917年にも3万～4万ルーブルと，あまり変わらなかった[85]。

一方で政府は，保育に予算を振り向けることを市会などの地方自治機関に奨

81　以下は，特記しない限り，註77と同じ。

82　セツルメントとは，「知識人がスラムに住み込んで貧困についての人々の認識を改めさせると同時に，スラムの人々との知的および人格的接触を通して，その自覚を促していく」社会運動や，そのための施設を意味する(『世界大百科事典』1998年，三浦文夫・執筆)。

83　Абрамсон, 1955, с. 8; Лыков, 1997, с. 39.

84　Чехов, 1912 (この数値は「3.6万ルーブルが0.03%」という上記の値と合致しない)。

85　Лубенец, 1917. 他方，チュワショフは，出典を示さずに，保育予算が1914年に6.4万ルーブル，1915年と1916年に各10万ルーブルに増えたとする(Чувашев, 1955, с. 364)。

励した。たとえば，第3国会（1907～1912年）に付設された初等教育小委員会が1908年に検討した「幼児の教育・教授施設規則」は，市会・社会団体・私人による幼稚園の開園や保育施設への教材の付与に関する条項を含んでいた。同委員会の長 Е. П. コワレフスキーは同年2月の演説で，ペテルブルク・フレーベル協会（59ページを参照）への支出の承認と関連して，保育施設に対する大規模で継続的な援助の開始を地方自治機関に提案した。さらに彼は幼稚園法案の必要性について4月に論じた。

こうして，保育政策が芽生えたところで帝政政府は1917年2月に崩壊した。

他方，いくつかの政党は，20世紀初めのロシア社会に向けて，つぎのような保育に関する文書や法案を提起していた。①（ロシア社会民主労働）党が1903年の第2回大会で採択した綱領の教育条項では，女性労働者のいる全工場などに保育施設を設けるとした[86]。これは1917年5月の文書につながった（58ページを参照）。②立憲民主党が1905年に採択した綱領は全タイプの教育施設，すなわち保育から高等教育までの施設の開設や教育などの自由をうたった[87]。③同党は第3国会で民衆幼稚園に関する法律の作成と施行を意図した。④32人の十月党員が署名した法案「幼児の教育施設について」が上記の初等教育小委員会によって1908年5月に国会に提出されたものの，審議されなかった。

教育関係の大会でも類似の提案がなされた。たとえば，①1912年12月30日～1913年1月6日にペテルブルク市で開かれた第1回全ロシア家庭教育大会では，すべての子どもを無償で受け入れる民衆幼稚園を，国家の物的援助と社会団体・ゼムストヴォ・市会などの主導権で開くように訴える決議が採択された[88]。②同じくペテルブルク市で1916年12月に開催された国民学校長大会では，都市と農村を問わず，誰でも入園できる全国的な保育施設網の必要性と，その整備計画の立案を地方自治機関などに提起する決議があげられた[89]。

二月革命期の保育制度構想　こうした経過を背景に，1917年2月末～10月

86　詳しくは竹田，1976年，270～272頁を参照。
87　所，1987年，117頁。
88　Чувашев, 1955, с. 357. См.: *Труды Первого Всероссийского съезда по семейному воспитанию*, т. 1–2, 1914.
89　Чувашев, 1955, с. 354.

末の二月革命期に作成された保育に関するいくつかの提案には，全員就園制の構想や私立施設を開く自由がみられた。これらは直後の政権交代によって実施されなかったものの，その後の保育制度構想に反映されていく。

その第1は，保育委員会が提案した次のテーゼ一覧(第一次分)である[90]。

　……II. 保育に関する臨時法のための基本命題。A.……地方自治機関は，私人・機関・団体の自発性の支援を通して，また自ら保育施設を開くことで，すべての幼児ができるだけ早く保育施設に入園できるようにする。B.……国家は，保育者を実践的に養成するため，また新しい保育活動の普及事業において社会的エネルギーを活用するため，開園時にさまざまな補助金を支給し，社会団体と私的団体を援助する……。

　III. ……保育施設は7歳までのすべての幼児のために設置される。私立保育施設: 完全に自由な保育活動を行なう私立保育施設はその規則を地方自治機関に提出する。私立保育施設は，再開したものも存続したものも，他の教育施設と同じく，私立教育施設規程の承認申請にもとづいて全〔教育〕施設網に含まれる。そこに入るか否か，ゼムストヴォと国家による公立・私立保育施設への物的援助を受けるか否かは，地方自治機関がその保育施設の組織的・教育的な価値をどの程度まで認めるかに応じて決まる。私人・機関・団体の運営による私立保育施設の園児は，就学時に，地方自治機関の運営する保育施設の園児と同等にあつかわれる。

これを読むと，全員就園制という構想が十月革命後の産物でないことがわかる。保育施設を開く権利(以下，「開園権」と略)を社会団体などに付与し，その主導で保育施設の増大を期待する点も同じである。違うのは，上記のテーゼが行

90　これは，資料本体やそれを綴じた物件に日付がなく，出所も不明な，旧正字法による資料である（ГАРФ, A-2306/12/130/1–2об.）。内容からみて本委員会はつぎのどれかであろう。① モスクワ子どもの共同教育・養育サークルに1908年に仮設され，1913年に常設となった保育委員会（Чувашев, 1955, с. 342–343），② 1915〔1914〕年にモスクワ〔市〕学童保護協会連合に付設された保育委員会（там же, с. 344; Волобуева, 1994, с. 58），③ 1917年に同連合の発案でモスクワ市会に付設された保育委員会（там же, с. 73; Белая и др., 1997, с. 48），④ 註92の国家国民教育委員会に付設された保育委員会（Чувашев, 1955, с. 366）。

政上の登録を私立施設に勧めるものの，それ以上の強制を課さず，私立施設の卒園生に公立施設のそれと同じ就学条件を認めている点である。私立施設のこうした位置づけは，帝政期と二月革命期に私立学校の自由が探求されたことや[91]，当時の保育施設の大半が私立幼稚園だった点を反映している。

このテーゼは十月革命前後における保育政策上のオールタナティヴのひとつである。

第2の提案は，二月革命で成立した臨時政府下の国家国民教育委員会に設けられた保育テーゼ検討委員会が6月に採択したテーゼである。それは，国民教育制度への保育の導入，幼稚園における幼児の全面発達の保障，保育者養成機関のすみやかな設置，養育問題での家庭への援助，入所児の死亡率の高い養育院の廃止という要求を含んでおり，社会団体と私人に開園権を認めていた[92]。

第3に，キエフ民衆幼稚園協会が臨時政府の国民教育省に保育政策の確立を訴えた1917年の論文に「保育への権利（право дошкольного воспитания）」という用語がみられた。ただし，その内実は同論文でほとんど叙述されていない[93]。また，同協会と，同年5月に創設されたばかりのペトログラード保育協会・施設・活動家同盟が，全国規模で保育を実施する緊急策を導入すべきだ，とする連名の請願書を国民教育省に送った。そこには，「どの子どもにも，その経済状態や社会状態と関わりなく，保育への権利を認める必要がある。……保育を統一的な学校計画のなかに，全体と有機的に結びついた，基礎的で義務的な第1段階として，含めなければならない」と明記されていた[94]。

なお，キエフ民衆幼稚園協会は1907年の創設直後に，「国民教育制度に保育

---

91 所，1987年，114～121頁。
92 Колоярцева, 1955, с. 123-124. 同テーゼを「臨時政府の国民教育省の特別委員会が提起した保育テーゼ」とする記述がある（Волобуева, 1994, с. 73-74）。国家国民教育委員会は文相の諮問機関として活動を開始し，さまざまな社会団体，とくに民主的な団体で構成され（笹沼，1990年 a（1），101頁），革命後の教育人民委員（文相に相当）ルナチャルスキー（80頁を参照）もその一員となった。同委員会における彼らの経験は新政権の教育政策に影響したといわれる（所，1987年，121頁）。
93 Лубенец, 1917.
94 Чувашев, 1955, с. 365-366. ただし，その出典とされる《Дошкольное воспитание》, 1917, No. 5, с. 274-282 に相当する文章は見当たらない。

を位置づけるための法整備」「幼稚園と保育者養成機関の開設と運営に対する国家予算の支出」などの要望を国民教育省に提起していた。このうちで1点目と関連して興味深いのは，1914年7月1日付けの「政府教育施設規則適用外の国民教育省管轄の私立教育施設・学級・課程に関する規則」が私立幼稚園を初等教育施設に含めていたことである。ただし，直後の大戦勃発によって同規則は実効力をもたなかった。さらに，1917年6月に国家国民教育委員会は〔前期〕初等（начальная）・後期初等（высшая начальная）・中等・高等の各段階からなる学校制度構想を採用した際に，「この制度の確立は統一的な学校制度全体に保育施設を導入する可能性をあらかじめ排除するものでない」と注記した。

　第4に，党が1917年5月に発表した「地方自治体政綱の基本的立場」には，「幼児のために可能なかぎりたくさんの無償の保育所と母親学校の設立」という一文が含まれていた。また，同月に発表されたH. K. クルプスカヤ（1869～1939年）の「地方自治体学校綱領」は全2節の一方を保育に割り，教育学的配慮のもとで保育することを提案した[95]。これらは新政権の保育政策の原型となる。

　帝政末期の保育施設網　　ここまでの叙述をまとめる意味で，帝政末期の幼稚園数と園児数を例示すると，①1914年初めに300園，1236人[96]，②十月革命直前に280園（うち有償幼稚園250園，民衆幼稚園30園），約5000人という値がある[97]。ちなみに，同時期に日本では幼稚園が600園を超え，園児数は5万人前後に達していた。両国の国土の大小を考えれば，ロシアでは幼稚園が「点」のような存在だったことを実感できよう。これに前述した800園ほどの農繁期保育所を加えても，事情はあまり変わらず，「面」はおろか，「線」になるのも難しかった。

（2）　ペテルブルクの保育界

　19世紀後半～20世紀初めのペテルブルクでは，保育に関わる団体・施設・養

95　竹田，1977年，31～33頁; 村山士郎，1980年，64～71頁。「基本的立場」の出典は《Правда》, 7, 9, 12 марта 1917，「綱領」のそれは там же, 5 марта 1917 である。

96　Плюснин-Кронин, 1926, с. 163.

97　Залужская, 1957, с. 28.

成機関がいくつも生まれた。そのうちの主なものについて順に見てみよう。

　『幼稚園』誌　　1866 年にペテルブルク教育集会が開かれ，Н. А. セニコフスキー報告「幼稚園について」の討論のあと，保育の理論と実践の問題を検討する臨時幼稚園委員会を設置した。А. С. シモノヴィッチ(1844～1933 年)も加わった同委員会は 3 年後に解散した[98]。

　彼女が夫とともにロシア初の保育専門誌として 1866 年に創刊した『幼稚園』は，フレーベル思想のロシア保育界への導入に大きな役割をはたした。同誌には養育や保育の全般に関わる論文や，お話・描画・遊びといった保育内容を紹介する文章などが掲載されていた。『幼稚園』は，シモノヴィッチ夫妻によって翌 1867 年までに計 9 号が刊行されたあと，編集権が Е. ボロズジナに移され，その性格を一般教育雑誌に変えた。1877 年に同誌はペテルブルク親サークル機関誌となり，『教育と教授』と改称され，1917 年まで続刊された[99]。

　フレーベル協会　　ロシアを代表する教育学者 К. Д. ウシンスキー(1824～1870 年)らと一緒にペテルブルク教育学協会を 1860 年に創立した И. И. パウリソン(1825～1898 年。『教師』誌の編集者で教育学者)は，К. А. ラウフス(小児科医)らと協力してロシア初の初等〔幼児〕教育促進フレーベル協会(以下,「フレーベル協会」と略)を 1871 年にペテルブルク市に発足させた。その後，この協会はオデッサ，ハリコフ(ウクライナ)，キエフ，チフリスなどの各市に広まった。ペテルブルクの協会は 1872 年に幼稚園教員養成のための 1 年制の課程を設け，フレーベル学院と称した。同協会はほかに有償幼稚園・民衆幼稚園・夏季民衆幼稚園〔子どもの広場〕・夏季コロニー(летняя колония. 浮浪児向けの臨時施設)・養育院・保母学校を開いた。このうち，重視された有償幼稚園は世紀転換期に約 75 園を数えた。他方，民衆幼稚園は 2 園，子どもの広場は 1 園だけだった。子どもの広場は工場労働者の資金で 1894 年に開園し，翌年から市会の援助を受けるようになった。労働者の子どもを市近郊で夏季に保育するという子どもの広場の試みは好評で，1900 年にカザン市(ヴォルガ中流域)で，1904～1905 年にトヴェリ市でも実施された。

98　Чувашев, 1928, с. 33; Шабаева, 1981, с. 162; 佐々木，1984 年，26 頁。
99　Куфаев, 1927, с. 399; Чувашев, 1928, с. 35-36; 佐々木，1984 年。

ペテルブルクのフレーベル協会は1876年から初等教育にもとりくみ始め，1878年には民話〔お話〕のコンテストを開始した。また，1890年代には保育思想の宣伝のために幼稚園活動の展示をペテルブルク市やニジニ＝ノヴゴロト市で幾度か開催し，1900年のパリ万国博覧会の教育部門にも出品した[100]。

　1882年に創設されたペテルブルク貧困・病弱児童保護協会は市内の各地区に支部をもった。支部は主に大企業の資金援助で保育所や乳幼児向けの昼間保護施設（ясли-приют）を開き，1902年からは内務省の補助金も受けるようになった。同協会自身が開いた初の保育所は，1889年にボグダノフ工場に労働者の納付金で付設されたもので，そこでは生後6か月～6歳の50人が保育を受けた[101]。

　1884年に士官学校教育博物館に付設されたペテルブルク親サークルは全国に支部を設け，全57冊の『家庭教育百科事典』[102] を刊行した。また，1899年に創設されたカザン家庭教育サークルなどとともに，教育文献・児童図書・児童雑誌を出版し，教育の原理や方法，体育，保育思想を広げるように努めた[103]。

　1892年，著名な体育学者 П. Ф. レースガフト（1837～1909年）の提唱でペテルブルク身体発達促進協会が発足した。4年後に同協会は2年制の養成所を付設し，幼児を教育対象に含む体育分野の指導者の養成を始めた。同協会はその後，キエフ，オデッサ，ヘルソン（ウクライナ），チフリス，ポルタワなどの各市に拡大された[104]。

　自由教育論　　代表的な自由教育論者であるヴェンツェリとチェーホフらが1906年にモスクワ市に結成した子どもの共同教育・養育サークルは間もなく分裂した。1908〔1907〕年には，その一方のチェーホフ夫妻らが中心になり，約200人からなる保育促進協会をペテルブルク市に創設した。同協会には保育専門家の Е. И. チヘーエワ（1867～1943年）や М. Х. スヴェンチツカヤ（1855～1932年）らも参加し，民衆幼稚園の設置とともに，親の相互援助によって家庭幼稚園

100　Брокгауз и др., 1902, с. 688–689;《*Педагогический листок*》, 1902, с. 64–65; Чувашев, 1928, с. 35, 39; Его же, 1955, с. 196–207, 243; 佐々木，1984年，27頁; 展示資料．

101　Чувашев, 1955, с. 241–242.

102　Каптерев, 1898–1910.

103　Чувашев, 1928; Его же, 1955, с. 342.

104　Его же, 1928, с. 39; 佐々木，1984年，30頁．

の開園に努めた。具体的には，家庭幼稚園規程の作成，保育者の監督，登録された家庭幼稚園一覧の刊行，教科書の貸し出しなどを行ない，1910年前後に16園をもつまでになった。同協会はまた，保育問題を主題にした全2巻の論集を1912〜1913年に刊行したり[105]，保育者養成の講習会を主催したりした。同名の協会は1910年にチェリャビンスク市（ウラル地方），1913年にノヴゴロト市（北西地方），タムボフ県（中央農業地方），イワノヴォ＝ヴォズネセンスク市（中央工業地方）に開設された[106]。

さらにチェーホフが代表となり，1911年に活動を始めたモスクワ教育サークルは400人以上の教師と教育活動家を抱え，50人の部員による保育部門を付設していた。同部門は家庭や学校での幼児の知的発達の問題などに関する研究成果を積極的に発表した[107]。

第1回全ロシア家庭教育大会　前述したように，1912年末〜1913年初めにペテルブルク市で家庭教育大会が開かれた。その全体をここで分析するのは無理なので，著名な教育者 C. T. シャツキー（1878〜1934年）の同僚 A. У. ゼレンコ（1871〜1953年）が大会の前に書いた小文「読者との対話——社会の教育か家庭の教育か——」[108] についてだけふれよう。論題の印象とは違い，そこでゼレンコは「社会の教育」と「家庭の教育」の結合をつぎのように訴えている。

> ① 両者はともに純粋な，切り離された形では存在できない。② 家庭の教育は，親愛・親密・信頼という家庭的なものを大切にしなければ，その課題を遂行できない。③ 古い形態の社会の教育を再生するために家庭の教育の要素をとりいれる必要がある。④ 両者が協同組合的になる事例は欧米諸国にみられる。たとえばセツルメントがそうである。

このうち，④のロシアにおける事例としてゼレンコが注目しているのは，農

105　С.-Петербургское общество содействия дошкольному воспитанию детей, 1912–1913.
106　Чувашев, 1928, с. 40; Его же, 1955, с. 337–341; Шабаева, 1981, с. 249; 佐々木，1984年，31頁．См.: Волобуева, 1994, с. 42–44, 48–51.
107　Чувашев, 1955, с. 343–344; Волобуева, 1994, с. 52.
108　《Свободное воспитание》, 1912/1913, No. 4, с. 5–16; ヴェントツェリほか，1985年，237〜247頁．

村共同体とアルテリである。後者は，主に帝政ロシアで小生産者や労働者が経済的目的を追求するために自主的に結成した平等な共同組織である[109]。そうした場で成立していた親愛・親密・信頼にもとづく共同と協力の関係を，1905年革命のあとの激動するロシア社会において新しい形で再生すること，いいかえれば，社会の教育と家庭の教育が結合した「社会的家庭〔家族〕」「大きな家庭〔家族〕」を形成すること——それがゼレンコの主張の核心だった。

その背景には，20世紀初めに長期滞在中の米国で彼が見聞きした[110]，資本主義化の進展に伴う人々の孤立化という事態への危惧があった。それは本格的な資本主義化の開始から間もないロシアにとっても他人事でない，と彼には感じられた。その意味で，上記の小文は20世紀初めの主要国における「時代の雰囲気」を反映した主張である。同時にそれは，1910年代末のロシアの都市で流行する家族消滅論に通じる考えでもあった(96〜97ページを参照)。

ドイツがロシアに宣戦を布告したため，1914年8月にドイツ語風の名を改めたペトログラード市では，1916年に初等教育協会が創立され，保育促進協会とともに，保育の理論や実践の深化，保育者養成の進展に貢献した。翌年の二月革命後，初等教育協会は保育施設・活動家統一連合と改称し，多様な保育理論にもとづく活動を展開した[111]。

保育施設と保育者養成機関　フレーベルやモンテッソリの保育思想をロシアでいち早く受容したペテルブルク市には，それらにもとづく保育施設や保育者養成機関が設置された。まず，1863年にペテルブルク大学教授の夫人が同市初の有償幼稚園を開いた。1866年には，『幼稚園』誌を編集していたシモノヴィッチが2番目のそれを開園した[112]。

ロシア初の保育者養成機関として1872年に創設されたフレーベル学院は(59ページを参照)，1878年に養成課程を2年間に延長し，1年目を実践的基礎，2年

109　川端ほか，2004年，28〜29頁(日南田静真ほか・執筆)；高田，1990年a，66頁。アルテリと，出稼ぎルートの形成に重要な役割を果たした非公式な団体である同郷人会はソ連初期にも存続し，都市と農村を結びつける場となった(渓内，1970年，758頁；小島，1991年，170頁；Engel, 1994, pp. 231-232)。

110　Давыдов, 1993, с. 328-329 (автор: А. И. Пискунов).

111　Махлина и др., 1932, с. 13-14.

112　Чувашев, 1955, с. 155; Шабаева, 1981, с. 163; 佐々木，1984年，26頁。

目を理論的基礎の形成にあてた。1907年，それが3年間に再び延長され，初等学校教員の養成も始まった。また公開講座〔講義〕の実施と教育関係図書の出版が重視され，『家庭と学校』誌が創刊された。1912年に養成課程は4年制になり，革命後の後継の組織である保育専門学校の骨格が固まった。履修内容は，動物学・植物学・鉱物学・生理学・解剖学・組織学・衛生学・児童文学・体育・絵画・塑像・歌唱・手工・教授法・実習などだった[113]。

モンテッソリ思想の影響　ペテルブルク保育界へのモンテッソリ思想の影響は，その世界的なブームと同時期に生じた。モンテッソリ思想に関する論文が1912年からロシアで発表され始め，同年に作家トルストイの娘 Т.Л. スホチナが，モンテッソリの子どもの家を訪ねるため，ローマに出かけた。同行したスホチナの娘はそのときの様子をつぎのように書いている[114]。

> 私の母はふだんから教育学に強い関心をいだいていた。1914年以前にローマで過ごした冬，母はモンテッソリと知り合いになり，その教育方法に強い興味をもった。母はモンテッソリ教材をすべてロシアに持ち帰った。私は，私と村の子どもたちがモンテッソリのやり方で読み書きを習っている場面をとった写真を今も持っている。

1913年，モンテッソリ思想にもとづくロシア初の幼稚園を Ю.И. ファウセク(1863～1943年)が中等商業学校に付設した。翌年の春，彼女は同校の長 С.И. サゾノフあるいは国民教育省の支援でローマに派遣され，同年にチヘーエワもそこを訪ねる機会を得た。このあとファウセクとチヘーエワの両者，および彼女らが指導した幼稚園と保育専門学校がロシアにおけるモンテッソリ思想の研究と実践の中心となった。なお，モンテッソリ思想にもとづく幼稚園はペテルブルク市内に，上記の園を含めて，3園あった[115]。

113　Н.С., 1918, с. 182; Чувашев, 1928, с. 35; 佐々木，1984年，27頁。なお，Чувашев, 1955, с. 199-200 は本文の1872年を「1871年」，1878年を「1876年」とし，1905年のフレーベル学院の閉鎖までにフレーベル主義者とよばれる保育者328人を卒業させたと記述している。

114　Tolstoi, 1975, p. 308.

115　ЦГА СПб., 4264/1/1420/1-3; Богуславский и др., 1994, с. 8; Белая и др., 1997, с. 40.

ウクライナの保育界[116]　関連して，ウクライナとその中心であるキエフ市の保育界にここで少しだけふれよう。ウクライナ初の有償幼稚園は1897/98年度にキエフ，ハリコフ両市で，民衆幼稚園は1900年にキエフ市で開かれた。ウクライナの幼稚園は帝政期に最大で40園あり，うち11園が民衆幼稚園だった。

キエフ市では，①児童養育・保護促進協会内の幼稚園委員会が1902年に，②民衆幼稚園協会が1907年に(57ページを参照)，③フレーベル協会が1908年に，それぞれ創設された。このうち，①は1902年に民衆幼稚園を開き，1905年には5園に増やした。また，②は3年制の昼間課程をもつフレーベル教育専門学校を1908年に開校し，③は全国誌『保育』を1911～1917年に刊行した。大戦下の同市では，民衆幼稚園協会が兵士の子どものために民衆幼稚園4園と〔有償〕幼稚園3園を，市会が民衆幼稚園30園を，全ロシア都市同盟キエフ委員会が孤児のために養育院を開き，フレーベル協会が論集『子どもと戦争』を出す――といった臨戦体制が保育界でもとられた。

(3)　モスクワの保育界

モスクワ保育界についてはヴォロブエワらの論文が1990年代中頃に発表されており[117]，そこからモスクワの保育に関するつぎの動きを知ることができる。

市会と市参事会　議決機関の市会と執行機関の市参事会がモスクワで保育問題にとりくみ始めたのは19世紀末である。両者はまず物乞い選別・保護委員会を1895年に改組し，モスクワ市貧困者保護協会を市内40地区のうちの25地区におき，教材や衣服を与え，保育所を開いた[118]。それより早く1882年に創設されていたモスクワ貧困・病弱児童保護協会は，県下の昼間保護施設を1895年の12園(入所児317人)から1899年の36園(848人)に拡大した[119]。

1909～1914年に市参事会はモスクワ市内に子どもの広場を設けた。その数は当初の7園から1912～1914年の各24園に増え，子どもの広場と見学への支出

116　Чувашев, 1928, с. 43; Его же, 1955, с. 243, 360; Абрамсон, 1955; Шабаева, 1981, с. 209-210, 249; 佐々木，1984年，31頁。
117　Волобуева, 1994; Ее же, 1996; Белая и др., 1997.
118　Волобуева, 1994, с. 33.
119　Чувашев, 1955, с. 241.

は計216ルーブルから2940ルーブルに増額された[120]。他方，市会は，В. А. フリョロフの請願を受けて，1915年から月に1655ルーブル，1917年1月から2888ルーブルを託児所に支出した。そのほか市会軍事係も月500ルーブルの同じ支出を1915年に始めた[121]。

教育・保育関係の団体　モスクワの行政機関の保育問題への対応を補ったのが，ペテルブルクと同じく，さまざまな団体の保育関係の活動だった。その一部をつぎにあげよう。

1870年に創設されたモスクワ保母・女性教師協会は，20世紀初めまでに複数の保育施設と保育者養成機関をもつようになった（72ページを参照）[122]。

1893年，歴史学者 П. Г. ヴィノグラドフ（1854～1925年）や物理学者 Н. А. ウモフ（1846～1915年）を中心に，進歩的な学者・教師・知識人らによってモスクワ大学教育学協会が結成された。1902年，そこに家庭学校組織委員会が付設され，ヴェンツェリが指導した[123]。

彼はまた，子どもの共同教育・養育サークルからチェーホフらが抜けたあとも，その代表を務めた。そこに1908年に仮設され，1913年に常設された保育委員会は，保育問題の研究，民衆幼稚園の開園，保育者や保育研究者の連携，教材や遊びの開発，保育者の養成などの課題にとりくんだ[124]。

セツルメント協会　シャツキーとゼレンコを中心にして1906年にセツルメント協会が創設された。翌年の移転後，同協会は3グループに分かれて活動するようになった。その1番目のグループは保育専門家の Л. К. シュレーゲル（1863～1942年）と Л. Д. アザレヴィッチ（1873～1954年）によって指導され，園児約50人の幼稚園と実験小学校で実践を展開した。しかし，「帝政最後の君主主

120　Волобуева, 1994, с. 39.
121　Белая и др., 1997, с. 47.
122　Там же, с. 40; Волобуева, 1994, с. 19, 42, 51–52.
123　Там же, с. 42; 佐々木，1983年，23～24頁；ヴェントツェリ，1985年，48～56頁（佐々木弘明・執筆）。
124　Чувашев, 1955, с. 342–343. 1989年の国連総会で採択された子どもの権利条約の先駆的な見解のひとつであるヴェンツェリの論稿「子どもの権利宣言の発布」は革命前に書かれ，革命後に発表された（《*Свободное воспитание и свободная школа*》, 1918, No. 1/3, с. 69–78）。詳しくは塚本，1991年を参照。

義的改革者」[125] と称される П. А. ストルイピン首相（1906～1911年在任）の秩序と安定を求める政治のもと，モスクワ市の命令でセツルメント協会は1908年に閉鎖させられた。

活動の再開を求めたシャツキーらの努力により，翌1909年にモスクワ市は，同協会の活動の内容と規模を縮小した新設の「子どもの労働と休息」協会の規程を認めた。そこに民衆幼稚園が付設され，シュレーゲルとアザレヴィッチが引き続きその指導にあたった。

論述の関係で同園のその後にふれると，上記の協会を母体に教育人民委員部（文部省に相当）付設国民教育第1実験ステーションが発足した1919年春に同園も付属の実験・モデル施設となる[126]。さらに1921年までに同ステーションがモスクワ県の南西に隣接するカルーガ県に支部を設けると，そこにアザレヴィッチの指導する農村幼稚園が開かれる[127]。

大戦下の動向 話を帝政末期に戻そう。1909〔1910〕年から学童保護協会がモスクワ市内の13地区に設けられ，1914年にモスクワ学童保護協会連合に統合された。そこに「子どもの労働と休息」協会と「子どもコーナー」協会が加わり，モスクワ子どもの共同教育・養育サークルの構成員も参加した。その結果，同連合はモスクワの保育活動の中心的役割を担うことになった。具体的には，保育の宣伝，雑誌の活用，展覧会の開催といった活動に加えて，生後2, 3か月から4歳までの乳幼児を7～19時に受け入れる保育所を設けた。1914年のうちに同連合は養育院以外の全タイプの保育施設を抱えるまでになった。さらに翌春には85人からなる保育委員会が付設され，大戦下で強化された保育活動の中心的位置を占めた[128]。

養育院 モスクワでも保育施設は労働者向けの民衆幼稚園と有産階級向けの私立幼稚園に分かれていた。ここでは，その内容を順に見てみよう。その前

---

125 高田，1994年，407頁。
126 実験・モデル施設は，教育方法や保育方法の研究とその成果の一般施設への普及，教育者と保育者の養成，住民間の活動を目的に，教育人民委員部が1918年から設置し始めた（Давыдов, 1999, с. 87–88. автор: Ф. А. Фрадкин）。См.: Чехов и др., 1928; 村山士郎，1998年；同，1999年。
127 Колоярцева, 1955, с. 57, 104；シャツキーほか，1984年，27, 49頁など。
128 Чувашев, 1928, с. 41; Его же, 1955, с. 344, 362; Волобуева, 1994, с. 53–55.

に養育院についてふれたい。

　主に婚外子・孤児・貧困児を受け入れた養育院の歴史は，関係する施設のなかで古く，47 ページで「死の施設」と述べたモスクワ養育院は，エカチェリナ二世(1762～1796 年在位)の誕生日を記念して 1764 年 4 月に，モスクワ川に面した専用の建物をもった。初代院長は開設の担い手 И. П. ベツコイ(1704～1795 年)が務めた。彼の死後，1797 年に同養育院は帝室慈善協会(のちのマリア皇后庁)[129]の管轄となった。他方，ペテルブルク養育院は現ロシア国立教育大学のあるモイカ運河沿いに 1771 年に創設された。その後の半世紀の間に養育院はすべての県都と多くの郡都に開かれた。このように養育院が広まったのは，第 1 に，民衆がその存在を好ましくみており，帝政政府が自らの慈善精神の象徴として養育院を利用しようとしたからであり，第 2 に，子殺しや捨て子の問題が帝政の統治基盤を不安定にする要因とみなされたためである。しかし，養育院の入所児の死亡率があまりに高かったので，1828 年にその新設が禁じられ，すでにある養育院への入所が制限された。1890 年代の 2 度の飢饉時に養育院を必要とする子どもが増えたので，その新設が 1898 年に解禁されることになった[130]。

　養育院を管轄したのはマリア皇后庁のほかに内務省・宗務院・陸軍省・海軍省・ゼムストヴォなどだった。養育院の総数は手元にない。しかし，一部は次ページの表 1–5 のように推移した。また，モスクワとペテルブルクで養育院が開かれた 18 世紀後半から，閉鎖された 1910 年代前半にかけて，全国の養育院に入所した子どもの数も不明であるものの，両養育院だけでその数は総計 177 万人になった[131]。

　有償幼稚園　　私立の有償幼稚園は 19 世紀後半に誕生した。たとえば，1866 年にゲルク女学校に幼稚園が付設され，1868～1869 年にマモントワ，レヴェンシュテルン，ソロヴィヨフ，リムスキー＝コルサコフの各家に属する幼稚園が設

129　帝政期の慈善事業の中心だった帝室慈善協会の長を皇后マリア・フョードロヴナ(1759～1828 年)が 1796 年から務め，熱心に活動したので，その死亡時にニコライ一世(1825～1855 年在位)が同協会をマリア皇后庁と改称した。

130　Чувашев, 1955, с. 248, 253; Ransel, 1988, p.33; Давыдов, 1999, с. 87–88 (автор: Ф. А. Фрадкин); Волобуева, 1994, с. 13; Белая и др., 1997, с. 6; Lindenmeyr, 1996, p. 62; Шмидт, 1997, с. 186–187, и др.

131　Ransel, 1988, pp. 303–308.

表 1–5　県都所在の養育院とマリア皇后庁管轄の養育院の数（1844～1911 年）

年	1844	1854	1864	1874	1884	1889	1892	1895	1901	1911
県都	17	51	62	74	85		94			
マリア皇后庁						128	138	158	310	438

出典: Брокгауз и др.,1893, c. 349–350（県都）; Чувашев, 1955, c. 250, 336（マリア皇后庁）.

置され[132]，1893 年にモスクワの幼稚園 7 園に男児 21 人，女児 35 人が在園していた[133]。

　世紀転換期に開園した特徴的な有償幼稚園をいくつか列挙しよう[134]。これらは皆，革命後にモスクワ国民教育部（教育委員会に相当）の中央施設（172 ページを参照）に改組されるモデル施設である。

　　① E. П. ザレスカヤが主導した幼稚園が 1897～1912 年に存続し，家庭と学校を結びつける役割をはたした。同園は，物語・お話・描画・手工・屋外遊び・自由遊び・歌遊び，親の結びつきを重視した。

　　② 1908 年にスヴェンチツカヤが私立ギムナジアに 30 人定員の幼稚園を付設した[135]。

　　③ O. H. ケリナ記念モスクワ市総合幼稚園が，彼女の夫 B. Ф. ケリンの資金で 1911 年に創設され，総合幼稚園の名にふさわしく各種の施設をもち，子どもの創意・自発性・創造性を重視した保育を行なった。

　最後の市総合幼稚園の運営規則をモスクワ市会が 1910 年 9 月に認可している[136]。それによれば，同園はほかに児童図書室・音楽室・児童天文台を備え，子どもの教育の夕べと日曜学級を開いた。園児数は，6～7 歳児の 36 人を基準とし，入手できる資金によって変わった。8 月から園児の受け入れを始め，9～5 月を学年度とした。課業は祈りに必要な読み方と歌唱で始まり，それで終わった。課業の種類は遊び・手芸・描画と就学準備の読み書き算との 4 種であった。

132　Чувашев, 1955, c. 155; Волобуева, 1994, c. 15.
133　Белая и др., 1997, c. 10.
134　Волобуева, 1994, c. 27–32; Белая и др., 1997, c. 22–23, 25–28.
135　この経験は Свентицкая, 1913 として発刊された。
136　全 43 条の同規則は ЦИАМ, 459/4/5566/3–5（8–10）所収。

ほかに自由教育論による「創造的幼稚園」がモスクワ教員会館に1913年に開かれた。同じ頃にモンテッソリ思想にもとづく幼稚園はモスクワ市内に2園あった[137]。

モスクワ学区の幼稚園　モスクワ県を中心とする11県からなるモスクワ学区[138]で20世紀初めに新設された幼稚園数の推移は表1–6のとおりである。

同表のA欄とB欄の値は少し違うものの、推移の傾向は共通している。すなわち、1905年の革命のあとに新設が増え、大戦期に近づくにつれて減少した。それは、モスクワ市内の私立幼稚園が1910年に82園、1914年に43園だったという数字にも反映されている[139]。

B欄の幼稚園について幾つかの特徴を指摘しよう。① 入園の対象年齢は4～7歳の園が過半数を占め、それに5～7歳の園を加えると4分の3以上になる。② 受け入れ可能な園児数（園児定員）は30人、50人、20人の順に多く、建物の許容限度まで、という場合もある。③ 所在地はモスクワ県、とくにモスクワ市に集中している。④ 開園年数は短く、1年以内が3分の1弱を占める。他方、最長年数は20年である。⑤ 幼稚園は初等教育の準備施設という性格が強い。すなわち、神の法（祈り）[140]が9割弱の幼稚園で教えられ、ロシア語は8割を超える。ついで高いのは、7割強の算数、6割前後のフランス語とドイツ語、描画と唱歌である。やや下がって、4割前後を占めるのが屋外遊びと体操であり、最後のグ

表1–6　モスクワ学区の新設幼稚園数（1900～1914年）

年	1900	01	02	03	04	05	06	07	08	09	10	11	12	13	14	計
園数 A	3	4	10	9	8	9	11	19	27	21	18	7	12	6	7	171
B		4	14	10	5	4	17	23	23	29	19	15	9	8	6	186

註：「幼稚園」という名の共学・別学の一級制（3年制）初等学校、あるいは「幼稚園」という名の就学準備学校（подготовительная школа）を意味する（Белая и др., 1997, с. 14–15）。B記載の期間外に、1870年に1園、1890年に1園、1897年に3園、1898年に1園、1899年に2園、1915年に1園、1916年に1園が新設された（ЦИАМ, 459/4, т. 1–4/296–2624, 7256, 7472）。
出典：ЦИАМ, 459/4, т. 1–4/2909–7051 (B); Волобуева, 1994, с. 23 (A).

137　Белая и др., 1997, с. 34, 40.
138　Шмидт, 1961, с. 197–204.
139　Волобуева, 1994, с. 23.
140　塚本、1993年、63～65頁を参照。

ループをなすのが，2〜3割の書き方・塑像・手工・手芸・踊りである。
　以上の幼稚園のうち，1909年9月にモスクワ市に初等学校とともに開かれた幼稚園の概要が残されている[141]。同園の保育内容で特徴的なのは，モスクワ学区の他園と同じく，読み書き算と外国語の学習である。同園の園児一人平均の年間の保育料と給食費の合計120ルーブルは，1908年の労働者の平均年間賃金，それも最高の金属工の374ルーブルの3分の1ほどに相当した(29ページを参照)。金属工にとっても有償幼稚園は縁遠い存在だった。
　民衆幼稚園　　民衆向けの無償の幼稚園については，つぎのような動きがわかっている。
　セツルメント協会の創設の前に，その準備活動として，シャツキーやゼレンコが1905年5〜8〔10〕月にモスクワ市近くのある村の別荘(ダーチャ)で夏季コロニーを開き[142]，そのあとモスクワ市内の場末に「スシチョフスク貧民保護所外来児童昼間養護院〔昼間保護施設〕」を開設した。その一部として翌1906年の初めに民衆幼稚園が開園され，約40人の幼児の保育が始まった[143]。同園はセツルメント協会から「子どもの労働と休息」協会への改組時にも存続し，1911年に閉園した[144]。
　1906年に職業団体臨時条例と集会結社臨時条例が出たあと，新しい教育団体が生まれ，社会団体による幼稚園設置の動きが広まった。開園した団体(年)を順にあげると，教育連盟モスクワ州支部シモノフ地区委員会幹部会(1906年)，聖幡持ち相互扶助会(1910年)，モスクワ・ドイツ人協会女性労働委員会(1912年)，保育委員会をもつモスクワ識字協会(1913年)，モスクワ農業研究所〔専門学校〕付属教育協会(同年)などとなる。これらの団体は講義・話合い・印刷物を通して保育施設の意義が社会に広まるように努めた[145]。

141　ЦИАМ, 459/4, т. 1–4/5564/4–4об.
142　Колоярцева, 1955, с. 59; シャツキーほか，1984年，25頁。この夏季コロニーの実践記録として Шацкий, 1908; シャツキー，1973年，9〜97頁を参照。
143　シャツキーほか，1984年，19〜27頁。
144　Колоярцева, 1955, с. 65–78.
145　Волобуева, 1994, с. 44; Белая и др., 1997, с. 39–40. *Устав Московского общества грамотности*, 1907 は同年9月5日に承認されていた（ЦИАМ, 459/4/6737/5–5з.）。なお，聖幡はキリストなどを描いた行進用の旗である。

1908年，モスクワ保母・女性教師協会の委員会によって6～7歳の女児30人を対象に民衆幼稚園が開かれた[146]。1913年，初等学校と組織的に結びついた初の民衆幼稚園がモスクワ市立第3女子五年制学校に付設された[147]。

大戦下の託児所　1914年からは大戦の影響が保育界にもおよんだ。そのため，たとえば，①モスクワ学童保護協会連合に付設された保育委員会が，市参事会中央事務局児童〔専門〕部に付設された託児所委員会と共同で，3～10歳児を一日10～12時間保育し，無料で三食を提供する託児所の設置を推進することにした。②1914年秋に「予備役軍人の子どものための託児所」がモスクワ学童保護協会連合や女性同権連盟によって開かれた。後者による施設では3～7歳児の25人を3～5歳と6～7歳に分けて保育した。有給の保育者はおらず，非専任の12人の男性と2人の女性が2～3人ずつ3交替で，9～19時の12時間の保育を担当した。その内容は保護の側面が強く，しだいに教育の側面が加えられた。

同種の施設は翌1915年3月までに19園に増大し，そのうちの5園にはモスクワ市会中央事務局が，残りの14園には社会団体とサークルが資金を提供した。これらは臨時施設ではなく常設施設として位置づけられた。その後，これらの託児所の活動が関係者によって再び検討され，3～5歳児を対象にした保育は一日6時間に留めるのが適切とされた[148]。おそらく貧困な保育条件のもとで12時間におよぶ保育を行なった結果，色々な弊害が園児に生じたのだろう。こうした経過が，1919年春の第1回(全ロシア保育)大会における保育施設の基本タイプについての論議，すなわち保育時間をめぐる論争に影響を与えることになる。

臨時施設　モスクワ市初の子どもの広場である夏季の民衆幼稚園がH. C. フィリティスの指導で1895年に設けられた。1909年からそれは夏ごとに開かれるようになり，7園で400～500人の幼児と学童を保育した。また，近郊への日帰りの見学には1000～1200人の子どもが参加した。子どもの広場の活動は体育協会と「子どもの労働と休息」協会などが担った。さらに，近郊にコロニーを建設するために特別委員会が市会に付設され，悲惨な状態にある子どもを農村で癒す試みを，社会団体と慈善団体の資金で実施した。大戦中の1915年には

146　Волобуева, 1994, с. 51, и др.
147　Чувашев, 1928, с. 43.
148　Волобуева, 1994, с. 58–64; Белая и др., 1997, с. 45–46.

市参事会と社会団体が子どもの広場を20園ずつ運営し，そこには60人以上の保育者が働いていた。ただし，幼児だけを受け入れる子どもの広場は「子どもの労働と休息」協会による1園のみだった[149]。それ以外の子どもの広場は，今日の言葉でいえば，幼児後期と学童前期を含んだ幼年期の施設にあたる。

障害児施設　モスクワ市は聴覚障害児の保育においても中心的位置を占めていた。その最初の施設は，1900年にФ. А. ラウ（1868～1957年）が創設し，妻のН. А. ラウ（1870～1947年）と共同で運営した聴覚障害児向けの有償幼稚園である。同園では，神の法，ロシア語，算数，描画と塑像，体操，フレーベル式の課業と手芸，遊びが課業として採用された。こうした有償幼稚園は1910年までに全国でさらに3園でき，民衆幼稚園も市会によって1915年に開かれた。また，1913年には聴覚障害児施設の保育者養成課程がモスクワ保母・女性教師協会によりラウの幼稚園に付設され，1915年には聴覚障害幼児保護協会が発足した[150]。

全体としてみると，帝政末期のモスクワ市には多種の施設が一定数あった。すなわち，1917年末に市内には，モスクワ学童保護協会連合が主体となって，託児所が21園（園児540人），民衆幼稚園が28園（1583人），保育所が7園（436人），子どもの広場が34園（4559人），養育院が79か所（入所児4362人，うち学童3789人，幼児573人）あり，合計で169園（7691人。学童との合計1万1480人）が活動していた[151]。

保育者養成機関　1872年に創設されたモスクワ女子教育学院〔高等女学院〕に，幼稚園の保育者を養成する1年制の課程が1909〔1911〕年に設けられた[152]。それはのちに2年制の保育者養成学科に改組された。

モスクワ保母・女性教師協会が開いた養成所は50以上の一般教育科目をもっており，1909年に教育学専門，1910年に幼稚園の保育者向け，1911年に子どものおもちゃと体操の指導に関する各連続講義を実施した。それらを母体に保

149　Волобуева, 1994, с. 134; Белая и др., 1997, с. 42-44.

150　Чувашев, 1928; Его же, 1955, с. 257, 351; Волобуева, 1994, с. 23; Белая и др., 1997, с. 16.

151　Чувашев, 1955, с. 362; Белая и др., 1997, с. 9, 47.

152　Чувашев, 1928; Белая и др., 1997, с. 40.

育者養成機関ができ，1916年には，その名称に「Д. И. チホミロフ記念」がかぶせられた[153]。

1914年秋，モスクワ子どもの共同教育・養育サークルの主導で，誰でも入学できる有料の夜間の短期課程が，新しく開学されたА. Л. シャニャフスキー記念（モスクワ市）民衆〔国民〕大学に付設され，計1200人以上がそこを修了した。同課程では計78時間の講義と実技が行なわれ，ほかに衛生と体育，子どもの保護が重視された[154]。

同じ頃に同サークルの保育委員会が主催した保育者養成の6週間の課程にシュレーゲル，シャツキー，Н. О. マッサリティノワ，В. Н. シャツカヤ（1882～1978年）が講師として招かれた。同課程の受講生は650人と多く，実践的な養成は十分にできなかったので，講義形式ではなく対話形式がとられた[155]。

これらは，結果的に，非常時における保育者の促成で短期の養成の前例となる。

シャツキー方式　1915年10月，「子どもの労働と休息」協会が，幼稚園と託児所の保育者を対象に，「シャツキー方式」による保育者養成〔現職者の再教育〕を始めた。当初は6か月間の課程とみなされていた。しかし，結局は1917年10月までの2年間の課程となった。その間に養成場所が転々としたので，受講生は移動受講生とよばれた。

そのために講師陣は長期のプログラム〔カリキュラム〕を事前に決めず，受講生の要求から出発し，実践と子どもの観察を重視しようとした。受講生は自立的に教材研究を行ない，話合いを重視し，子どもの発達に必要な教材について勉強することが求められた。しかし，受講生は講義形式を求め，その要望が満たされないために中退する者が出た。

1年目の授業時数は計310時間で，前期は講義とゼミナールが半々，後期は講義が84％を占めた。内容別の時間数には上記の教育方針が反映され，「幼稚園

---

[153] Волобуева, 1994, с. 52, 55; Ее же, 1996, с. 54. これらの保育者養成機関のその後については126～129頁を参照。

[154] Волобуева, 1994, с. 69–72; Ее же, 1996, с. 55–56; Белая и др., 1997, с. 47–48.

[155] Колоярцева 1955, с. 229–230. その内容の一部はШлегер, 1915として出版された。

実習」90時間(総時間数の30%),「実践的な教材研究」62時間(同じく20%),「音楽・遊び・お話・描画に関する実践的な授業・講義・話合い」86時間(同じく28%),「心理学・自然科学〔博物〕と幼稚園の目的に関する講義・見学・話合い」72時間(同じく22%)となっていた。

1年目の終了時に講師と受講生の双方が内容に満足せず,養成期間の1年延長を決めた。2年目の教育では受講生の実習と自治の訓練がさらに重視され,シャツキーの主導する「ボードラヤ・ジーズニ〔元気な生活〕」コロニーで養成が実施された。この年も,従来なかった実践的な養成〔再教育〕法に受講生から反対論が多く出た。同時に,得られる知識の量こそ少ないものの,さまざまな問題について調べる方法を与えられ,満足した受講生もいた[156]。

この養成課程の年間の授業時数310時間は一日あたりにすれば1時間ほどになる。長期課程とはいえ,パートタイムの養成が2年間にわたった例といえよう。内容的にみると,保育者の新規養成と再教育の課程において保育実践の観察と受講生の自発性を重視するのがシャツキー方式の特徴である。さらに1917年9月~1918年4月,同じ原則による講習会がモスクワ学童保護協会連合によって開かれた[157]。帝政末期に広がり始めたシャツキー方式は,のちに第2章でみるように,革命後も継続される。

(4) ヴャトカの保育界

帝政期にはヴャトカ県内につぎの4つのタイプの保育施設があったことが分かっている。

① 1866年と1867年の県備忘録に慈善団体の資金で設立された県養育院の報告がある。その規程によると,同養育院は3~8歳の無保護児を受け入れ,日曜と祝日は活動を停止し,それ以外の毎日,親が園児を迎えにきた。園児には昼食とおやつが提供され,園服の着用が義務づけられた。保育者が少ないために園児の保護と道徳面のしつけを重視し,彼らの興味や関心にあわない神の法な

---

[156] Волобуева, 1996, c. 56–57; Колоярцева, 1955, c. 235–240. 1911年にカルーガ県に開かれた「ボードラヤ・ジーズニ」コロニーの記録がシャツキー夫妻の手で1915年に出された(邦訳はシャツキーほか,1984年を参照)。

[157] Волобуева, 1996, c. 57.

どの退屈な課業が続いていた[158]。

② 1899年の飢饉時にロシア赤十字社[159]と産業会館・貧窮院監督協会[160]が農繁期保育所を18園ひらき，786人（うち乳児267人）の園児を2か月間，受け入れた。大変なのは調理婦と保育補助者（няня）の確保であった。その月間賃金が女性農業労働者の週間賃金と同程度だったからである。保育は毎朝5時に始まり，午後8時の夕食後に大半の園児が帰宅するまで続いた。給食によって園児の健康状態は改善され，死亡児が8人に留まったので，農民は驚いた[161]。

③ 幼稚園という用語が県内の資料に初めて登場したのは1908〔1911〕年である。すなわち，同年10月の『ヴャトカ主教管区通報』がヴャトカ市に開園された園児数30人のK. A. ルポワ〔記念〕私立幼稚園について報じた[162]。

④ 3番目の保育施設は，〔ヴャトカ・〕フレーベル協会の主導で1914年にヴャトカ市に開かれた民衆幼稚園である。そこには労働者や日雇い・下級職員[163]の子ども50〔94〕人が通い，のちに124人に増えた。同園は専用の建物をもたず，民衆禁酒協会や労働救済委員会の建物，映画館のロビーを使っていた。いわば移動幼稚園である[164]。

②は臨時施設であり，③と④はともに存続期間が短いため，ヴャトカ県における帝政期の保育実践の蓄積はわずかなものに留まった。

158　Бабинцева, 1987, с. 1（著者から引用の了解を得た）。

159　1867年に創立され，国際赤十字に加盟した戦傷病者救護協会が1879年に改称した組織。このあと，ソ連の成立に伴い，1925年にソ連赤十字・赤新月社同盟と再び改称する（Ковригин, 1957, с. 603–607; Lindenmeyr, 1996, p. 75; 日本赤十字社，2004年，162頁）。

160　1895年に創立され，1905年に労働救済監督協会と改称した組織（Lindenmeyr, 1996, pp. 75, 174）。

161　Кудрявцев, 1900, с. 61–64.

162　ГАКО, Р-1137/1/114/264（114/264–284; 409/25–35об.）; Бабинцева, 1987, с. 2.

163　本書では「職員」を2つの意味でつかう。第1に，社会的出身を示す。政治史でいう「国家・社会諸組織で管理的業務に従事する者および知的職業に従事する者」の総称である（渓内，1970年，52頁）。「勤務員」と訳されることもある。第2に，保育施設の教職員のうち，保育に直接に関わる園長・保育者以外の職種をさす。その代表は事務員である。両義は部分的に重なる。

164　ГАКО, Р-1137/1/114/264; Бабинцева, 1987, с. 1.

第 2 章

保育制度構想の提起と追求
（1917〜1921 年）
──近代公教育の原理と内戦の影響──

中扉:「十月革命で労農女性が得たもの」という題目の 1920 年のポスター。左手にハンマーを持つ女性が右手で指し示しているのは母子保護施設・ソビエト(代議制権力機関)・成人学校(識字学校)・幼稚園・図書館・労働者クラブ・食堂 (Chatterjee, 2002, p. 60)。

第 2 章　保育制度構想の提起と追求(1917～1921 年)　　79

　本章では，1919 年 4～5 月の第 1 回(全ロシア保育)大会で保育部から保育制度構想が提起された経緯と，その構想が多少とも実際に追求された第 1 期(1917～1921 年)をあつかう。具体的に論じるのは，保育制度構想にふれた「新(ソ連)社会」の保育課題(第 2 節)，養育の共同化のあり方と直結する保育施設の基本タイプ(第 3 節)，保育実践を担う保育者の養成と生活(第 4 節)，という 3 つの問題である。最初に，それらの背景や特徴を明らかにする意味で，第 1 期における乳幼児をとりまく状況と新政権の保育政策について概観しよう(第 1 節)。

第 1 節　革命・内戦下の乳幼児をめぐる状況と保育施設の急増

(1)　新政権の保育政策と保育施設網の拡大

保育部の発足　1917 年 10 月 29 日の教育人民委員部のロシア市民への呼びかけは(4 ページを参照)，新(ソビエト)政権の教育政策の基本を示すとともに，その指導責任を 11 月 9 日に新設した国家教育委員会に負わせた。また，この呼びかけは，二月革命期に創設された国家国民教育委員会を積極的に評価し，これら両委員会の協力を期待した。しかし，国家教育委員会が 10 日に国家国民教育委員会の活動停止を決定したところ，それに反発した後者が 19 日に新政権への協力を拒否した。そこで翌日，人民委員会議(政府に相当)は国家国民教育委員会の解散(と再選出)を命じた。このあと国家教育委員会が，翌 1918 年 7 月の解散まで，教育指導全般に責任を負うことになった[1]。

　国家教育委員会はその設立時から保育・児童保護部をおき，保育政策の確立に努めた。1917 年 11 月 26 日に同部は，ロシア市民を念頭に，「子どものために持てる力を振り絞ってほしい」という呼びかけを出した[2]。

1　村山士郎，1980 年，235～246 頁。笹沼，1990 年 a (2)，88～89 頁; 竹田，1977 年，40～45，48～50，60～61 頁を参照。
2　Мчедлидзе и др., 1988, с. 41. 竹田，1977 年，70 頁を参照。

他方，新政権の教育人民委員部には11月12日に保育部がおかれた[3]。人民委員会議の議長(首相に相当) В. И. レーニン(1870〜1924年)と教育人民委員(文相に相当) А. В. ルナチャルスキー(1875〜1933年)の相談で，保育部長には古参の(ロシア社会民主労働)党員の Д. А. ラズルキナ(1884〜1974年。1922年まで在任)が選ばれ[4]，ほかに2，3人の職員を加えて，保育部は発足した[5]。

保育部の最初の仕事は新政権の教育政策に保育を位置づけることだった。それはさっそく12月20日の同部の呼びかけ「保育について」となって現われた。そこには，「保育制度は学校制度全般の一構成部分となり，国民教育制度全体と有機的に連携した統一体を形成する」と規定された[6]。これは二月革命期までの党などの見解を反映したものである(55〜58ページを参照)。ロシア共和国の教育制度における保育の同様な位置づけは，1918年6月18日の人民委員会議の規程「ロシア共和国の国民教育事業の組織について」にも盛りこまれた[7]。

革命直後の教育と保育の制度構想　ここで保育政策にとって重要なのは，発足直後の保育部は保育制度構想のなかで全員就園制や国営制を想定していなかったことである。すなわち，保育部の上記の呼びかけは，「早期よりの社会〔的〕保育という」「理念は提起していたが，義務的社会化〔全員就園制〕には言及しておらず，また組織面では」開園権を広い層に認め，私立施設の存在を許していた[8]。

1918年7月10日，最初のロシア共和国憲法が第17条で，同国は「完全で全面的な無償の教育を労働者と貧農に与えることを，自らの任務とする」[9]と規定し，無償制と義務制の構想を教育の原理として公式に宣言した。同時にそこには，教育〔保育〕施設への入学〔入園〕にあたり労働者・農民(以下，「労農」と略)層の

3　Штамм, 1985, с. 101. 保育部の創設を「10月」とする記述がある (Виленская, 1929, с. 16)。

4　Лазуркина, 1959, с. 15; Кашин и др., 1970, с. 193; Иванова и др., 1975, с. 25.

5　Лазуркина, 1959, с. 16; Прушицкая, 1959, с. 20.

6　Абакумов и др., 1974, с. 327; Мчедлидзе и др., 1988, с. 41–42. 竹田，1977年，70〜71頁を参照。

7　Абакумов и др., 1974, с. 14–16; Мчедлидзе и др., 1988, с. 43–44.

8　所，1987年，130頁。

9　竹田，1977年，85〜86頁；所，1985年，152頁。笹沼，1992年を参照。

子どもを先にする階級的優先権の考えがみられた[10]。

同年9～10月の1918年学校規程とその基本原則は(4ページを参照)，①統一的・労働的な性格をもち，無料で義務的な学校，②学校自身の労働過程と周囲の生活との緊密で有機的な結合にもとづく学校コミューン(共同体)，③将来の社会主義共和国の市民の育成をうたった[11]。ここに，無償制と義務制を中心に，新政権の初発の学校制度構想がその全体像を現わした。とくに重要なのは②の学校コミューン論で，それは保育施設にも影響をおよぼした。

この点にふれる前に，1918年学校規程で重要な2点を指摘するならば，第1に，第2条の註1に「統一労働学校には6～7歳児向けの幼稚園が付設される」という条文が入り，ロシアで初めて幼稚園が法的な根拠をもったことである。これは，半年後の1919年3月の第8回党大会で採択された新しい綱領のなかで，「保育所・幼稚園・託児所などの保育施設網の創設」として確認される[12]。第2に，第11条で私立学校の存在と，それに対する国家の助成を認めたことである。1918年の秋になっても教育人民委員部は国営制の構想を否定していた[13]。

モスクワ派とペトログラード派　学校(・生産)コミューン論を主張したのは教育人民委員部の統一学校局である(以下，同局や保育部・モスクワ国民教育部などを「モスクワ派」と略)。国家教育委員会における1918年学校規程の審議でモスクワ派はつぎのように述べた。

①学校コミューンは，古い学校を破壊した子どもの「自由の王国」，未来の新社会のモデル，子どもの社会的な生産活動を通じて地域社会と緊密に結合する自由な共同体である。

②子どもの生産労働〔社会的有用労働〕によって，学校で必要なものばかり

10　階級的優先権の理解をめぐる論議については竹田，1963年；村山士郎，1980年，121～124頁；同，1999年，61～72頁；笹沼，1990年b，174～175頁などを参照。

11　笹沼，1990年a (3)，144頁。所，1987年，124～125頁を参照。

12　Болдырев, 1947, с. 7-9; Абакумов и др., 1974, с. 18; 柴田ほか，1976年，494頁。山下，1938年；Иванова и др., 1975, с. 123-124; 竹田，1977年，97～99頁などを参照。なお，同綱領でも「無料で義務的な普通教育」などの実施がうたわれた。

13　所，1987年，133頁。

でなく地域社会の必要性も満たされる。

　③生活と生産の主体である子どもは学校の管理と運営に，そのための機関である学校会議に参加する。

　この③にある学校会議はすべての教職員と，学区内の労働住民，12歳以上の生徒，国民教育部の各代表とで構成されることになった（184ページを参照）。

　他方，北部州コミューン同盟人民教育委員部は（以下，同部などを「ペトログラード派」と略）[14]，上記の3点に対して，①改革方法が急進的で現実から遊離している，②学校での労働は教育的な手段であるべきだ，③混乱するので子ども（生徒）を学校会議に参加させるべきではない，と批判した[15]。

　1918年学校規程案には両派の見解を反映した付記や注記がつけられ，同年8月25日～9月4日の第1回全ロシア教育大会に提出された[16]。その結果，モスクワ派の案が支持された。さらに同派は，子どもの「ブルジョア的所有」を否定する立場から，すべての学校の「私営」を否定し，「国家の子ども」論を展開した。ただし，上で述べたように，1918年学校規程で国営制の構想は否定されていた。それが認められるのは，翌1919年4月12日の統一学校局の通達で，統一労働学校の「維持費は〔ロシア〕共和国の資金による」と規定されてからである。

　「国家の子ども」論と国営制の構想を教育人民委員部で最も強調したのは保育

14　北部州コミューン同盟人民教育委員部（Комиссариат Народного Просвещения）は，1918年3月のペトログラードからモスクワへの首都移転後の経過措置として，北部8県を管轄する保健・社会保障などの委員部とともに，4月末に設置が認められ，翌年2月末に廃止が決定された（Жуков, 1969, с. 651–652. автор: В. И. Сергеев; Мусаев, 2001, с. 95）。人民教育委員はルナチャルスキーが兼任した（所，1987年，136頁）。

15　村山士郎，1980年；同，1998年；同，1999年；所，1985年；同，1987年；笹沼，1990年 a (3)。上記の註のルナチャルスキーや，106頁でみるチヘーエワのように，「モスクワ派とペトログラード派」「保育部と保育専門家」という関係で一概に規定できない人物がいたのは当然だろう。また，ソ連初期の10年余りの間に自らの立場を変えた保育関係者は少なくない。

16　*Резолюции I-го Всероссийского съезда по просвещению*, с. 10; *Протоколы I-го Всероссийского съезда по просвещению*, с. 70–73; Иванова и др., 1975, с. 74.

部で[17]，それが1919年春の第1回大会でのラズルキナ部長の報告に反映されることになる(103ページ以下を参照)。そこには就学年齢(8歳)や幼児(3～7歳児)の特性に対する関心が全体的に薄い。初期ロシア共和国の保育制度構想のうちで国営制には，ロシアの幼児と保育のおかれた状況の十分な考慮というよりも，教育人民委員部を初めとする新政権の主張の反復という側面が強かった[18]。

就学前教育としての保育　第1回全ロシア教育大会の論議に戻り，保育分科会のまとめである決議をつぎに引用しよう[19]。

 1）保育は，それ自体，国民教育事業の重要な第1段階をなし，同時に自覚的な人間の社会的人格を形成する基礎をなす。
 2）また保育は，社会主義的な統一労働学校の枠内で実施される学校での教授と訓育の必須の前提段階である。
 3）そのため，当分科会は，学校改革に伴い，あらゆる種類の保育施設を全国規模で急いで計画的に設置することが非常に重要だと考える。そのため，①改革された<u>各学校に幼稚園を設け，そこで6～7歳児が保育を受けるものとする</u>。②さらに低年齢の幼児〔3～5歳児〕向けに，できるかぎり，できる所で，保育所，託児所，夏季コロニー，子どもの広場などを設置する。③これまで保育に適切な関心が払われなかったために保育専門家が欠けている点を考えると，常設の保育専門学校・保育者養成所・講習会・モデル幼稚園を広く組織することが急務である。

引用者による下線部が，第1回全ロシア教育大会直後に承認された先の1918年学校規程の第2条註1に生かされたのは明らかである。こうして保育部は，就学準備という性格をもつ保育施設を新規の統一労働学校に付設することで，保育施設の社会的な意義を明らかにし，その拡大をはかろうとした。しかし，こ

17　所，1987年，129～130頁。
18　新政権の他の部門でも同じ主張がみられた。たとえば，1919年2月の第1回全ロシア児童保護活動家大会で社会保障人民委員部(厚生省に相当)児童福祉部長 А. И. エリザロワ(1864～1935年)が「すべての子どもは国家の子どもである」と述べ，多くの代議員が養育の共同化を楽観的に展望した(Fitzpatrick, 1970, pp. 227, 298–299; Goldman, 1993, pp. 61–62)。
19　*Резолюции I-го Всероссийского съезда по просвещению*, с. 10.

こで保育部が学校とのつながりを強調し，おそらく財政や世論を考慮して，園児の対象年齢を 6～7 歳に限ったこと，すなわち，22 ページで説明した就学前々教育と区分した意味での「就学前教育」制度構想を提起したことは，のちに批判されるようになる。

保育施設網の拡大　　保育部や保育関係者の意図を反映するかのように，第 1 期には保育施設が急増し，就園率が上昇した。その全国の動向を示す表を以下にいくつかあげよう。

第 1 に，幼児向けの幼稚園や託児所などの常設施設と 3 歳未満児向けの保育所・乳児院のソ連初期における増減，および幼児向けに夏季に開かれた子どもの広場の第 2 期 (1921～1924 年) から第 3 期 (1924～1928 年) にかけての増大である（表 2–1 を参照）。常設施設は 1921 年まで急増し，1918 年比で 24 倍弱になったあと，第 2 期に急減した。最小の 1925 年は 1921 年比で 5 分の 1 にあたる。その後に少し回復したものの，1929 年になっても 1921 年比の 4 割に満たない。その代わりに登場したのが子どもの広場である。なお，同表に値がない第 1 期にも子どもの広場は存在していた。

他方，保育所の推移は常設施設の変化に準じている。ただし，ソ連初期における前者の頂点は 1922 年にあり，後者に比べて 1 年遅く，最小値は逆に 2 年早い 1923 年に記録している。保育所は 1922 年から 1923 年にかけて半減し，そ

表 2–1　全国の常設施設・3 歳未満児施設と子どもの広場の数 (1917～1929 年)

年*1	1917	1918	1919	1920	1921	1922	1923	1924	1925	1926	1927	1928	1929
常設施設		180	2,078	2,668	4,264	3,056	1,187	943	834	1,012	1,145	[1,396	1,582]
保育所*2	14	78	126	565	668	914	447	503	536	603	669	797	1,044
乳児院	7	92	121	370	418	765	491	362	313	287	226	166	166
子どもの広場*3					—	125	209	524	1,853	2,929	4,154	5,354	

註：*1 1920～1925 年は各年の年頭の値。*2 工場付設保育所・地区保育所（ясли фабричные и районные）をさす。*3 原語は летние сельские ясли なので「夏季農村保育所」とすべきだが，文脈から「子どもの広場」とした。1921 年以降は表 3–3 が詳しい。[　] は同表から。同表と本表で一部の値が異なる。

出典：РСФСР. НКЗ, 1926, с. 12（1925 年までの保育所，乳児院，子どもの広場）；Эпштейн и др., 1927, с. 24–25（常設施設）；В помощь работнику яслей на селе, 1934, с. 11（1926 年からの保育所，乳児院，子どもの広場）。

の後は割合に早いテンポで回復し，1928 年には，1922 年比で 9 割弱と，おおよそ最高値に戻る。この動きは常設施設の回復の遅さと対照的である。

常設施設網の規模を相対化するため，それを学校などの規模と比較してみよう。1921 年 10 月 1 日の時点で，自治共和国などを除いた全国の 446 郡のうち 394 郡に 7 万 4896 校の第 I 段学校（初等学校）があった。この数は，保育，初等教育，中等普通教育，障害児教育，未成年者の社会的・法的保護（主に浮浪児の保護）などを意味する社会教育分野の施設総数の 84％ に相当した[20]。ついで各種の児童ホームが 6536 か所で 7％，保育施設が 4160 園で 5％，第 II 段学校（中等学校）が 3194 校で 4％ となった。すなわち，保育施設は初等学校の約 20 分の 1 の規模にすぎなかった。また，すべての社会教育施設の児童数は 664.1 万人であり，うち園児数は 21.5 万人で，ともに前年から 13％ ほど減少していた[21]。

第 2 に，保育施設網が最大に近づいた 1920 年の常設施設の園児数を年齢別に見てみよう（表 2–2 を参照）。常設施設では 6 歳児が最も多く，ついで 5 歳児と 7 歳児が同様な割合だった。そのため，6～7 歳児で全園児の半数を超える一方，3～5 歳児も 4 割以上になった。6～7 歳児のみを入園対象とした先の 1918 年学校規程に対する批判はこうした事実にもとづいていた。また下の表では，対象年齢外の 8 歳以上児と 3 歳未満児の在園も目を引く。とくに 8 歳以上児が園児の 4％（171 ページの表 3–3 にある 1921 年の園児数に照らすと約 9000 人）を占めたこ

表 2–2　全国の〔常設施設の〕園児の年齢比（1920 年）

年齢	3 歳未満	3 歳	4 歳	5 歳	6 歳	7 歳	8 歳以上	計
男児	0.3	4.9	15.2	23.6	30.0	21.8	4.2	100％
女児	0.2	5.5	14.1	23.5	30.0	22.9	3.8	100％
平均	0.2	5.2	14.6	23.6	30.0	22.4	4.0	100％

出典：Труды ЦСУ СССР, т. 18, с. 63–64.

20　ここには障害児教育施設の割合が含まれていない。ソ連初期を中心とした障害児教育については渡辺健治，1996 年を参照。本文中の社会教育（социальное воспитание）の定義はつぎの文献を参照した。Положение о губернском отделе народного образования, 1921;《Народное просвещение》(Ежемес.), 1924, No. 4/5, с. 140; Плюснин-Кронин, 1926, с. 161–162; Корнейчик, 1928, с. 25–32; СССР. ЦСУ, 1929 b, с. X.

21　《Народное просвещение》(Ежемес.), 1923, No. 1, с. 16–17.

とから，初期ロシア共和国の学校制度において(も)就学年齢のもつ規範性は弱かったといえる。

就園率の推移　欧露部(ヨーロッパ=ロシア部)で常設施設数が頂点に達したあと急減する過程を示す複数の表から，3地域の値と欧露部の総計や平均値を表2-3にとりだしてみた。

下の表に載っていない県を含めて，1919年10月の常設施設の就園率をみると，最高はノヴゴロト県(ペトログラード県の南東に隣接)の7.2%，最低はサマラ県の0.5%，平均は2.4%である。同時期の施設数はモスクワ市，ペトログラード市，シムビルスク県，ヴャトカ県の順に，園児数はペトログラード市，モス

表2-3　3地域の保育施設網(1919年10月1日～1922年4月1日)

年月日	1919年10月1日				1920年1月	1920年11月		
	施設	園児	幼児	就園率	園児	園児	就園率	保育者
ペトログラード県					3,000			
市	188	14,948		—	14,948			433
モスクワ　県					4,050			
市	279	13,366	297,340	4.5	13,336		4.5	
ヴャトカ　県	158	10,400	371,033	2.1	10,409	11,000	3	380
総計あるいは平均	2,484	144,307		2.4	216,627*1	250,224*1		4,639*1

年月日	1921年10月1日			1922年4月1日		
	施設	保育者	園児	施設	保育者	園児
ペトログラード県	137	422	7,281	38	90	1,784
市	98	371	3,914	39	137	2,282
モスクワ　県	60	234	3,348	74	362	5,383 (174)
市	275	1072	14,109	152	678 (150)	68_8 (_50)
ヴャトカ　県	155	375	8,776	111	212 (110)	5,111 (110)
総計	3,877	11,141	197,882 (3,850)	1,540	3,999 (1,472)	67,130 (1,334)
(1921.10.1 = 100)				39.7	35.9	33.9

註：*1 再計算の結果は左から順に「216,638」「214,890」「4,532」となる。上段は常設と臨時の保育施設を，下段は常設のそれを対象とする。総計・平均は1919年が31県の，1920年が41県・2市・3団体の，1921～1922年が44県・2市の値である。(　)内は対象施設数(施設数と異なる場合のみ記載)。下段のモスクワ県の値は1921年が18郡のうちの11郡，1922年が16郡のうちの15郡の値である。下線部は判読不明な値。

出典：ГАРФ, А-2306/12/116/3 (125/7) (1920年); Левицкая, 1920, c. 94-95 (1919年); Социальное воспитание, 1923, c. 27 (下段)．

第 2 章　保育制度構想の提起と追求(1917〜1921 年)　　　　　　　　　　　　　87

ワ市，ヴァトカ県の順に多い。3 か月後の 1920 年 1 月に園児数が上位にある地域も同じである。ここから保育の量の側面において全国に占める 3 地域の比重がわかる。とくに，帝政末期に保育実践の蓄積がわずかだったヴァトカ県で第 1 期に施設網が急速に拡大した点が注目される。

　1920 年 11 月の就園率はモスクワ市で変化せず，ヴァトカ県で上昇する。表 2–3 にない同月の全国平均の就園率は，幼児数が 1919 年 10 月と同じだとすれば，園児数が 1.7 倍なので，4.2% と推計できる。同様にして得られた 1920 年 1 月の値の 3.6% と比べると，10 か月間に 0.6 ポイントの上昇である。1917 年 10 月に全国で約 5000 人の園児しかいなかった常設施設の規模の急速な拡大が就園率のこうした著しい上昇に示されている。

　地域ごとの就園率の一例として，表 2–3 で空欄になっているペトログラード市の値を試算してみよう。同市には 1918 年前半に 3〜5 歳児が 8 万 4965 人おり，それを 1.66 倍した 14.2 万人を 3〜7 歳児の概数とみなすことができよう。他方，同年の園児数は 7136 人なので[22]，就園率は 5.0% になる。同市やモスクワ市の就園率は 1920 年 11 月の全国の最高値を 1918〜1919 年にすでに超えていたことがわかる。

　のちに第 2 節でみるように，1919 年春の第 1 回大会で保育部は全員就園制の構想を打ち出す。それから約 1 年半の間は全国，とりわけ大都市で就園率が上昇し，全員就園という目標からは遠いものの，それに少しだけ近づいた。保育部は全員就園制に確信を抱いたことであろう。

　しかし，全国の就園率は 1920 年 11 月の 4.2% を頂点に，その後は急減することになる。上記と同様にして表 2–3 から推計した平均値は，1921 年 10 月に 3.3%，1922 年 4 月に 1.1% である。また，これとは少し異なるものの，全国の就園率が 1920 年に 3.5%，1921 年春に 4.5% だったという記述もある[23]。いずれにしても，1920 年末から 1921 年の初めか前半にかけて全国の就園率は最高となり，そのあと急速に低下したのは確かである。

　この低下は 3 地域でも認められた。とくにペトログラード市における就園率の減少は著しく，表 2–3 にあるように，1922 年 4 月にその施設網は欧露部の中

22　Савинова, 1969, вып. 1, с. 40.
23　Штамм, 1985, с. 104; Альмединген-Тумим, 1922, с. 18.

位にまで縮小した。

ヴャトカ県の保育施設網　3地域の施設網は全国のそれとほぼ同じように変化した。3地域のうちでヴャトカ県については，第2期を中心とする中央統計局による詳細な値を表3–6(176ページ)で紹介するので，ここでは郡別の値を表2–4に示そう[24]。乳幼児数が明らかなため，就園率を算出できるからである。

表2–4　ヴャトカ県の郡・市別の乳幼児数(1917年)と保育施設網(1919年)

		乳幼児数 ～3歳児	4～7歳児	幼稚園 施設	園児	保育者	子どもの広場 施設	園児	保育者
ヴャトカ	郡	19,434	22,784	2	190	3	38*1	1,439	38
	市	2,674	3,341	11	775	30	15[14]	2,000	40
コチェリニッチ	郡	31,395	39,946	5	240	8	43	2,446	74
	市	389	487						
オルロフ	郡	24,630	29,636	37	1,221	41	37	1,221	41
	市	208	277						
スロボツコイ	郡	26,088	28,897	9	472	13	32	1,806	38
	市	562	658						
ヤランスク	郡	43,114	44,867	19[17]	545	27	[20]	[700]	
	市	373	458						
ノリンスク	郡	18,750	21,430	21	600	28	26	888	64
	市	318	347						
ウルジュム	郡	30,394	35,727	30	1,111		20*2	750	50
	市	415	465						
その他の6市		3,970	4,780						
グラゾフ	郡			1					
ソビエト	郡			8	320	16	3	400	41
サラプル	郡						3	210	
マルムィシ	郡			7	485	12	6	435	
ヴォトキンスク	郡			2	72	6	2	120	6
合計		202,714	234,100	152[150]	6,031	184	225	11,715	392

註：*1 グラゾフ郡との計。合計に同郡の子どもの広場の数と園児数を含んでいない。*2 ヤランスク郡との計。д. 114, лл. 276–277 では「25園」。[　]は лл. 276–277 の値。それを含んだ子どもの広場の合計は 244園1万2425人。
出典：ГАКО, Р–1137/1/114/276–277; 326/49–53, 96, 101.

---

[24] 1917～1927年のモスクワ県・市の幼稚園数と園児数については Канторович и др., 1927, с. 38; Волобуева, 1994, с. 102 などを参照。

同表からつぎの2点を指摘できる。第1に,保育施設の対象である幼児数の23.4万人は出生数に照らして少ない。同表で幼児の下限年齢が3歳ではなく4歳である点を考えると,さらに少ないといえる。実際,翌1918年の県国民教育部の報告によれば,同年の3~7歳児数は56.0万人と,表2-4の値の2.4倍にのぼった[25]。県の全出生数が1890年に15.6万人[26],1896年に16.6万人だったことからみて[27],県国民教育部の報告にある幼児数のほうが適切だろう。そのため,この数と表2-4の園児数から就園率を概算すると,幼稚園で1.1%,子どもの広場で2.6%,計3.6%になる[28]。1.1%という値はモスクワ,ペトログラード両県の就園率の約5分の1にあたる。3地域の就園率の格差は大きく,ヴァトカ県の実態だけをみれば,全員就園を論じるのは時期尚早だったといえる。

第2に,保育施設の平均規模と郡・市別の規模の違いである。保育者数が表2-4にある郡について施設の平均規模を算出すると,幼稚園では園児39.9人に保育者1.5人,子どもの広場では52.1人に1.8人となる。一人の保育者が幼稚園で27人,子どもの広場で29人の園児を保育している。これは当時の全国基準である15~25人よりも多い[29]。この点を郡・市別にみると,かなりの違いがある。幼稚園の場合,ヴァトカ郡では一園に園児95人がおり,一人の保育者が63人の園児を担当している一方,ヴォトキンスク郡では保育者一人平均の園児数は12人にすぎない。子どもの広場の場合,この格差は広がり,ヴァトカ市やソビエト郡では一園平均133人の園児がいるのに対し,ノリンスク郡ではその約4分の1の34人である。県都ヴァトカ市とその周辺で施設の過密さがめだち,そうした地域にだけ保育需要のあったことがわかる。逆にいえば,日本の国土の2割半~4割にあたる広大なヴァトカ県では(31ページの註8を参照),その大半の地域で保育需要を認めるのが難しかった。

---

25 ГАКО, Р-1137/1/41/87-103об.
26 Брокгауз и др., 1892, с. 733-739.
27 Тройницкий, 1904, с. III.
28 小数第二位を四捨五入したために合計は3.7%にならない。
29 Инструкция по ведению очага и детского сада, 1919, с. 84-86.

(2) 乳幼児をめぐる状況——女性労働者・家族の変化と人口動態から——

1. 女性労働者の増減と新政権の労働者政策

全国の動向　20世紀初めに欧露部で女性労働者が増大した様子は第1章でみた。ここでは，時間軸を少し長めにとり，1890年代〜1920年代における女性の労働者と失業者の量的な変化について検討したい(表2-5を参照)。ただし，対象と資料などの関係で，同表と表1-1(28ページ)では労働者数が違う。保育問題の前提条件を理解するという本章での課題からみて，全体的な傾向を確認できればよいだろう。

下の表の特徴は，第1に，女性労働者数が第一次世界大戦中も増大し，1917年に最大になる点である。その後は1920年代初めにかけて急減し，1921/22年度の値は1917年比の約4割の水準まで落ちこむ。そのあと2年間ほど停滞が続いたあと，1920年代中頃から再び上昇し始める。第2に，女性労働者比が実数

表2-5　帝政ロシアとソ連の女性の労働者・失業者の数と比率(1890〜1930年)

年	労働者数*1	同比率*2	年(度)	労働者数*1	同比率*2	年月	失業者数	同比率
1890	19.32	23.8	1921/22	35.69	38.0	1921.12	60,975	62.0
1895	21.92	24.2				1922. 7	108,300	59.2
1900	29.99	28.4	1922/23	35.77	34.7	10	142,600	58.3
1905	35.94	27.8				1923. 1	190,300	52.5
1909	42.89	31.3				7	154,578	41.4
1913	[61.32]	[25.2]	1923/24	[45.31]	[27.7]	10	315,400	50.2
1914	59.62	31.8				1924. 4	383,200	45.9
1915	71.50	36.0	1924/25	[55.91]	[29.3]	1925. 1	167,200	39.2
1916	86.82	[42.1*3]				4	217,100	39.2
1917	90.31	[42.5*3]	1925/26	[70.75]	[29.3]	1926. 1	431,100	45.3
1918	74.04	[43.0*3]	1926/27	[75.11]	[29.5]	1927.10	369,600	45.5
1919	44.58	36.7	1928	(72.59)	(28.7)	1928. 1	438,492	44.5
1920	44.82	40.5	1929.1	(80.40)	(28.8)		532,329	47.2
						1930. 1	338,682	54.6

原註：*1 女性労働者数が少ない鉱山業・冶金業をのぞく。単位は万人。*2 未成年者を含む女性労働者比。*3 軍需産業をのぞく。[　]は補正値。うち実数は鉱山業を含み，印刷業をのぞく。
註：(　)は2番目の出典から(1929年の労働者数・率が1月分か否かは不明)。
出典：Ilic, 1999, p. 183 (労働者統計); Goldman, 1993, pp. 112, 114 (1927年以前の失業者統計); idem, 2002, p. 17 (1928年以降の失業者統計).

ほどに変動していない点である。1918年には4割を超えた比率は1920年代に少し低下するものの，35%前後で推移する。第3に，第2～3期に女性の労働者数と失業者数がともに増大している点である。これらの点については164ページ以下でやや詳しく考えたい。

モスクワ市の動向　量的な変動が著しかった女性労働者のなかには，10歳代後半～30歳代の出産可能年齢層の女性が多く含まれていた。彼女らが最も集中したモスクワ市について，19世紀末～1920年代の流入・流出過程の特徴をここで確認しよう[30]。

第1に，これらの女性は1897年の25.5万人から1917年の50.1万人に倍増した。他方，20歳代の男性は1912～1917年の間に大戦の影響で25%減少した。その穴を埋めたのが上の年齢層の女性である。しかし，内戦(1918～1921年)のもとで都市，とくに大都市で食糧が足りなくなると，彼女らの数は1918年の45.9万人を経て，1920年の25.9万人に半減した。1897年の水準に戻ったわけである。内戦が終了した第2期にその数は再び増え出し，第3期の1926年には55.8万人に達した。この変動は，モスクワ県とその周辺の6県などからモスクワ市に流入したり，逆方向で流出したりした人口の規模を示している。

都市と農村の間で人々のこうした移動を容易にした農村側の最大要因は共同体の維持である。共同体が存続したので，都市の過剰人口を農村が多少とも受けとめられた。1920年以後のモスクワ市における出産可能年齢層の女性数の増大は，1920年代初めの飢饉によって農村の許容量が縮小したため，そこからはじかれた女性が食糧と仕事を求めて再び都市に流入した結果である。それはまた，都市の工業生産物と農村の穀物の交換によって1920年代中頃のロシア社会が一時的な安定を迎えていた状況を反映していた。

第2に，出産可能年齢層の女性の手元にあった乳児をみよう。その数の変化は女性数の推移に比べて著しく，1897年の2.1万人から1912年の3.8万人に増加したあと，1920年には1.5万人に減少した。このうち，1912年から1920年にかけての乳児数の半減は，大戦・(十月)革命・内戦などの影響で出生率が低下傾向にあり，乳児死亡率がほぼ240‰(パーミル)を超える高い水準にあったから

---

[30]　Johnson, 1991, pp. 117–119.

である(99ページの表2-6を参照)。その後，出産可能年齢層の女性のモスクワ市への再度の流入と飢饉などの影響で，乳児数は再び増え始めた。その結果，1926年に同市の乳児数は1920年の3倍以上の4.9万人に増加した。ただし，上記の女性数に対する乳児数の比率は8.8%であり，1912年の10.0%までは回復しなかった。しかし，11～12人に一人の女性が乳児を抱えていたという状況は保育需要の重要な基盤となったことだろう。

第3に，10歳未満児数も変動した。しかし，それは，乳児数と違い，1897年の13.0万人をその後も割ることはなく，最小が1920年の14.7万人，最大が1926年の34.1万だった。ここから単純に推計すると，ソ連初期を通じて半数ほどの女性が乳幼児を抱えていたことになる。

モスクワ市に代表されるように，都市では，女性労働者を中心にして，潜在的な保育需要が高く，それは第2～3期にしだいに顕在化する。ただし，このあと述べるさまざまな事情から，保育需要が保育政策に影響を与えるほどに高まり，明確な形をとるには至らない。

労働者政策の変化　彼女らをとりまく状況を知るため，つぎに労働者，とくに女性労働者に対する新政権の政策の一部を見てみよう[31]。

1917年10月末に新政権は，一日8時間，一週48時間労働の原則を確立し，女性や児童の労働を制限する著名な布告を出した。そこには，「労働者の国が誕生したのだから，労働意欲を支えるのは自発的な自己規律で十分だ」という労働者観が反映していた。だが，実際は，上でみたように全年齢にわたり女性が都市から流出し，全国で女性労働者が急減した。

著しい労働力不足に加え，労働者のサボタージュやボイコットに直面して，新政権の方針は労働者統制と労働力調達に重点をおくようになった。1918年10月の労働法典は，「すべての人は労働しなければならない」という労働義務制をうたった。だが，それは一般原則に留まり，実施に必要な罰則規定を含まなかった。関係する施策としては，同年4月に賃金の出来高払い制が承認され，10月に労働手帳が「ブルジョア階級」に交付されたくらいだった。

31　Рындзюнский и др., 1923, с. 76-78; カー, 1967年, 第2巻, 80～84, 151～161頁など。

しかし，1919年4月の動員の布告とともに事態は一変した。同月に労働収容所が設けられ，5月から無償の共産主義的土曜労働が始まり，6月に労働手帳の対象がモスクワ，ペトログラード両市の労働者階級に広げられ，翌1920年1月に労働規律裁判所が設置されるというように，労働義務制が全面的・強制的に実施される状況になった[32]。同時に新政権は，不足する男性労働力を補うために女性や未成年者などの労働力を重視した。

その後，1920年を通して労働義務制が行き過ぎて，「労働の軍隊化」という段階に達した。そこで，これを多少とも是正するため，「授乳期の母親の労働と健康の保護について」「妊婦と授乳期の女性〔妊産婦〕の労働保護について」といった母体の保護や未成年者などの擁護を求める決定が1920年11月～1921年初めに続けて出された。ただし，これらの決定は，内戦の終結に伴う軍からの復員によって男性労働力の(再)確保が見込まれ，女性や未成年者の労働力の必要性が低下するという見通しのなかで出された点を見過ごしてはならない。

こうした女性労働者に対する政策の変化はのちほど第3節でみる保育施設の開園時間をめぐる論議に反映されていく。

2. 1918年家族法と家族消滅論

家族法に代表される家族政策の転換が帝政政府や臨時政府から新政権を分けた。新しい家族法には他国に先駆けた内容がたくさん含まれていた。しかし，革命直後の厳しい社会状況は新家族法の理念の実現を拒む方向で働くことが多かった。

1918年家族法　「身分証書・婚姻法・家族法・後見法に関する法典」(通称「1918年家族法」)が，9月16日に全ロシア中央執行委員会で採択された[33]。その

---

[32] 1920年2月～1921年4月に施行された労働義務制については池田，2005年を参照。

[33] *СУ РСФСР*, 1918, No. 10, c. 152. 邦訳は稲子恒夫ほか，1966年に所収。See Schlesinger, 1949, pp. 33-44. すでに1917年12月に「民事婚，子および身分証書の管轄について」「離婚について」という布告が出されており(*СУ РСФСР*, 1917, No. 11, c. 160; No. 10, c. 152)，これらが1918年家族法につながった。ロシア家族法の戦間期の変遷を概観するには，奥井，1977年; Glass et al.,1987; Антокольская, 1996, c. 63-74; Нечаева, 1998, c. 65-80などが有益である。

特徴はつぎの点にある[34]。

① 宗教婚〔教会婚〕を民事婚に変え，出生・死亡・婚姻・離婚・父性〔父子関係の確定〕と改名の登録をザーグスと略称される身分証書登記部の仕事にする。

② 配偶者の一方の申請で離婚できる単意離婚制度をとる。その際に理由はいらない。

③ 夫婦別(財)産制をとり[35]，婚姻契約で生じた義務や責任を問うことを制限する。ただし，離婚時に貧しくて働けない配偶者に扶養料を支払うように義務づける。

④ 婚内子と婚外子の間の差別を禁止する。

⑤ 財産保護だけでなく養育にも重点をおいたソ連的な後見制度をつくる[36]。

こうした1918年家族法は，「社会主義的性格のものというより民主主義的性格のもの」であり，「家族関係における自由と平等の達成水準において当時の資本主義諸国の家族法をはるかに抜」き，「時代をはっきりとリード」するものだったと評価される[37]。

離婚の増大　　他面，同法とそれをほぼ引き継いだ1926年家族法(152ページを参照)がもたらした実際上の最大の結果は「家族関係の解体」だった[38]。それはまず，都市，とくに大都市を中心に離婚の増大となって現われた。1920年代を含めて，この動向を概観すると，たとえばモスクワ市では，離婚率(人口千人あたりの離婚件数)は1918年の2.1‰から徐々に増加し，1920年代前半～中頃は3.7～5.6‰の範囲で推移した。それが，1926年家族法の翌年に9.3‰に上昇し，1929年には10‰を超えた。ペトログラード市では，1920年代前半～中頃

34　Goldman, 1991, pp. 126–127; 藤田勇，1986年，13～14頁。
35　「帝政ロシアの家族法でも基礎は異なるが別産制であった」(藤田勇，1973年，346頁)。稲子宣子，1998年，268～269頁；高橋，2002年；同，2003年などを参照。
36　稲子宣子，1991年，239～240頁；高橋，2005年などを参照。
37　藤田勇，1986年，14頁; Goldman, 1991, p. 127.
38　藤田勇，1986年，14頁。

の離婚率が 1.9～3.6‰ だったため，1926 年の 9.8‰ への上昇度が大きかった。これらは欧米諸国の離婚率を数倍から 20 数倍も上回るもので，1927 年にモスクワ市では結婚 4 組に対して離婚 3 組，レニングラード市では 3 組に対して 2 組という関係にあった[39]。

離婚後の扶養料の支払いは，1918 年家族法の規定にもかかわらず，止まることが多かった。さまざまな要因で支払い義務者(多くは男性)にその意思がなかったためだけでなく，経済能力が十分でなかったからである。たとえば，支払い義務者が再婚すると，前の妻に扶養料を払うのはまず無理だった[40]。高い生活費と低い賃金のために多くの夫婦が共働きを余儀なくされるという帝政末期の大都市の事情は(42 ページを参照)，革命後も続いていた。夫婦の稼ぎに年長の子どもの賃金を加えて生活費を何とか工面していた家族が離婚の事態に遭遇し，さらに夫が再婚したら，もとの家族と新しい家族の双方の生活が成立しなくなったことは簡単に理解できる。

他方，妻と別れた父子家庭でも幼児を育てるのは難しかった。たとえば，1919 年 5 月 28 日に北部州コミューン同盟人民教育委員部に送られた入園申請書には，一人の父親の苦悩がつぎのように綴られている[41]。

> 地区人民裁判所第 1 法廷の 3 月 11 日の第 174 号判決で妻との結婚が破棄され，子どもが私の手元に残った。この事情を貴委員部は考慮のうえ，7 歳のゲオルギーと 3 歳のフェドーラを幼稚園か孤児院〔児童ホーム〕に入れてほしい。昼間，私は勤めに出なければならず，保育補助者を雇う余裕もないので，子どもは無保護の状態にあるからだ。また，私はいつ徴兵されるかもしれず，そのときは子どもを置いていかざるをえない。

1918 年家族法は間接的に中絶の増大にも影響した。そこで 1920 年 11 月に，「過去の道徳的遺物と現在の経済的諸条件が女性をしてこの行動〔中絶〕に頼らざるをえなくすることがあるかぎり」，中絶が公的な病院で資格のある医師によっ

---

39 Goldman, 1991, p. 129; idem, 1993, p. 298, and so on. 婚姻率と離婚率については村知，2003 年 b，49～51 頁を参照。
40 See Goldman, 1991, pp. 133–134.
41 ЦГА СПб., 2551/1/801/8.

てなされるならば合法である，という司法人民委員部と保健人民委員部(法務省と厚生省に相当)の共同布告が出された。これは世界で初めて中絶を合法化したものである。1924年には中絶が登録制になり，中絶委員会に届ければ基本的に無料で，非合法の中絶(堕胎)を避けるために一部を有料で，実施することになった[42]。

同時に，中絶件数の増大を心配した新政権や医療専門家らは，冊子や映画などを通して，中絶による母体の損傷，死亡，疾病の危険性を人々に警告し，特別の理由のない限り中絶をしないように説いた(中絶反対キャンペーン)。また，自らの利益のために不衛生な状況で中絶手術をした医師には，最高5年間の懲役とその後の5年間の公民権停止を科した。この背景に，母性は私的なものではなく，出産は社会的な義務であるという見方が存在した[43]。

1918年家族法の崇高ともいえる理念と，その結果もたらされた事態とが，あるいは同法をとりまく家族の実態とが掛け離れていたことを，ここでは確認しておきたい。

家族消滅論　家族関係の解体を促したのは家族法だけでなく，その背後にあり，都市を中心に第1期に流行した戦時共産主義的な「家族消滅論」[44] の役割も大きい。実際からみれば，1918年家族法は家族消滅論の影響下に生まれたともいえる。

国家や貨幣の消滅論の類推である家族消滅論は，ソ連期の先行研究が当時のロシア社会の実態としてきたレーニンやルナチャルスキーの発言——公共食堂・洗濯屋と並んで託児所や幼稚園を「共産主義の芽生え」とする見方に要約される[45]。それは，女性を愚鈍化するものとして家事労働をとらえ，それを共同化すれば「個別家族はその歴史的役割を終って消滅」し，「家族に代って公共食

42　カー，1977年，27頁; 広岡，1993年，109頁。See Solomon, 1992; Avdeev et al., 1995.

43　Smith, 1928, pp. 183–185; Goldman, 1993, pp. 255–257. 1920〜1993年のロシア社会における中絶の医学的・法的位置づけの変遷はDaVanzo, 1996, p. 88に明示されている。村知，2003年b，56〜57頁も参照。

44　家族消滅論についての以下の引用は森下，1982年から。戦時共産主義については15頁の註38を参照。

45　たとえばレーニン，1958年，434頁を参照。

堂等の社会施設が『新しいヴィット〔生活〕の細胞』とな」り，ついには女性解放論者 A. M. コロンタイ(1872～1952年)のいうように，「『孤立した家族の細胞の代りに，大きな全世界的な勤労家族が成長して……そこではすべての勤労者男女が兄弟姉妹であり同志である』ような人間関係が発展するはず」と考えた。

しかし，その実態は，「住宅難のための雑居による生活の共同化」が「家事の社会化」とよばれていたという類のものだった。たとえば「アパートでは通常，台所・バス・トイレ等は共用であ」り，その「部分の掃除の交替制等が家事の社会化として高く評価された」。ただし，住宅難は単純な住宅不足を意味しなかった。ペトログラード市では，第1期に大量の人口流出が生じた結果，1920年までに5万戸が空き家になっていたからである[46]。

また，給食アルテリ(62ページを参照)が第1期まで存続したり，この時期に再開したりした。そして，「昼間，職場付属の食堂で食事する」ことが「社会的給食制度」とよばれた[47]。1919～1921年のペトログラード市について給食制度の利用者数を月別にみると，最高は成人で1920年1月の67.2万人(一日平均2.2万人)，子どもで1919年12月の28.4万人(同じく0.9万人)だった。食堂数の最高も同月の701か所で，そのうち500か所は各種の施設や企業に付設されたもので，一般に利用できるのは201か所に留まった。その後の2年間に利用者数も食堂数も減少し，1921年末には成人が10万人を，食堂数は250か所を割った。他方，成人と違い，給食制度に代わる手段をみつけるのが難しい子どもの利用者数は同年末になっても16.4万人と，最高時の57％を保っていた点が注目される[48]。

養育機能の共同化についてみれば，大量の浮浪児の存在や「物資の欠乏」で強いられた共同生活——飢餓と苦境を集団的に受けとめる生活——によって高

---

46 McAuley, 1991, pp. 265-267.
47 藤田勇，1973年，355頁。同書によれば，国営と協同組合による社会的給食企業は1928年に全国で1万4600か所(うち都市に9800か所，農村に4800か所)にのぼり，その後さらに急増した。1930年代の公共食堂についての詳しい観察は松井康浩，2003年を参照。
48 РСФСР. ЦСУ. Петроградский губернский отдел статистики, 1922, с. 241. 同時期のモスクワ市などの公共食堂については梶川，1997年，389～390頁を参照。

揚した「集団主義」的な気分が人々に，全日保育の可能な児童ホームを「最も優れたタイプの施設」とみなさせ，より長時間の保育の実施が良い保育の条件であると確信させた[49]。いわば素朴な原始共産主義的生活のもと，生産手段の共同化という命題が私有財産の全面的廃止と同一視され，私的所有が否定されていく動きのなかで，子どもについてもその「共同化」「共有化」がめざされた。それをさらに強く推進しようとしたのが先の学校コミューン論である。

3. 出生率と乳児死亡率の推移

　この点については帝政期の全国と 3 地域を対象に第 1 章で検討した（30 ページの表 1–2 を参照）。表 2–6 では 1910 年代～1930 年代のモスクワ，ペトログラード両市とソ連の値を示そう。

　同表でまず気づくのは，帝政期から続くロシアの乳児死亡率の高さである。大戦と内戦に加えて，都市の厳しい食糧事情により，1910 年代後半の乳児死亡率はモスクワ市で 240‰ 台から 330‰ 台に，ペトログラード市で 250‰ 弱から 310‰ 台に上昇した。モスクワ市では欧米諸国の 2～3 倍，日本の約 2 倍の水準になった[50]。内戦が終結に向かった 1920 年に両市の乳児死亡率は一挙に 100～110 ポイントも，翌年にはさらに 20 ポイントほど低下した。それが 1922 年に再び上昇しているのは飢饉の影響によるものだろう。それを脱した 1923 年に値はもう一度，急落している。表 2–6 にない 1910 年代の全国値を示した図によれば[51]，1911 年に 250‰ を割り（やや異なる値は 33 ページの表 1–3 を参照），1912 年に約 230‰ で最小値を記録した乳児死亡率は，1916 年まで 250‰ を下回る水準で推移した。それが，1917 年に再び 250‰ を超え，1918 年に約 280‰ で頂点を迎えたあと，表 2–6 にある 1920 年の 251‰ まで低下した。

　1910 年代～1920 年代の乳児死亡率がモスクワ，ペトログラード両市で 1919

49　類似の主張は，学校の代わりに児童ホームを教育施設の基本タイプとする 1920 年末～1921 年初めの第 1 回国民教育問題党協議会の論議で繰り返された（Королев, 1958, c. 205; 森重，1977 年，112～113 頁）。

50　1880 年代後半～1930 年代前半の日欧諸国における乳児死亡率の推移については広瀬，1938 年，1835 頁を参照。

51　Кваша, 2003, c. 48.

表 2-6　モスクワ，ペトログラード〔両市〕とソ連・欧露部の出生率と乳児死亡率（1912～1937 年，‰）

年		1912	1913	1914	1915	1916	1917	1918	1919	1920	1921	1922	1923	1924
モスクワ	出生率	33.5	32.2	31.0	26.9	22.9	19.6	14.8	17.4	21.4	30.7	25.6	31.0	29.3
	乳児死亡率	277	263	238	248	241	268	267	332	233	206	247	144	177
ペトログラード	出生率	27.6	26.4	25.0	22.5	19.1	16.0	15.5	13.8	21.8	36.8	25.3	29.2	25.9
	乳児死亡率	250	231	248	248	270	237	230	314	204	183	228	138	168
欧露部	出生率	43.7	47.0	46.9	39.7	29.9	23.9	32.0	31.0	31.2	35.5	37.3	43.9	43.1
ソ連	出生率-1		45.5					31.8	30.8	31.0	35.3	36.8	42.8	41.0
	出生率-2									39.3	40.6	43.7	47.2	49.0
	乳児死亡率										251	238	232	229	221

年		1925	1926	1927	1928	1929	1930	1931	1932	1933	1934	1935	1936	1937
モスクワ	出生率	31.0	29.6	25.6	22.7	21.7	19.4	19.6	16.7					
	乳児死亡率	135	135	132	128	129	124	160	159				135	
レニングラード	出生率	27.8	27.8	24.7	22.6	22.0	21.2	20.9						
	乳児死亡率	149	147	167	136	148	147	175						
欧露部	出生率	44.7	43.7	43.4	42.2	39.8	39.2	<u>31.0</u>	31.0	<u>31.0</u>	<u>31.0</u>	30.1	—	—
ソ連	出生率-1	45.0	44.0	43.7	44.3	41.8	41.2		32.6			31.6	34.3	38.7
	出生率-2	47.3	45.6	46.3	45.3	44.1	42.2	40.5	35.9	34.7	30.4	33.0	34.6	39.9
	乳児死亡率	219	197	203	182	190	196	210	213	317	204	198	186	184

原註：1918，1919 両年のペトログラードの出生率は中間的データ．下線部はウルラニスによる推計．
註：ペトログラードの値は同市近郊の値を含む．ソ連の出生率は 1980 年代のソ連領のデータ．
出典：ЦГАИПД СПб., 24/8/43/116-118（1922 年以降のペトログラードの乳児死亡率）；РСФСР. ЦСУ. Петроградский губернский отдел статистики, 1922, с. 14-15（1921 年以前のペトログラード）；Куркин и др., 1927, с. 23-24（1925 年以前のモスクワの乳児死亡率）；Статистический отдел Московского совета, 1927, с. 88（1925 年以前のモスクワの出生率）；Уиппль и др., 1929, с. 492, 608（1922～1926 年のペトログラードの出生率，1926 年のモスクワの乳児死亡率）；Heer, 1968, pp. 208-211（1917 年以前の欧露部）；Вишневский, 1977, с. 11-12（ソ連の出生率-1，1918 年以降の欧露部．автор: Б. Ц. Урланис）；Chase, 1987, pp. 308-309（1926～1929 年のモスクワの出生率）；Williams, 1989, p. 324（1927 年以降のレニングラードの出生率）；Андреев и др., 1993, с. 57（ソ連の出生率-2 と 1920～1926 年の乳児死亡率）；Гаврилова, 1997, с. 145, 275-276（1927 年以降のモスクワの乳児死亡率，1930 年以降のモスクワの出生率）；Андреев и др., 1998, с. 164-165（1927 年以降のソ連の乳児死亡率．自治共和国と白ロシア，グルジア，リトアニア，モルダヴィア諸共和国を除く）．

年に，全国で 1918 年に最高値を記録したのは，大戦や 1920 年代初めの飢饉よりも内戦のほうが大都市を初めとする全国の食糧事情や衛生状態を著しく悪化させたことを示している．

他方，乳児死亡率の推移と逆の動きをたどったのが出生率である。モスクワ市の出生率は大戦の開始とともに低下し始め，1918年には1912年の半分の水準になる。その後は上昇し，1921年に開戦前の水準に近づくものの，1922年には飢饉の影響で5ポイント下がる。1923～1925年に再び1921年の水準に戻ったあと，出生率はしだいに低下する。ペトログラード市の場合もモスクワ市にほぼ準じる[52]。欧露部の出生率は，両市ほど変動の幅が大きくないものの，類似の軌跡をたどっている。ただし，出生率が明らかに低下し始めるのは1920年代末からである。他方，1910年代に欠落のあるソ連の2種類の出生率では，ともに，大戦後の上昇と1920年代末からの低下が特徴である。ちなみに，1920年代の出生率は英国，ドイツ，フランスが20‰前後[53]，日本がおおむね30‰台前半だったので，ソ連の値は英国などの2倍以上，日本よりも約10ポイント高い水準にあった。なお，欧露部とソ連の出生率が1930年代前半に10ポイントほど低下しているのは，少産化の傾向が始まったことの現われというより，1932～1933年の飢饉の影響であるとみるほうが適切だろう。

表2-6に示されている乳児死亡率と出生率の関係は，人口転換の開始期の社会によくみられる「もたつき」といえよう。ただし，双方の比率の変動の幅が20世紀前半のロシアで著しいのは，戦争や飢饉といった「一連の粗暴な社会情勢」[54]による。

4. 児童保護組織をめぐる対立

大戦や革命・内戦が乳幼児などの子どもに与える影響を憂慮した人々と新政権のいくつかの機関によって，1910年代末～1920年代初めに児童保護組織が創設された。その過程で私的な児童施設（детское учреждение. 保育施設を含む）の模索や新政権内での権力の衝突がみられた。そうした例をつぎに見てみよう。

児童救済連盟　　1918年9月末にウクライナのポルタワの作家 В. Г. コロレ

52　関連して，モスクワ，ペトログラード両市と1920年代初めの飢饉地域にあったサラトフ県の死亡率や出生率の推移を比較した Wheatcroft, 1983; idem, 1997 を参照。
53　広岡，1993年，93頁。
54　Scherbov et al., 1999, p. 142.

ンコが，Е. Д. コウスコワに宛てた手紙で，赤十字社のような組織として児童救済連盟を結成しようと提案した。コウスコワが新政権と交渉したところ，設置が認められたので，代表 Н. М. キチュキネ博士，副代表コウスコワら10人で連盟が発足した。彼らの党派は立憲民主党やメンシェビキ(1903年に党が分裂した際の少数派)，無党派だった。

デンマーク赤十字社の後援を受けた児童救済連盟はモスクワ市やその近郊に1つの療養所(サナトリウム)と14のコロニー，複数の児童施設と子どもの広場を開いた。連盟は戦災孤児と浮浪児をまず療養所に収容し，それからコロニーに移した。そこで行なわれた農作業と農村生活による感化を受け，約3500人の入所児は矯正されていった。

児童救済連盟は，その設立経過から，「赤軍の子ども」と「白軍の子ども」を区別することなく活動した。しかし，1920年春に英国の労働党代表団が連盟のコロニーを訪問したことなどを契機に，反革命・サボタージュ取締り全ロシア非常委員会(通称「チェーカー」)やモスクワ国民教育部から連盟の活動に対する圧力が強まった。結局，翌1921年1月1日を期して，連盟がもつ全施設をモスクワ国民教育部に移管することになった[55]。

児童保護会議　人民委員会議の決定「児童保護会議の設置について」が1919年1月4日に採択され，2月6日に公布された[56]。それにもとづき，教育人民委員ルナチャルスキーを議長とする児童保護会議が社会保障・保健・食糧・労働の各人民委員(大臣に相当)で構成された。ただし，ルナチャルスキーは名目的な存在で，実際は保健人民委員部の児童部〔母子保護部〕にいた Л. О. カンツェル＝ダンが書記長として中心的に活動し，彼女を通してレーニンが必要な指令を発していたという[57]。

児童保護会議の主な任務は，1917～1919年にモスクワ，ペトログラード両市

55　Zenzinov, 1931, pp. 10–17；福田，1980年，76頁。

56　Рындзюнский и др., 1923, с. 76–78；稲子宣子，1972年，5頁(「児童保護協議会」と訳す)；同，1991年，239頁(「後見協議会」と訳す)。また Мчедлидзе и др., 1988, с. 52–53；Абакумов и др., 1974, с. 342–343 は「2月4日」の「布告」とする。

57　Zenzinov, 1931, pp. 17–18；福田，1980年，76頁。

からウファ，ハリコフ，タムボフ，ヴォロネシの諸県に疎開した1.5万～2万人の子どもを，1919年にこれらの諸県が前線に位置したため，連れ戻すことだった[58]。児童保護会議は，その指令が構成員である各人民委員の間でさえ重視されず，組織変更が続いたうえに，対応する機関を県や郡に持たなかったので[59]，浮浪児問題の解決にあまり貢献できなかった。

そのため，1920年9月にロシア共和国の教育人民委員部は，ウクライナ共和国に倣って，児童保護会議を「より高度な権威がある」構成員による，教育・食糧・労働・労農監督の各人民委員部と連携した省庁間組織に改めることにした。同年末の改組案によれば，新組織は国家児童保護会議と称し，全ロシア中央執行委員会の管轄になり，「特別な必要」をもつ子どもの援助を調整し，子どもをとりまく苦境(140ページ以下を参照)を世界に訴えることを課題とした。

子ども委員会 この案を教育人民委員部が全ロシア中央執行委員会に提起する前に，チェーカー議長 Ф. Е. ジェルジンスキー(1877～1926年)が介入してきた[60]。結局，1921年2月10日の全ロシア中央執行委員会の布告により[61]，同委員会に児童生活改善委員会(通称「子ども委員会」)が付設され，3月15日の全ロシア中央執行委員会の決定で廃止された児童保護会議の役割をほぼそのまま引き継ぐことになった[62]。委員長にはジェルジンスキー，代理には同じくチェーカーの В. С. コルネフが就き，正規の委員として教育・保健・食糧の各人民委員部と労農監督部(労農監督人民委員部とその地方組織)・全連邦労働組合中央評議会の各代表[63]，審議権だけをもつ委員として党中央委員会女性部[64]，未成年者の

58　Zenzinov, 1931, p. 18.
59　ГАРФ, А-1574/1, Предисловие; Смирнова, 2004, с. 488.
60　Fitzpatrick, 1970, pp. 230-231.
61　Комиссия по улучшению жизни детей при ВЦИК, 1936, с. 7; 福田，1980年，76頁; Ball, 1994, p. 91.
62　ГАРФ, А-1574/1, Предисловие.
63　改組に反対した教育人民委員部の代表は当初，未定だったともいう (Fitzpatrick, 1970, p. 231)。
64　女性部とは，党中央委員会付属の「女性間の活動のための委員会」が1919年9月に「労農女性間の活動部」に改組されたものである(一部に「1918年創設」とする記述がある)。県・郡・州・地方・管区 (округ) の党組織にも設置され，「女性労働者部」「労農女性部」ともよばれた。1920年代に保育施設の開園などを通して

社会的・法的保護部，コムソモール(共産主義青年同盟)中央委員会の各代表がいた。

チェーカー議長が子ども委員会の責任者を兼務したことは，のちに第3章でふれる飢饉による浮浪児の大量発生という事態への権力的な対応につながる。浮浪児問題は教育機関の手から離れ，社会の不安定要因として，治安機関に委ねられる。それがネップ(新経済政策)のもとでの関連予算の削減と並行するため，事態は複雑になる。

子ども委員会は初めの間，独自の地方機関をもたず，地方〔ソビエト＝代議制権力機関〕の執行委員会やその中の国民教育部が対応する活動を担うことになっていた。しかし，その後，県・郡の地方機関や他の構成共和国にも子ども委員会が設けられた[65]。

第2節 「新社会」の保育課題と保育制度構想の提起

(1) 第1回大会(1919年春)における保育制度構想の提起

激化する内戦のなかで開催が準備された第1回大会は幾度かの延期のすえ，ようやく1919年4〜5月に開かれた。そこで主に論議された保育制度構想，保育施設の基本タイプ，保育者の養成方法という3つの問題を本節から順に考察しよう。最初の問題は，「社会生活の新形態における保育の新課題」と題するラズルキナ保育部長の報告が論じた[66]。

養育と保育の関係 その第1の論点は，幼児の養育や保育における家庭と施設の間での機能や役割の分担——施設側からいえば，家庭養育と異なる施設

「女性解放」の基盤整備に努め，1930年1月に廃止された。中央の女性部長には，レーニンと親しかったとされるЕ. И. アルマンド(1874〜1920年。See Elwood, 1992)や，前述のコロンタイなどが就いた(Hayden, 1979; 渓内，1989年，272頁; Goldman, 1989, p. 61; 富永桂子，1992年; McDermid et al., 1998, p. 220; Wood, 1997; Attwood, 1999, p. 25)。

65 Ball, 1994, p. 91; Смирнова, 2004, с. 489.
66 *Первый Всероссийский съезд по дошкольному воспитанию*, с. 8–16; 《*Народное просвещение*》(Ежемес.), 1920, No. 18–20, с. 9–12.

保育の独自性という問題だった。

報告は，資本主義化の急進に伴い家庭での養育の困難がめだってきたと述べ，革命後の新社会では，養育に全面的に代わるものとして保育を確立することが重要だとした[67]。

討論では，一方で，家族の消滅への危機感と保育の消極的な位置づけを示すつぎのような意見が出た[68]。

> ロシアでも労働者家庭の機能は衰退し，さらには家族そのものが消滅し始めている。これは好ましいことではない。だが，それが進行している現状では，家庭の機能を国家や社会が代わって担う必要がある〔。その意味でのみ保育施設は求められる〕。

他方，ラズルキナ報告を積極的に擁護する主張もつぎのように表明された[69]。

> 幼児を保護する人が家庭にいないので，労働者がわが子を保育施設に通わせているというのは確かである。しかし，今後，労働条件の改善が進み，労働者家庭に養育機能が備わったとしても，社会的教育（общественное воспитание. 公教育）はやはり必要である。社会主義の建設に欠かせない国民大衆の積極性や能動性は社会的教育を通して育成されるのであり，その第1段階が保育であるから。

そのほか，「保育施設が母親の手から子どもを取り上げる」という誤解にふれた意見や，養育における母親の役割を重視する発言もあった[70]。

報告は，保育の目的を「社会主義建設の将来の担い手〔としての幼児〕」の育成においた[71]。それは，新しい社会体制の形成と維持をめざす教育の一部をなしていた。報告は，家族の消滅に伴い，その機能を共同化する一例として，幼児を

---

67 *Первый Всероссийский съезд по дошкольному воспитанию*, с. 8–12.
68 アヴラモワの発言 (там же, с. 19)。
69 ハリトノワ（ペテルブルク〔ペトログラード〕）の発言 (там же, с. 22)。
70 Там же, с. 26. これが必ずしも「誤解」でなかったことについては所，1987年，129〜130頁を参照。
71 *Первый Всероссийский съезд по дошкольному воспитанию*, с. 13.

保育施設だけで育てるという「養育の全面的な共同化」が社会主義を建設する一歩だと主張した。すなわち，資本主義社会で社会進歩の負の側面として生み出された幼児の養育の困難さが，社会主義社会では，その建設に役立つ保育の必要性を多くの人々に認めさせる基盤となる，と報告は述べた。

他方，ラズルキナ報告とは違い，討論では多くの論者が，施設での保育の普及は家庭での養育に全面的に代わるのではなく，その一部を代替すると考えた。また逆に，養育が保育の一部を補助するとみなす論者もいた。いずれにしても代議員の間では，養育や保育に対する家族消滅論の影響は一般的ではなく，「養育の部分的な共同化」を支持する傾向にあった。この点は，のちに第3節でみる保育施設の基本タイプをめぐる論議に反映する。

全員就園制と無償制　第2の論点は全員就園制（обязательность. 義務制）と無償制の構想に関わった。その際に無償制の構想は，保育を国民に身近な低料金のものとする，という意味を含んだ機会均等（общедоступность）という言葉で表現された。この点についてラズルキナは次のように述べた[72]。

> 全員就園制と無償制の構想を保障するためには，給食の実施，衣服や靴の供与，施設・設備・教材の準備，保育者養成などの条件整備が必要である。それは，子どもの社会的保護に必要な外的条件の整備に留まらず，社会全体を社会主義的に再編する運動に転化する。

討論では，「全員就園制の構想を実現する条件整備に必要な資金を国家が投入すべきだ」と報告を支持する声や，「現状を考えれば全員就園制の構想は『討論上の命題』と考えざるをえないが，無償制の構想の実現に向けては努力すべきだ」という修正意見が出された[73]。

ラズルキナの主張のように家庭での養育を全面的に共同化したものとして施設での保育を考えるならば，文字どおりの全員就園でなければ，保育の意義は半減する。しかし，帝政期の保育施設網はわずかで，第1回大会時の施設の普及度は低かった。そこで，保育施設を拡大するために今は施設や保育者の質を

72　Там же, с. 13–16. См.: Там же, с. 195–196.
73　順にソコリンスキーとコズロワ(サマラ県)の発言 (там же, с. 21, 23)。

論じている時ではない，という緊迫感が，「無償施設における全員就園制の構想の実現はソビエト〔国家＝ソ連の〕建設にとって緊急な課題であ」る，という決議に反映していた[74]。それはつぎの論点や保育者養成の問題とも関係した。

保育と政治　　第3の論点は保育と政治，あるいは保育と生活の関係という問題だった。

ラズルキナは，新政権の教育政策に保育を位置づけて，つぎのように主張した[75]。

> 歴史をみれば明らかなように，その時々の国家や社会と教育は緊密に結びついてきた。この点は社会主義社会でも同じであり，そこでは「調和的人格」の発達を目的としている点に特徴がある。こうした人格の持ち主である社会主義建設の担い手を育成するという教育の課題は，この分野の専門家にとってだけでなく，国家にとっても重要である。このような教育は子どもの誕生直後から始められるべきである。その意味で保育は教育の第1段階に位置づく。しかし多くの人々は，学校建設を重視するあまり，保育の役割を十分に理解していない。

新社会に保育施設を急速に普及するためには政治の力を借りざるをえず，それによって多くの近代国家が幾多の苦闘を通して獲得しつつあった教育の政治的中立性，教育と政治の分離の原則を放棄してもやむをえない――と，ラズルキナは考えた。

討論でこれに反論したのが，保育専門家であるとともに，1917年から保育部の一員だったチヘーエワである[76]。彼女は，「保育を考える際は子どもから出発するのが重要である」「それほど早く到来するとは考えられない共産主義社会の教育目的〔調和的人格の発達〕を今ふりまわすのには反対だ」と明言した。

このように第1期の保育部内には多様な見解が存在し，公式の場で表明され

74　Там же, с. 196; *Резолюции и тезисы докладов первого Всероссийского съезда по дошкольному воспитанию*, с. 23（以下，ГАКО, Р-1137/1/176/22-30об. のリスト数を頁数として示す）．

75　*Первый Всероссийский съезд по дошкольному воспитанию*, с. 12-13.

76　Урунтаева, 2002, с. 91.

ていた点に注目したい。

続けてチヘーエワは，保育の課題として，つぎの点を強調した[77]。

> 〔人生の〕早期の段階から子どもの教育にとりくむことは重要である。しかし，保育の課題は不適切な環境から子どもを守ることにあり〔，社会主義建設の担い手の育成という命題を保育にもちこむのではなく〕，その発達に必要な情動的な環境を整える点にある。そのためには子どもの年齢にふさわしい喜びや，それを生み出す保育者を用意することが大切だ。そう考えれば，政治が保育分野に立ち入ってならないのは明らかである。

保育と政治の関係の問題は，直接には，4～6歳児の学級に自治機関や選挙制度をもちこむことの妥当性をめぐって争われた。

それは保育者の役割や資質という論点とも関係していた。すなわち，保育者は，教育者として幼児の心身の本質に関する知識の向上などに努めるだけでよいのか，それとも，教育者であると同時に労働者として社会主義の建設に参加すべきか，という問題であり，いいかえれば，保育者は社会主義者でなければならないか否か，という問題だった。

このうち，保育者としての役割を強調する意見を支持したのは，チヘーエワやシャツキーらの数名だった。なかでもシャツキーは，学校教育における社会主義思想の押しつけに反対し，教育の自由を重視した[78]。そこには，世界的な新教育運動をロシアで積極的に受け入れてきた彼の「教育・保育と政治の関係」に対する見方が凝縮されていた。

なお，「保育に政治をもちこむべきではないのと同時に，保育者が自分や子どもをとりまく状況のリアルな認識から保育活動を出発させるべきである」という注目に値する発言があった[79]。しかし，これには討論のなかで反応がなく，深められなかった。

保育と労働・生活　報告者のラズルキナが最後に討論をまとめた結語は，「報告テーゼの本質に関わるような反対はなかった」と断定したうえで，つぎの

77　Первый Всероссийский съезд по дошкольному воспитанию, с. 24–25.
78　Там же, с. 27.
79　クドリャフツェワ（ニジニ＝ノヴゴロト）の発言（там же, с. 26）。

3点を強調した[80]。

①労働教育の原則を保育にも導入する。②保育の普及のために簡易施設であっても開いていく。③政治を児童施設〔保育施設〕に導入すべきとは直ちに断言できない。しかし，児童施設を生活から切り離してはならない。

このまとめには「初めに結論ありき」との姿勢がうかがえる。また，報告テーゼや討論にない「労働教育の原則」を持ち出したり，保育と政治の分離の問題を保育と生活の関係の問題と意図的に結びつけたりしている点も目を引く。

ラズルキナ報告に関する決議では，これまでの論議がつぎのようにまとめられた[81]。

①経済上・教育上の最小単位として古い家庭を再現するというプチ・ブル的な幻想をプロレタリアートは断固として拒否する。生産の社会化にもとづく社会主義社会においてあらゆる文化の基礎は，ブルジョア的な個人主義のイデオロギーではなく，集団主義イデオロギーにある。その発展に不可欠な条件として保育がある。

②〔しかし〕いまだに家庭が経済上・教育上の単位であるというロシア社会の現実をみると，保育の原則と養育のそれを教育活動のなかで結合させる必要がある。

「個人主義イデオロギーから集団主義イデオロギーへ」「養育から保育へ」という図式が保育部などに根強くある一方，近代社会の市民的自由の一部である教育の自由や，教育と政治の分離を尊重する声が保育専門家らから出された。その結果，基本は前者の図式であるが(決議の①)，批判にも配慮する(同じく②)という形で決議が了承された。このあいまいな性格のため，決議がロシア保育界のその後の動向を規定したとはいいがたい。

こうしてラズルキナ報告が示した全員就園制と無償制の構想については，その実現の可能性や手段・方策をめぐって大会の論議が分かれた。この点で注目

80　Там же, с. 29–30.
81　Там же, с. 195; *Резолюции и тезисы докладов первого Всероссийского* ……, с. 23.

第 2 章　保育制度構想の提起と追求(1917〜1921 年)

すべきは，保育部の書記 И. О. シュレイフェルが「全国規模の保育事業の組織化について」と題する報告で，全員就園制の構想の実現を 20 年後の課題と想定したことである[82]。保育部内での異論が表面化する点にソ連初期，とりわけ第 1 期の保育界の未成熟さと相対的な多様性が認められる。

国営制　もうひとつの保育制度構想である国営制について，ラズルキナ報告はあまりふれなかった。しかし，これまでにみてきた同報告の趣旨と，その決議の「国家による教育（государственное воспитание）」[83] という規定，さらに，1921 年暮れの第 2 回大会のある決議に含まれた「幼稚園〔保育施設〕は，これまでどおり，国営であ」る（государственный）という文言から(192 ページを参照)，ラズルキナ報告では国営制の構想が前提とされていたとみてよい。実際のところ，すでに 1917 年末から幼稚園〔保育施設〕や学校の国有化〔国営化〕が購入や没収の形で始まっていた。その後，国営制の構想は，内戦期に「学校の制度的原理」となり，1923 年の統一労働学校令(183 ページを参照)で公認される[84]。

他方，第 1 回大会で私立施設の存在を認めたのが，「国家による保育建設の分野におけるこの 1 年半の活動の経験」を論じた上記のシュレイフェル報告に関するつぎの決議である[85]。

> 保育者の生き生きした活動的な力を保育事業に導入するため，保育課は，私的な自発性にもとづいて誕生した保育施設〔私立施設〕を支援し，補助しなければならない。

これを当時の新聞は，「保育事業の中央集権化に反対し，この分野における私的な自発性の活用に対する賛成意見があった」と評した[86]。上記の決議は私立学校の存在を公認した 1918 年学校規程第 11 条と内容が一致しており，第 2 回大会から保育政策の柱となっていく。

82　*Первый Всероссийский съезд по дошкольному воспитанию*, с. 165.
83　Там же, с. 196.
84　所，1987 年，128〜132 頁。
85　*Первый Всероссийский съезд по дошкольному воспитанию*, с. 158, 218; *Резолюции и тезисы докладов первого Всероссийского……*, с. 24об.
86　《*Известия*》, 27 апрель 1919, с. 4.

（2）　保育制度構想の基盤とペトログラード派の異論

就園率と保育予算　　保育制度構想の基盤を検討するためにまず必要なのは，就園率と保育予算に関するデータである。

就園率は，全国的にみて1919年秋の2.4％から翌秋の4％台に上昇し（86ページの表2-3を参照），モスクワ，ペトログラード両市ではさらに高い水準にあった。新政権の発足から2～3年という短期間の達成としては大きな値も，全員就園という目標からみればあまりに小さく，しかもそのあと急減する点は前述したとおりである。

教育人民委員部の予算すなわち教育予算が国家予算に占める比率（以下，「教育予算比」と略）は，1918年上半期の3％から下半期の8.5％に上昇したあと，1920年まで7～9％台を維持した。それが1921年には2.2％に急落し，1922年も2.9％と低迷する[87]。

その全国の教育予算における社会教育予算の比率（以下，「社会教育予算比」と略）は1920年に62.2％と高かった[88]。さらに，社会教育予算に占める保育予算の比率（以下，「保育予算比」と略）は1919年前半の6地方の平均で16.2％だった[89]。両比率から教育予算に占める保育予算の割合を単純に推計すると10.1％になる。

教育予算比と社会教育予算比が第1期に高かったのは，「学校〔と保育施設の〕費用の全面的国庫負担がめざされた」[90]からである。国営制の構想は保育分野だけでなく社会教育全体にも関わるものであり，予算面でそれに接近しようとしたことがわかる。

ペトログラード派の異論　　第1回大会から2年近くのちの1921年2月1～5日にペトログラードの保育課が保育協議会（以下，「二月協議会」と略）を保育専門学校（63ページを参照）と共催し，革命期に弱まったフレーベル主義者との連携の回復をはかった[91]。同協議会で主に論じられたのは，養育の場と主体，保育理論，

87　Fitzpatrick, 1970, pp. 291-292.
88　所，1985年，153頁。
89　ГАРФ, А-2306/12/97/152-153.
90　所，1985年，153頁。
91　Альмединген-Тумим, 1922, с. 14-15. 二月協議会については，ほかにつぎの

保育施設の基本タイプ，保育施設と第Ⅰ段学校の関係，保育者養成という5つの問題だった。

このように二月協議会の論点は第1回大会と重なっており，それらに関するペトログラード派の見解がよくわかる。それを知ることはオールタナティヴの分析につながるので，上記のいくつかの問題に対する同派の考えを本節から第4節にかけて順に検討しよう。

第1の問題である「乳幼児を誰がどこで育てるべきか」については3人が報告に立った。最初に社会教育セクションの責任者であり，かつて保育担当の政府委員だったЗ. И. リリナ（1882～1929年。著名な政治家 Г. Е. ジノヴィエフの妻）[92]が次のように論じた。

> 社会教育の課題を実現すること，すなわち共産主義教育の課題を完全に理解することは，家庭のような閉ざされた単位では不可能である。家庭は非文化的・反共産主義的であり，われわれとは共存せず，対立するものだから。保育から高等教育までを含んだ社会的教育がこの問題を解決する。

ここには，先のラズルキナ報告と同じく，養育の「過激な社会化」[93]，すなわち，その全面的な共同化の主張が認められる。

それに対してチヘーエワは，子どもの年齢に応じた，母親による家庭での養育から始まる4段階の生涯教育体系を提起した。

最後に，フレーベル学院や保育専門学校で教えていた Н. А. アリメディンゲン＝トゥミム（1883～1943年）が，狭い家庭での養育から広い社会的教育への移行の道筋を論じ，社会施設と家庭の協力について次のように述べた。

> 民衆自らが教育施設の建設にとりくむことが必要である。家庭がそうした活動に協力し，保育施設への援助を惜しまないようにするため，家庭に

文献による。Там же, c. 153–162;《Бюллетень отдела дошкольного воспитания НКП РСФСР》, 1920, No. 3/4, c. 23–24; Конференция по дошкольному воспитанию, 1–5 февраля 1921 года, 1921; Махлина и др., 1932, c. 16–17, и др.

[92]《Известия》, 20 декабрь 1917, c. 6.
[93] 所，1987年，129頁.

対して教育力〔啓蒙〕による強い影響を急激に，組織的におよぼすことが求められている。教育施設と家庭の連携は保育施設の段階〔幼児期〕から始める必要がある[94]。

これらの報告は参加者に衝撃を与え，長時間にわたる熱心な討論をよびおこし[95]，そのあと「社会教育について」と題する決議が採択された[96]。それは，3歳未満児については養育を重視し，幼児については養育と保育を補足的な関係におき，保育の保障を国家と保育行政機関の義務とみなす一方，親や成人などへの啓蒙活動を重視した。保育施設の急増にもかかわらず就園率が低かったため，家庭の養育機能をリアルに評価し，子どもの年齢が低いほど家庭での養育を重視するという現実的な方策が二月協議会でとられた[97]。

第3節　保育施設の基本タイプをめぐる論争

(1)　保育時間の長短についての3つの考え

一般に，家庭での養育と施設での保育との関係は施設の保育時間の長短という問題になって現われる。保育時間の長さという量的な問題と，養育と保育のあり方という質的な問題とは相互に関係することが多い。保育時間は，保育内容・方法，園児・親・保育者の生活や労働，保育予算などに影響をおよぼし，また逆にそれらに規定されるからである。

保育時間の長短によって保育施設は異なるタイプに分けられる。「はじめに」のvページでみたように，有産階級向けの保育施設は短時間，貧困層や労働者階級向けのそれは長時間というのが，多くの国で，少なくとも保育施設の誕生期や生成期にみられる。

こうした点を念頭におき，短時間制の幼稚園と長時間制の託児所のどちらを

94　Альмединген-Тумим, 1922, с. 15–16.
95　Там же, с. 18.
96　Конференция по дошкольному воспитанию……, 1921, с. 129–130.
97　同じ考えは Альмединген-Тумим, 1922, с. 161 を参照。

第1回大会が保育施設の基本タイプとしたのか，という問題をここで検討したい。ソ連期のロシア語文献には基本タイプを幼稚園とするものがある一方，託児所とする記述もあったからである[98]。

保育時間に関する基本方針　保育専門家のシュレーゲルが大会で行なった報告「保育施設の基本タイプ」はこの問題に直接ふれておらず，決議がつぎのように述べている[99]。

　①3～7歳児にふさわし〔い〕……保育施設の標準〔基本〕タイプは幼稚園であり，子どもはそこに6時間以上あずけられることはない。

　②社会と経済の現状を考え，また労働者である母親の解放と，全国規模での新生活の建設に彼女らが参加する必要性を考慮し，本大会は，母親の全労働時間中に子どもを幼稚園であずかるという保育時間の延長を望ましく，可能だと認める。しかし，その際，子どもの正常な発達を保障するために必要なすべての条件——子どもが集団から離れて休息をとれるような建物，午睡や散歩などの実施が厳守されなければならない。

　③保育者は幼稚園で6時間以上，勤務しない。もしそれを超えれば，保育者の疲労が保育活動の調子を乱すかもしれないし，保育者が〔保育施設の意義などについて〕住民に働きかけられないからである。保育労働は他の仕事との兼務を許すようなものではないので，保育者の生活は物的に保障される必要がある。こうした条件下でのみ保育者は教育者であり，社会的な働き手となりうる(補足: 保育施設は通年制である。保育者は年間10か月間働く。保育者の休暇のとり方は各地の状況に応じて決定する)。

決議が①で幼稚園を基本タイプとし，②で一定の条件を付して託児所の存在を認めた背景に，討論で示された以下の3つの見解の間でつぎのような論争があった。

98　基本タイプを幼稚園とするのが Каиров и др., 1957, с. 66; Литвин, 1990, с. 58 などであり，託児所とするのが Шабаева, 1953, с. 253-255; Прокофьев и др., 1967, с. 33; Кузин и др., 1980, с. 104 などである。

99　*Первый Всероссийский съезд по дошкольному воспитанию*, с. 196-198.

託児所派　第1の見解は，長時間制の託児所を基本タイプとみるものである。たとえば，ラズルキナ保育部長はつぎのように強調した[100]。

　　生活条件から母親が働かざるをえず，その結果，多くの子どもが無保護の状態にある現在，幼稚園は本来の使命に応えておらず，託児所がそれに代わるべきである。長時間保育で問題となる園児と保育者の疲労は，自由な空間・時間や十分な休息，自然のなかでの散歩などを保障すれば，避けられる。いま最も優れたタイプの施設はコロニー〔児童ホーム〕である。

これを支持したモスクワの労働住民モロゾワは次の過激な持論を展開した[101]。

　　母親の労働時間が8時間である以上，保育時間の延長は避けられない。子どもを路上に放置するよりも保育時間を少しでも延長するほうがよいし，それを労働者は求めている。保育の量よりも質が重要だという〔116ページでみるシャツキーの〕発言があった。しかし，時代は量を求めている。今のわれわれに質を論じている余裕はない。路上からすべての子どもを施設に集め，読み書きを教えよう。女性を家庭に戻すべきか否かという問題についていえば，われわれは以前の土鍋とほろ切れの生活に帰りたくない。過去に戻るというのなら，ここでの論議は無駄になる。家庭養育がわれわれにもたらすものは何もない。

両者の発言には，割合にリアルな現実認識と理念に規定された主張とが混在している。すなわち，「母親の居宅外労働の増加によって無保護児が増大し，また他の要因も加わり浮浪児が続出しているから，保育施設はまずこれらの子どもに対応すべきだ」という認識と，「革命によって女性は家庭から解放され，自主的に労働や社会活動に従事するはずだから，家庭がもっていた養育の機能を引き受ける施設が必要となる」という主張である。さらに「『国家の子ども』を『社会主義建設の担い手』として育成するために古い家庭から引き離したほうがよい」という判断もある。そこから児童ホームなどが求められる。しかし，そ

100　Там же, с. 60–61.
101　Там же, с. 72–73.

の普及には多額の費用がかかるので，次善の策として託児所をできるだけ整備すべきだ。そのために質を多少は犠牲にしても構わない——と，託児所派は考えた。

幼稚園派　第2の見解は，短時間制の幼稚園を基本タイプとするものである。まず，保育専門家のE. A. フリォリナ(1889〜1952年)がつぎのように述べた[102]。

> ラズルキナの意見には反対だ。子どもに対する権利や義務を母親から奪うのではなく，保障すべきであり，そのためには労働時間の短縮さえ必要である。シュレーゲル報告がコロニー〔児童ホーム〕を最善の施設タイプというのは浮浪児を念頭においているからで，それはそれで正しい。しかし，それをすべての幼児に当てはめると，保育施設は生活実態から掛け離れたものになる。

「コロニーと幼稚園〔保育施設〕は性格や対象児が違う」という同じ趣旨の批判は，別の代議員が先のモロゾワに対しても行なった[103]。

白ロシア共和国ゴメリ市のゴーガンは，幼稚園の負担増に注意を促したうえで，「幼児を育てる際の重点は養育にあり，それを保育が補う」と位置づけ，「こうした関係が無理な浮浪児にだけ全日保育を保障すべきだ」と述べて，ラズルキナの見解を批判した[104]。

ここには，託児所派とは別の，実態と理念の混合がみられる。すなわち，幼稚園派は，社会的混乱の連続のなかで生じた家庭の養育機能と母親の養育能力の低下を正当に指摘する一方，幼児を育てるうえでの家庭と母親の責任を相変わらず重視し，その回復のために，時代状況を軽視して，労働時間の短縮を求めた。彼らがこのように家庭と母親のもつ養育上の役割を強調したのは，伝統的な家族観や女性観にとらわれていたからであり，また，第2節でみたラズルキナ報告が逆の方向を提示したことに危機感を覚えたからであろう。

中間派　最後に両派の中間的な見解や別の考えを表明する者がいた。たと

102　Там же, c. 66.
103　Там же, c. 76.
104　Там же, c. 73.

えばシャツキーは，幼稚園タイプか託児所タイプかという問題よりも，地域の実情に応じた一定水準以上の保育施設が今とくに求められていると主張した[105]。

標準的な施設や設備をもった保育施設を要望するシャツキーに対しては，先のモロゾワの批判に加えて，「あまり立派な施設をつくると住民から『ブルジョア幼稚園』とよばれる」「不十分な施設でも幼稚園は親から熱狂的に歓迎され，園児も成長している。他方，在宅の幼児はいつも泣いている」[106] といった反論が続いた。

一般的には必ずしも二者択一の対象とならない保育施設の量と質の関係が，内戦下のロシアではしばしば衝突し，質を抑え，量を重視する選択が「緊急」「一時的」という名で許された。その産物である簡易施設は，このあと第2期における施設網の縮小の影響で最初に閉園される。他方，ネップ下の予算削減のなかで施設網を回復するには簡易施設に頼らざるをえず，第3期になると，それが通常のタイプの施設になる——という，のちに第3〜4章でみるロシア保育界の動向に対して，シャツキーの発言は鋭い警告を発していた。

(2) 養育の共同化と保育時間

保育時間とその規定要因からみた3つの考え　ここでは，保育時間の問題と相互に規定する問題群のうち，第1節でみた女性労働者・家族・乳児死亡率をとりだし，双方の問題(群)の関係に留意して，上記の各派の見解の妥当性を検討したい。

女性労働者数は1917年に頂点を迎えたあと1920年代初めまで急減し，1921/22年度は1917年の約4割の水準にあった(90ページの表2-5を参照)。「革命によって女性は家庭から解放され，自主的に労働に従事する」という託児所派の見解は，こうした推移と掛け離れていた。他方，不足する労働力，とくに男性労働力を女性労働力で補おうとする当時の社会状況は，「女性を工場から家庭に戻してはならない。前線にある男性を援助するために女性が工場で働く必要があるからだ」という，ある代議員の率直な発言にうかがえる[107]。このように緊迫

105　Там же, с. 68-69.
106　順にコラブリョラ(タムボフ県)とクドゥリャフツェワの発言 (там же, с. 70-72)。
107　Там же, с. 73.

した状況下で労働時間の短縮を求めた幼稚園派の見解は現実的といえなかった。

第1節でみた厳しく貧しい食糧事情や住環境のなかで強いられた共同化と，それをつくろった家族消滅論を念頭におくと，託児所派のつぎの発言が理解できよう[108]。

> 新しいタイプの幼稚園〔託児所〕は，日常生活から所有の観念をとりのぞき，相互援助と相互理解の思想で各構成員が結ばれた労働コミューンでなければならない。

> 社会主義的な感覚の形成を考えれば，家庭で何もかも保障されるとみなしてはならない。養育における母親の役割は残るものの，その中心は幼稚園〔託児所〕に移される。子どもが家庭にいると，そこに根強い私的所有の感覚を受け継いでしまうからである。

> 大会参加者の多くはセンチメンタリズム〔母子間の結びつき〕を求め過ぎている。それを捨てて，現実と，「子どもを母親の手におかない」という命題からのみ出発すべきだ。

ここで注目すべきは，託児所派が家庭や母親から子どもを切り離せと主張する一方，基本的な保育施設とみなした児童ホームや託児所で家庭的な雰囲気を重視した点である。しかもそれは，一般的な意味においてだけでなく，施設の家具一覧や入所児のグループ分けといった個別の問題でもそうだった[109]。これは，「個別家族の代わりに大きな家族が成長し，そこでは全勤労者が兄弟姉妹であり同志であるような人間関係が発展する」という趣旨のコロンタイの主張(97ページを参照)を思い出せば，うなずける。こうした家族消滅論は「新しい大家族」の創出を論じ，国家を家族にたとえる家族国家論だったからである。

主要国で異例に高かったロシアの乳幼児死亡率が19〜20世紀の転換期から低

---

108 順にペトログラード国民教育部保育課 E. B. ソロヴィヨワ，モスクワ国民教育部保育課長 P. E. オルロワ，体育大学の学長ゴロヴィンスキーの発言（там же, с. 70, 75, 77）。

109 РСФСР. НКП. Дошкольный отдел, 1919, с. 48, 61; Kirschenbaum, 1993, pp. 88–93.

下し始めた。しかし，その直後に大戦と内戦が生じ，乳幼児死亡率は再び上昇した。それを引き下げるために食事が重視された。さらに，戦時下の限られた食糧を効率的に民衆に配布するうえで，公共食堂と並んで，給食制度が注目された。そこで託児所派は，一日2回の給食を出す幼稚園より，3回の託児所のほうが園児の生存率を高めると考えた。

しかし，ここでも想定と実態はくいちがった。たとえば，1919年春に28県の保育施設で給食の実施状況を調べたところ，「未実施」5県，「パンとお茶などで非常に不十分」13県，「まあまあだが不十分」6県，「満足」4県という結果になった[110]。「児童給食の強化」「児童給食の基金」「無料の児童給食」などと題する人民委員会議の布告や決定が1918年中頃から続出していたにもかかわらず[111]，事態はこのようなものだった。託児所派がこれらの布告などをあたかも実態であるかのようにみなしたのは，明らかに楽観的すぎた。

他方，興味深いことに，食糧・建物・教材・図書・家具・事務用品などの物資，保育者・医師・用務員・保育課長などの人材，そして資金[112]——と，充足しているものがないという状況で，少ないものをより効率的に運用するために子どもを一箇所に集める，という発想が保育施設網の拡大と託児所派の見解を支えていた[113]。そう考えると，同派は事態を冷静に見て，手元のわずかな物資を最も必要とする浮浪児などに優先的・効率的に保障する現実的な判断をくだしていたともいえる。コロニーと幼稚園の性格の違いをめぐる託児所派と幼稚園派の先の論議の背景にはこうした判断が秘められていた。

関連して，1918年にペトログラードのコロニー〔児童ホーム〕入所児に，職員を通して実施された調査から，9歳以下の73人分の回答にふれよう[114]。そこで目を引くのは，①入所児の望む生活の場が「コロニー」40人，「家」25人，「双方」3人と，過半数がコロニーを希望している，②「家」を望む入所児のうちで

---

110 《*Народное просвещение*》(Еженед.), No. 34 (10 май 1919), с. 13–14.

111 Абакумов и др.,1974, с. 342–346, и др.

112 これらは第1回大会における各地からの報告で列挙されたものである (*Первый Всероссийский съезд по дошкольному воспитанию*, с. 134–157)。

113 Kirshenbaum, 1993, pp. 58–62.

114 ЦГА СПб., 2551/15/231–233.

11人がコロニーに再び入所してもよいと考えている、という点である。想像以上にコロニーが入所児に身近な存在だった主な原因は食事の保障と友だちの存在にあった。「コロニーにいて両親に会えたらよい」という回答が彼らの気持ちを代表している。

保育施設のタイプに関する各派の分析に戻ろう。問題は託児所派にみられる上記の楽観性と現実的判断の関係である。仮に施設・設備面の基準や人的な基準が同じだとすれば、保育時間の短い幼稚園よりも長い託児所や児童ホームのほうが、その設置と運営に多くの物や人を必要とする。だから託児所派の見解は、これらの基準の引き下げ、少なくとも幼稚園派の示す基準よりも低くすることと対になっていた。実際、ラズルキナは、「保育の普及のために簡易施設でも設置していくべきだ」「保育者一人平均の園児数を一律に決めてはならない。保育の仕方によって〔園児〕30人でも〔保育〕可能な場合がある」と論じた[115]。

ただし、これは保育者の負担増に直結する。そこで保育部を中心とする託児所派は、保育者を新政権の側に獲得し、サボタージュなどを阻止する思惑から、シュレーゲル報告の決議の後半にある「保育者の一日6時間労働、年間2か月の休暇」を主張した。それはまた、保育者の待遇を改善し、優れた人材を保育界に得たいという幼稚園派、とくに保育専門家の希望と一致した[116]。同時に決議は、こうした希望と、少ない保育者といった現実との間の矛盾を配慮し、その補足で「各地の状況に応じて決定する」というあいまいな表現を用いた。

養育の共同化をめぐる理念と実態の交錯　これまでの議論を振り返ると、保育時間をめぐる3つの考えのそれぞれに理念と実態が次のように複雑に入り組んでいたことがわかる。

託児所派には、一方で、「家族は消滅し、女性は自主的に労働に従事するはずだから、養育の機能の引き受け手である保育施設は長時間の保育を行なう必要がある」「新社会の建設の担い手である子どもを古い家庭から引き離すべきである」という理念と、他方で、「親や家族を失い、無保護や浮浪の状態にある子どもが現にいるのだから、それへの対応が保育施設の第一の任務である」とみる

115　*Первый Всероссийский съезд по дошкольному воспитанию*, с. 30, 62.
116　Там же, с. 62, 74.

リアルな側面とが混在していた。

　幼稚園派には，逆に，「家庭養育が危機にあるからこそ，親に対する教育と啓蒙により，その再生をはかる必要がある。幼稚園は子どもを通して近代的な育児知識を普及する」という冷静な家庭観や，「浮浪児の増加に対応するコロニーや児童ホームと通常の幼児の保育施設とを別に考える」という施設観と，「家庭の養育機能を回復するうえで女性の労働時間の短縮が必要だ」「母親こそ養育の最適任者である」という楽観的な見通しや通念とが並存していた。

　中間派には，両者の論争から少し距離をおき，「各地の現状に照らして適切な施設タイプを決める」という現実的判断と，「施設の水準を落としてはならない」という，託児所派からみて空想的といえる見解をあわせもっていた[117]。

　ところで，ペトログラードの1921年の二月協議会は(110ページを参照)，この問題について，「各地の条件にふさわしい」「園児の個性を十分に考慮した」保育施設を重視し，特定の施設を基本タイプとせず[118]，中間派と似た立場をとった。そこには，これが最も実際的な判断だったという側面と，論議の対立を先送りした側面とが並んでいる。そのため，同協議会の合意に対する評価は分かれる。のちのある通史は，それを「妥協の産物」とし，その背景に「レニングラード〔ペトログラード〕の保育施設にブルジョア的な〔保育〕理論〔自由教育論など〕の影響が大きかった」とみる[119]。本書では逆に論議の多様性に注目するので，保育専門家が革命後もペトログラードの保育専門学校の実験幼稚園などで指導的立場にあり，それらの施設が欧米保育界に対するロシア保育界の最大の窓口だった点を重視したい。

117　3歳未満児についても同じ点が問われ，1920年12月初めの第1回全ロシア母子保護集会では保育所を孤児院〔児童ホーム〕に改組することの妥当性をめぐって激論が交わされた (Беляева, 1987, с. 24)。См.: РСФСР. НКЗ. Отдел ОММ, 1921.

118　Альмединген-Тумим, 1922, с. 17. 決議は *Резолюции по докладам Второго Всероссийского съезда по дошкольному воспитанию*, с. 128–130 を参照。

119　Махлина и др., 1932, с. 16–17.

第4節　保育者養成の原則と実際

(1) 第1回大会における「実践から理論へ」と「理論から実践へ」の選択

　第1回大会で保育者養成の原則について論じたのはシャツキー報告とチヘーエワ報告である。帝政末期の実践にもとづき両報告が提起した養成内容(プログラム)の編成方針の問題と，養成機関の基本タイプが長期課程の養成所か短期過程の講習会かという問題は[120]，その後も繰り返し論じられる。

　養成内容の編成方針　養成内容の編成については，シャツキーが「実践から理論へ」，チヘーエワが「理論から実践へ」と逆の方針を提案した。他方，養成機関の基本タイプについては，両者ともに4〜5年間の長期課程を想定した。両報告の詳細をつぎに見てみよう。

　シャツキーは，養成の1年目を保育活動全般への入門期とみなし，教材などの初歩的な分析と，解剖学・生理学・文化史・教育史などのゼミナール活動にあてた。2年目は幼児と直接に接する時期で，主に保育施設の訪問・観察・実習・報告を実施し，副次的に，理論の学習，農村における住民に対する活動(以下，「対住民活動」と略)，展覧会の開催を行なうとした。3〜4年目は保育実習と並行して理論の学習に重点が移る時期であるとだけ述べた。

　ここでシャツキーが保育実践との関わりを養成の早い段階から組み込んだのは，受講生の自発的な学習と自己教育力の形成を重視したからである。卒業後に従事する地方，とくに農村で受講生を待っている保育上の困難や問題を彼らが独力で切り開いていくうえで，そうした学習や力は欠かせない，とシャツキーは考えた。

　さらに彼は，養成所の周りに講習会を配置し，さまざまな教育・研究センター

120　ロシア語の курсы を本書では，約1年以上の課程で，できたら(半)専用・特定の建物と教職員をもつ場合に「養成所」，約1年未満の課程で，施設と人材が不特定な場合に「講習会」と訳し分ける。ただし，煩雑さを避けるため，「養成所・講習会」と列挙せずに「養成所」と記述することがある。

と連携させるという総合的な計画を提案した。全体として彼はわかりやすい見取り図を示した[121]。

　他方，チヘーエワは保育者養成を高等教育機関で行なうことを明言した。そして前半の2年間を，主として心理学・生理学・医学・衛生学・哲学・社会科学・母語の学習に，副次的に手工・描画・塑像・音楽・お話などの実技科目にあてた。後半の1年半は日中に保育実習，夕方からゼミナール活動を行ない，最後の半年間は，保育行政機関と保育施設の間に立って保育内容・方法を保育者に指導するインストラクター[122]の養成課程とした。

　こうした養成内容は，フレーベル学院とそれを引き継いだ保育専門学校を原型としており，「理論から実践へ」という方向をもっていた。同時にチヘーエワは，理論中心の前半に実践的な要素をとりこみ，実践中心の後半に理論との結合の場を用意するというように，全体にわたり理論と実践の関係に配慮した。さらに，保育者に対する需要の増大に応える「妥協の道」として，4年間を1年間に短縮し，最初の3か月間を理論に，残りの期間を実践にあてるという別の案も提起した。その際に，「これ以上，期間を短縮した講習会は認められない。その修了者は宣伝と扇動ができても，保育活動を担えないから」と念を押した[123]。

121　Первый Всероссийский съезд по дошкольному воспитанию, с. 107–114, 204–206.

122　インストラクターの役割はつぎのように変化した。① 1919年の便覧（РСФСР. НКП. Дошкольный отдел, 1919, с. 12）では，保育部・保育課と保育施設・保育者の間を結び，主に保育内容・方法上の，副次的に施設の運営・管理に関する指導・助言などを行なうとされた。② 翌年の秋から，その任務は，働いていない保育者を保育活動に参加させる，県保育課と県国民教育部の活動を調査する，社会教育部内の保育課以外の各課と連携する，保育者の養成と再教育を進める，飢餓児童を援助する，就学問題（幼小連携問題）を統一学校局と共同で解決する――と，ほぼ保育問題全般に関わるものとなった（《Бюллетень отдела дошкольного воспитания НКП РСФСР》, 1920, No. 3/4, с. 16–21, 25; No. 7/8, с. 26–28; No. 9/10, с. 24–30）。③ 1920年代中頃にその具体的な任務は，担当地区の保育者を集団として結束させる，中央発行の定期刊行物を保育者に届ける，保育者が解決できない実践的な問題を中央のインストラクター会議に持ち寄って検討する，という点におかれた（Канторович и др., 1927, с. 17）。1918年末に保育専門のインストラクターは9県，3市，43郡に計55人いた（Первый Всероссийский съезд по дошкольному воспитанию, с. 38）。

123　Там же, с. 114–116, 206–208.

総じてチヘーエワの提案は均衡がよく，具体的な内容をもっていた。

労農層からの養成　両報告への代議員の反応は違った。まず，チヘーエワ報告を支持する意見はなく，「生活から切り離された知識を重視するものである」「労農女性から保育者を養成できない」などの批判が続出した[124]。明らかにこれらは報告の趣旨を誤解するものだった。しかし，チヘーエワは討論をまとめた結語で，「多くの参加者に私の報告は理解されなかった」と述べたあと，「最初の2年間を理論的養成にあてたのは確固とした考えによるものではない。また，そこで得られた知識が労働や生活と結合したものでなければならないのは当然だ。私が重視したのは後半の2年間である」と弁明した[125]。

他方，シャツキー報告には，①「科学的ではなく理想主義の産物である」，②「保育目的や保育者の課題，望ましい保育者像が不明確だ」，③「すべてを実験と観察に結びつけ，理論を軽視している」といった批判が出された[126]。このうち，①は，社会主義こそ理想をめざす傾向が強い点を考えれば，論理矛盾である。②のいう保育者像などに両報告が論及しなかったのは，それが報告の課題でないうえに，仮にそれを論じれば，その妥当性が問題となり，保育者養成制度に論議が進まないと両報告者が考えたからだろう。ただし，シャツキーは「自主的に思考し，判断する」という保育者像を提示していた。③には，シャツキーと長く活動をともにしてきたシュレーゲルが彼の報告を擁護した。

ここで重要なのは，シャツキー案では「実践的な訓練から養成が始まり，専門的な知識をあらかじめ必要としないので，労農女性から保育者を育成できる」という，ラズルキナ保育部長らの支持発言である[127]。これはシャツキーをモスクワ派に取り込もうとする思惑からだったかもしれない。実際，彼は，第1回大会の前年の1918年に新政権への協力に踏み切り，彼が主導してきたコロニーは大会直前に教育人民委員部付設の実験・モデル施設となった。さらにシャツキーは1926年に党員候補，1928年に党員となる[128]。

124　Там же, с. 117–118, 120, 122–125.
125　Там же, с. 125.
126　Там же, с. 118–120.
127　Там же, с. 122–125.
128　森重，1981年，297〜298頁。

チヘーエワ案への批判でも出た「労農層からの保育者養成」とは，保育者にとっては社会的出身こそが重要という考えで，保育部などが強調した[129]，労農層，とくに農婦の識字率の低さを考えない公式主義の一例である[130]。今日からみてそう評価される主張が当時はかなりの影響力をもっていた。そのため，この一点でチヘーエワ案が破れ，残されたシャッキー案が採用された。チヘーエワは予想外の反論にたじろぎ，自ら妥協した。

　短期の養成　　そうした事情を反映したためか，チヘーエワ報告に関する決議はなく，シャッキー報告に関して次の内容をもつ決議が採択された。すなわち，その決議は，①「保育者養成に多大な意義を認め，それだけに養成所のできる限りの拡大と普及を重要だと考え」るという前提をまず述べた。②つぎに，「理論と実践の両面にわたり十分な内容をもつ長期の養成所の優れた点を認めつつ，短期の入門・再教育の講習会を重視する」として，異なるタイプの保育者養成機関の並置を認めた。③さらに，「労働者を保育施設の直接的な活動に引き入れるため，受講生に十分な読み書き能力が備わっており，一定の成長をとげているという条件で，労農層から保育者を養成する」として，保育部などの先の主張を重視した[131]。

　このうち，①の養成所の拡大については代議員がみな賛同した。②は両報告の中心だった長期の養成所を実質的に棚上げし，短期の講習会の普及をねらった。それは労農同盟という新政権の路線を保育者養成分野で生かす③のためである。受講生に特定の条件を付したとしても，労農層にとって4年間の養成期間は長く，重い負担を課すものだった。長期の学習には，それを継続する意志

129　*Первый Всероссийский съезд по дошкольному воспитанию*, с. 194.

130　1926年のソ連における9～49歳の女性の識字率は都市で78%，農村で39%，平均で46%だった（Госкомстат России, 1998, с. 69）。ところで，本文中の公式的な主張のねらいを率直に述べた文書がある。すなわち，ワルナヴィン〔郡〕国民教育部保育課の質問に対して保育部の情報・統計課長が1919年9月7日付けで送った回答では，「保育者は専門教育を受けていなくてもよい。しかし，教育学全般の理論的あるいは実践的な養成を受け，教育人民委員部，とくに保育部の要求や基本命題に詳しいことが必要である」と記している（ГАРФ, А-2306/12/63/300）。

131　*Первый Всероссийский съезд по дошкольному воспитанию*, с. 204-206.

と学力，生活条件が必要だからである。

こうして出発した講習会中心の保育者養成制度は，チヘーエワが示した1年間という最短期間をさらに短縮する方向に進んだ。「現実的な対応」「労農層からの養成」という大義名分で短期間の保育者養成が主流になり，それがその後の保育界のさまざまな問題につながる。

長期の養成　第1回大会から4か月後の1919年9月にモスクワで開かれた全ロシア保育者養成所協議会においてラズルキナ保育部長とペトログラードの代表が保育者養成制度について報告した。

ラズルキナは新社会の建設にふさわしい保育者養成の「新方法」を提起した。そのなかで彼女は，「従来のような〔優れた施設・設備を有する実験・〕モデル幼稚園ではなく，〔安価な〕簡易施設の設置が必要である。それに応じて，最短期間〔2～3か月〕の課程をもつ簡易な講習会の開設が求められる」と述べ，さらに短期間の保育者養成を正当化した。

氏名不詳のペトログラード代表は，保育専門学校に付設された保育者養成所の実践をもとに，「養成所はプロレタリア層からプロレタリア〔的な保育〕施設の保育者の養成をめざす新しい試みである。それ自体とても重要なので，2年以上の課程が欠かせない」と述べ，労農層からの保育者養成という主張を逆手にとって，長期の養成所の必要性を訴えた。また，それを修了したあとの継続教育を重視した。女性の高い非識字率(註130を参照)などを考えれば，労農層出身それ自体を絶対視するラズルキナに比べて，ペトログラード代表の提案のほうが建設的だったといえる。

討論後に確認された「基本的結論」は，「養成機関の基本タイプは学術・教育機関や大学であり，ほかに『簡易な講習会』を含む，さまざまな期間の課程が必要である」とした[132]。いいかえれば，モスクワなどの都市におかれた少数の学術機関に長期の養成所を設け，地方では短期の講習会を数多く開く，という方針を示した。

他方，ペトログラードで開かれた1921年の二月協議会では，保育専門学校のВ. В. ウスペンスキー(1876年生まれ)が，「保育者養成は広い一般教養と教育学

132　Альмединген-Тумим, 1922, с. 12–14.

の素養，狭い専門教育を含む」「教育大学〔教員養成大学〕での理論的な養成は学生が自立して研究活動を行なえるようにする」と報告した[133]。その決議は,「教育学の観点から講習会は好ましくない。しかし，現状を考慮して，この問題の緊急な解決のために委員会をおく」と述べた[134]。ここには，保育者の力量への高い要求とそれを形成する養成所の意義，および，それと現下の課題に応える講習会の重要性との間の矛盾が認められる。

つぎに，その矛盾の実相に迫るため，代表的な保育者養成機関の事例をあげてみよう。

(2) 1910年代末の保育者養成機関

一般に保育者の確保には保育者の再教育と新規の養成という2つの方法がある。初期ロシア共和国で保育施設が急増した第1期には，再教育の対象者となる帝政末期の保育者が少なかったので，新規の養成が重視された。しかし，内戦という非常時のために短期間の養成が主流になり，それすら戦況によって中止されたり，移動や疎開を強いられたりした。

ここでは，3地域における保育者養成のとりくみを長期課程の養成所と短期課程の講習会の順に見てみよう。

モスクワ市の養成所　初期ロシア共和国の保育界では養成所の数は限られていた。そこで，部分的に第2～3期に立ち入って，その変遷を整理しておこう。

1918年10月に保育部が保育研究所をモスクワ市に設け[135]，初代所長にK. H. コルニロフ(1879～1957年)が就いた。同研究所は子どもの本性の研究と保育者などの養成を行ない，保育者養成の3か月制の課程，インストラクター養成の1年制の課程などを順に開いた。1921年，同研究所は，П. Г. シェラプチン記念モスクワ教育専門学校を母体に1919年に創立された国民教育アカデミーに統合された。同アカデミーは1924年にクルプスカヤ記念共産主義教育アカデミーと改称し，1927年から保育者の再教育を始めた。П. П. ブロンスキー(1884～1941年)，С. С. モロジャヴィ(1879～1936年)らの教育学者や児童学者がそこに勤め

133　Там же, с. 17-18.
134　Конференция по дошкольному воспитанию……, 1921, с. 130.
135　РСФСР. НКП. Дошкольный отдел, 1919, с. 14-19.

た。同アカデミーは1934年にレニングラードへ移り，まもなくクルプスカヤ記念共産主義教育専門学校と改称し，1941年にはゲルツェン記念レニングラード国立教育大学(現ロシア国立教育大学)と統合した[136]。

労働者対象の養成所は1919年春に開かれ，翌年の秋から始まった短期課程が1922年に2年制の課程に，1923年に4年制の課程に延長された。そこでは1年目に一般教育，2〜4年目に専門教育が実施された。1926年秋，この養成所はプロフィンテルン(赤色労働組合インターナショナル)記念初等教員養成学校に統合された。同校の母体であるプロフィンテルン記念モスクワ統合教育専門学校は教育人民委員部とモスクワ国民教育部によって1920年に創設されており，4年制の課程の保育学科を有していた。同学科は一般教育と専門教育に各2年間をあて，実習を重視した。プログラム〔カリキュラム〕はロシア語・数学・物理学・自然科学・社会科学を重視し，描画・塑像・木工・リトミックやコーラスも教えた[137]。

高等女学院を母体に1918年10月に発足した第2モスクワ大学に，保育学科を含む教育学部が設置されたのは1921年10月のことだった[138]。同学科は1年目を一般教育，2〜4年目を専門教育にあてた。講師陣にはコルニロフ，シュレーゲル，Е. А. アルキン(1873〜1948年)らの研究者とともに，第2代保育部長 М. М. ヴィレンスカヤ(1922〜1928年在任)，第3代同部長 А. В. スロフツェワ(1928〜1930年在任)[139]，モスクワ国民教育部の保育課長 Р. Е. オルロワらの行政従事者がいた。

同学科の1925/26学年度の卒業研究のテーマが，「現代の子どもの遊び」「モンテッソリ思想の生物学的評価」「子ども集団の研究の方法と実践」「保育施設の社会活動」「幼児の社会性とイデオロギー性の育成」「ロシア保育学への米国の影響」などだったことからわかるように，その教育と研究には多様性がまだ

136　Волобуева, 1994, с. 137–138, 141–143; Ее же, 1996, с. 57–58; Белая и др., 1997, с. 72. См.: Медведева, 1992, с. 39–42.

137　《Вестник просвещения》, 1927, No. 11, с. 21; Волобуева, 1994, с. 139–140; Ее же, 1996, с. 59; Белая и др., 1997, с. 70.

138　モスクワ国立教育大学本館の掲示資料(1998年3月11日記録)。同教育学部をもとにしてモスクワ国立教育大学が1930年に開かれる。

139　Литвин, 1992, с. 76.

残っていた[140]。

ペトログラード市の養成所　ペトログラード市にはロシアを代表する養成機関である保育専門学校が存在した。1918年9月の布告でフレーベル学院から改組され，11月3日に活動を再開した同校は当時のロシアで最も優れた講師陣と施設・設備を有していた[141]。保育界の中心となる人材を育てた同校の組織とプログラムをつぎに少し詳しく見てみよう。

① 同校の組織は「基礎」「保育」「障害児教育」の3学部と45の講座で構成された。

基礎学部の31講座のうちで教育と保育に関する講座として，つぎのものがあった。「一般心理学・児童心理学・児童学」「一般教育学・教授学・教育学説史」「社会教育の基礎と学校教育学」「児童衛生，言葉の病理学，障害児の健康保護」「児童期の病理教育学と精神病理学」「校外教育の理論と実践」「書籍事業と図書館事業」「フレーベル式の課業と厚紙を使った手工」。最後者の担当はЕ. И. シシキンと保育専門家のЕ. С. ジェジュリナ＝ウスペンスカヤ(1884年生まれ)だった。

保育学部はつぎの8講座(と担当者)で出発した。「現代教育の基礎」「教育人類学」「保育の理論と実践」「モンテッソリ思想(ファウセク)」[142]「母子保護」「児童法」「家庭養育(アリメディンゲン＝トゥミム)」「コロニー建設」。のちに追加された4講座には「児童学」と「保育学」があり，後者は保育専門家Е. И. イオルダンスカヤ(1878年生まれ)らが担当した。

障害児教育学部の6講座にはЛ. Г. オルシャンスキー担当の「知的障害児の保育」があり，5講座がのちに追加された[143]。

---

140 《Дошкольное воспитание》, 1947, No. 11, с. 15; Волобуева, 1994, с. 143–144.

141 同校については次の文献による。《Бюллетень отдела дошкольного воспитания НКП РСФСР》, 1920, No. 3/4, с. 20; Махлина и др., 1932, с. 17; Бернадский и др., 1948, с. 229–282; ロシア国立教育大学展示室資料(1996年5月27日記録)。この改組前にフレーベル学院が改称していた可能性がある(ГАКО, Р–1137/1/114/139; 714/8)。

142 1925年9月の教育大学への統合・改組時に同講座は廃止される(ЦГА СПб., 4264/1/1420/325)。

143 ЦГА СПб., 4264/1/1446/266–267об.; 1457/24–27.

保育専門学校がさまざまな分野の優秀な理論家や実践家による講座を持てたのは，他の養成機関と違い，改組時に旧スタッフ全員が同校に残ったからである[144]。また，初代学長 H. M. クニポヴィッチを構成員の選挙で決めるなど，民主的な雰囲気がそこに残っていた。

　② 講座編成を反映して，同校，とくに保育学部のプログラムは多彩だった[145]。各学年とも3学期制をとり，講義と実習・実技の時間数をほぼ等分にした。一般教育と専門教育の関係は，第4学年まで一般教育を含む「くさび型」だった。保育実習は第1学年から週1日ほどの割合で継続し，第3学年の通算第9学期で週3日，第4学年の第10学期で週2日と，比重を増した。いいかえれば，保育実習が特定時期に集中する制度を同学部はとらなかった。

　3年半の計10学期を終えると，インストラクター希望者のみが第11～12学期を受講した。各学年とも授業とゼミナールは4月末までに終了し，5～7月は，週3日以内という制約で，不定期な講義，見学，屋外遊びと体操，保育実習などにあてられた。たとえば，1924～1928年の夏に3～4年生が二人一組で農村に派遣され，農繁期の臨時施設である子どもの広場の活動に責任を負った(230ページ以下を参照)。

　このようなモデル的な養成所をみる限り，シャツキーやチヘーエワの養成案は実現されたかのように思える。しかし，これらは，全体からすれば，例外的な存在だった。

　モスクワ市の講習会　そこで養成機関の多数を占めた講習会について，モスクワ市とヴァトカ県の事例をつぎに紹介しよう。

　1918年初めに保育者を対象にした保育方法センターである「保育者の家」が同市に創設され，保育者の興味に応じたサークル活動を行なうとともに，保育者を養成した[146]。これは，保育施設や一般住宅の一室を保育者の溜まり場にし，そこに保育関係の文献・資料や児童図書，教材などを置いたものだった。

　同年春，シュレーゲルとフリォリナが鉄道運輸中央文化部と1か月間の講習

144　ЦГА СПб., 4264/1/1434/2-5.

145　*Институт дошкольного образования*, 1920, с. 13-19. 以下のプログラムは同書から。

146　Волобуева, 1994, с. 91; Белая и др., 1997, с. 55.

会を共催した。シュレーゲルが担当した講義名は,「幼稚園活動の基本理念」「子どもの生活の要素」「年齢特質の分析」「幼稚園の設備」「幼稚園の教材とその意義」「子どもの生活を組織する際の保育者の役割」「遊びとその教育的意義」などと幅広かった[147]。園長や職員のいる施設は当時まれだったので,保育者がさまざまな職務を担えるようにと配慮したからである。

　1919年5月24日〜6月15日に子どもの広場の保育者を養成する講習会を保育部が開いた[148]。3週間という期間は簡易施設の保育者の促成養成が加速されたことを例示している。同年9月の養成所協議会でのラズルキナ報告は（125ページを参照）,これを追認したものといえる。保育者を指導するインストラクター養成の講習会ですら3〜5か月間にまで短縮された[149]。

　ヴャトカ県の講習会　　地方の保育者養成の方法には中央の養成所への受講生の派遣と県や郡・市での講習会の開催とがあった。このうち県の講習会についてヴャトカ県の3つの事例をあげよう。

　①1919年1月末に県国民教育部などがヴャトカ市で開いた4か月間の講習会のプログラムでは,講義の時間数が実技の倍以上を占めた。また,ここで示す例では唯一,15時間の幼稚園実習を含んでいた。講習会では,学ぶべき内容に比べて時間数が少ないため,実習時間を確保しにくかった。保育者を再教育する講習会ならば,受講生が保育を経験しているので,実習がなくても何とかなる。しかし,保育者を新規に養成するとき,実習時間の欠落は致命的な弱点となった。受講生は教育内容に受け身で接し,それを暗記する傾向に走ったからである[150]。

　②同年7月,ヴャトカ市と県南のウルジュム市で3〜4か月間の講習会がともに200人規模で開かれた。そこでは,5〜6時間の講義と3時間以上の施設見学が毎日,保育者クラブの夜の参観が一日おきに実施された。プログラムでは,手工,描画・塑像,自然観察,歌唱などの実技科目や,体育・衛生,障害児保育,

---

147　Палария, 1987, с. 58–59. См.: Колоярцева,1955, с. 275–277.
148　Там же, с. 282–284; ГАРФ, А–2306/12/66/47–64（73/14–39об.）.
149　ГАРФ, А–2306/12/4/62–62об.
150　ГАКО, Р–1137/1/114/53об.–54.

児童心理学などが重視された[151]。

　③同じ頃に3か月間の講習会がヴャトカ市で開かれ，受講料30ルーブル(無料も可)で中等教育修了以上の受講生100人を募集した。①と②の半分の時間数のプログラムでは講義と実技がほぼ均等に配分された[152]。

　実際の講習会は講師の不足などのために予定どおりに進まなかったし，講義科目名だけからその内容を必ずしも推量できない。それらの点を前提として，上記の①〜③の講習会であげられた科目名を「社会主義的なもの」「教育学・心理学上の原理的なものなど」「保育内容・方法に関わるもの」に分けて，その時間数を示すと，①は「原理」152，「内容」329，計481，②は「社会主義」16，「原理」117，「内容」229，計439 (一部が判読できないので，3者の合計と計の値が一致しない)，③は「原理」134，「内容」96，計230時間となる。

　②に「社会主義史」「社会主義教育の原理」などの科目があるものの，大半の科目は「保育史」「最新教育学説」「幼児心理学」などの原理的なもの，「幼児の保護」「母子衛生」などの社会的な要請に応えるもの，「遊び」「音楽」「描画」「言葉」などの保育内容上の各論だった。意外にも，社会主義の組織者としての素養の形成はそれほど重視されていなかった。

　ここで見過ごしてならないのは，数か月間の県の講習会では，講義と実技の均衡に配慮できる少しの時間的余裕があったという点である。

　促成養成　他方，郡・市の講習会の多くは，2〜3週間という短期間のため，1科目に1〜3時間しか割けず，講義中心にならざるをえなかった。実技も実習もなく，数十時間の講習を聞いただけで保育者が生み出された。それも予定どおりに講習会が実施されたときのことである。実際は，そこでも講師の不足が生じ，開かれない講義がめだった。またそこでは，財政的な理由などから，保育者の新規養成と再教育が一緒に行なわれ，主な受講生として第II段学校の生徒(13〜16歳)が期待されていた[153]。

151　ГАКО, Р-1137/1/110/40-40об.
152　ГАКО, Р-1137/1/110/140.
153　ГАКО, Р-1137/1/110/3, 19 (20), 24 (25), 29-33; 242/227-228об., 229-230об., 231-234.

こうした保育者の安価な養成と再教育は，結果的に保育者の資質や力量などの向上につながりにくく，多くの保育者が講習会の再受講を必要とするという悪循環をもたらした。

シャツキーの考えた自発性と自主性をもった保育者をそこに求めるのは難しかった。こうした事態を反映したためか，本書があつかう初期ロシア共和国では保育者の資格を規定した文書類を見出せない。たとえば1924年の保育施設規程は(185ページを参照)，「農村の園長と保育者は短期保育講習会の受講者か2か月間以上の保育実習の終了者」とすると述べているだけである。1919年と1928年に保育部が編纂した保育関係便覧にもこの種の資料はない[154]。

(3) 1920年代前半の保育者養成の原則と保育者の特徴

第2回大会における養成所の重視　第1回大会についで，1921年暮れの第2回大会でもシャツキーが保育者養成について報告した。これは時期的には第3章の範囲のことだが，本項と関係する内容なので，ここでふれよう。シャツキーはつぎのような総合的な保育者養成制度を提案した[155]。

　　①「中央―県―郡」というように養成所を縦系列に並べる。②中央の養成所では研究活動に重点をおき，地方の保育活動の組織にあたる少し高度な人材〔インストラクターなど〕を養成し，県の養成所では実践と理論の両面から保育者を育成し，郡の養成所では入門的・初歩的な養成を行なう。同時に中央と〔県・〕郡〔の各養成所〕の連携をはかる。③各養成所とも組織の要である事務局を設け，機能の活発化に努める。④講習会や協議会を開き，研修所や相談所を設けることで保育者の養成や再教育を援助する。

こうした提案は，その総合性のゆえに，第2回大会で原則視されただけで，簡単には実現されなかった[156]。なお，シャツキー報告の決議が「地方に講師陣や養成所の組織者を派遣するという差し迫った必要性を考え，それらの人材の養成

154　РСФСР. НКП. Дошкольный отдел, 1919; Виленская, 1928 b.
155　Всероссийский съезд по дошкольному воспитанию, 1921, с. 12.
156　Альмединген-Тумим, 1922, с. 22.

所を中央に設置する」と述べている点に[157], 養成所の講師不足をめぐる事態の緊迫度が見てとれる。

　第2回大会で保育者養成を論じた別の報告「プロレタリア〔的〕養成所」のなかで，モスクワ国民教育部のオルロワは，女性部のデレガートカ[158] やコムソモール・労働組合の代表を対象に，専門教育・一般教育・保育実習などを行なう2年制の養成所を提案した[159]。彼女によれば，そうした養成所はすでにほぼ全県にあり，そこで受講生は，① 寄宿舎生活を通して組織性を育成され，企業・女性部・党組織・労働組合との交流によって社会的・政治的教育を受ける，② 保育者との連携で理論と実践の双方に通じることが期待された。

　ここでまず目を引くのは2年間という長期課程を提案している点である。上で述べたように，第1期の保育者養成では，保育施設の急増に応じて保育者を供給するため，短期課程が主流だった。それを保育部は，「新社会を支える労農層の出身者ならば，短期課程でも保育者としての養成は可能だ」という命題で合理化した。ところが，1920年代前半には保育施設が急減し(170ページ以下を参照)，保育者が過剰になる。そこで労農層出身の保育者の一部を長期課程で養成する試みが始められる。オルロワ報告はこうした経験と対になっている。

　つぎに興味深いのは，通常の職業教育施設とは逆に，同報告の決議が専門教育を一般教育に先行させている点である。これについて決議は，一般教育が「保育事業についての知識を前提とするものだから」と説明している。識字能力が必ずしも高くない労農層出身者を養成所に入れ，保育実践と関わる専門教育を直観教授〔実物教授〕などによって実施するなかで，受講生の識字能力を高めるとともに，保育について学ぶ動機を明確にし，一般教育に耐える知的好奇心を彼

157　*Резолюции по докладам Второго Всероссийского……*, с. 4.
158　デレガートカとは「党の作成した規定に基づいて，当該地区もしくは市の諸工場，農村では当該郷あるいは村，さらには労働者や赤軍兵士などの妻といった主婦層や，インテリなどでは住宅から」一定の割合で選抜された構成員をさす。その「一部が選抜され，プラクティカーントカとして」2か月の研修後，女性部により国民教育部を含む「ソヴェトの各部局」に派遣された(富永桂子，1992年，130～131頁)。
159　オルロワ報告は決議しか残っておらず (*Резолюции по докладам Второго Всероссийского……*, с. 11–12)，詳細は不明である。

らに育成する――このようにオルロワ報告は考えた。専門教育・一般教育とも「多教科にわたってはならない」と決議にあるのも同じ配慮からだろう。

保育者の特徴　こうした論議の実際的な意味を再考するため，1920年代前半の保育者の一般的な姿を，その賃金・教育歴・経験年数・年齢・性の5点について略述しよう。

① 1924年1月19日のペトログラード県で保育者などの社会教育関係者の平均月間賃金は(単位はチェルヴォネッツ・ルーブル)，国家最低基準の平均が10.8，同県の平均が30.83だった[160]。

これを労働者の平均賃金と比較すると(168ページを参照)，教職員の賃金は労働者のそれよりも低水準にあった。他方，比較の対象を地方の保育者に移すと，ペトログラード県の教職員の賃金は高くみえる。その一例として，1923年のヴャトカ県における保育課などの国民教育部の職員と保育者の賃金を表2-7に示そう。

表2-7　ヴャトカの県国民教育部職員と保育者の賃金(1923年2〜12月，ルーブル)

	県国民教育部職員				(第1番幼稚園=)託児所			第2番幼稚園=託児所				平均実
	男	女	賃金総額	平均	男	女	賃金総額	平均	男	女	賃金総額	平均	質賃金[*1]
2月	30	19	4,763.4	97	—	7	99.49	14	[89	271	4,763.4/1,419.42][*2]		15.89
4月	31	19	2,264.66	45	—	7	100.56	14	24	59			15.96
5月	32	15	2,274.79	48	—	7	104.75	15					16.36
6月	33	16	2,690.36	55	—	7	104.75	15					17.05
7月	38	20	3,089.23	53	—	7	120.75	15					16.75
8月	34	25	2,840.76	48	—	7	120.23	17					16.67
9月	32	14	2,844.81	51	—	7	95.25	14	—	7	78.48	11	17.44
10月	30	16	1,325	29	—	7	103	15	1	5	56.61	9	19.64
11月	30	16	1,344.31	29	—	7	103	15	1	7	108.43	14	19.73
12月	30	16	2,422.62	53	—	7	103	15	1	7	123.25	15	18.62

註：*1 250人以上の労働者をもつ企業が対象で，単位はモスクワ商品ルーブルである(塩川，1991年，51ページ)。*2 [ ]の左は23か所の児童ホームの総計，右はヴャトカ学校都市(学校を中心に，複数種の施設を一箇所に集めた大規模な実験・モデル施設。保育施設を含むものがある)の値。平均月間賃金は前者が13ルーブル，後者が17ルーブル。
出典：ГАКО，Р-1137/1/1242/30-31об.; 塩川，1991年，51ページ(最右欄)。

160　ГАРФ，А-1575/1/581/39(同日付けで全ロシア教育労働組合ペトログラード県支部から教育人民委員部に送られた文書の付属資料).チェルヴォネッツ・ルーブルは1922年から発行された兌換紙幣で，1チェルヴォネッツが帝政期の10ルーブルに相当した(川端ほか，2004年，800頁，松井謙ほか執筆)。

同表の最大の特徴は，国民教育部職員と保育者の賃金格差である。前者では，例外的に高い2月の97ルーブルを2か月分とみなすと，10月と11月を除く平均月間賃金が50ルーブル前後であるのに対し，保育者の賃金はその3分の1以下の水準にある。また，インフレーションを反映して労働者の賃金が増額傾向にある一方，保育者の賃金はほとんど変わっていない。さらに1922年から賃金の遅配が日常化し，ソビエトの「職員の場合，平均15.5日の遅れがあり，それに伴う賃金喪失は22.5%にのぼった」[161]。相対的に低い賃金が増額されず，遅れて支払われたため，保育者の生活を苦しめたことだろう。

② 1921年9月1日のヴャトカ県の保育者を対象にした資料から，その教育歴・経験年数・年齢をみよう[162]。教育歴は494人のうちで高等教育修了者が11人と少なく，半数以上が中等教育，4割が初等教育を修了しており，保育の専門教育は半数が受講していた。

③ 教育経験年数は451人のうちで5年未満が57%であり，5〜10年と10年以上が残りを折半していた。調査時期からみて，この年数は保育者としての経歴だけでなく教師としての履歴も含んでいたと考えられる。保育現場での経験年数に限ると，405人のうちで1年未満が41%，2年未満が31%，3年未満が18%であり，9割が革命後に保育者として働き始めたことがわかる。帝政末期に同県の保育施設がごくわずかだったことを思い出せば，この結果に納得できよう。

④ 年齢別では，456人のうちで10歳代が32%，20歳代の前半が33%，後半が15%，30歳代前半が13%と分かれ，全体的に若い保育者が多かった。

⑤ 保育者の大半は女性だった。たとえば，1910年代末〜1920年代前半のモスクワ市で男性保育者数が最大となった1923年でさえ，全体に占めるその割合は3.7%であり，それも翌年には半減した[163]。

全体として，保育経験のわずかな若い女性が保育を担っていたことを確認できる。

---

161 塩川, 1991年, 51頁。
162 ГАКО, Р-1137/1/677/9-14 (25-30об.); ГАРФ, А-1575/1/96/45. 回答項目によって記入者数が違う。
163 Статистический отдел Московского совета, 1927, с. 253.

第 3 章

保育制度構想をめぐる矛盾とその打開の模索
（1921〜1924 年）
――飢饉と市場経済化のなかでの保育――

中扉: 上段に「病気やホームレスの子どもをソ連からなくそう」，下段に「心身の健康な子どもは共産主義思想の確かな伝道者」とスローガンが書かれた 1924 年の「子ども週間」のポスター（本書 148 ページを参照）（Конюс, 1954, с. 166）。

第 3 章　保育制度構想をめぐる矛盾とその打開の模索(1921〜1924 年)　　　*139*

　本章では，まず，第 2 期(1921〜1924 年)のロシア社会で最大の危機となった 1921〜1922 年の飢饉が子ども，なかでも乳幼児におよぼした影響と(第 1 節)，第 2 期から第 3 期(1924〜1928 年)にかけてのロシア社会のあり方を特徴づけたネップ(新経済政策)が女性労働者や保育に与えた影響，とくに全員就園制の構想の断念につながった保育施設数の急減について，部分的に第 3 期に立ち入って論じる(第 2〜3 節)。そして第 4 節で，1921 年 11〜12 月に開かれた第 2 回(全ロシア保育)大会における保育制度構想に関する論議を分析し，その特徴を指摘する。

第 1 節　飢饉と乳幼児の生存・生活の危機

(1)　飢饉の概要と乳幼児・保育施設に対する影響

　発端と原因　内戦で最後の大規模な衝突となったポーランドとの戦争が激しさを増していた 1920 年夏，飢饉がモスクワの南や南西に位置する 5 県を襲った。9 月 21 日に人民委員会議(政府に相当)は飢餓住民への援助を決定し，ほぼ同時にシベリアと北カフカスでの穀物調達と搬出作業の強化を指令した[1]。これがロシア史上で最大級の飢饉の始まりとなった。

　飢饉の遠因には，ロシアの厳しい自然条件や農業生産性の低さ，19 世紀後半からの農村人口の急増などがあった。そのためにロシア社会では飢饉は珍しい事象でなかった(33 ページを参照)。他方，今回の飢饉の近因としては，1914 年後半から続いた戦争，とりわけロシアの穀倉地帯である欧露部(ヨーロッパ=ロシア部)の南半分が前線となった内戦，そのもとで新政権とそれに敵対する側の双方が強権的に行なった食糧の徴発，それらによって生じた播種面積や家畜の減少，そして 1920〜1921 年の降雨量の低下と気温の上昇による干ばつなどを指摘できる。

---

[1] 石井，1997 年，95〜96 頁。See Gilbert, 2002, pp. 102–103; 梶川，2004 年，第 7 章。1917 年の革命直後から食糧不足や飢餓・餓死が続いた点を重視する梶川は，「飢饉がいつ始まったかを特定するのは難しい」と述べる(同上，246 頁)。この飢饉については阪本，1977 年; 鈴木，2006 年なども参照。

1920年11月にはレーニンが全国的な食糧不足の進行を指摘し，12月下旬の第8回全ロシア・ソビエト大会の論議を農業問題に集中させた。

規模　しかし，飢饉についての公式見解が党機関紙『プラウダ』に載ったのは，それから半年後の1921年6月末のことだった。こうした遅れは，内戦の終結に新政権が手間どったうえに，戦時共産主義的な考えが内戦後も政権内などに残っていたためである[2]。

その公式見解では，飢饉地域が欧露部で南北1300 km弱，東西560 kmとされた。数か月後にそれは拡大し，日本の現国土の9倍弱にあたる330万km^{2}となった。そこには，ヴォルガ流域とウクライナ南部に加えて，ウラルや北カフカスの諸県などが入った。さらにシベリアや中央アジア部などを含めると，全国74県のうちの20〜34県が飢饉に襲われたことになる[3]。

飢餓住民の数は確定しておらず，従来は約2200万〜3350万人の間で推計されてきた。論者によって飢餓の基準が異なるうえに，時期や地域の違う資料にもとづいていたからである。20世紀のロシア人口史を見直す近年の研究はその数を，これまで抜け落ちていた地域を考慮して，ソ連の総人口の4分の1にあたる3500万人（うち都市で500万人以下）としている[4]。

子どもへの影響　飢饉地域の子どもに注目すると，① ヴォルガ流域と黒海沿岸のクリミアで3割以上の子どもが飢餓と疫病で死亡したという調査，② 1921/22年の冬にウクライナ南部で「膨大な数」の子どもが死亡し，その記録はどこにもないとする著書，③ 飢饉地域の大半を対象とした1922年5月の資料で1018〔1069〕万人の子どもの66〔68〕％にあたる673〔725〕万人が飢えていたという統計などが紹介されている[5]。また，④ 1923年の公式統計誌に掲載

2　C. M. Edmondson, 1970, ch. 3–4; 石井，1997年，94〜96頁; 梶川，2004年，259頁。

3　League of Nations, 1922, pp. 3, 28; Представительство Российского общества Красного Креста в Америке, 1922, с. 31; H. H. Fisher, 1927, pp. 504–505; Goldman, 1993, p. 67; 梶川，2004年，263〜264頁。本文中の面積は20県のそれである。

4　Представительство Российского общества ……, 1922, с. 32; League of Nations, 1922, p. 28; Жиромская и др., 2000, с. 130–131（автор: Ю. А. Поляков）; 梶川，2004年，263，280頁。

5　Ball, 1994, p. 205.〔　〕は C. M. Edmondson, 1970, p. 164 から。

された論稿によれば，1922年8月にロシアの21県とキルギスタン，ウクライナの各5県の計31県に1795万人の子どもがおり，その61％にあたる1100万人が飢餓状態にあった[6]。⑤後述する飢餓住民救済中央委員会の機関誌によれば，1922年の23県などの飢餓児童数は年頭までの640万人から4月の857万人，8月の989万人へと増大した[7]。

乳幼児については，飢餓住民の2603万人（ウクライナを除く）のうち，年齢が判明している2013万人の27％にあたる539万人が乳幼児だった，とするロシア赤十字社の1922年の統計がある[8]。

誕生から間もない数百万の生命が危機に直面していた点を示すのが表2–6（99ページ）でみた乳児死亡率の再度の上昇である。そこでは，飢饉地域に属さなかったモスクワ，ペトログラード両市でさえ，1919年から1921年にかけて約130ポイント低下した乳児死亡率が，1922年には逆に40ポイントほど上昇していた。

他方，同表にないサラトフ市は飢饉地域に位置しており，死亡率の上昇は乳幼児以外の年齢層にもみられた。同市の月別の死亡率と出生率を1914～1926年について整理したウィートクロフトによれば，1920年から1922年にかけて死亡率が倍になった一方，出生率は半分近くまで低下していた。食糧事情が1920年に悪化し，1921年に非常に深刻になり，1922年に極端に厳しくなったためである[9]。同じく飢饉地域に属したサマラ県では，死亡率が1919～1920年の平均値の28‰（パーミル）から1921年の139‰に著しく上昇した[10]。

配給と給食　救済策で優先されたのは食糧の配給と公共食堂や各種施設での給食の実施である。まず，配給について一例をみると，サラトフ県で1921年

6　Бухман, 1923, с. 94. 成人について同じ値をあげると，順に2440.6万人，53％，1289.5万人となる。なお，近年の研究は飢餓地域を「6共和国，5州，1労働コミューン，32県（うちロシアで22県，ウクライナ，キルギスタンで各5県）」とする（Орлов, 2004, с. 467）。

7　『飢餓住民救済中央委員会ビュレティン』1922年5–7合併号の値をОрлов, 2004, с. 467–468から再引。

8　Представительство Российского общества……, 1922, с. 31–32.

9　Wheatcroft, 1983, pp. 329, 336–338.

10　Стрельцов, 1931, с. 5; 梶川，2004年，252頁。

に配給を受けた住民は人口の数％に留まった。それが1922年1月に10％を超え，4月に24％，5月に44％と急激に上昇し，6～8月は56～64％と過半数に達した。この比率（以下，「受給比」と略）は9月に34％に下がり，10月からは数％まで低下した[11]。

児童施設の受給比は，1921年10月にヴォロネシ県で13％，ヴォチャーク自治州（ヴャトカ県の南東に隣接。現ウドムルト共和国）で0.7％，ペトログラード県で45.2％，12月にトヴェリ県で54％，ヤロスラヴリ県（中央工業地方）で27％というように，総じて低いうえに，県によってかなりの違いがあった。また，その短期間の推移に注目すると，ウラジミル県では1921年4月の22％から5月の12％に低下した[12]。

配給と並んで，公共食堂や施設で給食が出された。たとえば，1922年5月にチュヴァシ自治州（ヴォルガ中流域）のひとつの郡だけで子ども向けの食堂が719か所もうけられ，4.2万人の子どもに食事を出した[13]。全国でみれば公共食堂は1922年の初めに1.3万か所で一日に250万食を，7月に3万か所で1250万食を供給した。農村で臨時の食堂になったのは閉鎖された学校が多く，粥・牛乳・砂糖・ココアなどが提供された。それでも食堂を実際に利用できたのは，子どもについてみれば，対象者の1割に留まった[14]。

救済機関　飢えた住民，とくに子どもの救済に国内外のさまざまな組織がとりくんだ。

国内組織の発足には次のような混乱があった。飢饉を公認した1921年6月末の見解の翌7月中旬に作家M. ゴーリキー（1868～1936年）らが飢饉の深刻さと救済活動の緊急性を外国に訴え，その受け皿として全ロシア飢饉救済委員会が下旬に設立された。同委員会は，新政権の代表からだけでなく，トルストイの娘やゴーリキーらの無党派層，臨時政府の閣僚経験者，ジャーナリストなどからも構成され，ロシアの総力をあげて飢饉に対応しようとした。しかし，この

11　Бухман, 1923, с. 94; Wheatcroft, 1983, p. 345; Patenaude, 2002, pp. 91–95.
12　Смирнова, 2004, с. 500–501.
13　Крылова, 1976, с. 17.
14　Goldman, 1993, p. 67; Жиромская и др., 2000, с. 132（автор: Ю. А. Поляков）; Patenaude, 2002, p. 88. 梶川，2004年，273～274頁を参照。

試みは長続きせず，8月末に全ロシア飢饉救済委員会は解散させられ，100人以上の委員や職員がチェーカーに逮捕された。同委員会が新政権を代替する組織として外国からみなされることを新政権が恐れたうえに，米国救援局(ARA)と新政権の間で救済活動に関するリガ協定が8月下旬に成立したためである。

全ロシア飢饉救済委員会に代わったのは，7月中旬に発足していた飢餓住民救済中央委員会(通称「ポムゴール」)である。その委員長には全ロシア中央執行委員会のМ. И. カリーニン議長(1875～1946年)，副委員長には人民委員会議のА. И. ルイコフ副議長(1881～1938年)や，(ロシア共産)党政治局員Л. Б. カーメネフ(1883～1936年)らが就き，新政権が全力で救済活動にとりくむ姿勢を示した。月末には教育人民委員(文相に相当)ルナチャルスキーもその一員になった。飢餓住民救済委員会は中央だけでなく県・郡・郷にも設置された。だが，資金や活動家などが足りないため，委員会の活動は狭い範囲に留まり，1922年9月には後継の組織に活動を受け渡すことになった[15]。

救済活動の大半を実際に支えたのは国外組織だった。なかでも，のちの大統領H. C. フーバー(1874～1964年)の名をかぶせた米国救援局の活動はとくに積極的で，ウクライナ以外の地域で1922年7月と8月に国外組織が子どもに提供した360万人分と420万人分の配給の8割を担った。また，それに先だつ1921年2月にロシア救済国際委員会のF. ナンセン委員長(1861～1930年)は，「本年中に1900万人が餓死に直面し，国外からの援助なしには1000万～1200万人が確実に餓死する」という警告を諸国に発して，救済活動にとりくんだ。その功績で彼は翌年にノーベル平和賞を受けた[16]。

これらの活動は国家間の人道支援という側面をもつとともに，政治上・経済上の判断にもとづいてもいた。たとえばフーバーは，「食糧が戦争の勝利を決定的なものとする」と考え，第一次世界大戦で疲弊したヨーロッパ諸国の救済活

---

15 Представительство Российского общества ……, 1922, c. 66; カー，1967年，第1巻，149～150頁; 同，第2巻，214～215頁; Fitzpatrick, 1970, pp. 233–236; C. M. Edmondson, 1970, pp. 58–127; Weissman, 1974, p. 76; Patenaude, 2002, pp. 83–85; 梶川，2004年，259～262, 268頁。

16 Представительство Российского общества ……, 1922, c. 64; Fitzpatrick, 1970, pp. 233–236; Weissman, 1974, p. 6; Ball, 1994, pp. 106–107; Patenaude, 2002; Haynes et al., 2003, p. 57. 梶川，2004年，268～273頁を参照。

動にとりくみ，その延長としてロシアでの飢饉救済に力を割いた。それはまた，米国人捕虜の釈放と大戦後に価格の下落した米国の穀物との交換をねらっていた。他方，対ソ干渉戦争で敗北したものの「ロシア革命の輸出」は阻止できたヨーロッパ諸国は，1914年からの長期間の戦争状態で混乱した自国と国際社会の安定を志向し，「その一環としての旧ロシア帝国地域の安定化」を求めた[17]。それを実現し，ロシアとの関係を改善するうえで飢饉救済の活動は好機であると欧米諸国の目に映った。

疎開　　配給と給食のほかに，子どもを対象とした救済策として，第1に，児童ホームの増設があった（149ページを参照）。親や家族が死亡したり，疎開時に離散したりした子どもを収容し，彼らに衣食住，とくに食を提供するためである。

第2に，飢饉地域外への子どもの疎開が試みられた。月間の疎開児数は1921年9月と10月の各1.4万人から11月と12月の各2.8万人に倍増し，その総計は翌1922年の夏ないし年末までに15万～25万人にのぼった。同年3月24日の保育部長〔代理〕の報告によれば，ヴォルガ流域とウラル地方を中心に1157園の保育施設が閉鎖され，園児4.6万人が他県に疎開させられた[18]。疎開先にはシベリア，中央アジア，北カフカス，ウクライナ北部，ペトログラードなどが選ばれた[19]。

ただし，多くの疎開はあまり準備されたものではなかった。たとえば，1921年11月に子ども委員会は飢餓住民救済委員会や国際赤十字と連携して，ヴォルガ流域の1600人の子どもをチェコスロバキアに疎開させるため，まずモスクワに移したところ，そこには十分な宿舎が確保されていなかった。さらに，ようやく目的地に着いた子どもの教育に新政権の敵対勢力が関わっていることが翌年の秋にわかると，子ども委員会は疎開児をヴォルガに戻すことにした[20]。場当たり的な政策が事態をさらに混乱させた。

17　石井，1997年，86頁; Patenaude, 2002, p. 29; 梶川，2004年，268頁.
18　ГАРФ, А-1575/1/717/69, 165-165об. (137-137об.).
19　C. M. Edmondson, 1970, p. 164; Goldman, 1993, p. 69; Ball, 1994, p. 100. 成人を含めると，飢饉時に約100万人が疎開した（Жиромская и др., 2000, с. 133. автор: Ю. А. Поляков）.
20　Fitzpatrick, 1970, p. 235. ヴォルガ流域のドイツ人自治州における子どもの疎開については鈴木，2006年，277～278頁を参照.

第3章　保育制度構想をめぐる矛盾とその打開の模索(1921～1924年)

幼児(3～7歳児)の疎開に保育部は反対した。その理由を，1921年8月17日の保育部参与会でラズルキナ部長はつぎのように述べている[21]。

> 当部では各課が飢饉対策の計画をもち，通達や規程を出して，地方の指導に当たっている。今後は，飢饉地域などで働くインストラクター〔122ページを参照〕に通知を送り，飢餓問題にとりくませよう。飢饉地域の保育施設を閉園し，非飢饉地域に幼児を疎開させるのではなく，逆に施設を維持し，たとえ保育者が一人しかいない場合でも給食を出すようにすべきだ。そのために非飢饉地域から飢饉地域へ保育者を一時的に派遣することも検討したい。

これは，「幼児が疎開すると，その地域の保育施設の閉鎖につながるので，疎開には反対だ」という保育行政機関の論理による主張であるとともに，「大戦や内戦の疎開時に続出した子どもの餓死・病死や親子離散の悲劇を繰り返させない」という決意の表明でもあった。そこで教育人民委員部(文部省に相当)は「幼児を疎開させてはならない」と飢饉地域に指示した[22]。

しかし，それは守られず，幼児を含む子どもの1～2割が疎開中に死亡した。この高い死亡率は，ときに400km以上もの長距離をすし詰めの列車や船で，満足に食事をとることもできないままに移動する心身の負担からだけでなく，病気になった疎開者が狭い室内に長時間ともにいるので疫病が拡大したためでもあった。移動途中に生き延び，目的地に着いた者のなかにも患者はおり，それが疎開先に疫病をもたらした。そのため，疎開者の受け入れを渋るところもあった。子どもを対象とした大規模な疎開は最終的に1924年に中止される[23]。

カニバリズム　飢饉の厳しさを最も深刻に示す一例が，1921/22年の冬に飢饉地域のバズルク市から発信された次の電報である[24]。

> 当市では凍りついた子どもの死体が路上に文字どおりゴロゴロしており，

21　ГАРФ, A-1575/7/66/31-32.

22　Ball, 1992, p. 251.

23　Представительство Российского общества ……, 1922, с. 64; C. M. Edmondson, 1970, p. 165; Wheatcroft, 1983, p. 329; Ball, 1992, p. 251; idem, 1994, p. 106; Goldman, 1993, p. 69.

24　Ibid., p. 67.

3000人以上の赤ちゃんが捨てられている。われわれは3.8万人の子どもを至急に救い出す必要がある。さもないと町は捨て子でいっぱいになる。他方，村では乳の出なくなった母親や疲れはてた父親の腕に乳幼児が抱かれたまま亡くなっている。

「子どもが蠅のようにバタバタと死んでいた」というサマラ県などでは同じ冬にカニバリズム（人肉喰い）が報告された。その最初の標的になったのは子ども，とくに幼児だった[25]。

何よりも悲惨なのは飢餓の苦しみだった。まず頬が落ち込み，顎がせりだし，目が濁り，しだいに手と足，顔が痛みを伴って腫れ始め，さらに全身に浮腫みがくると，もう死が近づいていた。飢えに極端に苦しむ者は死体さえ食べた。死んだ夫の肉体が内臓まで取り出され，妻はそのすべてを貪った。この女の話では，夫自身が生前に墓場から死体を運び出して食べていた。老婆が夫を殺して食し，若い母親が親戚の子どもを殺して食した。人肉喰いが露見した者は濁った目と死にかけた全身腫れあがった姿で町に連行された。その大半は年頃の娘から老女にいたる女性だった。

これがサマラ県だけのことでなかったのは，つぎの例示に明らかだろう。すなわち，教育人民委員部は，「飢えに苦しむ子どもたちが互いにかじりあうので，母親が子ども同士を離して縛りつけておかなければならない」という報告を受けていた[26]。また，バシキール自治共和国（首都ウファ）の指導部は「人肉喰いについて」という特別決定を1922年4月に採択して，死体を食べることや人肉を売り買いすることの一掃をよびかける必要性に迫られていた[27]。

カニバリズム以外にも，飢えで衰弱していく子どもを見かねて殺した母親や，ヴォルガ川に赤ちゃんを投げ入れた母親，一家ぐるみの焼身自殺などの事例が飢饉地域ではまれでなかった[28]。

---

25 Стрельцов, 1931, с. 28（訳文は奥田，1996年，300頁をもとにした）．梶川，2004年，254〜258頁を参照。
26 Goldman, 1993, p. 67.
27 Орлов, 2004, с. 484.
28 Bechhofer, 1921, p. 44. これはカザン県の事例である。

ヴャトカ県の状況　最後に，飢饉地域にあったヴャトカ県の状況を少し補足しておこう。県保育課から中央の保育部に寄せられた1921年の報告は保育施設の状態を次のように特徴づけている[29]。

> 大半の保育施設が簡易なもので，園児向けの物資が配給されず，園生活が順調に進んでいないため，登園率〔園児総数に対する日々の登園児数の割合〕は半減している。専門教育を受けた保育者はおらず，課業の半分以上が実施されていない。フレーベルやモンテッソリの保育思想が2郡で実践されている一方，多くの地方では課業が神の法に代わっている。楽器などの備品がほとんどなく，園児は野原に座っているだけである。建物は園舎として不適切で，何とか使えそうな場合，その大半は別の施設に利用されている。暖房問題も急を要する。子どもには靴も衣服もなく，恐ろしい飢饉が襲った現在，保育施設への配給は止まったままである。

ウラジミル県の幼稚園における配給数の減少傾向は(142ページを参照)，ヴャトカ県でも同じか，それ以上に厳しかったことがわかる。

1922年6月15日にヴャトカ県社会教育部長が教育人民委員部に送った報告書からは，ヴォルガ中流域の北隣に位置した同県にかなりの数の浮浪児が北進してくる事態に対する悲鳴が聞こえる[30]。「物的状況の問題に関する資料目録」と題する1922年末頃の資料は，ヴォルガ流域とウラル，北カフカスに加えてヴャトカ県でも飢饉が深刻さを増している，と報告していた[31]。

(2)　浮浪児の急増とその対策

浮浪児の概数　飢饉は子どもの死とともに浮浪化を招いた。浮浪児数の確定は難しい。この問題を主題にした著書から全国値をあげると，1921年に450万人，1922年に500万人〔600万～750万人。ほかにウクライナ共和国に200万人〕，

29　ГАРФ, А-1575/7/36/1. 日付のない同資料を綴じた物件の対象年が1921年である。

30　ГАРФ, А-1575/1/96/147 (161).

31　ГАРФ, А-1575/7/14/36. 日付のない同資料を綴じた物件の対象年月が1922年12月～1923年4月である。

1923年夏に200万人以上〔100万～400万人〕，1924年春に100万人以上，1925～1927年に30万人前後から10万人弱までの間を推移した[32]。1927年には総数の約6割を14歳以下が，1924年4月には15%を3～7歳児が占めていた[33]。

救済策　浮浪児数の増大に対応するため，浮浪児一掃キャンペーンの一部である「子ども週間」の開始(1920年11月)と子ども委員会の創設(1921年2月。102ページを参照)に加えて，1923年末から「子どもの友」協会を各地に設けるという方策が採られた。ここでは各々について1920年代の動向を簡単に説明しておこう。

子ども週間は，1920年10月12日の人民委員会議の布告を受け[34]，11月21～28日にモスクワやペトログラードなどで実施された。その目的は，①各種施設の入所児の状況を改善し，飢えた子どもに食糧を提供する，②保育についていえば，児童施設の経営を軌道に乗せ，その備品を調達し，保育思想を宣伝し，広く大衆を保育事業に参加させることにあった。しかし，必ずしも成果をあげられず，とりわけ飢饉地域ではそうだった[35]。

子ども委員会については，その新規程が1925年2月2日に全ロシア中央執行委員会と人民委員会議から公布された。子ども委員会の資金は，政府・個人・「子どもの友」協会からの支出，営業活動と本の発行，カジノ・宝くじ・ビリヤードホール・市場・コンサート・映画会などの売上に頼っていた。1927年の資料によれば，過去数年間の平均的な資金は，モスクワの子ども委員会が200万ルーブル，共和国内の他の子ども委員会の総計が800万～850万ルーブルだった[36]。

「子どもの友」協会は，子ども委員会の主導で1923年末にモスクワとハリコフに置かれたあと，全国に広まった。多くの協会が県・郡などの行政機関や労働組合・コムソモール(共産主義青年同盟)・女性部・軍隊などの内部につくられ

32　Ball, 1992; idem, 1994, pp. 16, 211–213.
33　Ibid., p. 276; Zenzinov, 1931, p. 95.
34　Рындзюнский и др., 1923, с. 76–78.
35　ГАРФ, А–2306/14/20; Штамм, 1985, с. 112–113; 桑原，1987年，171～173頁; Ball, 1994, p. 270. 子ども週間は1930年代にも実施された。
36　Ibid., pp. 277–278; 塚本ほか，1991年，192～193頁。

た。1926年2月に開かれた「子どもの友」協会の第1回大会の前後が活動の実質的な頂点にあたり，同年10月には公式な会員数が100万人を超え，協会数は6000以上になった。1928年5月の第3回大会で活動の低下と会員数の減少が問題になり，党員とソビエト（代議制権力機関）の職員には会員登録が義務づけられた。その結果，1930年代初めに会員数は200万人に増えた。1925～1933年には機関誌『子どもの友』が刊行された[37]。

そのほか，1924年1月26日に全連邦ソビエト会議が，浮浪児援助，とくに「内戦と飢饉の犠牲者」の援助を目的に，5日前のレーニンの死を記念して〔全連邦〕レーニン基金を設けるように訴えた。半年後，1億ルーブルの資産をもとにソ連のレーニン基金が発足した。ロシア共和国でも1925年1月に2000万ルーブルを得て，同名の基金が創設された[38]。

児童ホームの増減　　教育人民委員部の浮浪児対策は，「路上から浮浪児を集める」→「1～3か月，ときに6か月以上をかけて子どもを観察し，判定する」→「矯正にあたる」という3段階を経た。観察と判定のための施設は一時保護所とよばれ，児童ホームよりも内情がたいてい悪かった。隔離室での検疫をパスした幼児に限って，観察と判定の段階を経ないで，直接に幼児ホームなどに移送された[39]。

1920年代初めの膨大な浮浪児の出現に伴い，児童ホームは急増した。たとえば欧露部に位置する14県で，それは1921年の年頭に1356か所あり，そこに6.6万人の入所児がいた。それが年末には2292か所，21.6万人になり，それぞれ1.7倍，3.3倍に増えた[40]。ただし，数百万人におよぶ浮浪児からみると，児童ホームの入所児はごく一部に限られていた。

1920年代中頃に浮浪児数が激減したのと並行して，ネップの影響を受けて，それまで国家予算で維持されていた児童ホームが1923年から地方予算に移管さ

---

[37] Zenzinov, 1931, p. 160; Bosewitz, 1988, p. 79; 塚本ほか，1991年，193頁; Ball, 1994, pp. xix, 143-144, 272.

[38] カー，1977年，31頁; 福田，1980年，80頁; Ball, 1994, pp. 152, 279.

[39] Васильева, 1928, с. 356; Ее же, 1931, с. 622; C. M. Edmondson, 1970, p. 169; Ball, 1994, pp. 92-93.

[40] Ibid., p. 114から計算。

れた。たとえば，1924/25年度の児童ホーム関係の総予算6000万ルーブルの8割は地方予算の負担となった[41]。その結果，児童ホームを初めとする未成年者の社会的・法的保護施設の数は1922年から1925年にかけて半減し（171ページの表3-3を参照），残された施設は自給可能なコロニーに改組され，敷地は子どもの自給菜園となった。

　それをさかのぼる1921～1922年に，児童ホームの入所児数を削減するように指示する一連の通達が党と国家から出されていた。そこに盛りこまれた児童ホームについての新規則では，入所対象児は赤軍兵士の父親を亡くした孤児とその他の孤児だけとされた。

　こうした経過を受けて，各地の社会教育部は児童ホームの入所児の相当数を，その親戚や私的後見人・生産協同組合・農家などに送り（返し）始めた[42]。

　養子制度の復活　それを後押ししたのが養子制度の見直しである。1924年8月の党中央委員会総会でルイコフ（レーニン死後の人民委員会議の議長）は，従来の施設収容策を批判し，「家族が子どもを養えない状態にあるとき，その子どもを引き受けて孤児院〔児童ホーム〕で養うよりも，その家族を援助するほうがよい」と述べた。

　2か月後にルナチャルスキーは「子どもを農民に貸し出す」という政策を発表した。その結果，「貸し出」された子どもの数は少なくとも1924年に5.5万人，1925年に7.5万人，1926年に8.5万人にのぼった。当初，党組織はこの措置を後退と考えた。しかし，里親のもとで乳児死亡率が半減するのをみて，その見解を撤回した。こうした動きの背景には，飢饉の影響とともに，不足した農業労働力として浮浪児を求める農民の要望があった。そのため，これは「農業養子制度」の復活と評せられる[43]。

　この復活は1926年に法的に追認された。すなわち，「旧態依然たる家族や母親ではなく，新しい国家が子どもにとって最良の保護者である」という（十月）革命直後の多くの法律家らの考えを反映して養子縁組を禁止した1918年家族法の

41　Ball, 1992, p. 267.

42　Goldman, , 1989, p. 69; idem, 1993, pp. 73-74.

43　Smith, 1928, p. 178; カー, 1977年, 32頁; 稲子宣子, 1991年, 136頁; Bernstein, 1997, pp. 206-209.

第 183 条が[44]，152 ページでふれる 1926 年家族法で廃止された。そして 1918 年家族法の養子に関する第 5 章が改正され，1926 年家族法に養子制度を認める 11 か条からなる第 4 章がおかれた[45]。

児童ホームの実態　　児童ホームの内部に目を転じよう。施設数よりも高い割合で入所児数が増えた結果，ホームの衛生状況は悪化した。この点について，サマラ県のあるホームを訪ねた米国人記者は次のように述べている[46]。

> 人々は，親を失ったり，親に捨てられたりした哀れな子どもを拾い上げ，この「ホーム」に連れてきた。私が訪問した施設では，病気にかかっているのが明らかな子どもや死にかかっている子どもを「より健康な」子どもから分離するようにしていた。「健康な」子どもといっても，彼らはあちらこちらに物憂げに座りこんでおり，300〜400 人は埃っぽい庭におかれていた。子どもたちはあまりに弱っていて放心状態にあり，悲しみにとらわれていたので，動かしたり，世話したりできなかったからである。大半の子どもは空腹を通り越した状態にあった。マッチ棒よりも細い指をした 7 歳の男の子に私がチョコレートやビスケットを差し出すと，彼は声もなく首を横に振って，それを拒んだ。ホーム内はひどいもので，私がこれまで見てきた施設のうちで最も不健康な雰囲気のなか，病気の種類も程度も違う子どもがひとまとめに扱われていた。1 人の保母と 3 人の少女がこのペスト・ハウスの「係」だった。しかし，彼女らにできることは何もなく，「食べ物も，お金も，スープも，薬もない」と疲れはてた様子で語った。そこには約 400 人の子どもがいた。しかし，彼女らはその正確な数を知らなかった。しかも，さらに毎日おおよそ 100 人以上の子どもがこのホームに到着し，同じ数の子どもが毎日そこで死んでいた。

サマラからヴォルガ川を数百 km さかのぼったカザン県の児童ホームを見学

44　See Goldman, 1987, pp. 83-89.
45　森下，1985 年，197 頁；稲子宣子，1991 年，136〜137 頁．
46　Duranty, 1935, p. 131. 類似の状況は Bechhofer, 1921, pp. 39-40 などにも記録されている．

した別の米国人も上記の記者と同様な印象を抱いた[47]。

　児童ホームは「教育の発生地ではなく，伝染病の発生地であ」[48]り，帝政期のモスクワやペテルブルクなどの養育院と同じく，ときにそれ以上に「死の施設」となった。入所児の死亡率は，たとえば，モスクワ県の北隣トヴェリ県で1920年代初めに80％に[49]，リャザン県で1925年に94％に達していた[50]。

　こうした状況の児童ホームから入所児が脱け出したのはやむをえないことだった。1923年9月2日，保育部の上位機関である社会教育・総合技術教育総管理局(1921年2月11日創設。以下，「総管理局」と略)[51]からモスクワ国民教育部(教育委員会に相当)に送られた逃亡児のリストがここにある。それによれば，逃亡児の年齢別内訳は，7歳が2人，8歳が5人，9歳と10歳が4人ずつ，11歳が5人，12歳が7人，13歳が1人と，7～8歳の年少児までが逃亡し，また，性別では男児が19人，女児が9人と，男児のほうが多く逃げ出していた[52]。

　浮浪児は，大戦・革命・内戦という非常時にばかりでなく，通常時にも生まれていた。

(3) 1926年家族法と家族強化論

1926年家族法　　「婚姻・家族・後見法典の施行について」(通称「1926年家族法」)が，11月19日に全ロシア中央執行委員会によって採択された[53]。同法は1918年家族法の原理とその背景にある家族消滅論を継承して，離婚手続きをさらに簡素化し，届出婚(登録婚)や事実婚の配偶者の扶養義務をさらに明確にする

47　Gibbs, 1930, pp. 345–346. 1920年の夏にヴォルガ流域を視察した教育人民委員部児童保護部のカリーニナ副部長が残した記録については桑原，1987年の170頁を，秋の報告書については171～173頁を参照。
48　同上，173頁。
49　Stolee, 1982, p. 68.
50　広岡，1993年，122頁。
51　*СУ РСФСР*, 1921, No. 12, c. 78.
52　ГАРФ, А–1575/1/472/223–224.
53　*СУ РСФСР*, 1926, No. 82, c. 612. 邦訳は稲子恒夫ほか，1968年；宮崎，1969年，47～92頁に所収。同法の審議過程はFarnsworth, 1977, pp. 139–165; 森下，1981～1983年；Goldman, 1993, ch. 5などを参照。See Schlesinger, 1949, part 2.

一方，1918年家族法にあった夫婦別(財)産制を夫婦共有〔合有〕財産制に変えた[54]。

中絶の実態　　2つの家族法は中絶の激増をもたらした。生まれ，生存した乳幼児の保育の問題を考える際に，生まれなかった胎児の存在とその状況は軽視できない。後者の状況は前者の生存条件に多少とも反映されるからである。そこで，主として1926年の全国の中絶に関する統計から[55]，その特徴を以下に指摘しておこう。

①中絶は主に都市女性の問題だった。全国の病院における中絶10.3万件のうち，モスクワ，レニングラード両市で39%，他の県都などで30%，郡都以下の町で16%，農村で15%が行なわれた。ほかに堕胎が少なくとも1.7万件あり，これは両者を合計した12.0万件の14%に相当した。中絶に対する堕胎の比率は農村と小さな町で高かった。こうした行為に対する罪の意識から，農民は周りの目にふれにくい堕胎を選びがちだったからである。

②経済的に苦しい失業者よりも働く女性の間で中絶が多かった。中絶件数の内訳を職業別にみると，職員が35%，労働者が32%と，両者で全体の3分の2を占め，人口比よりも14ポイント高かった。他方，失業者は12%で，人口比とほぼ同じだった。

原因別の内訳は，貧困が48%，病気が15%，「これ以上は子どもを欲しくない」が12%，育児中が7%，〔婚外子〕妊娠の秘匿が1%，不明が16%（計99%）だった。「貧困」という回答が半数近かったのは，中絶が認められるように妊婦が貧しさを強調したからである。「貧困」が実際に意味したのは，都市では不安定な厳しい生活，とくに住宅事情の悪さであり，農村では大改革期後に進んでいた小家族化などであった。

③都市住民の間では中絶が信頼できる主な産児制限の手段とみなされていた。中絶件数の内訳を既婚・未婚別にみると，既婚(登録婚)が69%，不明が18%，事実婚が13%だった。年齢別では，20歳代の58%と30歳代の31%で大半を占

54　藤田勇，1973年，353頁。
55　Goldman, 1993, pp. 265–289. 同書の主な典拠である *Аборт в 1926 году*, 1929 は，中央統計局と母子保護部が実施した中絶に関する総合的な調査であり，前年にも同じ調査が行なわれていた (*Аборт в 1925 году*, 1927)。See Avdeev et al., 1995, pp. 54, 56.

めた。現在かかえる子ども数による内訳は，0人が16％，1人が28％，2人が22％，3人が13％，4人と5人以上が7％ずつ，不明が6％だった。「子沢山だから中絶」というケースは少なく，子どもが2人いると中絶を選ぶ場合が全体の3分の2を占めた。この傾向はモスクワ，レニングラード両市で著しく，2人以下で中絶というケースが全体の76％にのぼった。

このように，中絶を選択した典型的な女性像は，20歳代〜30歳代（とくに初め）で，郡都以上の都市に住む既婚者であり，1〜2人の子どもを抱える労働者か職員ということになる。

出生児よりも数多くの胎児の生命が失われるという事態が，1926年家族法を契機に，大都市で生じていた。中絶件数を出生児数で割った値は，レニングラード市で1924年の21から1928年の138に急激に上昇した。モスクワ市の同じ値は1921年の19，1922年の21，1923年と1924年の19という水準から1925年の31，1926年の55に漸増したあと，1927年の87，1928年の130，1929年の160，1934年の271，1935年の221に急騰した。

家族強化論 この事態は出生率の低下となって現われ[56]，1930年代後半になり戦争の脅威が近づくとともに，国家の将来を左右する問題であると新政権に認識されるようになった。そこで1936年6月27日にソ連中央執行委員会と人民委員会議の共同決定「中絶禁止，妊婦への物的援助の増大，多子家族への国家的扶助の制定，産院・保育所・幼稚園網の拡大，養育料不払いに対する刑事罰強化，離婚法制の一部改正について」が採択された[57]。しかし，これは，期待に反して，中絶率を低下させなかっただけでなく，堕胎の増加につながった[58]。

実は，1926年家族法の基調である家族消滅論とは異なる伏線がすでに第2期に引かれていた。1923年，軍事人民委員（国防相に相当）Л. Д. トロツキー（1879〜1940年）が指導した党活動家のシンポジウムで，家族の役割に関する伝統的な見

---

56 1929年に40‰台を割った欧露部の出生率は1932年に31.0‰まで低下した（村知，2003年b，67，85頁）。

57 *С3 СССР*, 1936, No. 34, c. 309. 抄訳は宮崎，1969年，95〜98頁に所収。See Schlesinger, 1949, pp. 251–279; 森下，1988年，225〜258頁; Goldman, 1993, pp. 331–336.

58 Ibid., pp. 291–295; Attwood, 1999, p. 124.

解への明らかな復帰が示された。具体的には，コロンタイに代表される「自由恋愛」が子どもに対する親の責任を無視し，子どもを見捨てることにつながると批判された。『家族・国家・私有財産の起源』などに示された，家事労働からの女性の解放や個別家族の役割の低下というエンゲルスの教えは公〔式〕的な説明に限定され，実生活と一般の考えはそれから徐々に離れていった。そして第3期に女性労働者が増大しても，エンゲルスの教えは復活せず，家族は伝統的なパターンを歩むことになる——このようにカーは説く[59]。

ただし，この叙述は事柄の一面であり，1926年家族法の都市住民などへの影響力を軽視してはならない。そうでないと，上記の1936年決定を採択した事情を説明できない。その長い名称にある各事項が「国民統合の単位としての家族」[60]の形成や復活をめざしていたことは明らかである。逆にいえば，そうした方向へ家族政策の舵を切り替える必要があるほど，1918年と1926年の両家族法は都市を中心に国民の間に浸透し始めていた。

第2節　保育と女性労働者に対するネップの影響

（1）　教育予算・保育予算の削減と地方予算化

教育予算比の推移　第1期に国家予算の7～9％台を占めた教育予算は1921年に2％台まで急落したあと，1922年第3四半期に3.4％，1922/23財政年度に3.6％と少し回復した[61]。

教育予算比(110ページを参照)の低下に教育人民委員部はもちろん抵抗した。1922年末の第10回全ロシア・ソビエト大会最終日に採択された同部の報告に関する決議には次のようにある[62]。

59　カー，1977年，30頁。グラスらも同じく，1926年家族法が伝統的な家族責任を強調する方向に回帰した側面を重視する（Glass et al., 1987, pp. 897–898; Hoffmann, 2003, ch. 3）。

60　富田，1996年，272頁。1926年家族法に対する農民の反応の一端については渓内，1970年，284頁を参照。

61　Fitzpatrick, 1970, pp. 291–292；所，1985年，152頁。

62　Абакумов и др., 1974, с. 21–22.

1）本大会は，教育人民委員部の報告を受け，全ロシア中央執行委員会と教育人民委員部が国民教育に関する広範な計画を完全に正しく策定していることを確認した。この計画にはつぎの点が含まれる。①保育施設網と結びつき，無償で義務的な教授が行なわれ，最貧困層の子どもに食糧・衣服・靴・教科書などを提供する統一労働学校を建設する計画……。〔(2)は略〕
　3）しかし，本大会は，地方予算の現状を考え，教育分野における勤労大衆の初歩的な需要や要求を地方予算では十分に充足できない点を認め，新政権が都市と農村の大衆的な学校・保育施設・児童ホームに……国家予算の一定の割合を割くべきだと考える。

教育施設網と保育施設網のいっそうの縮小に歯止めをかける，という教育人民委員部の姿勢がここに読みとれる[63]。それが1922年後半からの教育予算比の微増となって現われた。

教育の地方予算化　　削減された国家予算に代わって地方予算が期待された。たとえば，1922年5月5日に全ロシア教育・芸術労働者同盟の総会は，ネップ下の新教育政策に関する決議で，保育施設・学校・校外教育施設・職業教育施設を基本的に地方予算で維持すると述べた[64]。

　第2～3期に教育予算の地方予算化が全国で進んだ様子は表3-1の上半分からわかる。

　教育費に占める国家予算と地方予算の比率は帝政末期の1913年に6：4だった[65]。それが1923/24年度に逆転し，その後は地方予算の比重がしだいに増した。1924年秋の第3回大会でルナチャルスキーは，「1921年に15％削減された教育予算が，今年は昨年の1.3億万ルーブルから約40％増の1.8億万ルーブルになり，うち国家予算が0.7億万ルーブル，地方予算が1.1億万ルーブルである」[66]と述べた。ここでの国家予算の比率40％弱は表3-1にある約33％よりも少し高い。地方予算に頼る傾向は1920年代末以後も続き，教育費における地

63　所，1985年，165頁。
64　Иванова и др., 1975, с. 345.
65　РСФСР. НКП, 1927, диаграмма 2.
66　《Известия》, 16 октябрь 1924, с. 8.

表 3–1　全国とレニングラード，ヴャトカ両県の保育・教育予算（1923/24 年度〜1926/27 年度，ルーブル）

年度	1923/24	1924/25	1925/26	1926/27	1927/28
A 国家教育予算	57,658,100	81,589,100	108,173,300	127,491,200	
うち補助(基)金*1	5,733,419	17,253,000	27,725,000	16,500,000	
B 地方教育予算	115,494,700	171,321,000	240,703,500	307,100,000	
レニングラード〔市〕教育予算	3,398,027	14,166,837	17,334,640		
A＋B	173,152,800	252,910,100	348,876,800	434,591,200	
B／A＋B（％）	66.7	67.7	69.0	70.7	
国民一人平均の教育費	1.88	2.62	3.52	4.30	
保育予算					
全国			3,539,500 (100)	5,112,300 (100)	〈44〉
レニングラード県			229,313 (6.5)	307,209 (6.0)	〈34〉
ヴャトカ県			54,276 (1.5)	83,208 (1.6)	〈53〉
C 地方保育予算				3,614,400	5,152,900
C／地方社会教育予算（％）				1.9	2.2

註：*1 субвенционный фонд．（　）は対全国比，〈　〉は対前年度増加率（ともに％）。下 2 段の値のうち，1927/28 年度分は出典の 3 番目の文献では「1925/26 年度」の値となっているが，文脈から本表のように判断した。

出典：ГАКО, Р–1137/1/2116/20об.（保育予算）; РСФСР. НКП, 1927, диаграммы 1–4（A，補助金，B，平均教育費）; Спутник делегата IV Всероссийского съезда по дошкольному воспитанию, с. 13（C とその比率）; Савинова, 1969, вып. 1, с. 170（レニングラード市の教育予算）．

方予算比（B／A＋B）は 1931 年に 82％ まで上昇する[67]。

　これは，教育人民委員部が，新政権の維持と新国家の建設に欠かせない，社会主義の思想を身につけた中級以上の専門家と官僚などを養成する職業教育と政治教育を主な責任領域とし，保育を含む社会教育については，その条件整備の責任を地方国民教育部に転嫁したことを意味する。実際，地方予算のうちで農民に身近で重要な郷予算を対象に，1923/24 財政年度の全国の総額を費目別にみると，国民教育維持費の 23％ が行政機関維持費の 56％ につぐ割合を占めて

67　РСФСР. НКП, 1932 a. c. 37.

いた[68]。

国民教育維持費の大部分は教師の賃金にあてられた。しかし，このように「郷に教師と医師の俸給の支払を完全にうつすことは農民の不満によって支払がとどこおる」危険性をはらんでいた。また，1923/24「年度の地方予算のうち，郷予算が占めたのは 8.1%，市は 33.3%，歳出では郷 8.5% に対して市 31.4%」であった。少ない郷予算を「農村の伝統的な自己課税」が補充した。しかし，それに頼ることは，「徴収のための強制力としての，農村の伝統的関係を認めること」でもあった。そうした事情から，「郷予算がソヴィエトの経済的・文化的活動の基礎である」とし，「1924 年 1 月から独立の郷予算を導入する」ように「臨時地方財政規則」で決定したにもかかわらず，結局それは失敗し，「ソヴィエト権力〔新政権〕の農村に対する政策」は「重大な挫折」に直面することになった[69]。

保育の地方予算化　表3-1 の下半分にある保育予算に注目しよう。その全国総額における県別の比率は，レニングラード県が 6% 以上と高率である一方，ヴャトカ県は約 1.5% と平均的な水準だった。この値は主に保育施設網の規模に左右されたからである。

同表の最下段にある 2% 前後という地方の保育予算比(110 ページを参照)は，23 県・州を対象にした別の調査結果に比べ，両年度とも 0.3 ポイント上回っている。ただし，この比率が 1919 年に 16% を超えていた点を思い出すと(同ページを参照)，その落差に驚かされる。同時に，教育行政機関が社会教育のうちで最も重要な初等教育の第 2 期における後退を最小限に留めようとして，保育がそのしわ寄せを受けたことがわかる。

23 県・州についての同じ調査で 1927/28 年度の社会教育予算比(同ページを参照)は 70～85% の範囲にあり，教育費の地方予算化の進展という上記の傾向と一致している[70]。

68　渓内，1989 年，227 頁。

69　同上，206～212 頁。自己課税とは「国家の租税体系の外にあって，伝統的な農民の共同体における自治の物質的基盤を確保する手段としてふるくから発達していた制度。各農戸が村落の管理のための費用・労役を貨幣・現物・労働の形態で分担するもの」である(渓内，1970 年，428 頁)。

70　ГАРФ, А-1575/10/489/208. 保育予算比の最高は 1926/27 年度がコミ＝ズリャン自治州の 3.48%，翌年度がアストラハン県の 4.0% だった。ヴャトカ県の保育予算

保育予算比と社会教育予算比から教育予算に占める保育予算の割合を算出すると，わずか 1.5％ ほどになる。同じ推計値が 1919 年に 10％ だったので(110 ページを参照)，1920 年代の数年間にそれが 7 分の 1 の水準まで低下したことになる。

　しかし，この地方予算と社会団体や住民の資金のほかに保育活動を支えるものはなかった。たとえば，1925/26 年度の幼稚園 96 園と託児所 59 園の平均予算をみると，地方予算が 78％，社会団体と住民の資金が 22％ を占め，国家予算はゼロだった[71]。この比率は，全国の常設施設の 3 分の 1 にあたる 320 園を対象に 1926 年に実施された次の調査結果と同じである[72]。

　　地方予算から 77.8〔77.7〕％：県国民教育部が 57.2％，郡国民教育部が 4.1％，市国民教育部と市ソビエトが 4.0％，郷執行委員会が 2.5％。
　　社会団体から 22.2〔21.9〕％：シェフストヴォが 4.8％，協力委員会〔187 ページを参照〕が 2.7％，工場が 10.4％，労働組合が 0.4％，協同組合が 0.2％，「子どもの友」協会が 0.2％，親が 2.4％，保育料が 0.2％，経営組織が 0.1％，偶然の入金〔その他〕が 0.7％〔，総計 99.6％〕。

　常設施設にとって最大の資金源である県国民教育部は施設に必要な費用の半分以上を負担していた。それからかなり離れて郡国民教育部の支出が続く。これらは，全国の保育施設網が最も縮小した 1920 年代中頃に県都や郡都の施設を少なくとも維持することが重視されたからである(172～173 ページを参照)。社会団体のなかで工場についで大きな貢献をしているシェフストヴォとは，「都市労働者(最初はコミュニスト労働者)の農村に対する指導と援助」[73] のことである。その一例として農村での保育活動が行なわれた(230 ページ以下を参照)。

　ところで，上記の 1925/26 年度の幼稚園・託児所 155 園のうち，社会団体が

　　比は両年度とも 23 県・州の平均値に近かった。
71　ГАКО, Р-1137/1/2116/20об.
72　Спутник делегата IV Всероссийского съезда по дошкольному воспитанию, с. 16.
73　渓内，1989 年，289 頁。シェフストヴォの活動については同上，288～294 頁；渓内，1970 年，749～767 頁を参照。

自ら設立し，運営しているのはごくわずかで，ノヴゴロト県の5園，リャザン県の4園，トヴェリ県の3園，プスコフ県(レニングラード県の南隣)の2園，タムボフ県の2園などしかわからない[74]。すなわち，少なくとも1920年代中頃についてみれば，大半の常設施設は国民教育部立などの公立施設であり，社会団体立という私立施設は限られた存在だった。社会団体の多くは自前の施設をもつよりも，公立施設の援助に努力を傾けていた。

この点はのちに第4章でみる開園権をめぐる論議に影を落とすことになる。

常設施設の予算　保育が主として地方予算に頼るようになったので，個別の常設施設の財政状態はたいてい厳しくなった。この点について第4回大会のツィルリナ報告は(226ページを参照)，前ページでふれた1926年の調査結果にもとづいて，つぎのように述べる[75]。

> 一園平均の年間予算は2884ルーブルで，その内訳は人件費が55.9%〔1612ルーブル〕，給食費が22.1%〔637ルーブル〕，教材費が3.2%，設備・管理費が18.8%である。他方，教育人民委員部の基準によれば，年間予算は7387ルーブルで，そのうち，賃金が37.2%〔2748ルーブル〕，給食費が33%〔2438ルーブル〕，教材費が3%，設備・管理費が26.8%でなければならない。そもそもこれは常設施設の通常の活動にとって最低の基準であり，現状がそれをさらに下回っていることは活動の質がいっそう低下していることを意味する。給食費・教材費・設備費はできるだけ早く基準に達するようにしなければならない。

平均的な常設施設は，その運営に少なくとも必要だとみなされた予算の4割に満たない金額でやりくりを余儀なくされた。そのため，賃金を4割余りカットするだけなく，給食費にいたっては，その4分の3を削減せざるをえなかった。

保育施設の給食　第3期の中頃のこうした状況は，ネップへの移行が始まった直後からのものであり，また，その継続の結果でもあった。「直後」とい

74　ГАКО, Р-1137/1/2116/20об.
75　*Спутник делегата IV Всероссийского съезда по дошкольному воспитанию*, с. 15.

第 3 章　保育制度構想をめぐる矛盾とその打開の模索(1921～1924 年)　　　161

うのは，1921 年 10 月～1922 年 10 月の保育部の活動報告で給食の実施に対する危機感が，つぎのように示されているからである[76]。

> 国家予算で給食を実施する対象からすべての常設施設〔幼稚園・託児所〕が 1922 年末までに除外される。そこで常設施設をさまざまな機関や企業に張りつける〔結合させる〕ことが重要になる。地方予算で保育施設網を維持できるよう，郡部における標準的な施設網を維持する旨の回状を地方に送った。……そうしないと浮浪児が増加するからである。

給食費までもが地方予算化された結果は，1923 年春にヴャトカ県国民教育部長が保育部に送った報告「本県の保育活動の状況」に示されている。そこで目を引くのは幼稚園の活動における給食の位置である。すなわち同報告は，「国家給食の対象から幼稚園がはずされたため，貧しい人々は子どもを通わせたがらず，登園率は低下し」たと述べて，親からみた幼稚園の存在意義のかなりを給食が占めていた点をあらためて指摘した[77]。

臨時施設の予算　　子どもの広場の事例を年(度)の異なる 3 つの資料に見てみよう。

　1) 1925/26 年度のヴャトカ市における 6 時間制の子どもの広場の 3 か月間の予算負担(単位はルーブル)：① 設備・管理・教材費：県教員労働組合が 73，市の担当部門〔国民教育部〕が 70，協同組合が 70，化学労働者〔同盟〕が 53，子ども委員会が 25，教育大学が 25，計 316，② 賃金(2 人のとき)：協同組合が 65，子ども委員会が 58，市の担当部門が 58，県労働組合が 46，計 227。(1 人のとき)：製靴工場・化学工場が 30 ずつ，教育専門学校が 16，計 76[78]。

　2) 1927/28 年度に大きな郷に各 1 園ひらく予定の子どもの広場の平均予算は 150～200 ルーブル[79]。

76　ГАРФ, А-1575/7/32/144.
77　ГАРФ, А-1575/7/21/5 (13). 日付のない同資料を綴じた物件の対象年月が 1922 年 12 月～1923 年 4 月である。
78　ГАКО, Р-1137/1/2116/83-84.
79　ГАКО, Р-1137/1/2325/95.

3) 1929年夏に開園予定の42園の子どもの広場の3か月間(1園のみ2か月間)の費用は300～3000(平均659, 月220)ルーブル, 計2万7665ルーブル[80]。

これらの少ない事例からわかるように, 子どもの広場の予算規模はさまざまだった。平均的な子どもの広場を常設施設と比較すると, 前者は後者のおおよそ3分の2以下の予算で運営されていた。第2～3期に保育部が子どもの広場の増設をはかった主な要因はこの安価な点にあった。

ヴァトカ県の事例　県の保育予算の一例として, 第3期にあたる1926/27年度～1927/28年度のヴァトカ県のケースを表3-2にまとめた。

下の表では, 賃金が支出総額の半分を超えている。残りの半分弱の運営費で修理・水光熱・清掃・備品・教材・遊具・給食などにかかる費用を, また施設が借家に入っているときは家賃を捻出しなければならず, 保育課の財政面での裁量の幅は限られていた。

別の資料では, 1926/27年度に県内の常設施設25園の平均予算は2928ルーブルであり[81], 開園期間を年10か月間とすると, 1か月の平均予算は300ルーブル弱となった。

個別施設の財政事情をヴァトカ市第2番幼稚園の1924年〔度〕分にみよう。定員50人の同園の実員は3～4歳児が30人, 5歳児が10人, 6～7歳児が16人, 計56人と, めずらしく構成が年少児に偏っていた。教職員は園長と4人の保育者, 3人の事務員の8人だった[82]。

表3-2　ヴァトカ県の保育予算(1926/27年度～1927/28年度, ルーブル)

年度	支出総額	(うち賃金(%)	運営費(%))	園児一人平均	予算比[*1](%)
1926/27	73,208[*2]	39,756(54.3)	33,454(45.7)	50.78	1.3
1927/28	78,400	40,385(51.5)	38,015(48.5)	52.36	1.09

註:　*1 教育予算における保育予算の比率。*2 賃金と運営費の計は7万3210ルーブル(表3-1の保育予算は8万3208ルーブル)。
出典:　ГАКО, Р-1137/1/2325/21.

80　ГАКО, Р-1137/1/2359/4.
81　ГАКО, Р-1137/1/2116/74-75; 2117/131, 138-139; 2325/16.
82　ГАКО, Р-887/1(-е)/418/74-74об.; Р-1137/1/1504/63-64об.

第 3 章　保育制度構想をめぐる矛盾とその打開の模索(1921～1924 年)　　　*163*

　年間予算をみると，収入の大半にあたる約 3800 ルーブルは地方予算に頼り，そのうちで県国民教育部の負担は 1096 ルーブルになった。また，親・女性部・子ども委員会・コムソモールの代表からなる協力委員会が 520 ルーブルを支出していた。園児の 3 分の 1 にあたる 19 人から徴収した保育料の合計額は 11 月に 66 ルーブル，12 月に 50 ルーブル，1 月に 12 ルーブルとなった。1 月の額が少ないのは，有料の園児数が不定で，疫病を予防するための休園が多かったからである。保育料徴収の有無は県国民教育部・子ども委員会・女性部の代表による特別委員会が決定した。残りの 3 分の 2 の園児は無料で保育されていた。

　支出は，給食費が 2400 (園児一人あたり月 4) ルーブル，賃金が 1614 ルーブル，運営費が 150 ルーブル，教材費が 75 ルーブル，設備・備品費が 50 ルーブル，作業着代が 50 ルーブル，備品修理費が 5 ルーブル，計 4344 ルーブルとなった[83]。このように支出の 55% が給食費，37% が賃金にあてられ，両者が他の費目を圧迫していた。ただし，職員一人平均の年間賃金は 179 (月額 15) ルーブルで，1923 年を対象にした表 2-7 (134 ページ) にある月額で約 16～20 ルーブルという水準からみて低かった[84]。

　なお，ヴァトカ市第 2 番幼稚園の支出総額が最小限に抑えられ，厳しい運営を迫られた背景には，すでに述べた一般的な理由に加えて，同園に特有なつぎの事情が存在した。1921 年春に 16 園あった同市内の幼稚園は 2 園に減少し，さらに第 2 番幼稚園の閉鎖も検討されていた。そのために県〔執行委員会〕計画事務局は，保育施設の必要性を証明し，また，同園を閉鎖したとしても，その財政上の効果が少ないことを示す必要があった[85]。

　地方国民教育部の窮状　　予算の削減に伴う重要な問題について，ここでふれておこう。

　ネップへの移行とともに政府機関の職員が削減された。それが始まる 1921 年後半とほぼ終了した翌年 5 月で職員定数を比べると，総数は 748 万人から 457 万人に 39% 減少し，「直接生産に携わっていない」教育人民委員部とその管轄

83　ГАКО, Р-887/1(-е)/418/74-74об.
84　ГАКО, Р-1137/1/2116/85.
85　ГАКО, Р-887/1(-е)/418/74-74об.

施設の職員数は106万人弱から42万人に60％減った[86]。その結果，1926年の地方国民教育部はつぎのような状況にあった[87]。

　①県国民教育部の職員数は活動を担う最低限の12〜30人の範囲で，そのなかに保育専門家が少なくとも一人(保育課長)はいた。
　②郡国民教育部の職員数は5〜21人の範囲で，活動水準はさまざまだった。最もよくみられる構成は，部長・書記・政治教育専門家が各1人と社会教育専門家が2人というもので，そこに都市から派遣された視学官〔インスペクター。あるいはインストラクター〕2〜3人が加われば良しとしなければならなかった。わずか2人の社会教育専門家の視野に保育がどれくらい入っていたかという点は疑問である。
　③郷と地区の国民教育部の半数は政治教育組織者，非識字者一掃インストラクター，図書館員，農村図書館員の4人からなり，保育どころか社会教育の担当者がいなかった。

1920年代中頃の欧露部で県の平均面積は7万km²弱だった[88]。北海道よりも一回り小さい空間で営まれる保育の実態を保育課長(と課員)で把握し，指導するのは難しかったであろう。

予算を減らされ，人材を失い，いわば手足をもがれた状態になった保育行政機関が選択できる政策の幅はさらに限られたものとならざるをえなかった。

(2)　女性の労働者と失業者の増大

就業人口の変化　　19世紀末〜1920年代中頃の女性労働者の数と比率については，表2–5（90ページ）で全体的な特徴を指摘した。同表では第2〜3期の女性失業者数と，全失業者数に占めるその比率(以下，「女性失業者比」と略)も示した。ここではそれを参考に，主に第2〜3期の女性失業者の問題について考えたい。

この時期の女性の労働者と失業者の量的な変化にみられる最大の特徴は，両者がともに増大したことである。すなわち，表2–5にあるように，女性労働者

86　Fitzpatrick, 1970, p. 284；塩川，1991年，8頁。
87　Плюснин-Кронин, 1926, с. 156–158.
88　溪内，1989年，204頁。

の数は1923～1929年の6年間に倍増し，比率は28％台で微増した。

　同時期の直前にロシアでは，大戦によって365万人，内戦によって250万～330万人(戦闘員のみ)，1921～1922年の飢饉によって約100万人，計715万～795万人もの人口が失われていた。

　そのため，1926年末に実施されたソ連初の国勢調査の結果を分析したジロムスカヤによれば，同年の就業人口8660万人(総人口の58％)の年齢・性別構成には次のような影響が現われていた。すなわち，総人口に対する就業人口比は男性で64％，女性で53％と，半数余りの女性が就業していた。その内訳を都市・農村別にみると，前者で28％，後者で58％と，都市の女性の4分の3近くは働いていなかった。これは，すぐあとで述べるように，都市には女性失業者が多数いたうえ，子どもを多く抱えた女性は専業主婦でいることを選択しがちだったからである。つぎに，都市の就業人口における女性の割合を年齢階級ごとにみると，15歳で46％，16～17歳で47％，18～19歳で41％，20～24歳で35％，25～29歳で32％，30～59歳で27～28％というように，20歳以上では減少の傾向にあった[89]。結婚や妊娠をすると退職する女性が多く，婚姻年齢が低かったからである[90]。

　他方，女性失業者の数は1920年代前半に6万人から38万人強へと6倍以上になったものの，比率は逆に16ポイント低下した。しかし，1920年代後半になると女性失業者比は再び上昇し，1920年代末には中頃の最小値よりも17ポイント高くなった。

　その結果，女性の労働者数に対する失業者数の百分比は1923年の46％から1926年の67％に上昇した。職に就いている女性の3分の2にあたる女性が職を失い，求めていた。

　失業者の増大　　労働者数と失業者数の同時増大という，一見すると奇妙な現象の主な原因は，失業者が職を見出すのと同じか，それ以上の規模と速さで，

89　Жиромская и др., 2000, с. 78 (автор: А. И. Степанов), 97, 133 (автор: Ю. А. Поляков), 155-156 (автор: В. Б. Жиромская).

90　ただし，再婚を含めた全婚姻の平均年齢の全国値は1923年に男性で27.9歳，女性で24.4歳であり，19世紀以前や20世紀後半に比べると，戦間期の平均婚姻年齢は高かった (W. A. Fisher, 1980, pp. 150-151)。

職を求めて人々が農村から都市に流入したことにあった。その意味で,「失業問題の究極的な解決は,増大する農村人口を吸収するに十分な速さで工業を拡大する以外にありえなかった」[91]。

帝政期から積み残されたこの課題は,革命後に男性を含めた全労働者を直撃した。工場労働者数は1913年の約260万人が,大戦・内戦時の生産基盤の破壊によって1921/22年度に125万人を割った。その後の工業の再建と並行して労働者数は増加に転じ,1923/24年度に162万人,1924/25年度に190万人,1925/26年度に230万人となり,大戦前の水準をほぼ回復した[92]。他方,大戦期と内戦期には労働力の中核となる成人男性労働者の多くが前線にとられ,労働力不足の状態が生まれた。しかし,内戦終結後はこの状況が一転し,政府の人員削減計画,軍からの復員(約400万人),飢饉によって促された農村から都市への流入などのために失業者数が増大した[93]。70県の統計によれば,失業者数は1922年9月の50万人から1924年3月の137万人,6月の134万人に2.7倍に増えた[94]。それを反映して,求職を100とする求人の割合は,1921年1月の276から7月の152に急減し,9月に100を割ったあとも下がり続け,翌1922年5月には50を切った[95]。

女性の保護と解雇　解雇の際に主な対象とされたのは,熟練度が低く,労働法典による保護規定が成人男性よりも厳しい女性と未成年者だった。1926年の国勢調査の結果によれば,都市の失業者の42%を女性が,全失業者の56%を16〜29歳が占めていた[96]。

女性と未成年者の保護規定についてみれば,1922年10月30日に全ロシア中央執行委員会で採択された新労働法典の第130条で,彼らの深夜労働は,特別なときを除き,原則的に禁止された。また第131条で妊産婦の深夜労働は無条件に禁じられた[97]。結果として,「女性は,ネップの初めに〔その影響で〕解雇され

91　カー, 1977年, 282頁。Cf. Goldman, 1993, p. 113.
92　カー, 1977年, 281頁。
93　塩川, 1991年, 51頁; Goldman, 1993, p. 110.
94　カー, 1977年, 280頁; 塩川, 1991年, 52頁。
95　同上, 7頁。
96　Жиромская и др., 2000, с. 158 (автор: В. Б. Жиромская).
97　塩川, 1991年, 53頁; 同, 1984年, 309頁。

る際は最初にその標的となり，ネップの終わりに〔生産回復の結果として〕雇用が増大するときには最後に回された」[98]。とくに夫が働いている女性は，家族の扶養義務がないと判断され，解雇されやすかった。

そこで1922年2月，解雇時に男女を差別してはならず，とりわけ乳児を抱える女性は保護されるべきだ，という法令が出た。しかし，それは守られなかった[99]。それどころか，いくつかの労働組合は女性労働者を追い出す運動さえ起こした。

女性失業者の増大を心配した1924年5月の第13回党大会は，「これまで女性労働がまったく用いられてこなかったか，不十分にしか用いられてこなかった生産部門に女性を引き入れるという任務」を党機関に課した。ところが，その結果とられたのは，上記の保護規定，とくに夜間労働禁止規定の緩和だった。ソ連労働人民委員部（労働省に相当）の1924年4月の回状は，「女性労働がまったく禁じられているきわめて不健康な工業を除いて，将来すべての生産部門で女性に夜業が認められる必要がある」とした[100]。それが翌1925年の春の回状から1929年2月の法令までに具体化された結果[101]，1928年からの第1次五か年計画期に，それまで女性労働者の少なかった鉱山業・金属加工業・機械製作工業・建設業などで女性労働者比が急速に上昇した[102]。これは，その後の「男性と同様に働き，解放されたロシアとソ連の女性」というイメージの形成と固定化につながった。

第2期に女性の労働者が減り，失業者が増えたことは，第1期にわずかながら増大しつつあった保育需要を低下させた。何よりも工場が付設の保育施設を重荷と感じ始めた。それが施設網の急速な縮小の重要な要因となった。

また，忘れてならないのは，女性失業者の増大に伴い売春が復活したことである。1925年，ある社会学者は，「売春の基本原因はネップであり，売春への誘惑であり，女性労働者の失業問題である」と指摘した[103]。浮浪状態にあった少女

98　Goldman, 1993, p. 114.
99　塩川，1991年，53頁; Goldman, 1993, p. 115.
100　カー，1977年，284頁。
101　塩川，1984年，309～310，317頁。
102　塩川，1985年，255頁。
103　Goldman, 1991, p. 133. 売春の復活への警告はすでに1922年末の保健人民委員

の売春も増大した[104]。さらにこれらの事態が浮浪児や孤児を新たに生み出すことにつながった。

平均賃金と男女差　ここで 1920 年代の労働者の平均月間賃金をいくつか例示しよう。

①　1920/21 年度の 10.15 ルーブルから 1925/26 年度の 28.57 ルーブルと，名目上で 3 倍近くに上昇した[105]。

②　250 人以上の労働者を抱える企業では，1922 年 10 月の 12.18 モスクワ商品ルーブルから 1924 年 9 月の 24.29 モスクワ商品ルーブルと，2 年間で倍増した[106]。

③　大企業では，1924 年 3 月の 68.60 チェルヴォネッツ・ルーブルから 1928 年 9 月の 125.53 チェルヴォネッツ・ルーブルと，4 年半の間に 1.8 倍になった。この伸び率の最大は鉱工業の 2.2 倍，最小は繊維工業の 1.5 倍だった[107]。

④　同じく大企業では，1924 年に 39.23 ルーブル，1926 年に 56.74 ルーブル，1928 年に 70.24 ルーブル(見習い工を除く)，1930 年に 82.59 ルーブル(同上)と，6 年間に 2.1 倍になった[108]。

激しいインフレーションのために貨幣単位の切り替えや切り下げが繰り返されたこの時期の賃金を比較するのは難しい。それでも，全体として，労働者の賃金は，134～135 ページでみた教職員のそれよりも高い水準にあったと考えてよいだろう。この格差は，「労働者」に「成人」「男性」「工業〔工場〕」「モスクワ」

　　　部などの回状にみられた(塩川，1991 年，53 頁)。また，レニングラード市の大企業を対象にした 1928 年 8 月末の調査結果から，住宅不足のために一夜の宿を求めて売春を繰り返している女性労働者の実態が明らかになった（ЦГАИПД СПб., 24/8/4/84-89）。
104　Ball, 1994, pp. 56-60.
105　ノーヴ，1982 年，128 頁。
106　塩川，1991 年，50 頁。モスクワ商品ルーブルとは「1913 年のモスクワの物価を基準とし，各時点での各地の物価をこれと比較して得られる物価上昇指数で名目賃金を割るというもの」(同上)である。1923 年の値は表 2-7 (134 頁)を参照。
107　Рашин, 1929, c. 36.
108　Kingsbury et al., 1935, p. 49.

第 3 章　保育制度構想をめぐる矛盾とその打開の模索(1921〜1924 年)　　*169*

などの条件を加えると，さらに広がった[109]。

　このうち本書にとって重要な男女間の賃金格差に関する幾つかの資料をつぎにあげよう。

　　① モスクワ市の性別・工業部門別の平均月間賃金の範囲は(単位はルーブル)，1924 年の男性労働者で 52.13(羊毛加工業)〜79.04(機械工業)，女性労働者で 30.70(金属加工業)〜48.87(印刷業)，1925 年のそれぞれで 55.04(羊毛加工業)〜92.12(機械工業)，38.00(羊毛加工業)〜59.78(印刷業)だった[110]。

　　② 1925 年の女性労働者の全国平均月間賃金 32.6 ルーブルは男性労働者のそれの 65% に相当した(内訳は 20 ルーブル未満が約 20%，20〜40 ルーブルが 57%，60 ルーブル以上が 4%)。同じ比率は 1914 年の 47%，1924 年の 65%，1930 年の 67% と上昇した[111]。

　　③ 1926〜1929 年のレニングラード市の工場労働者では，ほぼすべての工業部門で男女双方の労働者の名目賃金が年々アップした。男女別の平均値は 1926 年を 100 として，男性で 1927 年に 113，1928 年に 130，1929 年に 135 と，女性で各年に 113，130，134 と上昇した。この背景に生産の回復とインフレーションの進行があった。

　　賃金の男女差は部門間で違った。格差が最小なのは，女性労働者の多い繊維工業(女性労働者比 72%)と縫製工業(同 63%)で，女性労働者の賃金は男性労働者のそれの約 7 割強だった。逆に，格差が最大なのは，女性労働者の少ない印刷工業(同 35%)で，6 割強だった[112]。

　平均的にみて，女性労働者の賃金は男性労働者のそれの 3 分の 2 ほどにあた

109　賃金格差は男女間・部門間ばかりでなく地域間にもあった。レニングラードはモスクワについで高く，ウクライナがそれに続き，ウラルが工業地帯で最低だった(カー，1977 年，289 頁)。同じ部門でも企業・工場間の格差が顕著だった(中嶋，1999 年，150〜155 頁)。さらに，熟練労働者と不熟練労働者の間，出来高給労働者と時間給労働者の間などに賃金格差がみられた(塩川，1984 年，127 頁)。

110　Статистический отдел Московского совета, 1927, с. 210–213.

111　Goldman, 1991, p. 133; idem, 1993, p. 123; Kingsbury et al., 1935, p. 34.

112　ЦГАИПД СПб., 24/8/24/24об.; 21/47; 40/5. これはカー，1977 年，284 頁; Goldman, 1993, pp. 122–123 の指摘とほぼ一致する。

り，帝政末期の2分の1以下という水準から上昇していた。なお，③の統計によれば，1926年に女性労働者の多い繊維工業(4.7万人)・金属工業(1.3万人)・食料品製造業(1.0万人)・化学工業(1.2万人)では，保育需要の高さを反映して，工場付設の保育施設に勤める計2198人の保育者が順に1019人，290人，277人，158人と配置されていた。

第3節　保育施設網の縮小による全員就園制の断念

(1)　保育施設数の急減

第2期を中心にした，ソ連・ロシア共和国・各県における常設施設，学校，未成年者の社会的・法的保護施設などに関する資料がある[113]。ここでは，それに少し補足して，全国とモスクワ，ペトログラード，ヴャトカの保育施設網の概要を順に見てみよう。なお，この時期にはソ連の保育施設網の4分の3から約9割までをロシア共和国で占めていた。

全国の動向　　常設の保育施設と学校などの全国の量的な変遷を表3–3にあげる。

同表の特徴は，第1に，第2期の常設施設数の急減と第3期の回復の遅れである。これは，第I段学校(初等学校)数と比較すれば，明らかである。常設施設では，最高時の1921年に比べて最低時の1925年が実に8割の減少であるのに対し，学校ではそれが3割に留まった。また，最小値から回復する第3期のテンポは学校のほうが常設施設よりも早い。

第2に，常設施設と学校の絶対数の格差である。1921年に常設施設数の21倍だった学校数が[114]，両者の減少度の違いにより，1925年には78倍になった。

これらはともに，1922年末の第10回全ロシア・ソビエト大会における「教育施設網の縮小の歯止めをかける」という教育人民委員部の決意が(155〜156ページを参照)，初等学校網の維持に集中していたことを示している。

113　*Труды ЦСУ СССР*, т. 28, вып. 1.
114　1921年10月1日にこの格差が18倍だったという統計が《*Народное просвещение*》(Ежемес.), 1923, No. 1, c. 16–17にみられる。

表 3-3 全国の常設施設・学校・児童ホーム網(1921~1929 年)

年[*1]		1921	1922	1923	1924	1925	1926	1927	1928	1929
A 常設施設数	計	4,254	3,056 (72)	1,197 (28)	941 (22)	834 (20)	1,005 (24)	1,145 (27)	1,396 (33)	1,582 (37)
	都市	2,044	1,604 (78)	900 (44)	767 (38)	690 (34)	817 (40)	930 (45)	1,245 (61)	1,378 (67)
	農村	2,210	1,425 (64)	297 (13)	174 (8)	144 (7)	188 (9)	215 (10)	122 (6)	204 (9)
B 保育者数	計	11,743	8,582 (73)	3,532 (30)	2,927 (25)	2,674 (23)	3,222 (27)	3,695 (31)	4,309 (37)	5,296 (45)
	都市	7,135	5,341 (75)	2,848 (40)	2,508 (35)	2,228 (31)	2,768 (39)	3,174 (44)	4,071 (57)	
	農村	4,608	3,261 (71)	684 (15)	419 (9)	446 (10)	454 (10)	521 (11)	238 (5)	
C 園児数	計	221,372	158,031 (71)	59,070 (27)	44,511 (20)	43,549 (20)	51,966 (23)	59,433 (27)	71,657 (32)	85,900 (39)
	都市	114,010	86,910 (76)	44,144 (39)	36,182 (32)	35,890 (31)	43,152 (38)	49,287 (43)	66,444 (58)	
	農村	107,362	71,121 (66)	14,926 (14)	8,329 (8)	7,659 (7)	8,814 (8)	10,146 (9)	5,213 (5)	
C/A	計	52.0	51.7	49.3	47.3	52.2	51.7	51.9	51.3	54.3
	都市	55.8	54.2	49.0	47.2	52.0	52.8	53.0	53.4	
	農村	48.6	49.9	50.3	47.9	53.2	46.9	47.2	42.7	
C/B	計	18.9	18.4	16.7	15.2	16.3	16.1	16.6	16.9	16.2
	都市	16.0	16.0	15.5	14.4	16.1	15.6	16.3	16.3	
	農村	23.3	21.8	21.8	19.9	17.2	19.4	21.9	21.9	
第Ⅰ段学校数[*2]		91,100	75,563 (83)	63,360 (70)	66,362 (73)	66,019 (72)	72,395 (79)	76,547 (84)	79,602 (87)	84,102 (92)
同児童数[*3]		7,391,441	6,019,542 (81)	4,828,611 (65)	5,319,972 (72)	5,760,667 (78)	6,382,879 (86)	6,536,682 (88)	6,731,396 (91)	7,136,412 (97)
第Ⅱ段学校数[*4]		4,038	3,007 (74)	2,354 (58)	2,223 (55)	1,662 (41)	1,258 (31)	1,506 (35)	1,609 (40)	1,648 (41)
同生徒数[*5]		537,161	484,532 (90)	546,448 (102)	709,673 (132)	657,211 (122)	631,051 (117)	701,426 (131)	826,221 (154)	928,297 (173)
未成年者の社会的・法的保護施設数		4,256 (160)	6,799 (134)	5,713 (105)	4,454 (78)	3,334 (58)	2,487 (45)	1,915		
同入所児数		207,310	386,346 (186)	337,500 (163)	292,007 (141)	246,906 (119)	200,592 (97)	141,315 (68)		
児童ホーム数[*6]		4,052	6,412 (158)	5,314 (131)	3,909 (96)	2,811 (69)	2,218 (55)	1,676 (41)	1,669 (41)	1,752 (43)
同入所児数		199,704	361,105 (181)	311,973 (156)	256,774 (129)	211,361 (106)	175,495 (88)	121,794 (61)	100,990 (51)	93,854 (47)

註:[*1] 前年の末か本年の年頭の値(以下の表も基本的に同じ)。[*2] 1927 年以前は 7 年制学校を,1928 年以降は第Ⅰ段学校程度の学校を含む。[*3] 1928 年以降はゼロ学級(180 ページの註 132 を参照)の児童数を含む。[*4] 1927 年以前は 9 年制学校を,1928 年以降は 9・10 年制学校を含む。[*5] 1923 年の改革(xxiii ページの凡例 5 参照)後は前期 3 年制の生徒数を示す。[*6] 未成年者の社会的・法的保護施設数の内数にあたる。児童労働コロニーや子どもの町(178 ページを参照)などを含む。( )は 1921 年を 100 とした指数(以下,表 3-6 まで同じ)。

出典: Труды ЦСУ СССР, т. 28,вып. 1, отдел 1, с. 40, отдел 2, с. 4-8, 12, 16, 20, 24, 28, 30, 32 (1925 年以前); СССР. ЦСУ, 1927, с. 14-17 (1926~1927 年); РСФСР. НКП, 1929, с. 35 (1928 年の児童ホーム); То же, 1930, с. 95 (1929 年の児童ホーム); То же, 1932 a, с. 42, 53 (1928 年以降の学校); То же, 1932 b, с. 28 (1928 年以降の児童ホーム入所児)。

第3に，常設施設網の縮小が著しいのは農村である。1925年の常設施設数は1921年比で都市においては3分の1なのに対し，農村では7％にすぎない。常設施設が農村からほぼ一掃され，その後も回復がほとんどみられない背景には，削減の進んだ保育課が都市にはかろうじて残ったので，少ない保育予算を都市に優先的に回そうとする保育部の判断があった。

　農村で常設施設の削減を補ったのが臨時施設の子どもの広場である。その数は1922年の125園から1926年の2924園(1922年の23倍)，1927年の4154園(33倍)，1928年の5354園(43倍)と急増した(84ページの表2-1を参照)[115]。

　第4に，常設施設の平均園児数は，都市・農村ともに，1920年代を通して50人前後で，保育者数は2～3人ほどである。保育者一人平均の園児数は都市で15人前後，農村で20人前後と，前者がやや恵まれていた。園児数の男女比は，1921/21年度で47：53，1921/22年度で49：51，1922/23年度で48：52と，女児のやや多い傾向が続いた[116]。

　第5に，施設・保育者・園児の量的な関係をみると，一園平均の保育者数は幼稚園で3.1人，託児所で4.1人，幼児ホームで5.1人と，後者ほど多かった。他方，平均園児数は順に51.3人，53.0人，48.4人と，ほぼ同じだった。そのために保育者一人平均の園児数は順に16.5人，12.8人，9.6人と，後者ほど減少した。これは3つのタイプの施設の保育時間に対応しているものの，24時間の保育を行なっている幼児ホームの負担は相対的に大きかったとみてよい。1920年代初めに米国人記者がみた児童ホームの悲惨な状況が(151ページを参照)，幼児ホームなどでその後も続いていた可能性がある。

　中央施設と一般施設　　施設網の縮小の波のなかで保育部は各県に2園以上の「中央(保育)施設」と最小限の「一般(保育)施設」を残すことを考えた。中央施設とは，中央に設置された施設という意味ではなく，県や郡の保育界で中心となる保育施設をさした[117]。

115　園児数は推計で1923/24年度の1.5万人から1928/29年度の20万人に増大した(РСФСР.НКП, 1927, диаграмма 29)。

116　*Труды ЦСУ СССР*, т. 18, с. 63-64.

117　中央施設規程は《*Бюллетень НКП*》, 1923, No. 28, с. 5-6; *Спутник делегата III Всероссийского съезда по дошкольному воспитанию*, с. 68-70 などに所収。各郡には1園以上の中央施設の設置が想定された。Cf.

1923年4月に保育部が想定した保育施設網の整備計画は，①とくに重要なモスクワ，ペトログラード両県が各135園，他の諸県が一郡あたり2園の一般施設(たとえばヴァトカ県では24園)を有する，②一般施設の平均の園児数は45人，保育者数は約4人とする，③全国で120園の中央施設と1276園の一般施設を維持し，園児6万2910人を保育者5565人で保育する，というものだった[118]。しかし実際は，そこで重視された中央施設に限っても，1923年夏にそれをもつのは38の県・州に留まり(14県で未設置)，そのうちで計画どおりに2園を有したのはヴァトカなどの5県にすぎなかった[119]。

全体として，常設施設網の縮小の波は保育部の最小限の計画を上回る勢いで進展した。

モスクワの動向　　つぎに3地域の教育施設網と保育施設網を順に見てみよう。まずモスクワについてである。次ページの表3-4にみられる推移を表3-3の全国の傾向と対照すると，常設施設数の削減率はモスクワ市で全国平均よりも緩やかだったものの，半減に近かった。モスクワ市では削減が1922年に急速に進んだ。同年の各月の常設施設数(と園児数)は，1月に220園(1万1360人)，2月に220園(同上)，4月に151園(7602人)，8月に137園(7072人)，10月に126園(6391人)，12月に123園(6012人)と減り[120]，上半期を中心に100園弱が閉園され，5000人以上の園児が保育を受けられなくなった。モスクワ市以外のモスクワ県でも施設数は1922年初めに頂点を迎え，同年のうちに半分以下に減少した。その後の県の動向は市のそれと重なっている。

常設施設の内訳，すなわち幼稚園と託児所の比率について興味深いのは，施設の削減がほぼ終了した1925年12月1日の時点でモスクワ市には幼稚園が圧倒的に多く(上記の比率は99：1)，レニングラード市は逆に託児所に偏重していたことである(同じく5：95)。そのため，全国の幼稚園の20％はモスクワ市に，託児所の42％はレニングラード市に集中していた[121]。この背景として考えられる

　　Goldman, 1993, p. 74.
118　ГАРФ, А-1575/7/14/209.
119　同年9月18日の保育部幹部会の議事録による（ГАРФ, А-1575/7/29/20）。
120　Волобуева, 1994, с. 96. 1922年と1923年の各1月の値は次ページの表3-4のそれとやや異なる。
121　Труды ЦСУ СССР, т. 28, вып. 3, с. 9, 14-15.

表 3–4　モスクワ県・市の常設施設・学校・児童ホーム網（1921〜1925 年）

年		1921	1922	1923	1924	1925
A 常設施設数	計	342	349（102）	204（60）	202（59）	200（58）
	市	243	219（ 90）	143（59）	144（59）	137（56）
	県	99	130（131）	61（62）	58（59）	63（64）
B 保育者数	計	1,214	1,353（111）	773（64）	830（68）	844（70）
	市	855	776（ 91）	571（67）	617（72）	603（71）
	県	359	577（161）	202（56）	213（59）	241（67）
C 園児数	計	19,515	18,544（ 95）	10,077（52）	9,954（51）	11,076（57）
	市	13,071	10,904（ 83）	6,360（49）	6,694（51）	7,554（58）
	県	6,444	7,640（119）	3,717（58）	3,260（51）	3,522（55）
C/A	市	53.8	50.0	44.5	46.5	55.1
C/B	市	15.3	14.1	11.1	10.8	12.5
第 I 段学校数	計	3,259	3,164	2,933	2,933	2,775
	市	328	363	284	339	245
	県	2,931	2,801	2,649	2,594	2,531
児童ホーム数	計	329	410	490	387	250
	市	146	198	275	220	136
	県	183	212	215	167	114

註: 県の値は市のそれを除いている（以下，表 3–6 まで同じ）。
出典: *Труды ЦСУ СССР*, т. 28, вып. 1, отдел 2, с. 5, 9, 25.

のは，帝政末期のモスクワ市に多くの私立幼稚園が開かれ（68 ページの表 1–5 を参照），第 2 期の施設網の縮小を乗り越えたのはそうした施設であり，第 1 期に急造された施設ではなかったという事情である[122]。他方，帝政期から多くの工場を抱え，労働者の多かったレニングラード市では，長時間制の託児所への需要が高かった。

ペトログラードの動向　ペトログラードの施設網の推移を示した表 3–5 から，同地ではモスクワよりも厳しい施設網の縮小に迫られていたことがわかる。とくにペトログラード県は全国平均と同じほどに施設網が縮小した。他方，ペトログラード市では，施設数と保育者数よりも園児数の減少率が低く，回復率が高いため，施設は過密になり，保育者一人平均の園児数がしだいに増えた。1921 年に同市の一園平均と一人平均の園児数が少なかった点を考慮しても，こ

---

[122] Волобуева, 1994, с. 96–97.

表3-5 ペトログラード県・市の常設施設・学校・児童ホーム網（1921～1925年）

年			1921	1922	1923	1924	1925
A 常設施設数		計	235	151 (64)	90 (38)	92 (39)	88 (37)
		市	134	93 (69)	66 (49)	69 (51)	67 (50)
		県	101	58 (57)	24 (24)	23 (23)	21 (21)
B 保育者数		計	849	529 (62)	310 (37)	306 (36)	304 (36)
		市	574	368 (64)	247 (43)	239 (42)	239 (42)
		県	275	161 (59)	63 (23)	67 (24)	65 (24)
C 園児数		計	10,815	7,027 (65)	4,420 (41)	4,616 (43)	4,659 (43)
		市	4,951	4,184 (85)	3,325 (67)	3,483 (70)	3,531 (71)
		県	5,864	2,843 (48)	1,095 (19)	1,133 (19)	1,128 (19)
C/A		市	36.9	45.0	50.4	50.5	52.7
C/B		市	8.6	11.4	12.5	14.6	14.8
第I段学校数		計	2,100	2,016	1,573	1,569	1,623
		市	135	150	127	132	115
		県	1,965	1,866	1,446	1,437	1,508
児童ホーム数		計	540	459	340	301	274
		市	335	290	214	185	176
		県	205	169	126	116	98

出典: *Труды ЦСУ СССР*, т. 28, вып. 1, отдел 2, с. 4, 8, 24.

れは他の2地域や全国と違う特徴である。

　児童ホームは，ペトログラード県・市ともに，1921年から1925年にかけて半減した。これは全国平均よりも厳しく，またモスクワと違う推移である。モスクワだけをみていると，全国のみならず第2の大都市ペトログラードの動きさえ見誤りかねないことがある。

　児童ホームの2割前後を幼児ホームが占めた。たとえばペトログラード市では，1923年の児童ホーム188か所のなかで幼児ホームは35園（全体の19%），1924年は186か所の32園（17%），1925年1月は120か所の32園（27%），12月は90か所の16園（18%）という関係にあった[123]。

　ヴャトカの動向　ヴャトカ県の施設網の推移は全国の動向を顕著に示した。

---

[123] Савинова, 1969, вып. 1, с. 174. 1922年にも同じ傾向がみられた（ГАРФ, А-1575/1/493/32)。

表 3-6　ヴァトカ県の常設施設・学校・児童ホーム網（1921～1925 年）

年		1921	1922	1923	1924	1925
A 常設施設数	計	182	141（ 77）	32（18）	19（10）	22（12）
	都市部	42	46（110）	19（45）	13（31）	14（33）
	農村部	140	95（ 68）	13（ 9）	6（ 4）	8（ 6）
B 保育者数	計	318	288（ 91）	68（21）	57（18）	59（19）
	都市部	124	124（100）	70（56）	45（32）	44（35）
	農村部	194	164（ 85）	18（ 9）	12（ 6）	15（ 8）
C 園児数	計	6,218	6,286（101）	1,417（23）	844（14）	1,206（17）
	都市部	2,364	2,416（102）	882（37）	629（27）	845（36）
	農村部	3,854	3,870（100）	535（14）	215（ 6）	361（ 9）
C/A	計	34.2	44.6	44.3	44.4	54.8
	都市部	56.3	52.5	46.4	48.4	63.6
	農村部	27.5	40.7	41.2	35.8	39.5
C/B	計	19.6	21.8	20.8	14.8	21.4
	都市部	19.1	19.5	12.6	14.0	20.2
	農村部	19.9	23.6	29.7	17.9	21.1
第 I 段学校数		1,851	1,455	879	1,145	1,104
児童ホーム数		89	178 *1	151	117	62

出典：*Труды ЦСУ СССР*, т. 28, вып. 1, отдел 2, с. 6, 10, 26.

　表 3-6 からは，第 1 に，県の常設施設数が 1921 年初め（都市では 1922 年初め）に頂点に達したあと急減したことがわかる。とくに農村では 1921 年から 1924 年にかけて 25 分の 1 に減少した。1923 年の半減後に回復基調にあった第 I 段学校や，1922 年の最高数から 3 年間で 3 分の 1 に減った児童ホームに比べると，常設施設の大幅な減少を理解できよう。
　その結果，入園後の親の臨時収入を理由に園児が退園させられるという事例が生まれた。たとえば，1924 年 9 月 30 日にヴァトカ県コチェリニッチ郡（申請時はヴァトカ市に滞在中）のタタリノフは県国民教育部に対して次のように願い出た[124]。

　　1923 年初めに私は苦境にたえかねて 4 番目の娘ニーナを一時入園させてほしいと県国民教育部に依頼した。4 月，その願いはかなえられ，ヴァトカ

124　ГАКО, Р-1137/1/1380/177-177об.

市の自由通りと赤軍通りが交差する角の幼稚園に娘は1924年2月まで入園できた。第2級の障害をもつ私は1923年末の数か月間，障害者のアルテリ〔62ページを参照〕で働き，夫婦の食費を稼いだ(妻は失業中である)。そこで国民教育部は私たちが家で子どもの面倒をみられると考え，娘を退園させた。しかし，同じアパートの住人がみな知っているように，私の生活状態からは娘の養育が難しく，入園できないと娘をまともに育てられない。私は朝7時から夜7時まで働いており，妻は読み書きもできないような女だからである。これらの点をお考えくださり，娘の入園をぜひ許可いただきたい。やむをえない時は有料でもよいので，入園をお願いしたい。

　第2に，一園平均の園児数(C/A)をみると，全国的には，1928年を除き，都市・農村ともに50人前後で，モスクワ市もそれに近い水準で推移していた。他方，レニングラード市とヴャトカ県の値は1921年に40人を割り，その後はおおむね増加に転じた。とくにヴャトカ県の値では都市と農村の間の格差が著しく，1928年に都市部では平均園児数が100人を超え，施設の大規模化がめだつ。同年の施設数が1925年比で横ばいである一方，園児数は倍近くに増えたからである。

　第3に，保育者一人平均の園児数(C/B)は，全国的には10人台後半で推移し，保育者の負担は都市よりも農村で大きかった。この点はモスクワ，レニングラード両市とヴャトカ県の比較でも確認できる。すなわち，平均園児数は両市ではほぼ10〜15人の幅にあるのに対し，ヴャトカ県では1924年を除いて20人前後であり，とくに1923年の農村では30人に近かった。ただし，それ以外の年の農村や1920年代前半の都市では，保育者一人平均の園児数は第1期の27人を下回っており，保育者の負担は第2期に軽減されたといえる。

　第3期以後の動向　　表3–3の特徴の1点目としてふれた第3期と(170ページを参照)，その後の文化革命期における常設施設の回復度について，ここで少し値を補足しておこう。

　① 1925年1月1日から12月1日までの11か月間に全国の常設施設数と園児数はともに1.24倍に増え，保育者数は1.27倍になった[125]。

125　ГАКО, Р–1137/1/2116/19об.

② 8つの県・市・地方の保育施設・園児・保育者の数を，1925年12月1日とその1年後で比較すると，どれもが全地域で増大した。その幅は①とほぼ同じだった[126]。

③ 1925年12月1日の全国の常設施設・幼児ホーム・異年齢児ホームに関する統計によれば，常設施設の園児5.0万人の4分の1弱にあたる1.1万人強が幼児ホームに入っていた。異年齢児ホームにいる幼児の存在を考えると，児童ホームが保育に果たした役割は大きかった。また，保育施設の基本タイプを幼稚園から託児所に変更すると1921年秋の第2回大会で確認されたにもかかわらず（189ページを参照），1920年代中頃に常設施設と幼児ホームの全国総数の3分の2を幼稚園が占め，幼児ホームは19％，託児所は14％にすぎなかった[127]。

④ 同じ点を1926/27学年度の全国（自治共和国を除く）について見てみると，常設施設や幼児ホームなど1446園のうち，幼稚園が65％，託児所が16％，幼児ホームが13％を占めた。残りの6％は，保育施設などの複数種の施設を一箇所に集めた大規模な実験・モデル施設である「子どもの町」だった[128]。

⑤ 表3–3と少し異なる表3–7の全国値をみると，第1に，1928/29年度から常設施設網が明らかに拡大し始めたことがわかる。第2に，1928/29年度〜1930/31年度が文化革命期とほぼ重なり，この時期に施設網の拡大キャンペーン「保育の行進」[129] が実施されるにもかかわらず，その重点が臨時施設の増設にあったので，1930/31年度の常設施設数は第1期の頂点である1921年の水準を超えておらず，保育者数と園児数が少し上回っているだけである。

第3に，全国値を都市と農村に分けてみると，都市では施設数・保育者数・園児数ともに1930/31年度に1921年の水準に達している一方，農村ではかなり低い水準に留まっている。逆にみれば，第1期の常設施設網は大きく，とりわけ農村でそうだったことを実感できる。

第4に，1921〔1922〕年の水準を超えた年度に注目すると，モスクワ市では保育者数が1926/27年度，施設数と園児数が1929/30年度であり，同市以外のモ

126　ГАКО, Р–1137/1/2116/20.
127　*Труды ЦСУ СССР*, т. 28, вып. 3, с. 9, 14–15.
128　СССР. ЦСУ, 1929 b, с. 100–101.
129　奥井，1979年を参照。

第3章　保育制度構想をめぐる矛盾とその打開の模索(1921〜1924年)　　179

表3-7　全国とモスクワ, レニングラードの常設施設網(1926/27年度〜1930/31年度)

年度			1926/27	1927/28	1928/29	1929/30	1930/31
全国　計		施設数		1,387	1,584	2,079	3,769
		保育者数		4,309	5,327	6,935	<u>12,672</u>
		園児数		71,669	85,280	114,263	<u>222,216</u>
	都市	施設数		1,243	1,381	1,783	<u>2,946</u>
		保育者数		4,074	4,968	6,489	<u>11,240</u>
		園児数		66,520	78,155	102,247	<u>184,770</u>
	農村	施設数		144	203	296	823
		保育者数		235	359	446	1,432
		園児数		5,149	7,125	12,016	37,446
モスクワ市		施設数	183	198	210	<u>260</u>	391
		保育者数	<u>869</u>	970	1,155	1,373	2,389
		園児数	9,950	10,961	12,306	15,389	25,901
	州	施設数	124	<u>153</u>	161	183	347
		保育者数	435	510	<u>606</u>	635	1,270
		園児数	6,579	<u>7,999</u>	9,112	10,356	20,181
レニングラード市		施設数	89	99	106	119	<u>154</u>
		保育者数	379	413	494	<u>636</u>	887
		園児数	<u>5,294</u>	5,845	6,661	7,903	11,714
	州	施設数		61	68	83	<u>162</u>
		保育者数		156	174	236	<u>393</u>
		園児数		3,005	3,472	4,524	<u>8,150</u>

註: モスクワ, レニングラードの州の値は市のそれを除く。下線部は1920年代初頭の最高値(表3-3〜表3-5を参照)を超え始めた年。
出典: *Москва и Московская область 1926/27–1928/29*, 1930, c. 508–509 (1928/29年度以前のモスクワ); *Статистический справочник по гор. Ленинграду*, 1930, c. 66–67 (1928/29年度以前のレニングラード市。ただし, 1927/28年度の園児数を除く); РСФСР. НКП, 1932 a, c. 34–38 (それら以外)。

スクワ州(1929年に県から改称)では施設数と園児数が1927/28年度, 保育者数が1928/29年度である。他方, レニングラード市では園児数が1926/27年度, 保育者数が1929/30年度, 施設数が1930/31年度であり, レニングラード州(1927年に県から改称)ではこの3点がともに1930/31年度である。常設施設網の回復はモスクワ市・州とレニングラード市で全国平均よりも早く, レニングラード州で同じだった。ここから都市, とりわけ大都市における保育需要の高さと, 主にそこで施設網を拡大しようとした保育行政機関の姿勢がうかがえる。

(2) 就園率の急落

地方別の動向　1926年の国勢調査の結果から明らかになった幼児数と就園率を，ロシア共和国の12の地方に分けて[130]，表3–8に示した。そこでの幼児数が，公式な国勢調査結果にある1192.6万人[131]よりも210万人近く下回る理由は不明である。

そうした制約をもった同表の就園率（A/C）には，つぎの2つの傾向がみられる。

① 1920年11月に推計で4.2%となり，頂点を迎えた全国平均の就園率は，第2期の施設網の縮小による影響から，1922年4月の1.1%に低下した（87ページを参照）。それが1926/27年度にはさらに0.6%（就学準備学級[132]の値B/Cを含めると0.7%）まで下がった。都市では3.3%（同じく3.5%）とわずかな低下だったものの，農村では0.1%（同じく0.2%）とゼロに近づいていた。全員就園制の構想の挫折が誰の目にも明らかになった。

② 都市の値を地方別にみると，高いのが「北東」6.9%，ついで「ヴャトカ」5.1%（B/Cを含めると8.7%），「北西」4.4%，「中央工業」4.1%（同じく4.3%），逆に低いのが「シベリア」1.8%（同じく2.0%），「中央農業」1.9%だった。全体として，シベリアや極東よりも欧露部が高い「西高東低」，また欧露部内では「北高南低」の傾向がみられた。これは工業化の進展度にほぼ並行していた。

レニングラード市の動向　北西地方に属するレニングラード市の就園率は，

130　帝政末期の各地方の区分については中山，1988年，382頁; 冨岡，1998年，318頁などを参照。通常，ヴャトカはウラル地方に含められる。

131　СССР. ЦСУ, 1929 a, с. 122.

132　（就学）準備学級（подготовительная группа）とは「半幼稚園（полусад. 幼児のうち3～5歳児を除く6～7歳児対象の，第I段学校に付設された幼稚園）」「ゼロ学級（нулевая группа）」「移行学級（переходная группа）」「A学級」などともよばれた（*Первый Всероссийский съезд по дошкольному воспитанию*, с. 151, 178）。1934年5月15日のソ連人民委員会議・党中央委員会決定「ソ連における小学校・中学校の構成について」は，7歳児向けのゼロ学級を準備学級と改称した（Абакумов и др., 1974, с. 167; 柴田ほか，1976年，529頁）。ここで学級という言葉が使われたのは，第I段学校第1学年の前，すなわち就学直前の準備教育がこれらの施設で行なわれていたからである。

第3章 保育制度構想をめぐる矛盾とその打開の模索(1921～1924年)　　　*181*

表3-8　全国の幼児数，幼稚園・託児所・(就学)準備学級の就園率，第Ⅰ段学校の就学率[*1]
（1926/27年度，地方別）

	園児数A[*2]	児童数B[*3]	幼児数C	就園率A/C	同B/C	就学率[*4]
ロシア共和国[*5]	54,258	13,023	9,839,800	0.6	0.1	9.2
都市	45,706	3,089	1,403,141	3.3	0.2	44.6
農村	8,552	9,934	8,436,659	0.1	0.1	3.0
北部地方(район)	2,311	—	288,182	0.8	—	9.5
都市	1,653	—	24,021	6.9	—	71.4
農村	658	—	264,161	0.2	—	4.1
北西地方[*6]	8,707	138	723,304	1.2	0.1	16.4
都市	8,266	10	188,258	4.4	—	52.0
農村	441	128	535,046	0.1	0.2	4.0
西部地方	1,340	145	592,120	0.2	—	8.6
都市	1,340	19	50,884	2.6	—	56.9
農村	—	126	541,236	—	—	3.1
中央工業地方	21,902	1,018	2,236,019	1.0	0.04	13.8
都市	17,682	790	432,697	4.1	0.2	54.4
農村	4,220	228	1,803,322	0.2	0.01	3.8
中央農業地方	1,972	237	1,302,560	0.2	—	4.8
都市	1,773	33	93,530	1.9	—	43.6
農村	199	204	1,209,030	0.01	—	1.3
ヴャトカ地方	1,897	813	403,771	0.5	0.2	5.7
都市	1,109	791	21,707	5.1	3.6	52.5
農村	788	22	382,064	0.2	—	2.8
ヴォルガ中流域	2,551	790	769,770	0.3	0.1	6.5
都市	2,160	78	74,912	2.9	0.1	42.1
農村	391	712	694,858	0.1	0.2	2.0
ヴォルガ下流域	2,226	262	524,023	0.4	0.04	8.7
都市	1,917	87	78,279	2.4	0.01	36.6
農村	309	175	445,744	0.1	0.03	3.5
ウラル州[*7]	4,002	1,872	704,460	0.6	0.3	7.9
都市	2,971	84	133,952	0.6	0.3	
農村	1,031	1,788	570,508	[0.2]	[0.3]	
北カフカス地方(край)	3,905	7,073	906,726	0.4	0.8	8.1
都市	3,534	872	142,881	2.5	0.6	31.8
農村	371	6,201	762,845	0.04	0.8	3.5
シベリア地方	2,182	589	1,133,855	0.2	0.1	6.5
都市	2,088	239	115,844	1.8	0.2	42.1
農村	94	350	1,018,011	0.1	0.03	2.1
極東地方	1,263	86	256,010	0.5	0.03	15.3
都市	1,213	86	46,176	2.6	0.2	49.8
農村	50	—	209,834	0.02	—	6.1

原註：[*1] 本年度中間まとめの資料。[*2] 幼稚園・託児所の園児数。[*3] (就学)準備学級の児童数。[*4] 第Ⅰ段学校の就学率。[*5] 自治共和国をのぞく。[*6] レニングラード州。[*7] トボリスク管区の5地区の資料が欠落。
註：下線部は上から順に (A/C)「2.2」「0.01」, (B/C)「0.02」「0.1」「0.1」が正しい。[　]は引用者の補足。
出典：ГАРФ, А-1575/10/489/213.

表 3-9 レニングラード市の幼児数，託児所網と保育予算（1926/27 年度～1932 年）

	幼児	施設*1	園児	就園率	施設	園児	保育予算*2	同比率*3
1926/27年度	79,519	85(44:41)	5,030	6.3				
1927/28年度	80,000	94(57:37)	5,437	6.8	64	3,785	595,065	3.3
1928/29年度	—	99(63:36)	5,348	—	70	4,265	650,141	3.7
1929/30年度	—	106(72:34)	6,661	—	75	4,915	1,100,000	3.3
1930/31年度	—	119	7,867	—				
1931/32年度*4	—	218	13,064	—				
1932年12月*5	141,000	325	28,012	20				

註：*1（ ）内は「国民教育部管轄：企業内」の内数。*2 単位はルーブル。*3 保育予算比。*4 1931 年の〔州の〕託児所 325 園，園児 2 万 4002 人，子どもの部屋 330 園，園児 1 万 3798 人（Савинова, 1969, вып. 2, с. 50）。*5 同年の児童ホーム 330 園，入所児 1 万 2528 人（там же, вып. 1, с. 235）。

出典：ЦГАИПД СПб., 24/8/21/32 (40/35-36)（右半分）; Савинова, 1969, вып. 1, с. 229-230（左半分）。施設・園児数に関する両者の違いの理由は不明。

　表 3-9 にあるように，1920 年代後半に 6％ 台を記録した。別の計算では，同市の 1927 年の就園率は託児所だけで 6.3（計画分を含めて 7.4）％ になった。地区別にみて高かったのは，労働者の街であるヴイボルク地区の 11.6％ とワシリエフスキー島地区の 9.8％ である[133]。これらは，1918 年のペトログラード市の 5.0％ や（87 ページを参照），1923 年 11 月の保育部参与会の議事録にあるペトログラード県の 4％ という就園率よりも高く[134]，最小値からの回復傾向がそこに認められる。このあと同市の値は文化革命期に急激に上昇し，表 3-9 にある 1932 年末の 20％ に達する。

　この回復過程を示す就園率を概説書から補足すると，1928/29 年度に 12％，1929/30 年度に 22％，1930/31 年度に 23％，1932 年 9 月 1 日に 36％ となる[135]。全体としてレニングラード市の値は全国値よりも高い水準で推移していく。

　別の統計書によれば，常設施設と臨時施設をあわせた 1930/31 年度の就園率は，レニングラード州（レニングラード市を含む）で 14.7％，モスクワ州（モスクワ市を含む）で 10.7％，全国（自治共和国などを除く）で 8.6％（準備学級の値を含めると

133　Савинова, 1969, вып. 1, с. 228.
134　ГАРФ, А-1575/7/86/12-13об.
135　Махлина и др., 1932, с. 35, 82.

10.3%)となる[136]。表3-7でみたように，1930/31年度の全国の常設施設網は就園率4%台にあった1921年の水準を回復した程度だった。1920年代の初めと終わりとで幼児総数はあまり変わっていないので[137]，残りの約4%の就園率は表2-1(84ページ)で1920年代後半に急増している臨時施設によるものとみてよい。臨時施設の開園を追求した「保育の行進」などがこの約4%分の上昇に貢献したのだろう。

ヴャトカ県の動向　同県の1921年秋の就園率は4.1%と，1919年秋よりも2ポイント高く，おそらくソ連初期における同県の最高値を記録した。

郡別の就園率には1.2〜9.8%の幅があった。それを主に規定したのは幼稚園数ではなく，幼児数だった。その数が2万人以上の郡は，ヴャトカ郡を除き，みな就園率が低かった。

1924年に保育施設数が最低になり，そのあと少し回復する途中の1926/27年度の同県の就園率をみると，幼稚園のみで0.5%，子どもの広場を加えると1.4%となった。都市と農村の間の格差は大きく，幼稚園の就園率は都市で7.4%，農村で0.2%だった[138]。

全体として，ヴャトカ県の就園率の推移は全国平均値の変動よりも幅が著しかった。

(3) 幼稚園会議

第2〜3期の保育行政機関の動向をみるとき，幼稚園会議の存在が重要である。それは，1918年学校規程に盛りこまれ(82ページを参照)，1923年12月18日の人民委員会議の布告「統一労働学校令」(以下，「1923年学校令」と略)で改変された学校会議を模倣した側面が多くみられる[139]。同時に，幼稚園会議には独自

136　РСФСР. НКП, 1932 a, c. 8-9.
137　村知，2002年，75頁。
138　ГАКО, Р-1137/1/677/9-14 (25-30об.).
139　現代日本の教育改革で注目されている学校評議会の先駆けとなる一例が初期ロシア共和国の学校会議である。同会議については山口喬，1975年，110頁；同，1996年；森重，1977年，117〜118頁；村山士郎，1980年，265〜268頁；淀川，1982年，35〜38頁などを参照。

な側面も少しある。そこで，幼稚園会議と学校会議の性格の同じ点や違う点を理解するため，それぞれの構成員の変遷をまず整理しよう。

住民代表の重視　　1918年学校規程で学校自治の責任集団として位置づけられた学校会議は，① 全教職員，② 学区内の労働住民，③ 12歳以上の生徒，④ 国民教育部の各代表で構成するとされた。①〜③の構成比率は 1：0.25：0.25 であり，④は1人だけだった。ここには，学校コミューン論の影響が認められる。また，住民一般ではなく「労働」住民としている点に，このあとに現われる「機関代表の重視」という方向の芽生えがみられる。

ただし，1918年学校規程は「学区内の労働住民の代表」の選出方法を規定していなかった。それに対して1921年の幼稚園会議規程案は，住民の選出母体を「党支部か地区組織，労働組合（企業労働者か教育労働者の労働組合代表），地区女性部」とした[140]。これは選出方法を具体化したといえる。しかし同時に，それは一党支配を支持する方向の選択となった。

1918年学校規程にみられた住民代表重視の姿勢は，やや性格の違う地区特別学校経営会議に関する教育人民委員部令（1921年10月22日。長い正式名称は年表を参照）に残された。同会議はソビエトの議員，国民教育部・労働組合・教員組合・文教施設・工場・親・文化啓蒙施設利用者の各代表で構成された。これは，機関代表と住民代表の混在という点で1918年学校規程から離れつつあり，同時に「党やコムソモールの名がまだ明記され」なかったという点でその影響下にあった[141]。

この影響力は1922年6月29日の児童施設管理〔運営〕規程にさらに強く認められる[142]。条文の本文で「社会教育施設」を対象にした同規程は，児童施設会議の構成員として「すべての教員，職員代表の1人，医師，組織された労働住民の代表（18人に1人の割合），13歳以上の子どもの代表（同上）」をあげた。そして，「法律違反児と障害児の施設では，施設会議の特別な決定にもとづき，親と子どもの代表が同会議の審議に毎回，参加できる」と注記した。ここでは上記の

140　《Бюллетень отдела дошкольного воспитания НКП РСФСР》, 1921, No. 5/6, c. 27–28.

141　所，1985年，158頁。

142　ГАРФ, A–1575/7/14/51–52.

1921 年 10 月の教育人民委員部令に列挙されている特定の機関名が出ていない。その代わりに「組織された」という言葉が労働住民にかぶせられている点には注意を要する。一般的にいえば，こうした用語は工場委員会や労働組合などをさす。なお，ここで初めて教員と職員を区別し，前者は全員が，後者は代表 1 人のみが会議構成員と規定されている点にも留意する必要がある。

機関代表の重視　教員と職員の区別は 1923 年学校令で確定した。また，同令は学校会議の校外構成員から住民代表という言葉を消し，党・女性部・労働組合・ソビエト・コムソモールなどの機関代表に変えた[143]。その意味で，上記の幼稚園会議規程案は 1923 年学校令を先取りしていたことになる。こうした変化は，教育行政機関や保育行政機関からみれば，次ページでふれる学校主事の設置とあいまって，学校コミューン論から離れ，秩序と統制の回復をはかろうとするものだった。またそれは，教育予算や保育予算の危機(155 ページ以下を参照)の打開を上記のさまざまな機関からの援助に求める，という訴えでもあった。学校に比べて量的に急減し，予算的にいっそう厳しかった幼稚園と幼稚園会議では，とりわけ後者の訴えが重視された。この点についてはあとで立ち戻ろう。

その前に住民代表から機関代表へという流れのその後を見てみよう。保育施設についてこの方向をさらに明確にしたのは，1924 年 7 月 2 日に教育人民委員部参与会が承認した保育施設規程である[144]。それは，託児所会議と幼稚園会議の園外の構成員として，親代表に加えて，1923 年学校令と同様に機関代表をあげた。また農村の施設では，機関代表の代わりに農村ソビエト・郷執行委員会などの代表，卒園児が就学する学校の教員代表を加えた[145]。

こうした機関代表の流れを引き継いだのが，1927 年 2 月 4 日の保育施設会議

143　Абакумов и др., 1974, с. 148.

144　《Бюллетень НКП》, 1924, No. 18, с. 16–20; Виленская, 1928 b, с. 26–29(「26 日」とする); *Спутник делегата III Всероссийского съезда по дошкольному воспитанию*, с. 50–55 (同上); Мазуренко, 1927, с. 254–259 (「幹部会の承認」とする). 人民委員には 5 人の参与による参与会が付属し，人民委員は主な問題について同会に諮問した。同会には人民委員の決定に対して人民委員会議に異議を申し立てる権利があった(カー，1967 年，第 1 巻，143 頁)。

145　Волобуева, 1994, с. 93–94.

規程である。そこから構成員に関する規定を引用すると，つぎのようになる[146]。

　　1）児童〔保育〕施設の教職員: 園長（議長），全保育者，職員代表，事務長，医師，2）労働住民組織の代表: ①党・コムソモール支部の代表，あるいは党地区組織の代表（企業付設でない場合），②企業の女性労働者，地区・郷（農村の施設の場合）組織のデレガートカ〔女性代議員〕，③工場委員会の代表（企業付設の場合），あるいは教育労働組合（企業付設でない場合）・農業労働組合（農村の施設の場合）の代表，④児童施設に張りつけられているピオネール〔少年少女組織〕隊のリーダー，⑤親の代表（各学級1人），⑥卒園児が就学する学校の代表，保育所と連携している場合はその代表（註1: 農村の施設の場合，上で述べた構成員に加えて，郷執行委員会ないし農村ソビエトと協同組合の代表が入る。註2: 学校付設の場合，学校会議と保育施設会議を統合できる）。

機関代表の方向はソ連初期のあとも強化される。たとえば，1932年6月21日に教育人民委員部参与会が承認した保育施設会議規程は，その構成員をつぎのように規定していた[147]。

　　園長（議長），各学級から1人の保育者，事務職員の代表，経理部長，医師，各学級から2人の親の代表，党・コムソモール支部の代表，労働組合と企業の管理機関の代表，国民教育部の代表，「子どもの友」協会地方支部の代表など。

親以外の一般住民が保育施設の管理や運営に関わる機会はもはや皆無に近くなった。

校長職の復活　1918年学校規程が「教師を職種に分けない」ために廃止した校長（директор）職が，1923年学校令で学校主事（заведующий школой）として実質的に復活した[148]。ただし，主事は国民教育部によって任命され，その候

146　《Бюллетень НКП》, 1927, No. 6, с. 9–10; Виленская, 1928 b, с. 100–102.
147　Штамм, 1985, с. 106–107.
148　山口喬，1996年，194頁。同じ用語を「学校管理者」「校長」（森重，1977年，117頁），「学校管理主任」（淀川，1982年，35頁），「学校責任者」（所，1985年，157頁）などとも訳す。中学校長職が正式に復活するのは，註132でふれた1934年の決定「ソ連における小学校・中学校の構成について」による。

補は学校会議や党・労働組合から推薦されることになった。

　この変化の途中にある 1922 年 6 月 29 日の児童施設管理規程は,「施設長は施設会議で選出され, 1 年以内に国民教育部に承認される」として, 選挙方式を提案した。なお, 同規程が「施設長は教育学の素養がある者で, さまざまな教育活動を援助する」と特記したのは[149], そうでない例があったからと思われる。実際, 園長として適切者が任用されないため, 保育者集団の活動の妨げになるケースがみられた[150]。

　参加なき支援　　上記の幼稚園会議規程案が機関代表を盛りこんだねらいが保育財政の危機打開にあったという点について, ここで考えてみよう。教育施設全般に関してこの点を明確にしたのが 1923 年 12 月 20 日の教育人民委員部の決定「協力〔助成〕委員会規則」である。

　協力委員会については淀川雅也と所伸一の研究がある。前者は同委員会を, 学校事業に必要な費用を調達するために親や社会団体の自主的活動を促すものとみなす。そして,「委員会は学校の教育活動・行政管理活動に関与できない」という協力委員会規則の第 15 条によって, 同委員会は学校の活動に直接・間接に参加する制度的基盤を失ったとする[151]。

　他方, 所によれば, 協力委員会は下からの学校建設の主導権を発揮する場であり, 親や住民の自発的な学校参加の形態として考えられた[152]。教育人民委員部と国民教育部は, 協力委員会が自らの監督下にある間, 学校網の維持に必要な資金や物資を確保するルートとして, その存在を認めていた。しかし, 自己運動の常として, 当初の想定を超えて協力委員会が地域で多様な活動を始めると, 教育行政機関はその管理を強めた。結局, 協力委員会は住民側からの学校への物的な協力や援助を束ねる場としてのみ期待され, 学校のあり方に意見を述べることのない「参加なき支援の場」となっていった。

149　ГАРФ, А-1575/7/14/51-52.
150　Волобуева, 1994, с. 99-100.
151　淀川, 1982 年, 38 頁。
152　所, 1985 年, 156～158 頁。

第 4 節　ネップへの転換と保育制度構想をめぐる論議

（1）　第 2 回大会（1921 年秋）における国営制と無償制に関する方針

　1920 年夏の飢饉の発生とタンボフ県でのアントーノフによる農民反乱などの拡大に加えて，翌年初めの都市の食糧難，それを契機としたペトログラードのゼネスト，同市の港外にあるクロンシタット基地での水兵の反乱——こうした事態に新政権は内戦期の戦時共産主義政策を修正せざるをえなくなり，1921 年 3 月の第 10 回党大会でネップの導入をはかった。それは社会に多少の自由と進取の機運をもたらすと同時に，帝政社会への復古の気分と「儲けにならないものは滅びる」という結果を生んだ[153]。

　1921 年 11〜12 月の第 2 回大会の主な議題はネップへの移行に伴う保育政策の変更，とくに保育制度の組織基盤の整備に関する方針の立案にあった。これは，① 大会最初の教育人民委員ルナチャルスキーの演説と保育部長ラズルキナの報告「保育活動の総括と保育分野の緊急課題」でなされ，② 大会最後の組織問題分科会における П. П. シュネイデルによる題目のない報告をめぐって行なわれた。第 2〜3 期の保育制度構想の変容にとって重要なのは ② である。それを検討する前に ① の論調を見てみよう。

　保育者の献身性の要請　　ルナチャルスキーはネップと関係づけて全国の政治状況や教育状況を略述した。そして，ネップ採用の理由を説明するなかで，状況は最も厳しい段階にあると述べつつ，教育分野では悲観論におちいる根拠がないとした[154]。そこには，市場経済化の原理の部分的な導入によって保育施設に対しても国家予算の削減が予想される，と事態を率直に指摘する側面と，それ

---

[153] ホズラスチョートとよばれる独立採算制が導入されるのは 1922 年 4 月の布告からであり（川端ほか，2004 年，522 頁，田畑理一・執筆），農村で戦時共産主義政策の転換がみられ始めたのは 1923 年である（渓内，1989 年，82 頁）。梶川，2004 年は，この転換に革命直後からの飢餓，とりわけ 1920 年代初めの飢饉が大きな影響を与えた点や，新政権内でこの転換がなし崩しに実施された点を強調する。

[154] Всероссийский дошкольный съезд, 1921, с. 10.

第3章　保育制度構想をめぐる矛盾とその打開の模索(1921～1924年)

を乗り切るのは保育者の献身的な活動と保育への愛情である，という観念的で感情的な訴えの側面とが同居していた。

　非識字者の一掃や乳児死亡率の低減によって新社会の建設に貢献する，という分かりやすい社会的な意義をもつ初等教育や3歳未満児向けの就学前々教育と違い，就学前教育すなわち保育では，施設の必要性や，そこに子どもを通わせる利益や効果などの点で人々を納得させるだけの論理を示しにくかった。それだけに保育へのネップの影響が厳しい形をとることは大会参加者に予想された。実際に彼らは，「財政援助が不十分なので保育施設の職員定数が削減されるにちがいない」「かなりの数の保育施設が閉鎖されるだろう」といった，このあとに生じる事態についての不安な噂を耳にして，大会に来ていた[155]。

　この種の噂の背後には政府機関の職員の削減があった(163～164ページを参照)。それだけに，ルナチャルスキーの2時間におよぶ演説が聴衆から拍手をもって迎えられたという記録よりも[156]，参加者に対して彼から将来のはっきりとした見通しが示されず，あまり慰めにならなかったという記述のほうが[157]，会場の雰囲気を表わしているだろう。

　ラズルキナ報告の論調は，結論からいえば，状況の厳しさと熱情的な活動によるその打開という点で，ルナチャルスキーの演説と同じだった。まず報告は4年間のロシア保育界の歩みと現状を割合リアルに総括した[158]。しかし，後半部になると，そうした現状を打ち破るのは保育者のがんばりや英雄的活動であり，そうすれば必ず住民は保育施設の維持や発展に協力してくれる，という調子に変わった。そして報告は保育施設の基本タイプにふれ，「時代の必要や社会教育学の課題に最もふさわしいタイプはまず〔全日，子どもを受け入れる〕児童ホームであり，つぎに〔長時間制の〕託児所であり，最後に，託児所の設置が無理な所では6時間制〔短時間制〕の通常〔基本〕タイプの幼稚園である」とした。

　保育の自由　ラズルキナ報告に対して，保育の自由を擁護する立場から反論があった。

155　Н.А., 1922, с. 111.
156　Садчиков, 1922, с. 96; Всероссийский дошкольный съезд, 1921, с. 10.
157　Альмединген-Тумим, 1922, с. 20; Н.А., 1922, с. 111.
158　Садчиков, 1922, с. 96-97.

まず，チヘーエワは，保育事業の抱える困難の原因として，個々の施設の活動においてだけでなく，全国的な計画においても，指針となる保育理論がその基礎に必要である点を保育行政機関がよく理解していない，という実態を指摘した。
　さらに彼女は以下の3点が保育活動の妨げになっているとした。

　　① 本来，別の人間が担わなければならない教育上の課題と管理上・行政上のそれが混同され，教育学の素養をもたない人物が大量に保育施設に派遣されてきている。② 教育面での役割ばかりでなく経営面・行政面でのそれをも果たすことが保育者に求められている。③ 純粋に保育に関わる課題のほかに，何か少し違う課題が保育活動の基本とされている。

　そのうえで彼女はつぎの3点を主張した。

　　① 保育は，子どもの興味とそれに関する客観的・科学的データ以外のいかなるものとも結びつけられない。② 保育者の水準の向上は必要である。だだし，その基盤をマルクス主義のイデオロギーのみに求めることは許されない。③ 保育者に活動上のいっそうの自由と自立性，仲間と団結する機会を保障する必要がある[159]。

　こうしてチヘーエワは，保育者の役割を保育活動に集中させ，保育者に保育実践の自由を与えることが今日の事態を打開するうえで欠かせない，と論じた。
　保育と教化　つぎにラズルキナ報告を批判したルナチャルスカヤは，「習熟や習慣をつくり変える方法による教育は機械的な訓練に転化するので，反対である。そうではなく，正しいふるまいが子どもの本性から自然に沸き出してくるよう，その感情や思考を形成することが重要だ」と述べた[160]。
　逆に，ウクライナの代議員ヤノフスカヤは，「3～14歳児が一緒に生活できる施設である児童ホームを設け，子どもを皆そこに入れ，強固な共産主義的精神に貫かれた教育をすべきだ」と訴えた[161]。

159　Н.А., 1922, с. 111-112; Альмединген-Тумим, 1922, с. 20.
160　Всероссийский дошкольный съезд, 1921, с. 11.
161　Н.А., 1922, с. 112.

近代公教育の原理を擁護し，保育界に反映させようとするチヘーエワやルナチャルスカヤと，新社会を支える「ソビエト人」育成を教育目的として優先するヤノフスカヤとの間にみられた溝を埋めるのは難しかった。

この困難は決議からもわかる。そこには，チヘーエワらの見解がまったく反映されず，ネップ下での施設の存続のために新社会の建設に対する保育施設の貢献度を示す必要がある，とするラズルキナらの主張だけが生かされていた。こうした見通しがあったからこそ，「保育を生み出したプロレタリアートはネップのもとにおいても保育を擁護する」という，保育問題の行く末についての楽天的な発言がラズルキナから出されていたのだろう。

国営制と無償制の「原則維持」　ルナチャルスキーとラズルキナが明示しなかったネップ下の保育制度構想のあり方を全体的に示したシュネイデル報告は，つぎのように要約できる[162]。

> 経済政策の新方針〔ネップ〕との関係で，組織問題が本大会で差し迫った課題となった。地方機関を突然に襲った状況の変化によって各地の保育施設が勝手に削減され，保育課が閉鎖されている。保育課を閉じるように強く主張しているのは，保育活動に対する認識が足りない国民教育部である。職員の削減はやむをえない。しかし，幼児の保育を担うのは保育課しかないので，その職員の削減は他の部署と同じ程度にすべきである。
>
> いま必要なのはプロレタリアートの子どもを託児所に受け入れることである。そのために保育課は，保育施設網の確立，すでにある施設の活動の見直し，施設に必要な物的裏づけの確立という問題に直面している。資格をもった保育者の登録〔評価〕と適正な配置，博物館・展覧会・モデル施設の開設，保育活動の組織と指導，長期課程における保育者の養成と再教育が求められている。
>
> 広く大衆を保育活動に参加させる必要性は従来と変わらない。その方法として，幼稚園会議の開催，協議会・大会・代議員集会への〔代表の〕参加と教育問題についての発言，対住民活動への保育者の参加をあげられる。

162　*Спутник делегата II Всероссийского съезда по дошкольному воспитанию*, с. 24–25.

飢餓住民の援助に保育課が積極的に参加する必要がある。

　シュネイデル報告に関する決議はネップ下の保育制度構想のあり方をつぎのように提示した[163]。

　　1）ネップは経済生活の建設に大きな変化をもたらした。しかし，保育事業については，そのイデオロギー上の基盤はまったく変えず，組織形態を変更するだけである。

　　2）幼稚園〔保育施設〕は，これまでどおり，国営であり，無償である。

　　3）国家予算全般は全保育施設網を維持するのに十分な額ではない。こうした状況を打開するため，他の財源をつぎのように探す。①地方の(貨幣)税と現物税の基金から国民教育に必要として支出された総額のうちで一定の割合を〔保育事業に〕割りふる，②保育施設と労働組合・工場・企業・ソビエトとの連携を強め，保育施設の経済的な保障にこれらの機関や企業が関わるように求める。

　　4）保育施設の運営に必要な金額を企業から支出してもらうように予算を組む。

　　5）実験・モデル施設については，その費用の全額を国家が負担する。

　　6）資金の制約のために保育施設網を拡大できないという事情を考え，園児の社会的構成を，勤労者の子どもに最大限に奉仕する方向で見直す〔(7)は略〕。

　　8）保育施設網の拡大を断念し，保育活動の内容を深める絶好の機会が到来した。そこで必要なのは，①保育施設の活動の評価と見直し，②熟練した保育者の登録と適正な配置，……　④保育者の定期的な養成……である。

　　9）保育事業の強化と発展のために広くプロレタリア大衆が保育の差し迫った課題を自覚する必要がある。そのため，幼稚園会議の設置と労働者組織の協議会・大会への〔保育関係者の〕参加を通して，党や労働組合などの社会団体と緊密に連携することが求められる。

163　*Резолюции по докладам Второго Всероссийского* ……, с. 9–10. 本文中の引用は，シュネイデル報告とインストラクター問題に関するヴィレンスカヤ報告の2つを対象とした決議のうち，前者に関係する箇所である。

第3章　保育制度構想をめぐる矛盾とその打開の模索(1921〜1924年)　　193

方針の2つの解釈　　初期ロシア共和国の保育制度構想が第2〜3期に変容した発端を考えるうえで重要な上記の決議は，つぎの2点について，ともに2通りの読み方ができよう。

1点目は，のちによく引用される決議の第1項——ネップは保育事業のイデオロギー上の基盤を変えず，組織形態を変更するだけだ——の理解である。

同項にはつぎの2つの読み方が想定される。第1は，同項が，ネップの導入に関わりなく保育は社会教育の第1段階として教育政策において今後も重視されるし，またそうでなければならない，という決意表明と理解するものである。その決意は第2項でいう保育施設の国営制と無償制を維持するという宣言に具体化されている。だが，こうした決意にもかかわらず，事態がそのように進展していかないことは，188ページのルナチャルスキーの演説などに部分的に示されているし，のちに第4章でみる経過に明らかである。それを考えると，上記の決意に実現の見通しがほとんどなかったとする判断が第1の理解に加わる。

第2の読み方は，逆に，国営制と無償制の構想はあくまでソ連初期の保育制度の原理であり，ネップ下でそれが第1期のように運営できなければ，運営の仕方や組織形態だけを変更しようという，上記と違う意味での強い決意の表明とみるものである。すなわち，有償制の導入と私立施設の復活を押さえるために手立てをとる一方，それらがやむをえないとき，そうした動きを保育行政機関の統制下におくという意図だった，とする理解である。

後者の読み方の意味を明らかにするため，第2の問題，ネップ下での無償制と国営制の構想の維持策について考えてみよう。手がかりは決議の第3〜5項——国家予算に代わる他の財源を探す，とくに企業からの支出に期待する，実験・モデル施設は国営制を維持する——にある。

ここでも2通りに解釈できる。第1は，上記の1番目の読み方を受けて，保育部は，表面的にはネップ下で成立の難しい先の決意を願望として維持した一方，実際の対応ではその願望を離れ，現実的な方策を探り，新社会の中核である党とソビエト，ネップ下で経済力と自主性をもちつつあった工場や企業，その内部組織である労働組合などの社会団体，さらに地方予算に注目した——というように，表と裏の違いとして理解することである。

第2の解釈は，上記の2つ目の読み方と連なって，保育施設を保育部の手中

におくのは譲らないが，その経営上・財政上の基盤は地方予算や社会団体に委ねる，とする理解である。

ネップ下での保育制度構想の修正　ここで本書はともに後者の解釈をとる。すなわち，第1期の労働政策や家族政策の影響で急増した保育施設をネップのもとで維持するために苦慮した保育部は，無償制と国営制の構想の旗を掲げ，新社会にふさわしい社会教育の一部としての保育という位置づけを変えることなく，しかし，その財政基盤を国家予算から地方予算と社会団体に移し，それによって私立施設の開園と有償制の導入を自らの統制下におくことを意図した，とみる。

財政基盤が移動するので，都市を中心に，① 幼稚園会議を設け，そこに社会団体の参加を得る(決議の第9項)，② そのために保育施設が社会団体に役立つ存在であることを示す，という方針が考えられた。このうち，① の幼稚園会議についてはすでに183ページ以下でふれた。

② のキータームは「見直し(пересмотр)」で，これは時代の求めにそった保育内容の整備と園児の社会的構成の変更を意味した(決議の第6項)。第2代保育部長のヴィレンスカヤが1928年に説明したところによれば，見直しの主な意味はつぎのようなものだった[164]。

> それは，第1に，保育施設に圧倒的な影響力をもっていた自由教育論の「子どもから」という原則，すなわち保育者の積極性の欠如に対して，時代状況の求める新しい教育課題から考察を始めることである。第2に，盲目的な子ども追随，子どもの年齢の心理的特質にもとづいた指導ではなく，ある方向性をもった環境の設定や，現代プロレタリアートの子どもがもつ真の興味や特質の研究にもとづく活動をさす。

保育内容面の見直しは第2回大会後，とくに1923年3月の第2回全ロシア県社会教育部長大会から[165]，「現代性(современность)」をスローガンに著しくな

164　Виленская, 1927, с. 69.
165　См.: ГАРФ, А-1575/7/14/117-130об.;《Народное просвещение》(Ежемес.), 1923, No. 4/5, с. 1-20; *Резолюции II-го Всероссийского съезда заведующего Губсоцвосами*, и др. 終了日を「18日」とする記述もある。

り，まず自由教育論がその対象となった。それは1924年秋の第2回大会でつぎのように批判された[166]。

> ① 短期間に促成養成されたタイプの保育者の特徴として，従来の教育理論に対して表面的に批判し，いわゆる自由教育論に愛着をもっている点があげられる。② 自由教育論は社会教育学の課題と両立せず，また独自な発達法則をもつ対象である子どもについての科学的データとも一致しない。

この意味での見直しは，少なくとも自由教育論に対して，その根絶につながった。

他方，園児構成の見直しとは階級的優先権を認め，労働者と農民，とくに貧農の幼児を先に入園させる措置だった。この点について第2回大会はつぎのように説明した[167]。

> ① 保育施設網を見直し，保育需要が最も高い住民の子どもが入園できるように園児の社会的構成を変更する。② 保育施設のタイプはそうした勤労大衆の求めに応じたものに〔幼稚園から託児所に〕変わる必要がある。③ 資金の制約から今は施設網を拡大できないので，勤労者の子どもに最大限に奉仕する方向で園児の社会的構成を見直す。

ただし，実態をみると，労農層の子どもが園児のなかで必ずしも多いとは限らなかった。保育施設の開かれた地域の特性が園児の社会的構成を左右する主な要因だったからである。他方，この見直しの結果，保育施設の企業や工場への張りつけ，すなわち両者の結合が強化され，保育施設の企業内施設化が進んでいった。また，保育施設の基本タイプとして「最も望ましいのは子どもを親や女性労働者から全日，切り離す児童ホームである。しかし，その設置にはかなりの資金が必要なので，当面はそれを断念する」[168] という理由で，女性労働者の労働を保障しやすい長時間制の託児所が推奨された。

166　*Спутник делегата II Всероссийского съезда по дошкольному воспитанию*, с. 12.
167　*Резолюции по докладам Второго Всероссийского* ……, с. 1, 9.
168　Там же, с. 1.

（2） 私立施設の拡大と有償制の部分的導入

私立施設の拡大　　1921年9月30日に教育人民委員代理 E. A. リトケンス（1922年没）が各県国民教育部に送った回状で，有償の私立学校の開設と家庭での有料制グループ授業を禁止した[169]。それだけ事態が進展していたといえよう。全般的にみて，私立施設と有償制の導入は学校が保育施設に先んじた。

保育部が保育の重要性を説いた「保育政策委員会への資料によせて」と題する文書がある[170]。文中に「〔革命後〕5年間の経験」とあるので，1922年末～1923年初めに書かれたものと思われる。その内容上の特徴はつぎの3点にある。

　　① 保育施設は子どもの成長に大切であるばかりか，集団主義者の育成を通して社会にとっても重要である。② 入園時には孤児，半孤児〔単親家庭の子ども〕，赤軍兵士・労働者の子どもの順に優先する。③ 私立施設は特定層の人々にのみ役立ち，教育原則の基本を破壊するので，私的原則（принцип частности）を拒否し，無償制の構想を擁護すべきである。

ここには保育部のかたくなな私立施設観がよく示されている。

1922年の保育部の活動報告は上記の文書の内容と重なる[171]。その特徴の第1は，「量的な減少のなかでの質的な向上」という保育活動に対する強引な評価である。ここで強引というのは，保育の質的な向上――シュネイデル報告の決議の第8項（192ページを参照）にある「保育活動の内容を深める」――が，第3節でみた量的な減少――同じ第8項のいう「保育施設網の拡大」の「断念」――に強いられた選択であり，質的な向上といっても，保育実践の蓄積が非常にわずかな状態から少し前進がみられるようになったほどだからである。量的な減少を止めるのではなく「計画的」なものにするように，すなわち，ある程度に抑えるように保育部が地方に指示していることから，保育施設の直面した事態の厳しさがわかる。

保育部の報告は，第2に，「どうせ残すなら良い保育施設を」と，衛生・教育，

169　所, 1985年, 155頁。
170　ГАРФ, А-1575/7/14/20.
171　ГАРФ, А-1575/7/14/14-15об.

保育者，園児構成という3つの基準にあった施設を選択することが見直しの意味だと明示している。第3に，保育内容面でのわずかな前進はグース（国家学術会議）と保育部の連携によることを期待している。第4に，無償制の構想を維持し，私立施設を認めないように保育部が保育課に念を押している。地方にそうした事態が生じつつあったことを心配したからである[172]。

先の1923年学校令は，学校の国営化の維持をうたい，私立学校の禁止を規定していた[173]。

有償制の部分的導入　第2回大会における「無償制の構想の原則維持」「例外的な部分的有料化の統制」という保育部案には，私立施設の問題と同じく，保育関係者から反対や異論があった。たとえば，黒海東岸のクバン州の代議員は，大会後の地元での報告で，減少する国家予算を地方予算，親や住民の援助と負担，給食で補うことを主張した[174]。

地方予算と私立施設そして自己課税で無償制と国営制の構想を部分的に維持するという姿勢は，1921年10月～1922年10月の保育部の活動報告にもみられた（161ページを参照）[175]。

しかし，無償制の構想を維持する姿勢は教育界全体で少数派になりつつあった。学校教育では1922年初めに「有料化へと向っていく世論のなかに教育人民委員部はほとんど包囲されて」いた。そのため，2月下旬の第2回全ロシア県国民教育部長大会における第II段学校（中等学校）の部分的な有料化という提案に対して，ルナチャルスキーは「条件つきで実施」という譲歩を覚悟していた[176]。

結果的に教育人民委員部は，1922年3月8日に参与会が採択した「17歳未満児の社会教育・総合技術教育に関する一般規程」で保育施設や学校の無償制を明記したものの[177]，その後，少なくとも学校教育では有償制の導入に転換した。

172　1923年7月のヴャトカ県国民教育部活動報告（ГАРФ, А-1575/1/450/19-24）などを参照。
173　山口喬，1975年，109頁；所，1987年，132頁。
174　Садчиков, 1922, с. 97.
175　ГАРФ, А-1575/7/32/143об.-144.
176　所，1985年，164頁。
177　ГАРФ, А-1575/7, Предисловие/3; Иванова и др., 1975, с. 361.

同年10月中旬の第3回全ロシア県国民教育部長大会が「授業料徴収を公式に承認した」からである[178]。それは第10回全ロシア・ソビエト大会で12月27日に採択された教育人民委員部報告に関する決議で「一時的措置として」追認され[179]，翌1923年3月22日の全ロシア中央執行委員会と人民委員会議による「教育人民委員部の施設における授業料徴収手続きに関する布告」の採択に結びついた。12月に出された1923年学校令は，こうした経過を反映して，無償制の構想を規定しなかった[180]。

他方，同時期の保育施設については，依然として有償制の導入に否定的なつぎの動きしかわからない。①1923年初めのペトログラード県では学校が有償であるのに対し，託児所は無償だった[181]。②同じ頃か1922年末に出た社会教育施設における授業料徴収の手続きに関する通達では，「保育施設と労働青年学校では授業料導入を禁止する」とされた[182]。

こうして学校に比べて導入が遅れたものの，1924年から有料化の波が保育施設に押し寄せ，ついにはそれが公認される経過については，つぎの第4章でやや詳しく検討しよう。

---

178 所，1985年，164頁。
179 Болдырев, 1947, c. 29-31; 所，1985年，165頁。
180 同上，166～167頁。山口喬，1975年，109頁；森重，1977年，119頁も同様に評価し，あわせて1923年学校令が義務制〔全員就学制〕を規定しなかったとみる。同令のこうした姿勢は全員就園制の構想を保育界が断念することに影響した。
181 ГАРФ, А-1575/1/493/14-15. これは1923年3月11～17日の第2回全ロシア県社会教育部長大会のアンケートに対する回答「ペトログラード県の社会教育の現状報告」であり，そこに「学校は無料で，有料は託児所」と記されている脇に手書きで疑問符が付されている。文脈から本文のように判断した。
182 ГАРФ, А-1575/7/14/97-97об. 同通達は日付がなく，直前の資料が「第2回全ロシア県社会教育部長大会を〔1923年〕3月10日に招集する」という旨の回状なので，本文のように判断した。ただし，内容からみて同通達は全ロシア中央執行委員会・人民委員会議の「教育人民委員部の施設における授業料徴収の手続きに関する布告」の可能性がある。同布告については所，1985年，166～167頁を参照。

第4章

保育制度構想の実質的な転換と農村の保育活動
（1924〜1928年）
――開園権・有償制の拡大と簡易施設への傾斜――

中扉:『労農家庭の衛生と健康』誌の 1927 年第 4 号の表紙を飾った第 1 回ソ連赤ちゃんコンテストの健康優良児たち(Kiaer et al., 2006, p. 206)。

第4章　保育制度構想の実質的な転換と農村の保育活動(1924～1928年)

　ネップ(新経済政策)のもとでの保育予算の削減，飢饉による児童ホームへの需要の高まりなどの影響で保育施設，とくに常設施設(幼稚園・託児所)が急減する事態を少しでも抑制するため，保育部は1921年秋の第2回(全ロシア保育)大会で開園権(保育施設を開く権利)の拡大に期待を表明し，工場などに保育施設を付設することを望んだ。だが，社会団体の多くは自前で保育施設を開く資金力をもたないか，保育施設に資金を割かなかった。また，女性労働者が大量に解雇される時期に工場付設の保育施設を新設するのはもちろん，それを維持することさえ難しかった。同時に，保育部は避けられない有償制導入を一時的な措置とみなそうとしたものの，そのための具体的な一歩を第2期(1921～1924年)のうちに踏み出さなかった。

　その間に保育施設をめぐる状況は第2回大会の予想を超えて悪化した。そこで第3期(1924～1928年)には国営制と無償制の構想のさらなる見直し，すなわち開園権と有償制の拡大が必至になった。その可能性の有無と程度，その行き着く先に留意しながら，本章は，第3期に開かれた第3回大会(1924年10月)・第3回協議会(1926年3月)・第4回大会(1928年12月)における保育制度構想の見直しの論議と構想の転換の過程を分析する(第1～3節)。また，その過程と並行して行なわれた農村の保育活動についても略述する(第4節)。

第1節　保育制度構想の転換——無償制の断念と開園権の拡大——

　第3回大会で国営制と無償制の構想にふれたのはヴィレンスカヤ保育部長の報告「ロシア共和国の保育の現状と当面の課題」と，(ロシア共産)党中央委員会女性部のΦ. E. ニュリナの報告「保育と女性労働者」である。ここでは，国営制と無償制の構想をめぐる保育界の動きを第3回大会の少し前からみたあと，両報告とその討論について検討しよう。

(1) 第3回大会(1924年秋)における開園権の条件つき拡大と有償制の導入

公認団体と一般団体　　1924年5月26日に(社会教育・総合技術教育)総管理局

からイワノヴォ=ヴォズネセンスク，ヴャトカ両県に次の回答文が送られた[1]。

　貴県からの質問である「私的団体の資金で保育施設網を拡大する可能性はどうか」という問題については，教育人民委員部参与会で〔本年〕5月20日に論議したばかりで，その答えは次のとおりである。①〔下記の体制公認の〕社会団体は〔無条件に〕開園権をもつ。②いっさいの営利目的をもたず，社会教育の全体方針からみて不適当な傾向を有しない住民の団体も開園権をもつ。③これらの団体が開いた保育施設の活動は県国民教育部〔立〕の保育施設のそれと同様に進められる。開園権を認める際の契約などの全条件は当総管理局に通知する必要がある。

　この回答が，①党に加えて，②ソビエト(代議制権力機関)，コムソモール(共産主義青年同盟)，ピオネール(少年少女組織)，労働組合，各種の協同組合(住宅協同組合・農業協同組合など)，街区団体，工場委員会，農民相互扶助委員会[2]といった新(ソビエト)政権が公認した社会団体(以下，「公認団体」と略)や，③農業コミューン(私有財産の否定と平等な労働を原理とする農村共同体)だけでなく[3]，④「営利目的をもたず」「不適当な傾向を有しない」という条件つきながら，一般の社会団体(以下，「一般団体」と略)にも開園権を初めて認めた意義は大きい。これが国営制の構想をめぐる保育界のその後の論議に反映されていくからである。

　2か月後の7月24日，教育人民委員部幹部会が「社会団体の資金による保育施設の開園に関する通達」を承認した[4]。そこで重要なのは，「勤労者グループが開園するとき，県国民教育部〔教育委員会に相当〕の定めた基準を満たし，その監

1　ГАРФ, А–1575/7/31/140.
2　農民相互扶助委員会については渓内，1989年，264〜267頁を参照。
3　これらはつぎの第3回大会の議事録などで列挙されたものである。*Спутник делегата III Всероссийского съезда по дошкольному воспитанию*, с. 14; *Резолюции по докладам Третьего Всероссийского съезда по дошкольному воспитанию*, с. 18; Виленская и др., 1925, с. 57, 64–65, и др. 農業コミューンの説明に際して『世界大百科事典』1998年(今防人・執筆)を参考にした。
4　《Бюллетень НКП》, 1924, No. 18, с. 20–21; *Спутник делегата III Всероссийского съезда по дошкольному воспитанию*, с. 62–63; Виленская, 1928 b, с. 113–114.

督を受ける」という箇所である。主語が「私人」「住民」ではなく「勤労者」であるものの，ここには上記の回答のような特定の条件がついていないからである。なお，同通達は公認団体として「コムソモール，労働組合，工場委員会，共同住宅あるいはその団体，協同組合，街区団体，農民相互扶助委員会」をあげた。

保育部長の報告　こうした流れを受けて，開園権の条件つき拡大と有償制の導入が第3回大会で認められ始めた。

その冒頭でなされたルナチャルスキーの報告「ソ連をめぐる国際情勢と国民教育」は，主に国内外の情勢を論じ，教育や保育の問題については末尾でわずかに次のように論及しただけだった[5]。

> 〔現在，教育分野で〕重視されているのは職業教育であり，保育は重要なものとみなされていない。そのため「1郡に1モデル幼稚園」という計画は実現が難しい。だが，第4世代を真の共産主義的市民として育成するうえで保育は重要であり，共産主義教育は幼児〔3～7歳児〕期から始められる必要がある。新しい人間の育成という課題はアメリカの保育においても課題となっており，われわれはそれをさらに高度な水準で実行するものである。

ここにみられない具体的な提案はヴィレンスカヤ保育部長の上記の報告が担った[6]。それは，有償制と開園権拡大の問題を中心に，ネップ下の保育政策の基本方針を論じつつ，保育内容の見直し，農村の保育活動，女性労働者論，保育者の再教育などについて総括的な問題提起をしている。ここでは，論述に必要な最初の基本方針についてだけ検討しよう。

開園権　第1に，ヴィレンスカヤ報告は開園権の拡大をつぎのように重視した。

> 「社会的な生活への労農女性の大規模な参加を促進しよう」という〔1924年春の〕第13回党大会の決定からみて，保育施設の建設は欠かせない。〔保育予算が削減されている〕現状では，〔上記の〕公認団体の主導で保育施設を開

5　Виленская и др., 1925, c. 40–43.
6　ヴィレンスカヤ報告に関する以下の引用は там же, c. 57–61 から。

き，県・郡国民教育部がその指導と監督にあたるしかない。私立施設の設置につながるので，私人〔個人〕には開園権を認めない。しかし，労働者組織や労働組合機関と緊密な連携をもって活動を進める住民グループには，国民教育機関〔国民教育部〕の認可があれば，開園権を与えてもよい。

ヴィレンスカヤは，開園権を認める対象に公認団体を含める一方，私人や個人を排除し，双方の中間にあたる住民グループについては，「労働者組織や労働組合機関との連携」を条件に，その対象とした。

有償制　第2に，有償制について報告は，「原則的に認められない。しかし，一時的手段や必要悪として導入せざるをえない」とし，その理由と基準をつぎのように説明した。

> 現状では，失業者の子ども，月に20〜30ルーブルの賃金の労働者の子ども，100〜200ルーブルの収入のある労働者の子ども——これらはみな無料で保育を受けている。戦時共産主義期はすでに終わっているのに，われわれはなぜ慈善事業を行なっているのか。そのために一定以上の賃金を得ている労働者の子どもが入園できないという事態が生じている。そこで，こうした不合理を解決するため，所得に応じた保育料徴収の原則，すなわち月に50ルーブル未満の賃金の労働者の子どもは無料で，それ以上のときは有料で保育することを提案する。この保育料を主に給食費にあてることで，給食を実施できず一日4時間の保育に留まってきた幼稚園を，長時間の保育が可能な託児所に改組したい。ただし，この有償制は農村の保育施設に対しては適用しない。

ここには無償制の構想という原則と保育予算の不足という現実とが衝突した結果，後者が保育政策を規定する関係がみられる。それは，戦時共産主義からネップへの移行，一国社会主義論と世界革命論の対立など[7]，国家や体制の存続をかけた政治選択がなされているなか，存立基盤が弱い保育施設を維持するた

7　一国社会主義論とは，「世界革命を待たずとも，一国（……ソ連）だけで社会主義建設を完了することが可能だとする主張」である（川端ほか，2004年，44頁，塩川伸明・執筆）。詳しくはカー，1977年などを参照。

めに保育部にとってやむをえざる道だった。

　同時に，「新国家の建設に有益な保育施設」という命題への配慮を怠ると，保育施設の存在意義に疑いが生じる。そこでヴィレンスカヤ報告は，「公認団体への開園権の拡大と有償制の導入は，園児に占める労農層の幼児の割合を高める」という点を強調した。そのうえで「われわれが両者の導入に消極的だとしたら，その成果がわずかなものに留まるばかりか，保育の発展が歪められる」と警告した。そして報告は，先の 1924 年 5 月の回答(202 ページを参照)で指摘された国民教育部の指導や監督と並んで，県労働組合評議会との共同活動を条件に加えることで，開園権の拡大と有償制の導入に対する地方の保育関係者，とくに行政従事者の不安を打ち消そうとした。

　保育者の社会活動　第 3 に，報告は，効率化と独立採算制をスローガンに市場経済化の原理が部分的に導入されたネップのもとでは，「保育施設の開園を社会団体に義務として課すことはできないし，開園のための予算を企業のそれに組みこむのは難しい」とみた。

　そこで必要となるのが保育者の社会活動である。ヴィレンスカヤはそれを，対住民活動のひとつである親を対象にした活動と，労農層の各団体や企業・コムソモール・女性部などに対する活動とに分け，共通する次の方法上の特徴を強調した。

　　　保育部は全連邦労働組合中央評議会との懇談のなかで，「企業は保育施設を付設すべきだ」と主張せず，「施設の有無が労働者の文化水準の向上を規定している」と強調した。このように，あくまで社会団体の〔開園への〕自発的で積極的な参加を促すことが重要である。

　これは戦時共産主義的な手法ではなくネップ的手法の一例である。問題は，施設網の縮小に象徴される現実が社会団体の自発性を待つだけの余裕をもっていたか否か，という点にあった。

　こうしてヴィレンスカヤ報告は，特定の条件を付した住民グループに限って開園権を与え，一定基準以上の所得のある家庭を対象に保育料を徴収することを提案した。

（2） 住民グループをめぐる異論と有償制導入に関する一致

開園権の拡大，有償制の導入，対住民活動という3つの問題がヴィレンスカヤ報告をめぐる討論などで論じられた。関係する結語と決議を含めて，各問題について順に検討しよう。

開園権の範囲　第1に，開園権の拡大については総論で反対がなく，論議はその範囲に集中した。まず，ヴィレンスカヤがあげた党と，ソビエト・労働組合・住宅協同組合といった公認団体，そして企業・工場などに開園権を与えてよいことでは一致した。ただし，保育施設の拡大をこれらの団体に実際に頼れるか否かという点については，つぎのような幾つかの疑問が出た[8]。

> すでに工場労働者は過去3年間にわたり毎月2%を幼稚園などの教育施設のために控除されており，それ以外の名目の控除と合わせると，かなり重い負担となっている。そのため，労働者関係の団体に保育施設網の拡大を頼るのは問題外な状況にある。

> われわれが女性部，コムソモール，ピオネールに開園を働きかけたところ，これらの組織は資金にゆとりがなく，何もできなかった。ただし，この活動は各種のグループに保育の意義を宣伝するうえでは役立った。

> われわれは協同組合を楽観視すべきではないし，労働組合からは何らかの援助を得る可能性があるというくらいに考えたほうがよい。社会団体に過度な期待をもたないよう，私は警告する。

つぎの問題は，私人・住民と私的グループ・住民グループへの開園権の付与の妥当性である。これには，まず，以下のような反対論が出た[9]。

> モスクワには非合法の保育施設があり，保育者を雇い，わずかな家庭を対象に高い保育料をとって保育をしているという。そうした施設は認めら

8　順にコプィロワ（イジェフスク市），ハリトノワ（ウクライナ），ニュリナの発言（Виленская и др., 1925, с. 92, 85, 99–101）。

9　順にソコロフ，ハリトノワ，オルロワの発言（там же, с. 84, 85, 88）。

れない。

　われわれは，親の資金で開園したいという要望をしばしば受け，たいてい，それに助力を惜しまない。心配なのは，それが私立幼稚園の設立につながる可能性である。開園権をいったん公認団体に認めると，その範囲がしだいに広がっていくかもしれないから。

　個別の私的グループが保育施設を開くのには断固として反対である。

他方，開園権を認めることに賛成の立場から，つぎのような発言があった[10]。

　社会団体立の託児所がかつての私立幼稚園に転化するのではないかという心配は，県国民教育部の指導があれば解消するはずだ。

　組織された住民グループだけが開園権をもつのではない。ソビエト的傾向を有する〔新政権を支持する〕職員グループなら，その子どもを対象に開園してもよい。その際，教育人民委員部や党がそれらの施設にイデオロギー上の影響をおよぼすべきである。

関連して，ニュリナ報告の討論のなかで，賃金の低い労働者らのグループに開園権を与えるのに賛成だという意見がつぎのように出された[11]。

　本大会前に当市では25以上の開園申請書が勤労者グループ・労働組合員・女性部員・党員から出された。そのうち，重要な仕事に従事している男女労働者に対しては，その多くが通常の職員・労働者よりも高い賃率等級を受けているので，開園を認めなかった〔。その他の労働者らのグループには開園を認可した〕。

賛否が割れたこの問題に対して，ヴィレンスカヤは，討論をまとめた結語で，自らの原則的立場をつぎのように固持した[12]。

10　順にマフリナ，ニュリナの発言（там же, с. 77, 100）。
11　ミハイロワの発言（там же, с. 466. 市名は未記載）。
12　Там же, с. 104–107.

幅広い社会団体が保育事業に参加できるようにする必要性はたしかにある。しかし，いかなるときにも個人には開園を認めないとする教育人民委員部参与会の決定に照らして，私は私立幼稚園に反対である。ニュリナがある私立幼稚園を訪ね，園児に「共産主義者になりたいか」と聞いたところ，「はい」と答えたのは一人だけだった。この例に示されているように，社会主義建設の将来の担い手は私立幼稚園では育成されない。

決議では，「国民教育機関の全般的指導」という条件をつけて，「組織された広範な公認団体」「による保育施設網の拡大という方針」の必要性が強調された。すなわち，そこでは，開園権を認める対象として全住民グループではなく，何らかの組織とその構成員によるグループ，たとえば労働組合と労働組合員グループが想定されていた。同時に決議は，「地方予算で維持されている保育施設網のいかなる縮小にも断固として反対」であると言明した[13]。

住民グループに対する3つの立場　ここまでの論議をまとめれば，開園権を個人に認めることを積極的に論じたり，賛成したりする者は第3回大会にいなかった。他方，住民グループへの開園権の付与については，① 絶対に反対のオルロワ(モスクワ派)，②「ソビエト的傾向を有する職員グループ」「労働者組織や労働組合機関と緊密な連携をも」つ住民グループなどに限定して賛成のニュリナ(女性部)やヴィレンスカヤ(保育部)，③「県国民教育部の指導」を受けることを条件に，そうした限定なしに広範なグループに認めるマフリナ(レニングラード〔ペトログラード〕派)——これら3つの立場に分かれた。

このなかで①のオルロワの念頭には，先の発言にある，モスクワなどの都市で開かれ，保育課に登録していない非合法な保育施設(以下，「無認可保育施設」と略)の存在があった。ミハイロワのつぎの発言はそれを示している[14]。

　　モスクワの路上で「幼稚園」という看板，それも時にフランス語やドイツ語などの看板を見ることがある。もしかしたらこれは古い時期〔帝政期〕のものかもしれない。いずれにしてもこうした〔保育〕グループの存在を無視で

13　*Резолюции по докладам Третьего Всероссийского съезда по дошкольному воспитанию*, с. 3–5.
14　Виленская и др., 1925, с. 467.

きない．それはわれわれの町にもあり，指導を求めているので，そこに保育者を派遣して監督するとよい．

園児が数名ほどの小規模な保育グループのうち，労働者クラブや住宅協同組合・共同住宅などに付設されたものについては，保育課が把握していた．問題は，複数の住民が開いた保育グループや，数名の母親の手による家庭幼稚園だった．これらの施設は，その私的な性格から，保育課による実態の把握が難しかったからである[15]．

こうみてくると，開園権の拡大をめぐる論議は，「今後どうすべきか」という性質の問題のみならず，「現状をどこまで追認するのか」という性格のものだったともいえる．そのため，住民グループへの開園権の付与という方向性は，住民グループに頼って保育施設網を拡大しようとした保育関係者の目論見だけでなく，現に存在する無認可保育施設を保育課に登録させ，管理しようとする保育行政機関の意図をも潜ませていた．

有償制の対象　ヴィレンスカヤ報告の第2の論点である有償制については，第3回大会の討論で反対意見がなく，論議はその対象と基準に集まった．

対象については，まず，公立（県国民教育部立）の託児所で2年前から有償制を実施しているレニングラードの経験をマフリナがつぎのように述べ，国立（教育人民委員部立）と私立の保育施設にも有償制の導入を提案した[16]．

> 有償制の導入時に心配された園児の数や社会的構成の変化は当地では生じなかった．それどころか，逆に，労働者の子どもが多く入園するようになった．また，有償制によって託児所には独立採算制の可能性が生まれた．しかし，園児60～80人の施設の保育料の合計が月10～15ルーブルという現状では，〔完全な〕独立採算制の実施は無理である．有償制導入にあたり，学校の経験に学び，親・生徒，党と女性部の代表からなる協力会議〔協力委

15　そのために家庭幼稚園は統計などに残りにくく，先行研究の論及も少ない．その例外である Kirchenbaum, 1993, pp. 282–289 は，家庭幼稚園が文化革命期すなわち1920年代末よりあとに生まれたとみている．しかし，60～61頁で述べたように，それはすでに1910年頃に開かれていた．

16　Виленская и др., 1925, c. 76–77.

員会〕を設けるとよい。

他方，オルロワはモスクワの活動経験を紹介し，導入の対象をつぎのように限定した[17]。

> われわれはこの2年間に16の幼稚園を企業と住宅協同組合に付設して，640人の園児を入園させた。モスクワ自動車協会では，4か月間にわたり労働者の賃金から控除した資金と工場管理委員会のわずかな援助，さらに〔無償の〕土曜労働や日曜労働によって2園を開いた。有償制を導入できるのはこうした施設であり，公立施設に対してではない。

こうして，有償制導入の範囲を私立施設に限定するモスクワ派と，公立を含む全施設を対象とするレニングラード派の見解がここでも対立した。

有償制の基準　保育料徴収の基準については，それを月間賃金50ルーブル以上とするのは平均賃金からみて高すぎる，という声が続いた[18]。

> わが〔ヤロスラヴリ〕県では50ルーブルという基準は高すぎるので，30～40ルーブルに引き下げる必要がある。

> 〔ヴォチャーク自治州の州都イジェフスク市の〕労働者の月間賃金は12～14ルーブルにしかならず，50ルーブル以上の者はいないので，報告の有償制は問題外である。

さまざまな賃金格差から(168～169ページを参照)，賃金に対する保育料の意味は労働者の間で違った。そのため，所得に比例した応分の保育料の負担を親に求めるというニュリナの提案した「累進制の原則」が代議員の支持を集めた[19]。その際，ヴィレンスカヤが必要悪とした有償制の導入をニュリナは，逆に，入園児の範囲を拡大する機会として積極的にとらえようとした。

そうした発言を意識したからか，ヴィレンスカヤは自らの結語のなかで有償

17　Там же, с. 87–88.
18　順にソコロフ，コプィロワの発言 (там же, с. 84, 93)。
19　Там же, с. 101–102.

制について部分的な柔軟性をみせた[20]。

　保育料徴収の基準は，報告で述べたように，月間賃金50ルーブルにおく。ただし，保育者は園児の家庭状況をよく把握する必要がある。これまでわれわれは労働者の子どもを優先的に入園対象者としてきた。しかし今，第13回党大会におけるН. И. ブハーリン〔1888～1938年。『プラウダ』編集長〕の報告がコムソモールやピオネールの枠の拡大について指摘したのと同じく，中間層にまで入園対象者の範囲を広げ，できるだけ広い層の幼児を入園させる時期にきている。それを考えれば，まちがっても力ずくで保育料を徴収するようなことがあってはならない。

決議は，①「保育活動を適切な水準で展開できないほど，保育施設の物的状態が厳しいことに留意して，一時的手段としての有償制導入」を認めた。②同時に，有償制によって「保育施設は独立採算制に委ねられるのでは」なく，保育料は「もっぱら施設の物的状態」の改善に向けられるように，と注意を促した。③さらに「農村の保育施設ではいかなるときも有償制は認められない」とした[21]。ただし，③についてヴィレンスカヤは3年後の1927年に，「貧困層の親には郷執行委員会や農民相互扶助委員会からの資金援助がある」と断りながら，農村においても一部で保育料を徴収する必要性を認めざるをえなくなる[22]。

無償制の断念　有償制導入の問題は，国営制の構想の問題に比べ，保育関係者の間で合意が得やすかった。そのため，事態は早々と進展し，1925年のうちに決着した。すなわち，第3回大会のあとに有償制は，対象の点では国立・公立・私立の全施設を想定するレニングラード派の，基準の点では累進制を主張するニュリナの提案の方向に進んだ。たとえば，同大会直後の1924年10月のヴャトカ県における常設施設の園児一覧をみると，37人のうちで有料が19人，実費負担が3人，無料が15人と，有償の園児のほうが多かった[23]。

20　Там же, с. 104–107.
21　*Резолюции по докладам Третьего Всероссийского съезда по дошкольному воспитанию*, с. 4; Виленская и др., 1925, с. 110.
22　Виленская, 1927, с. 66.
23　ГАКО, Р-1137/1/1377/27.

続けて，同年12月20日に人民委員会議(政府に相当)の決定「教育人民委員部管轄の教育施設における授業料徴収規程の変更について」が出た。これによって累進制の原則がとられ，翌1925年から公立施設にも有償制が導入された[24]。

全員就園制の保育制度構想に続き，無償制の構想が断念された。

それは他の構成共和国にも順に波及した。たとえば，トゥルクメン共和国では1925年11月28日の中央執行委員会と人民委員会議の決定「社会教育部〔管轄〕の都市の学校と幼稚園における教授の有償制について」によって，授業料と保育料が10段階に区分された[25]。また，ウズベク共和国では1926年10月7日に人民委員会議の決定「ウズベク共和国の都市の学校と幼稚園における授業料の徴収について」が公布された[26]。

保育者の責務　ヴィレンスカヤ報告の3番目の論点である対住民活動については，シャツキーがその必要性にふれ，健康への配慮から換気のために寝室に小窓をつけるように住民へ働きかけ，成功した例を報告した。そして彼は，「農村でも女性は幼児の問題，保育や子どもの世話の問題に大きな関心を寄せている」「住民をできるだけ保育活動に参加させることで，われわれは孤立した存在ではなくなる。ヴィレンスカヤ報告はおおむね正しいものの，課題がやや多すぎる。実行可能な計画を立てることが今は大切である」とまとめた[27]。

結語でヴィレンスカヤは，上記の例に加えて，1924年夏に農村に派遣された学生らが園児に薄着の習慣をつけた事例を紹介して，つぎの点を強調した[28]。

> 小さなことから始めて大きなことに移っていく必要がある。そうすれば園児を通して新しい生活を家庭にもちこむことができる。その意味で保育者は教育者でありつつ，社会活動家でもなければならない。

ヴィレンスカヤ報告の決議は，「対住民活動はさらに大きな位置を占め」，各

24　Бернадский и др., 1925, с. 35; Штамм, 1985, с. 105; Волобуева, 1994, с. 102. シュタムによれば，有償制は労農層と年金生活者への免除規定を備えていた。
25　Иванова и др., 1975, с. 598.
26　Там же, с. 665.
27　Виленская и др., 1925, с. 80-82.
28　Там же, с. 104-107.

地の「体系的で計画的な活動のなかに組みこまれる」として，とくに農村での大規模な保育キャンペーンとシェフストヴォ委員会(159ページを参照)，教師の役割の重要性を強調した[29]。

このように，シャツキーは，保育者が保育をより良く進めるため，園児の家庭環境に関心をもち，そこに働きかける重要性を具体例で示した。他方，ヴィレンスカヤは，シャツキーの意図を拡大し，保育者は保育施設の周りの住民に積極的に働きかける必要があるとした。その際，ヴィレンスカヤの念頭には政治的な働きかけ——新政権への支持を住民に啓蒙し，要請し，獲得すること——が存在したであろう。

保育者に保育活動だけでなく対住民活動への従事も求める，あるいは，保育者を教育者としてだけでなく組織者としても位置づける[30]，という保育部の意図[31]，さらに，労農層から短期間に促成養成された保育者を農村に派遣したあと，大会や協議会などを通して中央と連携をはかる必要性——これらの点については，つぎのように理解できよう。すなわち，地域内では数少ない保育関係者の一員として保育者は何よりも自分の存在基盤である保育施設を維持するため，保育の意義を農民や社会団体に宣伝する役割を負っていた。しかし，促成養成された保育者の多くは確固とした思想性を身につけておらず，ブルジョア的な保育理論(自由教育論など)の影響を受けるだけでなく，農村共同体に埋没し，自らの責務を忘れ，放棄しかねなかった。そこで保育部はたえず彼らと連絡をとり，彼らを監督せざるをえなかった。

第2節　開園権のさらなる拡大と国営制の転換

1925年秋から1926年春の第3回協議会にかけて，開園権を認める住民グ

29　*Резолюции по докладам Третьего Всероссийского съезда по дошкольному воспитанию*, с. 4–5.
30　《*Бюллетень отдела дошкольного воспитания НКП РСФСР*》, 1921, No. 11/12, с. 27.
31　*Резолюции по докладам Второго Всероссийского съезда по дошкольному воспитанию*, с. 1.

ループに条件をつけない方向に保育界の論議が進み，国営制の構想は実質的に転換し，後退した。ここでは，それをやや詳しくみたあと，第3回協議会における開園権をめぐる論議を分析しよう。

(1) 第3回協議会(1926年春)直前の開園権拡大の動き

1925年11月　まず私立施設の存在を前提にした法令の整備が始まった。たとえば，1924/25学年度のモスクワ県の保育事業に関する報告はつぎのように述べている[32]。

> 社会団体の資金による幼稚園は1924年10月に18園，1925年10月に33園，現在〔11月〕47園と増え，園児数を就園率に置き換えれば1.2%にあたる。私立施設が多く，それを認める法律が必要なため，私立幼稚園規程を検討中である。同規程では労働組合員にだけ開園権を与える予定である。34園が長時間保育を実施している。しかし，それでは女性労働者の要求に応えることができず，託児所の急増が求められている。

ここにある私立幼稚園規程は今のところ見当たらず，1926年の「私立幼稚園設置の通達」の存在と，1927年の「社会団体と私人による幼稚園規程」をモスクワ国民教育部が承認したことだけがわかっている[33]。

1926年2月　同月13日に，1924年7月の「社会団体の資金による保育施設の開園に関する通達」(202ページを参照)への「補足」が教育人民委員部幹部会で承認された[34]。その要旨をつぎに引用しよう。

> 現下の保育需要の規模を考慮し，教育人民委員部はつぎの事項を可能とみなす。
> ①保育施設と10人以下の保育グループを開く権利を個別の住民グループに与える。

32　ГАРФ, А-1575/10/70/29-35（1925年11月25日の保育部参与会の議事録）.
33　Волобуева, 1994, с. 105-106.
34　《Бюллетень НКП》, 1926, No. 12, с. 35-36; Виленская, 1928 b, с. 114; Спутник делегата III Всероссийской конференции по дошкольному воспитанию, с. 94-95.

②わが子のために幼稚園や保育グループの開園を希望する住民グループは必要な申請書を国民教育部に提出する。何らかの理由でそれがまだのときは，直ちに国民教育部に登録する。

③通常の幼稚園の開園には最小限の敷地，適切な専門教育を受けた保育者，一日１回以上の給食が必要である。

④幼稚園と保育グループを開くのが労働組合員のときは園児定員の 10%以上，それ以外の個人のときは 30% 以上を無償枠として国民教育部に提供する。

⑤こうした幼稚園と保育グループに勤務する保育者は労働組合と保育者集団に加わる。

⑥これらの保育者の賃金は地区の保育者と同水準にする……。

上記の①は，開園権を認める対象のうちで住民グループに何らの条件もつけず，1924 年通達の「勤労者」や，同年の決定「社会団体の資金による保育施設網の発展のために──保育活動への女性部の参加について──」[35] に盛りこまれた「労働者」よりも広い「住民」のグループを念頭においている。ここで明確な一歩を踏み出した教育人民委員部の立場は，このあと第 3 回協議会の論議に反映されていく。

②は，従来のように，無認可保育施設の登録化を勧めている。

④で私立施設の園児定員の 1〜3 割を無償枠としたのが，保育施設に有償制を導入することに対する保育部の抵抗の帰着点である。なお，そこにある「労働組合員」と「それ以外の個人」をそのままに解釈すれば，開園権を個人に認めたことになる。しかし，これまでの文脈から，そのようには理解しにくい。①にあるように住民グループに開園権を与えるのが原則とすれば，④ の「労働組合員」「それ以外の個人」の意味は「労働組合員のグループ」「それ以外の個人のグループ」と理解するのが自然だからである。

1926 年 3 月　　第 3 回協議会直前の同月 6 日に管区・州・県の各社会教育部

35　《Бюллетень НКП》, 1924, No. 19, c. 10–12; Виленская, 1928 b, c. 116–117; *Спутник делегата III Всероссийского съезда по дошкольному воспитанию*, c. 64–66. 同決定が出された月日は記載されていない。

に送られた総管理局の通達「社会団体の資金による保育施設の開園について」も次のように興味深い[36]。

> 教育人民委員部幹部会は，幼稚園と保育グループの開園権を住民グループに与えることで保育施設が増えると考える。幼稚園と保育グループの保育内容・方法は公立施設と基本的に共通とする。すでに開かれている〔私立〕施設で未登録なものを早急に登録する。また，再開された〔私立〕施設は国民教育部に保育活動と社会活動の計画を提出し，定期的に報告する。逆に，国民教育部は定期的な参観と視学官の監督によって〔私立〕施設の活動を個人的に熟知する。〔私立施設の〕幼稚園会議に国民教育部・親・保育者・住宅協同組合や，党（とくに女性部）・労働組合機関の代表などが加わる。〔私立〕施設の社会性が重要なので，保育者は〔地区の保育者〕集団に入り，その資質などを向上させる。

このうち最初の一文は，開園権の拡大による保育施設の増加という保育部のねらいを率直に示している。また，無認可保育施設の早急な登録はここでも重視されている。引用文の中ほどにある私立「施設の活動を個人的に熟知する」という箇所は，国民教育部と私立施設の友好的な関係の確立への希望を表明しているのか，それとも，私立施設に対する保育行政機関の不信を暗示しているのだろうか。これまでの経緯からみて仮に後者だとすると，他方で保育行政機関は社会団体と住民グループに頼らずに保育施設網の回復はありえないことを自覚しており，そこに保育行政機関の葛藤がみてとれる。

（2） 第3回協議会における全住民グループへの開園権の付与

教育人民委員部内の不一致　初期ロシア共和国の保育制度構想のうちで国営制だけが1926年春の第3回協議会の論点として残った。そこでの課題は，すべての住民グループに開園権を認める点を再確認し，その範囲を個人に広げることの妥当性を論じる点にあった。

第3回協議会のヴィレンスカヤの報告「第3回大会後の保育活動の総括と当

36　《Бюллетень НКП》, 1926, No. 12, с. 36; Виленская, 1928 b, с. 115.

第 4 章　保育制度構想の実質的な転換と農村の保育活動(1924〜1928 年)　　　217

面の課題」は，商人を含む住民の全グループに開園権を与え，個人には付与しなかった[37]。他方，総管理局の教員養成部長 Я. Р. ガイリスの報告「保育者の養成と資質の向上」は，常設施設ではなく簡易施設について，その開園権を個人にも認めた[38]。この点についての見解が教育人民委員部内で一致していなかったことがわかる。

モスクワ派とレニングラード派の見解　　ヴィレンスカヤ報告をめぐる討論では，先の第 3 回大会と同じく，開園権の拡大に対する賛否がつぎのように分かれた[39]。

まず，第 3 回大会で全住民グループに開園権を拡大するのに「断固として反対」としたモスクワ派の代表オルロワが，その立場を率直に，だが，やや柔軟に繰り返した。

　　私立幼稚園はモスクワのソビエト幹部会で承認され，同県の計画に入れられている。しかし，これは社会教育事業への譲歩であり，私立施設に子どもをまかせるのはあまり愉快なことではない。私立の保育施設と保育グループを〔保育課に〕登録させ，保育行政機関による教育的な監督下におく必要がある。ただし，県国民教育部にはそのための資金も人材もないので，私立施設から園児一人について 2 ルーブルを徴収したらよい。

この発言から，帝政末期のモスクワにおける私立幼稚園の経験を(68〜70 ページを参照)，モスクワ国民教育部が否定的に評価していたことがわかる。この評価は，私立施設に対する国民教育部の監督に必要な費用を当の私立施設から徴収する，という提案にも示されている。その背景には保育予算の不足という別の事情もあった(158 ページ以下を参照)。

他方，第 3 回大会で開園権の拡大に積極的だったレニングラード派のマフリ

---

[37] *Стенограмма III Всесоюзной конференции по дошкольному воспитанию*, с. 73-77 (以下，ГАРФ, А-1575/10/79 のリスト数を頁数として示す)．

[38] *Резолюции по докладам III Всероссийской конференции по дошкольному воспитанию*, с. 39.

[39] *Стенограмма III Всесоюзной конференции по дошкольному воспитанию*, с. 120, 136, 150, 161.

ナは，それを個人にも認めるかどうかという点に踏み出して，つぎのように問題を提起した。

　　われわれはこれまで無認可保育施設の存在に目を閉ざし，許可を与えないできた。しかし，今それを登録化するという教育人民委員部の考えに賛成である。そうしなければ保育界に未来はない。親のグループにも同じく開園権を認めるべきである。そのつぎの問題は，私人がグループではなく一人であっても開園できるか否かにあり，この点の合意を本協議会で得る必要がある。いずれにしても，親と私人の各グループを登録させ，監督下におくことが大切だ。

　地方の見解　3番目に発言したサマラ県のネズヴェツカヤは，一般論としてではなく，個々のケースに応じて開園権の付与を判断するように主張した。

　　私的グループ〔私立の保育グループ〕は本県にもある。それは著名な保育者集団によるもので，恐れる理由はない。彼らは〔保育者の〕再教育のためにわれわれの仲間になるだろう。しかし，元教師が中心になって保育施設を開くときは注意を要する。彼が許しがたい人物であり，指導の難しいことがよくあるから。

　この見解は現実的な方策にみえて，実際はその判断時に国民教育部の気まぐれが働く危険性があった。なお，この発言には教師への不信や敵意がめだつ。革命直後に新政権に対してかなりの数の教師が敵対していた影響が[40]，それから数年しても残っていたことをうかがわせる。他方，保育部は，地方の保育活動の協力者や担い手として，数少ない文化勢力の一員である教師をあてにしていた。地方の実態と中央の思惑がくいちがった一例である。

　最後に，クリミアの代表ウスジノワが国営制の構想を維持する重要性を次のように訴えた。

　　当地にはさまざまな民族がおり，その因習と直接に対立する保育施設網は拡大が難しい。県社会教育部の方針は，公認団体による開園を認めず，国

40　竹田，1977年，53〜57頁; 同，1991年，第3章などを参照。

家予算にもとづく保育施設だけを推進するというものである。そのほうが住民に対して入園を勧めやすいうえに，以前に社会団体の資金で一般施設〔172 ページを参照〕を開いたとき，資金不足のために賃金や温かい朝食，医療サービスなどを保障できず，保育者に不安を与えた例があるからだ。

国営制の構想にこだわる地方の保育課に対して，ヴィレンスカヤは「頭を切り替えるように」と報告で要望していた。しかし，実際にはそれがうまく進んでいなかったことをウスジノワの発言は示している。これは，第2回大会における国営制の構想に対する保育部の方針の転換が明示されたものでなかったうえに，保育財源を国家予算から地方予算に転換するテンポが地方によって違い，国家予算に頼らざるをえない地方が残存したからであろう。

地方によって実態が異なった点を示す発言が別の複数の代議員からも聞かれた[41]。

　　常設施設の拡大には地方予算が必要であり，それで教職員の賃金と設備費をまかなっている。他方，給食費や教材費などには社会団体の資金をあてている。

　　敷地の不足に加えて，国民教育部と〔ウクライナ共和国〕教育人民委員部の非協力による資金の不足が保育施設網の拡大を妨げている。ここ8～9か月間に幼稚園が148園から200園に増えたのは社会団体の活動のおかげである。

討論を全体としてみれば，マフリナの提案にもかかわらず，個人に開園権を与えようとする意見はほかに誰からも出なかった。他方，程度の差はあれ，広範な住民グループに開園権を認める姿勢は各地に浸透しつつあり，強固な反対論は少なかった。

保育部の見解　そこでヴィレンスカヤは，開園権の拡大について，つぎの趣旨の結語を述べた[42]。

41　順にギノドマン（ウラル），氏名不詳のウクライナ人女性の発言（*Стенограмма III Всесоюзной конференции по дошкольному воспитанию*, с. 129, 140）。
42　Там же, с. 176–178.

地方予算だけで保育施設網を拡大するのは誤りで，労農層に依存し，その主導権で施設増をはかるのが正道である。社会団体を危険視するのではなく，それと協力して〔子どもと親の〕文化的な把握〔文化水準の向上〕にとりくむべきである。親〔と住民〕のグループには開園権を与えてもよい。しかし，個々の住民にはそれを認めてはならない。こうした姿勢は従来の方針からの後退〔逸脱〕ではなく，前進のための一時的な迂回である。関連して，入園対象児を労農層に限るのではなく，中間層にもできるだけ役立つ施設を開く必要がある。労働者の家庭に生まれなかったのは子どものせいではなく，また園児は多ければ多いほどよいからだ。さらに，それぞれ100万～200万人を数える党員・コムソモール員・ピオネール員の力を借りて施設網を広げる必要がある。資金・人材・建物が足りない現状では全員就園制の構想を直ちに実現できないので，就園率の上昇に努めるべきである。

ヴィレンスカヤは，開園権を与える対象に個人を含むことを明確に否定した。同時に，条件をつけない住民グループを含むという点で第3回大会の自らの見解を修正した。ただし，開園権の拡大は，保育予算が削減されている現状における臨時措置だと彼女はみており，保育施設を開く主体はあくまで党員らであると考えていた。

結語の方針を引き継いだ決議の第8項の全文はつぎのとおりである[43]。

保育への住民の関心と，わが子に保育の機会を保障したいという個々の住民グループの希望を考慮し，本協議会は，自らの費用による開園権を住民グループに与え，保育施設を拡大することが時代の要請に十分に適っているとみなす。同時に本協議会は，この決定の重要性をとくに指摘し，すでにある保育施設と再建される施設に特別な配慮を払う。住民グループ〔による保育施設〕を国民教育部管轄の保育施設網に含め，住民グループの〔施設に勤務する〕保育者をすでにある保育者集団に加え，彼らに保育活動上の指導を常に受けさせることは，総管理局と中央施設の計画における最も重要な課題のひとつである。

---

43 *Резолюции по докладам III Всероссийской конференции по дошкольному воспитанию*, с. 6.

すべての住民グループに開園権を与える，それだけに国民教育部による監督の強化が問われる，という関係をこの決議の前段と後段が示している。その最初の文章にある「自らの費用による開園」という言葉は決議で挿入されたものであり，開園権拡大に対する保育行政機関の最大の期待が住民グループからの資金の獲得にあったことを包み隠さずに述べている。

こうして第3回協議会の合意は，開園権を認める対象に全住民グループを無条件に含めつつ，個人については論じなかった。

開園権の対象の構造　これまでの開園権をめぐる論議をここでまとめてみよう。

住民グループ以外に開園権を認める対象として期待されたのは，つぎのようなものだった。すなわち，1921年11月の第2回大会では「企業，工場，労働組合，党，ソビエト」[44]，1924年7月24日の通達では「党，コムソモール，労働組合，工場委員会，共同住宅あるいはその団体，協同組合，街区団体，農民相互扶助委員会」(203ページを参照)，10月の第3回大会では「党，ソビエト，コムソモール，ピオネール，労働組合，各種の協同組合，街区団体，工場委員会，農民相互扶助委員会，農業コミューン」(註3を参照)。さらに1928年12月の第4回大会では，これらに加えて，「消費協同組合，住宅協同組合，産業協同組合，農業協同組合，ソ連農林労働組合[45]，生産協同組合，『子どもの友』協会」[46] といった具体名が新たに，あるいは，あらためて出された。

以上に個人を加えて，新政権の中核をなした党(女性部を含む)から権力関係の上で近い順に整理すると，①ソビエト，コムソモール，ピオネール，労働組合，各種の協同組合，工場委員会，農民相互扶助委員会など―②企業，工場，農業コミューンなど―③住民・親・私人のグループ―④個人，となる。これが開園権を認め，与える対象の構造である。

44　*Спутник делегата II Всероссийского съезда по дошкольному воспитанию*, с. 13; *Резолюции по докладам Второго Всероссийского съезда по дошкольному воспитанию*, с. 9.

45　ソ連農林労働組合の前身である全ロシア農林労働組合については渓内，1989年，255～264頁を参照。

46　*Спутник делегата IV Всероссийского съезда по дошкольному воспитанию*, с. 17–20.

本書では，このうち，①を公認団体，③を一般団体とよんできた。前者をスターリンは，党を補完するプロレタリアートの大衆団体，「伝導ベルト」とみなした[47]。

　全員就園制・国営制・無償制という構想を想定したので，党の方針が①の伝導ベルトを通して，②～④の組織・グループ・個人に貫き，新世代の形成に有益な保育施設となりうる——このように保育行政機関は第1期に考えた。しかし，第2期から第3期の前半にかけて，その実現の難しさが判明した。すなわち，1) 在園するのはすべての幼児ではなく，最大時でその数%，1926年で1%に満たない幼児である，2) 無料の保育は私立施設の園児定員の1～3割に減少し，国立と公立の施設でも保育料が部分的に徴収される，3) 国立施設はわずかな実験・モデル施設に，公立施設は各県に1～2園ほどの中央施設などに特化し，残りの施設はさまざまな機関や社会団体の設立による——というように変わった。

　3) にある国営制の構想の転換の焦点は開園権を認める範囲にあった。上記の①の公認団体は党と新政権の補完勢力なので，開園権を認めることに特別な問題はなかった。また，②のなかで，とくに工場には，そこで働く女性労働者のために保育施設が以前から一部に付設されていた。第2～3期における生産の回復傾向と女性の労働者・失業者の増大傾向，他方での保育予算の削減を背景に，保育行政機関は工場などに対して保育施設の開園をそれまで以上に求めた。これは，女性失業者を抱える個別の工場には無用な提案であり，女性労働者の増員を必要とする工場には新たな負担を課すものだった。そのため，工場などに頼るだけでは保育施設網の拡大はもとより無理で，その縮小さえ食い止められなかった。

　そのため，保育行政機関の視野は③の一般団体，そしてまれに④の個人にまで広がった。その際，一定基準の施設・設備と教職員などを必要とする常設施設ではなく[48]，わずかな資金・建物・人材などで可能な小人数の保育グループと家庭幼稚園の開園が一般団体，すなわち住民グループに期待された。

47　松井康浩，1999年，16頁。本文の順と構造は同書から示唆を得た。
48　常設施設の基準については89頁の註29の文献を参照。

第3節　簡易施設の普及

　第1期に提起された保育制度構想が第2期から第3期の前半にかけて転換したのに伴い，保育行政機関が新たに注目したのが子どもの広場，子どもの部屋，保育グループなどの簡易施設だった。保育施設の質的な水準に少し目をつむっても，その量的な維持と拡大をはかろうとしたからである。本節では，1924年秋の第3回大会で簡易施設が推奨される論議と，その4年後の第4回大会で簡易施設が保育政策の柱とみなされる論議について検討しよう。

（1）　第3回大会における保育施設の経費削減と簡易施設の勧め

　第3回大会のニュリナ報告は（201ページを参照），保育行政機関にとっての「現実的方策」として，これまでの開園権の拡大と有償制の導入に加えて，保育施設の経費削減と簡易施設の拡大を提案した。このうち，経費削減の必要性について彼女はつぎのように説明した[49]。

>　「保育所の園児一人に〔月〕40ルーブルもかかるなら，家庭で子どもを育てている私たちにその金額を与えてほしい。私たちは家族の生活を26ルーブルでまかなっているから」という多くの女性労働者の声に応える必要がある。全国に3〜5園あるこの種のモデル保育所で多額の費用がかかる理由を一般の人々は理解できない。園児が保育所にいるのは一日の一部であり，〔夕方になれば〕帰宅する。そうすれば南京虫のいる家や，親や兄弟とベッドを共有する生活が園児を待っている。そうした状態にある園児に多くの費用をかける必要があるのか〔というのが，上記の疑問の根底にある〕。これは保育所についてだけでなく，幼稚園についても同じである。たとえば，モスクワでは幼稚園児一人に〔月〕16ルーブルもかけている。他方，多くの労働者の月間賃金は27〜35ルーブルなので，幼稚園への支出を不当と母親が感じるのも無理はない。そのため，母親が保育事業に参加しなくなる。国の経済の現状にあうように〔保育〕予算案を再検討すべきである。

49　Виленская и др., 1925, с. 458–459.

施設経費の削減という提案は，施設網を縮小するのでない限り，少ない費用で開ける簡易施設の拡大を意味した。この点には，農村問題をめぐる討論(註80を参照)におけるニジニ＝ニコラエフスク(極東)の代表 И. ノドマンのように[50]，賛成する者がいた。

　　　園児一人にかかる経費を最小限にすることでのみ，保育施設を農村に広げられる。ヴォログダ県〔北部地方〕の代議員はこの額を〔月〕1ルーブルにしたと述べた。われわれのところでは，そこまではいかないが，まず施設の基準を引き下げたい。

　このあたりから論議の流れは，開園権や有償制の問題から離れ，施設経費や簡易施設の問題に傾いていった。保育行政機関にとって後者は前者よりも取りくみやすく，多少の成果がすぐに期待できたからである。その主張の要点はつぎのようなものだった。

　　　保育施設が絶対的に足りず，それを見たことさえない親が多い現状では，第2回大会まで保育専門家らが強調してきた「一定水準の保育施設を広げる」という主張は現実性を失った。今は質を論じている時期ではない。たしかに質は大切なので，配慮しなければならない。しかし，いま優先すべきは量的な拡大である。そのため，安くてすむ施設，たとえば子どもの部屋や子どもの広場などの簡易施設の普及を重視する必要がある。

　こうした考えから，たとえばニュリナは，部屋がひとつあり，非常勤の保育者がいれば開園できる子どもの部屋を拡大するため，ソ連全体で21万人いるデレガートカ(女性代議員)とコムソモール員を活用するように提案した[51]。

　彼女の経費削減に対する厳しい目は保育者の賃金にも向けられた。ヴィレンスカヤ報告の討論で出た「〔保育者は日常の保育のほかに〕子どもの部屋などの活動で仕事が増えているのに，賃金は低いままだ」という不満に対して，ニュリナは，「他の重要な職種と比べて保育者の賃金は決して安くないので，その上昇を

50　Там же, с. 365.
51　Там же, с. 461–462.

第 4 章　保育制度構想の実質的な転換と農村の保育活動(1924～1928 年)　　225

望んではならない」と答えた[52]。しかし，表 2-7(134 ページ)でみた保育者の賃金水準からみて，これは正当とはいえない。

　ここでの論議をまとめる意味で，ヴィレンスカヤ報告(201 ページを参照)をめぐる討論でニュリナが提起した保育政策の優先順位を紹介しよう[53]。1924 年秋の時点で保育行政機関にとって採用が可能とみなされた選択肢の幅を示しているからである。彼女はつぎのように言う。

> まず，保育の本質や基礎を変えない範囲で保育施設の経費の見直しを優先する。つぎに，公認団体に開園権を認める可能性を探る。最後に，一般団体への開園権の付与と有償制の導入を考える。そのために多様な保育内容・方法を実施し，保育施設に対する社会的評価を高める。

　これは，国営制と無償制の構想の厳守を原則とする第 2 回大会の合意を，第 2 期に進展した状況の変化に部分的に合わせようとした試みである。しかし，それは，最終的に，施設経費の見直しに留まることで，簡易施設の勧めに変容した。保育施設をより簡単で安価なものとすることは施設への親の信頼を失いかねなかった。それにもかかわらず，こうした傾向が基本となった背景には，保育財政の悪化とともに，第 3 回と第 4 回の両大会や第 3 回協議会から保育専門家の影響力が弱まり，逆に，保育部や保育課で働く保育官僚に代表される行政従事者の声が強まりつつあった，という事情を見逃せない。

(2)　第 4 回大会(1928 年末)における簡易施設への傾斜

　1928 年は年頭から，穀物調達に非常措置を適用する党中央委員会の指令が出るなど，政治的緊張が高まり，翌年からの「上からの革命」の開始を準備する年となった。しかし，第 4 回大会では，それまでの方向を再確認し，従来の保育政策を再検討する論議が行なわれていた。その意味で保育界は文化革命の前夜にあった。

　焼き直しの保育政策　　保育専門の上級視学官であり，大会組織事務局の代

52　Там же, с. 473-474.
53　Там же, с. 99.

表であるE. E. ツィルリナ[54]の報告「ロシア共和国の保育活動の総括と展望」は簡易施設の拡大を重視した。すなわち彼女は,「社会団体や住民の資金援助をあてにするだけでは,建設費や維持費の高い常設施設網を急速に拡大できない。そこで簡易施設を開き,園児の受け入れ枠を広げる」という趣旨の報告をした。それは,「園児の高い欠席率をあらかじめ考慮し,保育者一人平均の園児数の基準を引き上げる」「少ない保育者で通年の保育ができるように保育活動の合理化と保育施設間の連携をはかる」という提案と対になっていた[55]。そのため,代議員の間に反響と反発をよんだ。

すでに大会の最初にルナチャルスキーが,「保育分野は予算不足なので,住民の資金を導入したり,広範な共同活動を生かしたりして,簡易施設の増設を速める」と報告していた[56]。そのため,簡易施設の重視は教育人民委員部の方針である,と多くの代議員が受けとめた。

その方針を具体化したツィルリナ報告はまず,簡易施設の基本タイプとして,「夏季と冬季の子どもの広場,昼間と夜間の子どもの部屋,住宅協同組合と労働者クラブに付設された簡易幼稚園,子どものコーナーなど」を例示し,つぎのように述べた[57]。

> これらの施設を簡易で安価なものとするのには,建物の基準の引き下げ,設備の軽減,保育者一人平均の園児数の増大〔これを聞いた聴衆から長いざわめきが起こった〕,女性〔部〕とコムソモールの活動家の積極的な活用が必要である。しかし,そうすることで保育活動の質を下げたり,給食を廃止したりすることは決して許されない。

施設・設備の基準と人的な基準を引き下げ,施設の開園・維持・運営の費用を安くする,そのために特定の季節に一時的な保育を行ない,すでにある各種

---

54 《Бюллетень НКП》, 1928, No. 26, с. 10–11; No. 46, с. 14;《Известия》, 7 декабрь 1928, с. 4, и др.

55 *Спутник делегата IV Всероссийского съезда по дошкольному воспитанию*, с. 7–34; Цирлина и др., 1929, с. 19–32.

56 Там же, с. 15.

57 *Спутник делегата IV Всероссийского съезда по дошкольному воспитанию*, с. 21.

の文化施設の空き時間を利用する——という方針と，保育水準を低下させないという要求との両立は難しかった。

第3回大会でニュリナが慎重に提起した簡易施設が，第4回大会のツィルリナ報告では当然の方策であるかのように提案されている。これは，1924年夏から子どもの広場を初めとする簡易施設が急速に広がり始めていたからであり(84ページの表2-1を参照)，ツィルリナ報告の大半が従来の保育政策の再確認，すなわち「焼き直し」だったからである。

施設・設備基準と保育水準　同報告をめぐる討論は，施設・設備基準の低下と保育水準の維持との両立の可否，簡易施設と常設施設の関係という2点に集中した。

1点目については，「報告は矛盾している。施設・設備面の基準を下げたら保育活動の質も低下せざるをえない。必要なのは園児数や園庭の広さなどの基準〔保育施設の設置基準〕を決めることだ」という妥当な意見が出された[58]。

保育者の負担増につながる人的基準の引き下げには，つぎのような批判が続いた[59]。

> この基準を下げてはならない。保育者に同情するからそう言うのではなく，保育者がとりくむべき園内外での活動ができなくなるからである。

> これまでの基準を変えてはいけない。もし変更するときは，教育労働組合中央委員会と教育人民委員部の合同の委員会で検討する必要がある。

他方，モスクワ派のオルロワはツィルリナ報告をつぎのように支持した[60]。

> これまで保育者一人平均の園児数は25人とされてきた。簡易施設ではこれを30人にしてもよい。現にそれで保育している施設がある。ただし，保育時間を10時間にするわけにはいかない。また，簡易施設の保育者には高い資質が求められる。

58　シャフヴェルドフ(レニングラード)の発言 (Цирлина и др., 1929, c. 59)。
59　順にゲシェリナ(モスクワ)，ドリンゴ(教育労働組合中央委員会)の発言 (там же, c. 65-66, 71)。
60　Там же, c. 47-48.

ところで，報告は保育者一人平均の園児数を増やすと提案したものの，具体的な人数にはふれなかった。そのため，ツィルリナは討論のあとの結語でつぎの数値を提起した[61]。

> 簡易施設の問題に関する意見の違いの核心は保育者一人平均の園児数にある（会場から「違う」との声があがる）。失礼した。しかし，意見の相違は主としてここにある。地方の代議員から園児数について25人，30人，あるいは50〜60人未満という数があげられた。保育者の多大な負担が非常に重要な問題であるのは明らかだ。同時に，保育の援助者——広範な大衆，住民，親，そして何よりも女性労働者と女性部——の存在を考えに入れ，その力を最大限に活用する必要がある。この点を考慮して園児数の問題を検討しよう。

保育施設の外部からの援助に期待するというツィルリナの提案は問題をすりかえている。それは，第1に，最初から援助者が存在するのではなく，保育者の側から住民らに働きかけて初めて援助を得られるからであり，そのあいだ保育者は多数の子どもの保育と対住民活動を並行して進めなければならないからである。第2に，のちにツィルリナ報告でふれられる対住民活動をめぐる討論で，女性部などに対して「頼りにならない」「3歳未満児施設への援助に偏っている」という不満が代議員から出されるからである[62]。

簡易施設と常設施設　2点目の論点である簡易施設と常設施設の関係についても，代議員から疑問や不安・批判が殺到した。とくに国民教育部の保育への対応を問題にする声が多かった。これまでに述べた内容との繰り返しをいとわず，そのいくつかを次に列挙しよう[63]。

> ニジニ＝ノヴゴロト県ではこの3年間に子どもの広場が48園から164園に増えた。しかし，国民教育部がこれに関心がないので「無認可」の子ど

61　Там же, с. 86.
62　Там же, с. 81–82.
63　順にクルプノワ，ベズヴェルハヤ，フロブリフ，ヴォリナの発言（там же, с. 56, 42, 78, 45–46）。ほかに同趣旨の発言が там же, с. 41, 67, 70, 77, 84, 85 で繰り返された。

第 4 章　保育制度構想の実質的な転換と農村の保育活動 (1924～1928 年)

もの広場が存在する。

　地方〔サマラ〕では簡易施設の方針に誤解がある。国民教育部は簡易施設の増設というスローガンを掲げ，常設施設を後回しにしている。

　〔ドン河口の〕ロストフ=ナ=ドヌーの幼稚園の大半は簡易なもので，これを教育人民委員部の〔常設施設の〕基準に近づける必要があるのに，国民教育部は逆にそれを引き下げようとしている。

　〔ウズベク共和国の首都〕タシケントの保育施設網の拡大はすでにある常設施設の簡易化という方向で進んでいる。これは誤りで，簡易施設を常設施設にすべきである旨を本大会で明言する必要がある。

こうして簡易施設に対する代議員の評価は，「『ソ連の最も将来性に富んだ基礎』である子どもを健康に育てられるか否かは保育施設網の拡大にかかっている。その点で簡易施設は役に立たない」[64] という厳しいものから，「労農層の資金で設置可能なのは常設施設ではなく簡易施設なのだから，それを必要悪のようにみるのは誤りだ」[65] という「現実論」までさまざまに分かれ，数からいえば否定的な意見が多数を占めた。

　だが，決議は，まずツィルリナ報告の方針を認め，「簡易施設を設置する活動を全力で推進する」としたうえで，その具体策を 6 点にわたり述べた。そして，討論で出た疑いを解消するため，「簡易施設の開園が通常〔常設〕施設の発展の速度や保育活動の低下を招くようなことがあってはならない」という点を強調した。さらに「保育活動の組織・内容・方法に関する問題を近いうちに教育人民委員部で検討し，指導書を各地に送る」と約束した[66]。

　保育関係者の間の不一致　　簡易施設をめぐる論議は，中央と地方の間や，保育行政従事者と保育者の間に埋めがたい溝を残した。

　決議は，「簡易施設の拡大によって常設施設の活動の規模が縮小したり，水準

64　ヤクブの発言 (там же, с. 66)。
65　ルドネフの発言 (там же, с. 74)。
66　*Резолюции IV Всероссийского съезда по дошкольному воспитанию*, с. 8-10.

が低下しないか」という保育者や地方の保育関係者が抱く不安を一掃しようとした。しかし、実際のところ、促成養成された保育者の低い力量と厳しい財政事情などから、そうした縮小や低下は生じやすかった。最低基準の4割の予算で運営され、給食費の4分の3を削減された常設施設の実態を直視すれば（160ページを参照）、その量的な拡大を最優先する保育部の主張よりも、拡大の必要性を認めつつも、施設や保育の水準のさらなる切り下げを無理だとみなす地方の保育関係者の声に同意せざるをえない。それは保育者の負担増と待遇の悪化を心配する自己保身だけから出たものではなかったからである。

同時に、保育部などの主張からは、保育に通ぜず、その実態に疎い人材が保育行政機関に多かったことを再確認できる。もちろん、ここでの本質的な問題は、保育予算比の低さに象徴される、国家建設の過程における保育建設の位置づけの弱さにあった。

第4節　1920年代中頃の農村における保育活動

ここまで本書は主に都市と労働者を対象に保育施設の誕生の過程を追ってきた。他方、問題の副次的な側面として、農民や農村と施設との関係を軽視できない。それは、世界で最初といわれる保育所が1770年にフランスの寒村で生まれたことや[67]、日本の農村で子守をする子どものための保育施設が19世紀末から開かれ[68]、第二次世界大戦下で5万園以上の農繁期託児所が存在したことなど[69]、ロシア以外の国々の事例からも理解できよう。また、帝政末期のロシアにおいても農繁期保育所の数は都市の保育施設の2〜3倍にのぼっていた（58ページを参照）。

ただし、ロシアの農村に保育施設が本格的に広まり始めるのは、1920年代末

67　岩崎次男、1974年、78〜80頁；古沢、1987年、135〜138頁を参照。
68　戦後の保育史研究でこの点にいち早く注目したのが古木、1949年、70〜87頁であり、それを発展させたのが宍戸健夫である（一番ケ瀬ほか、1962年、20頁；宍戸、1968年a、33〜34頁など）。子守学校については神津、1974年；長田、1995年などを参照。さらに最近の研究として渡邊洋子、2000年；松田、2003年などがある。
69　一番ケ瀬ほか、1962年、91〜98頁；宍戸、1974年；同、1988年、第5章などを参照。

からの全面的な農業集団化の時期に農村共同体が破壊される過程においてである。規模ではそれに遠くおよばないものの，都市と農村，党と農民の関係が一時的に安定したかにみえた1920年代中頃に，農村における保育活動(以下，「農村活動」と略)が活発になった。その最大の政治的意図は「人口の80%をこえる農村住民を体制の側にひきよせ，国民的統合を実現する」[70] という点にあった。だが同時に，活動の実際はそうした意図に必ずしも縛られた単調なものではなかった。

　農村活動を主に担ったのは，農村との関係の改善をねらった1923年4月の第12回党大会の「農村重視」政策を実践するシェフストヴォの一部として[71]，都市から農村に派遣された(大半は女子)学生たちである。彼女らが中心となり農繁期に開いた子どもの広場は1923/24年度〜1928/29年度の間に10数倍になった(84ページの表2–1を参照)。それを裏づける広場向けの予算は1925/26年度の6.3万ルーブルから翌年度の8.3万ルーブルに，派遣数は1924/25年度の10校の195人から翌年度の23校の362人，翌々年度の32校の420人に増大した[72]。

　こうした多面的な農村活動を描くのに本書のスペースは十分ではない。そこで，以下では，この活動が最初にとりくまれた1924年を中心に，ヴャトカ県などの事例から具体的な活動内容について略述したい。おそらく読者はこの活動が帝政末期の農繁期保育所の姿と重なることに気づかれるだろう(51ページ以下を参照)。

(1) 1924年のヴャトカ県での活動[73]

　県都ヴャトカ市から100kmほど西方のコチェリニッチ郡のユム郷ソドム村に，モスクワの共産主義教育アカデミー(126ページを参照)に属する2人の女子学生が1924年の夏に派遣された。彼女らは郡国民教育部から給食費などとして80ルーブルを預かり，郡保育コミューンからわずかな食糧をもらったうえ，

70　渓内，1989年，9頁。
71　同上，231〜244頁を参照。
72　校数は大学と少数民族向けの専門学校の合計である (ГАКО, Р–1137/1/2116/21; РСФСР. НКП, 1928, с. 37)。
73　以下は学生による次の活動報告による。О работе на дошкольной площадке в дер. Содом, Юмской вол., Котельнического уезда, 《Путь просвещенца》, 1925, No. 6/7, с. 137–142.

教育人民委員部から支給された 2 チェルヴォネッツ・ルーブルでおもちゃと教材を購入したあと，6月17日にユム郷に着いた。さっそく郷内の 2 つの村を見学し，3 歳未満児向けの保育所がすでにあるソドム村のほうが子どもの広場を開きやすいと考え，そこに開園することに決めた。その後，彼女らは日曜日や夜間もいとわず，開園準備にとりくんだ。しかし，建物を借り，最小限の備品や教材をそろえ，園外や，ときに他村での啓蒙活動を進めるのに手間どり，開園は 1 か月後の 7 月 19 日になった。農繁期の残りを考えれば，実質的な保育期間は 1 か月に満たなかった。

開園まで その準備のなかで学生らは党支部や郷執行委員会・女性部などだけでなく，医師や保育者などの「文化勢力」からも援助を受けた。また園児募集にあたって，住民自らが保育事業に関心をもってくれるのを待った。「農村社会の外からする働きかけが」「伝統的な共同体的関係を濾過してのみ農民に達しえた」[74] という農村の構造を彼女らは知っていたかのようである。

その結果，開園初日に登園した 5〜6 歳の 15 人が 1 週間後には 20 人に増え，流動的だった顔ぶれは 8 月上旬までに定着し，園児は 32 人になった。当初，そのなかには弟妹をつれた低学年の学童が多かった。子どもの広場とは何か，誰が通うところか，という点についての情報が住民の間に浸透しておらず，結果として子どもの広場が子守の場という性格を一時的にもった。その後は幼児が園児の多数を占めるようになり，なかには保育所から移ってきた 6 人の園児もいた。彼らは，村内にほかに保育施設がなかったので，3 歳を超えても保育所に在園していたのであろう。親の職業別では，農業 25 人（うち 20 人がソドム村，5 人が他村），ソビエト職員 4 人，保育所職員 1 人で，肢体不自由のために物乞いで暮らしている家庭の女児も 2 人いた。また，孤児は 1 人，単親の半孤児は 8 人だった。4 分の 1 以上の園児に両親が揃っていない背景には，① 全国の農村の平均寿命が男性で 40 歳，女性で 45 歳と短かった，② 1918 年家族法を契機に都市を中心として離婚率が上昇しつつあった，③ 内戦期（1918〜1921 年）にヴャトカ県が前線に位置した——という第 3 章までにみた事情があった。

園児の体調と給食 保育を始めた翌日から医師の検診があり，病状を示し

---

74 渓内，1989 年，246 頁。

た園児が5人みつかった。栄養状態は「良い」4人,「普通」18人,「悪い」10人に分かれた。リンパ腺の肥大が全員にみられ,症状が著しい園児は3分の1にのぼった。全体的に健康状態が良くない主な原因は食事にあった。園児の家庭での食べ物は大人と同じ黒パンと玉ねぎ入りのクワス(ライ麦などをもとにした,微量のアルコールを含む発酵性飲料)で,牛乳が飲めるのは一部の園児に限られた。卵は売り物で食べられず,温かい食事はほとんどなかった。

　他方,子どもの広場では食糧と食器が足りないため,ふさわしい給食を出せず,開園後の約2週間の朝食は牛乳入りの薄いお茶,昼食は牛乳スープと卵(ときに肉)入りの粥だった。活動開始前に郡国民教育部から支給された80ルーブルをみな給食費に回したとしても,園児32人の給食をそれでまかなうのは難しかった。園児一人平均の給食費(月額)が同年のヴャトカ市第2番幼稚園で4ルーブル[75],1925/26年度の県下の幼稚園で3ルーブルだったので[76],幼稚園よりも保育時間の長い子どもの広場で一日に3回の給食を32人に保障するのには月額100ルーブルでも足りなかった。そのため,学生の手当を食費にあてざるをえず,8月分の手当をもらった学生が郡保育コミューンに買い出しに行ったときだけは,給食内容が良くなった。

　園内外の活動　日々の保育内容で重視されたのは,① 散歩や午睡・給食,ときに入浴や水浴といった園児の健康に配慮したとりくみと,② 集団や労働,あるいは園外生活や社会との結びつきなどだった。①の保護的な側面は,諸国の保育史において,労農層の幼児向けの保育施設でほぼ共通して最初に求められるものであり,また保育の基底的な部分にあたる。それは,食事・睡眠・清潔などの点での適切な習慣を園児に形成することを直接の目的とし,その習慣を園児が家庭に持ち帰り,生活の改善につながることを間接的にねらうものである。②の教育面にはグース・プログラムの影響がみられる(16ページを参照)。

　親や農民に対する啓蒙活動として,衛生水準の向上と新政権への支持の獲得が重視された。具体的には,① 親集会における子どもの広場の課題・目的や保育事業の経過の説明,② 日曜日ごとに4つの村で開いた談話会における「妊娠

75　ГАКО, Р-887/1(-е)/418/74–74об.; Р-1137/1/1504/63–64об.
76　ГАКО, Р-1137/1/2116/85.

期と出産直後の母体保護」「乳児の保護と3歳未満児の教育」「保育施設の意義」「夏季の小児伝染病とその対策」「農村の衛生状態」などについての講話，③「農民」「コムソモール員と農村のカルマニョル(革命の歌と踊り)」といった題目の宣伝劇の上演などが行なわれた。

こうしたとりくみは，全体としてみれば，園児の生存や健康に関わる状況を改善するだけでなく，農民の思考や行動の様式を大きく変革することをめざしていた[77]。

(2) 1924年のロシア中央部での活動とその後

同じ年の夏に，カルーガ，スモレンスク，ヤロスラヴリ，ペンザ，クルスクというモスクワに割合に近い5つの県の農村にも10人の学生が派遣された。10月の第3回大会でこの活動を総括したのが，彼らの属した共産主義教育アカデミーの T. ギリャンツィヤンの副報告「農村の保育活動」である。それは，「党が直面する大きな課題の部分的な解決にわれわれは貢献する」という立場から，農村の矛盾を描いてはいない[78]。しかし，その端々に農村活動の実際や農民の反応がみられ，ヴャトカの経験を理解するうえで参考になる。彼女の副報告の特徴はつぎの3点にまとめられる。

開園地と資金　第1に，学生が直面した最初の問題は子どもの広場の開園地の決定と資金の確保だった。開園地については，利便性と宣伝効果を考えて大きな村の中心部にするのか，あるいは，健康的な環境に配慮して村のはずれにするのか，という点が1926年春の第3回協議会で論議される。1924年秋の時点では宣伝上の意義が重視され，村の中心部が選ばれた。資金については，地方予算への期待は初めからほとんどなく，農業コミューン・協同組合・労働組合・農民相互扶助委員会などの公認団体と農民に頼るしかなかった。先にコチェリニッチ郡国民教育部が給食費を出したのは(231ページを参照)，異例の措置だったことがわかる。

農民の反応　第2に，都市からきた学生と保育施設に対する農民の疑いで

77　Ransel, 2000, p. 57.
78　Виленская и др., 1925, с. 330–341.

ある。それはさまざまな噂，たとえば「子どもをモスクワに連れて行く党員らがやってきた」「〔子どもの広場を開くため〕食糧税が上がるので，子どもの広場に通園させない」となって示された。同じ 1924 年にモスクワ市近郊の村で保育者が農家を訪ね，幼稚園について説明した際も，「幼稚園は有料で，それができたら食糧税が上がるにちがいない」という農民の声が聞かれた[79]。

翌 1925 年，第 1 実験ステーションのカルーガ支部で農村幼稚園の指導にあたっていたアザレヴィッチは，「あんたらはいま子どもを集めておいて，秋に税金を上げるのだろう」という同種の声のほかに，保育施設そのものへの疑いを農婦から数多く耳にした。「施設で子どもは遊んでばかりいるのだから，家においておいたほうがいい」「施設で子どもを甘やかして育てれば，二度と家に帰ってきやしない」「施設がなくてもわしらは大きくなった。施設はみな，あんたらが考え出したものだ」「この村であんたらは用なしだよ」「わが家には子どもがたくさんいたけれど，ありがたいことに，もうみんな大きくなった」「施設を開くために苦労するより，何もしないほうがましだ」[80]。

さらに，カルーガ県で村内のコムソモール支部と連携して子どもの広場を開こうとしたところ，「子どもの広場はコムソモールの集まりだ」という噂が生まれ，子どもは一人も登園しなかった。帝国主義戦争〔反対〕キャンペーンを実施したペンザ県では，農民がそれを知るとすぐ，「ボリシェビキ〔党〕は戦争を準備しており，小さな子どもを集めて兵士に養成しようとしている」という噂が広まった。

その釈明のために学生はスホード（農村共同体の集会）に出かけたり，「新政権は女性解放を援助しようとしている」と個別の農民やそのグループに幾度も説明したりした。その結果，誤解がとけたときもあった一方，そうでないケースも残った。なかには説明の言葉そのものが農民に理解されえないこともあった[81]。

---

79 Там же, с. 360–362.
80 Виленская, 1926, с. 51–55. 同名の主報告はクルプスカヤが，別の 2 つの副報告はアザレヴィッチらが担当した（村知，2000 年，67～69 頁）。そのうち前者はВиленская и др., 1925, с. 317–320; クルプスカヤ，1969 年，136～141 頁; クループスカヤ，1973 年，44～48 頁に所収。
81 この点については，帝政末期の農民に関する高田和夫の指摘を参照（1995 年 a, 49～51 頁）。

こうした摩擦を軽減するため，ヴャトカでは保育所がすでに開かれているソドム村に子どもの広場を設置したのだろう。

他方，つぎのクルスク県は誤解がとけた一例である。親の集まりをもった夜にスホードが開かれた。女子学生が農婦に「そこに参加しよう」といっても，農夫だけが出席するスホードに行こうとする者はいなかった。再び2～3人の農婦を誘うと，他の農婦もついてきた。スホードに行くと，農夫が「ここには女の席がない〔女の来るところじゃない〕」というので，学生が「立っているから大丈夫」と答えると，笑いがおこった。こうして学生は農夫に子どもの広場の意義を宣伝することに成功し，農婦が農村生活のすべてに関わるようになった――というのである。最後の一文はやや安易すぎる。しかし，こうしたケースが皆無だったともいえない。農婦のスホードへの出席は帝政期から認められていたからである[82]。

機関と団体の対応　第3に，学生にとって最も身近な援助者とみなされた女性部やそのデレガートカは，先のソドム村と違い，その期待に必ずしも応えなかった。党や公認団体ですら農村世界に入っていくと，その独自な論理に絡みとられ，本来の任務を忘れてしまう――「党はその末端において農民社会を指導するためにそれと接触したとき，反対に農民社会に同化され，吸収され」る[83]――ことを示している。園外に援助者を求めるという第4回大会でのツィルリナの提案は(228ページを参照)，農村の現実から掛け離れていた。

このように，帝政期の蓄積がわずかな保育事業について，少しでも知識や経験をもっている人材を地方に求めるのは難しかった。そのため，ある代議員は，「辺ぴな村では，ピオネールやコムソモール・女性部が保育問題をほとんど知らないので，まず彼らの問題認識を深め，そのあと彼らを通して広範な農民大衆に近づいていく」べきだと述べた[84]。同時に，同じ事情から農民への直接的な働

82　鈴木，1995年，227頁。

83　溪内，1989年，125頁。近年のロシア農村史研究では，この時期の農村の党員らが非農民的・反農民的な特質や志向をもち，文化的・政治的な水準が著しく低かったという点が強調される。そのため，シェフストヴォに対して彼らが協力や援助をしなかったというだけでなく，妨害さえ行なったという同時代の記録が紹介されている(奥田，2006年，432～442頁)。

84　Виленская и др., 1925, с. 366.

きかけも重視された。

1925～1928年の活動[85]　第3回大会での反省をふまえ，1925年には「春(まで)の準備」「夏の実践」「秋の評価(反省)」という年間を通した系統的な活動が初めて展開された。そのため，大学や教育専門学校の保育学科に属する3～4年生など200人弱が農村に派遣された。

1926年春の第3回協議会でこの活動を振り返り，同年の農村活動について論じたのはヴィレンスカヤ保育部長の報告「第3回大会後の保育活動の総括と当面の課題」だった[86]。そこで彼女は，まず「子どもの広場を通して農村に」働きかけ，つぎに「子どもの広場を通して幼稚園に」，すなわち臨時施設を常設施設に改組するという方針を提起した。それを実践するため，362人の学生らが農村に出かけた。この数は翌1927年には420人に増え，それに応じて活動費用も増大した(231ページを参照)。

1928年夏もこの活動は継続された。しかし，少数の学生派遣による短期間の農民への働きかけは農村の広大さの前で大海の一滴と化した。

農村の保育施設の両面性　子どもの広場はたしかに増大した(84ページの表2-1を参照)。また，それが開かれた村では農民の養育観や保育観に多少の変化を生んだ。その最大の理由は，帝政末期の農繁期保育所と同様に，園児の死亡率の低下にあった。

しかし，「子どもの広場を通して幼稚園に」という方針にもかかわらず，農村活動が定着し，臨時施設から常設施設に改組が進んだという話はあまり聞かれなかった[87]。そのため，1920年代末になっても農村の常設施設網は回復しなかった(171ページの表3-3を参照)。農村での保育需要がほぼ農繁期に限られていたうえに，それが終わり，学生らが都市に帰ったあと，農村活動の担い手を村

85　村知，2000年，69～73頁。

86　*Спутник делегата III Всероссийской конференции по дошкольному воспитанию*, с. 55–58; *Стенограмма III Всесоюзной конференции по дошкольному воспитанию*, с. 586–612; *Резолюции по докладам III Всероссийской конференции по дошкольному воспитанию*, с. 32–37.

87　数少ない報告として，おそらく1926年に教育大学11校から農村に派遣された297人が186園の子どもの広場を開き，21園を幼稚園に改組したというものがある(ГАРФ, А–1575/10/80/97)。

内に見出すのが容易でなかったからである。この担い手として期待された教師や保育者は，秋に新学年度が始まると，本来の仕事で多忙になった。また，保育に対する女性部やコムソモールなどの理解が夏季の短い保育活動で深まるのは難しかった。さらに農民は，「税負担がなく，無料で保育してくれるなら，手が足りないときに幼児を登園させる。しかし，家で子どもの面倒をみられるときまで，人手や資金を出して施設を支援するのはお断りだ」と考えたことであろう。

保育施設が農村でもった両面性は，帝政末期に続いて，1920年代にも認められた。同時にこの時期には，保育政策についてみれば，保育施設の役割を国家建設と結びつける保育部の見解に代表される党的な保育観——農村における階級闘争を重視する1923年までの党伝来の歴史観を直接に反映した保育観——をあわせもっていた。それがなければ，地方自治機関ゼムストヴォなきあとの1920年代の農村に保育をもちこむ活動は生まれにくかった。他面，そうした保育観にもとづいていたために農村での保育活動は，一体性を保って外部世界に立ち向かう農村[88]との摩擦や衝突をさらに増すことになった。まとまった継続的な保育需要を農民の間に喚起するのは簡単ではなかった。

そして迎えた翌1929年の夏に事態は一変する。それからの数年間，文化革命の一部として「保育の行進」というキャンペーン活動が全国規模で展開され，都市と農村，とりわけ後者における保育施設網の量的な拡大と「ソビエト(型)保育」の形成につながった。そこに，啓蒙的な方策を中心にした1920年代の活動の教訓を読みとるのは難しいことだろう。

---

88 溪内，1970年，224, 628頁; 同，1989年，240〜241頁．

終　章

総括と含意
——保育制度構想の今日的意義——

中扉: ペテルブルク市ヴイボルク地区第 139 番幼稚園兼児童発達センターで保育者と一緒に手遊びをする園児たち(2006 年 3 月に撮影)。

本書は，1917～1928年の初期ロシア共和国を対象に，家庭や共同体での養育の部分的な共同化（とその一形態である社会制度化）の過程の発端とその契機を探ることをめざし，ここまで論を進めてきた。具体的には，第1に，初期ロシア保育界に提起された全員就園制・無償制・国営制という保育制度構想の転換過程を，そこで開かれた計5回の（全ロシア保育）大会・協議会の論議などにもとづいて検討した。第2に，この構想のあり方を規定した養育や施設での保育の実態，乳幼児をとりまく環境，それらを左右した労働や家族の変化，人口動態などの問題について，帝政末期～ソ連初期の資料や近年の関連分野の研究をもとに論じてきた。
　これら2点の課題の分析にあたり，本書はソ連初期を3つの時期——1917～1921年の第1期，1921～1924年の第2期，1924～1928年の第3期——に細分した。それぞれが，保育制度構想の提案と追求，部分的な転換，実質的な転換の時期に対応すると考えたからである。
　終章では，(1)～(4)で課題の分析結果を，帝政末期（1890年代～1917年）から第3期にかけて，すなわち第1～4章の順に総括する。そして(5)で上記の目的と課題に照らした本書の結論を述べ，(6)で保育制度構想が現代社会の保育にとってもつ一般的な含意にふれたい。

(1)　19世紀末～20世紀初めにおける保育制度構想の芽生え

労働者　1860年代の大改革のあと，ヨーロッパ部（欧露部）中央を中心に出稼ぎ者が急増し，その数は19～20世紀の転換期に年間600万～700万人ほどにのぼった。その半数以上が農村から都市への工業出稼ぎだった。彼らの行き先はモスクワ，（サンクト）ペテルブルクという両首都に集中し，そこで軽工業などに労働力を供給した。出稼ぎ者は主に10歳代後半～30歳代の単身の男性で，未婚者や寡婦を中心とする女性も少なからず含まれていた。
　出稼ぎ者は，少しでも多くの土地の配分を求めて，農村共同体との関係を長く強く継続しがちだったし，都市で家族と一緒に暮らすのは経済的に難しかった。しかし，そうした制約を越え，都市に定住する出稼ぎ者が世紀転換期頃から徐々に増えた。その結果，第1に，1863年から1917年にかけて人口がモスクワ市で46万人から204万人に，ペテルブルク市で54万人から230万人に増

加した。第2に，19世紀末からの男性労働者の増大にやや遅れて，20世紀初めの10数年間に女性労働者が44万人から72万人に増えた。それに伴い，全労働者に占める女性労働者の比率は26％から32％に上昇した。

人口動態　出生率や乳児死亡率は帝政末期に変動した。欧露部の出生率は50‰（千分の一の単位「パーミル」）前後という高い水準が19世紀後半を通して続いた。それが20世紀に入ると低下し始め，1910年頃には45‰前後になった。他方，乳児死亡率は19世紀後半に平均で270‰を超え，数年おきに約300‰まで上昇していた。それがやはり20世紀に入ってから下がりだし，1910年頃には約250‰に改善された。ただし，この値は飢饉などの影響を受けやすく，全国平均値の高騰する年が20世紀前半に幾度かみられた。都市・農村別の乳児死亡率は世紀転換期に逆転し，農村の値が都市のそれを上回るようになった。

全体としてみれば，世紀転換期のロシアは多産多死段階から多産少死段階に移る過程，すなわち第1の人口転換（多産多死段階から少産少死段階への移行）の出発期にあった。ただし，出生率と乳幼児死亡率はともに主要国のなかで異例に高かった。その背景として，家族のあり方や農民の子ども観にみられる特徴を指摘できる。家族については，早婚と高い婚姻率が妊娠可能期間を長くし，出生率を上昇させた。子ども観については，農民の間に子どもの養育責任という考えが弱く，逆に親の扶養責任という見方が強かった。また，子どもの存在は結婚の道徳的な正当性の証しだったものの，多子は必ずしも歓迎されなかった。しかし，効果的な避妊法がなく，農村では中絶が都市ほど広まっていなかったので，出生率が高水準にあった。

農村における高い乳幼児死亡率の主な原因は，農繁期やそれと重なる出稼ぎ期間の終了後に結婚と性生活が集まり，宗教上の慣習からそれがさらに短期間になりがちだったことと，その結果，妊娠後期と出産期がつぎの農繁期に偏ることにあった。副次的な原因には，上記の農民の子ども観，不十分な衛生条件・栄養条件と不適切な養育の仕方，数年おきにやってくる飢饉と疫病——これらの結果として時にみられた子どもに対する親の関心の低さなどがあり，それらが互いに影響しあっていた。

小家族　大改革期～ソ連初期に農民数の増加を上回る速さで進んだ世帯数の増大によって，一世帯の平均構成員数は1917年に農村で6.1人まで減少し，

さらに 1920 年には農村で 5.6 人，都市で 4.4 人となった。こうして大家族から小家族への移行が進み，核家族を含む単純世帯がロシアの家族においても主要な形態になりつつあった。

ただし，それは，「男は仕事，女は家事・育児」という性別役割分業や，出生数の減少による子ども中心主義などを特徴とする近代家族の誕生には直結しなかった。当時のロシアは出生率が依然として高いうえに，国民の 8 割以上が住む農村では乳幼児以外の世帯構成員が総出で働く必要があり，強固な共同体が人々の生産と生活を根本から規定していたためである。なお，これは 1917 年の（十月）革命後も継続し，小家族化の加速を除けば，帝政末期とあまり変わらない家族形態が初期ロシア共和国の農村でよくみられた。

他方，出稼ぎ者は定住し始めた都市で家族との同居を望むようになり，この傾向は 20 世紀初めに強まった。都市生活の最大の経済的な障害が高い生活費と低い賃金の格差にあったので，共働きが広まった。しかし，一日 10 数時間の労働や適切な住宅・交通手段の不足などにより，共働き夫婦の多くは別居を強いられた。また，出身農村の結びつきにもとづくアルテリや同郷人会が，都市住民の生活様式や行動規範に伝統的で農村的な影響力を保っていた。こうした事情から都市においても近代家族と専業主婦の誕生は難しかった。

養育環境　女性が勤める工場のうちで妊娠や出産・養育に配慮するところはまれだった。たとえば，1912 年に規定された出産休暇をとると，賃金が削減されたり，解雇されたりすることが多かった。そのため，その取得率は低かった。また，1882〜1883 年に中央工業地方のある県の 71 の工場で 5 歳児向けの（保育）施設をもつのは 1 か所だけだったという例からわかるように，母親が職場にわが子を連れて行く条件はほとんど整備されていなかった。

そのため，親は子守を雇ったり，工場近くの営利目的の施設にわが子をあずけたりした。工場労働を中断し，村に帰って出産した母親が，しばらくしてから子どもを親族にあずけ，都市に戻って，労働を再開することもあった。しかし，それらが適切な養育環境に結びつくことは少なかった。厳しい出産条件や養育条件が乳幼児死亡率を高め，無保護児と捨て子を増やした。ヨーロッパ諸国に比べて少ない婚外子が都市に集中したのも直接的には同じ原因からであり，間接的には都市生活の困難のためだった。

保育施設　婚外子や捨て子を対象にした生活施設である養育院は1760年代に両首都から開設が始まり，全国の県都や郡都に広まった。帝政末期まで存続した両首都の養育院には19世紀後半から毎年おおよそ2万人が入所した。しかし，その多くが新生児などの乳児だったことが主な原因となり，7～8割が養育院で死亡した。生き残った入所児は農家へ里子に出されたものの，そこでも適切な養育が保障されず，7割ほどが1歳になる前に死んだ。

通年で開園している保育施設には，貧困層や労働者階級のための無償の施設と，有産階級を対象とした有償の施設という2つの系列が生まれた。最初の無償施設は1845年にペテルブルク市で開かれた。その後，無償施設は慈善団体・社会団体・地方自治機関などによる施設や工場内の施設として広まったものの，1917年に全国で20～30園しかなかった。その大半は両首都にあり，一部が農村に開かれていた。なかには一日8～10時間以上の長時間の保育をする施設もあった。これらとは別に，農繁期にだけ保育をする臨時施設が20世紀初めに400～800園ほどあり，4万～8万人の0～10歳児を受け入れていた。

有償施設の開園は1859年のヘルシンキ市が最初で，1863年のペテルブルク市がそれに続いた。そこにはドイツから伝わったフレーベル思想が影響していた。その後，これもまた両首都を中心に広まり，1917年には全国で約250園を数えた。とくにモスクワ学区では，20世紀初めに約180園が新設された。有償施設では4～7歳児を対象に，神の法やロシア語・算数・外国語・描画・唱歌などが半日の時間割にそって教えられた。その開園と保育者養成を主に担ったのは，ペテルブルクやオデッサなどに創設されたフレーベル協会だった。1910年代中頃にはモンテッソリ思想もロシア保育界に影響をおよぼし始めた。

保育制度構想　帝政政府の国民教育省は1900年から保育事業にわずかな支出を始めただけで，保育政策をもたなかった。他方，帝政末期から1917年2～10月の二月革命期にかけて幾つかの団体や政党は無償制と全員就園制の構想について論じた。たとえば，1914年にモスクワ学童保護協会連合に付設された保育委員会のテーゼは無償制の構想を明記した。二月革命期の国家国民教育委員会の保育テーゼ検討委員会とロシア社会民主労働党は，それに加えて，全員就園制の構想につながる「国民教育制度の一部としての保育」という位置づけを明確にした。また，1905年に立憲民主党が，1908年に十月党が同じように保育

をとらえた。同時に，これらの団体や政党の多くは，保育施設に対する国家予算からの補助を求めるとともに，私立施設の開園の自由を考慮し，国営制以外の設置形態を模索した。

このように，帝政ロシアの保育界は，フレーベル思想などの受容や施設の誕生の時期といった点で主要国とほぼ足並みをそろえていた一方，施設の普及や関係団体の設立という側面ではあまり活発でなかった。外国保育思想のいち早い受け入れと，それを国内に根づかせる基盤の弱さとの間の不均衡，あるいは両者を結びつける専門職である保育者が少ないうえに未熟だったことなどを問題点として指摘できる。知識人層に属する保育専門家や，社会活動の一部として保育活動に従事する人材は多少いたものの，それを支える政策的な後押しは弱かった。これらの矛盾は初期ロシア共和国の保育界に積み残された。

(2) 1910年代末における保育制度構想の提起

保育制度構想　ロシア共和国の教育人民委員部(文部省に相当)で保育行政を担当した保育部は，第1期(1917～1921年)に「すべての幼児(3～7歳児)を国立施設で無料で保育する」と構想し，1919年4～5月の第1回大会で提案した。すなわちラズルキナ保育部長は，①家庭や共同体での養育を施設での保育に全面的におきかえ，長時間制の託児所だけで幼児を保育することを国民にとって身近で安価なものとする，②保育者に保育活動と社会活動の両方を課す，という提案をした。また，それに関する決議では，内戦期(1918～1921年)の学校政策を受けて，「国家による教育」という表現で国営制の構想を想定していた。

こうした保育制度構想に影響を与えたのは，フランス革命期の教育制度構想(262～264ページを参照)と上記の帝政末期～二月革命期の保育制度構想の芽生えを除けば，1918年の統一労働学校規程と，そこに反映された，学校を生産と生活の共同体とみなす学校(・生産)コミューン論だった。1918年の規程は，8～12歳児対象の初等学校と13～16歳児対象の中等学校からなる統一労働学校を核とする新しい学校制度構想を提示した。あわせて，保育部の意向を反映して，就学準備のために6～7歳児向けの幼稚園を初等学校に付設するとした。保育施設が学校コミューンの一部になることで，ゼロに近い保育施設網を急いで拡大する，というのが保育部や，それを含むモスクワ派の戦略だった。

それに対し，北部州コミューン同盟の人民教育委員部などのペトログラード派は学校コミューン論の急進性を批判し，学校での労働の教育的意義を強調した。また，同派に近い保育専門家らは，第1回大会などで，① ラズルキナが提起した上記の構想に「入園を望む(すべての幼児)」という限定をつけて，養育上の親の役割や権利を擁護した，② それと均衡のとれる，一日の保育が4～6時間以下の短時間制の幼稚園を重視し，保育者に保育の自由を保障するように主張した。

社会状況　ソ連初期，とくに第1期の都市には保育制度構想と保育部を支持する社会状況・思想状況と社会的基盤が存在した。まず，社会・思想状況とは，① 学校コミューン論の背景にあるとロシアの理論家が信じていた社会主義的な共同体論，② 個人や家族など，広く私的な存在に対する(ロシア共産)党の不信，③ そのために国家や貨幣と同様に家族も消滅すべきだという家族消滅論，④ その影響を受けた1918年家族法とその実際上の結果である「家族関係の解体」，⑤ 新(ソビエト)政権に敵対する国内外の軍隊に包囲され，食糧を初めとする必要物資が不足した都市，とくにモスクワ，ペトログラード両市の窮状などである。

これらは相互に関係していた。たとえば，③の家族消滅論は④の家族の解体や⑤の都市の窮乏を②の家族不信論の言葉でつくろい，「新しい社会」が到来したかのように表現した。実態と言葉(言説)の不一致は④の家族法で著しく，宗教婚から民事婚への移行，婚外子差別の禁止といった先進的な規定をもった同法は，実際には離婚・中絶・浮浪児の増大などを招いた。そのため，養育の場である家庭を失った幼児を受け入れる施設が必要とされた。

社会的基盤　他方，保育制度構想を支えた社会的基盤とは，1つに，20世紀初めに増大したのち，都市人口の大規模な流出によって第1期に急減した女性労働者である。出稼ぎの夫が都市に定住したので農村から都市に移り，生活のために働かざるをえなかった妻や，農村との関係を断ち切って都市に出てきた寡婦・未婚者では，中絶以外に産児制限の手段がまれなため，妊娠と出産の機会が多かった。こうした女性は，自らが働くあいだ放置せざるをえない我が子のあずけ先を求めた。彼女らは保育制度構想の実現を必ずしも自覚的に求めなかったものの，安価で安全な保育の場を必要としていた。なお，第1期に女

性が労働に従事したのは，一人ひとりの選択の結果というだけでなく，第一次世界大戦と内戦で減った男性労働力を補うために高齢者以外の全成人に労働を義務として課す，という新政権の労働義務制の結果でもあった。

社会的基盤の2つ目は，都市の窮状を最もよく示す乳幼児死亡率が，第1期に再び急激に上昇したことである。とりわけ飢餓に直面したモスクワ，ペトログラード両市などで上昇率が著しかった。こうした事態は幼児の生存と生活の環境としての保育施設の意義を高めた。

施設と予算　新政権が引き継いだ保育施設はごくわずかだったので，保育部の主張にそって，施設だけで幼児を保育する「養育の全面的な共同化」を直ちに実現するのは無理だった。そのため，家庭と施設で協力して幼児を育てる「養育の部分的な共同化」が進められた。

その受け皿である常設施設(幼稚園・託児所)の数は第1期に15倍，園児の数は44倍になり，就園率は4％台まで上昇した。保育施設網の拡大という点で本書が注目したモスクワ，ペトログラード，ヴャトカの3地域の比重は大きく，第1期に施設数・園児数ともに最多の県に属した。なかでも，帝政末期に常設施設が数園しかなかったヴャトカ県で，その数が最大時に180園を超えた点がめだつ。他方，同県の就園率はモスクワ，ペトログラード両市の数分の1の水準にあり，全員就園制の構想の議論が地域によっては早すぎることを示した。

関連予算をみると，教育費は国家予算の7〜8％台を占め，保育，初等教育，中等普通教育，障害児教育，未成年者の社会的・法的保護(主に浮浪児の保護)などを意味する社会教育の費用は教育費の3分の2近くに達した。さらに社会教育費の6分の1が保育に回された。その結果，保育施設などの費用をすべて国家予算で負担する無償制の構想に向かって第一歩が踏み出されたかのように保育関係者，とくに行政従事者は受けとめがちだった。

保育者養成　保育施設の増加に応じて短期間に大量の保育者を供給する必要性が生まれた。保育者養成は，一部がモスクワ，ペトログラード両市などに設けられた数年間の長期課程で行なわれたものの，大半は地方で開かれた数週間〜数か月間の短期課程に委ねられた。後者で養成された保育者の水準はたいてい低く，園児の現状から出発して保育の内容や方法を工夫し，家庭などでの養育と連携した保育実践をつくりだす能力が不足しがちだった。長期課程の養

成内容の編成方針における実践と理論の関係をめぐる第1回大会での高い水準の論議と養成の実態との間には落差がみられた。

このように,保育政策をもたなかった帝政政府や,保育に関するわずかな提案を実行する前に崩壊した二月革命期の臨時政府と違い,ロシア共和国の新政権は,「無料で幼児の面倒をみる場を多くつくる」という分かりやすい制度構想を核とする保育政策を人々に示し,その小さな一歩を実際に踏み出した。そして,保育を必要とした親だけでなく,帝政末期から保育に携わってきた保育専門家の一部にも全国規模での保育実践の展開という希望を与えた。この限りで保育政策のわかりやすさは一種の強さを意味した。

(3) 1920年代前半における保育制度構想をめぐる矛盾

しかし,そこには,つぎのような困難と障害,さらに親・保育者・行政従事者・専門家といった保育関係者の間での異なる意図が伏在していた。

困難 第1に,全員就園制・無償制・国営制の構想を同時に実現する困難である。そのため,一般的には,それらに政策的な優先順位をつけることが多い。全員就園制の構想を重視するときは無償制や国営制の構想にこだわらない,というようにである。無償・有償の施設,国立・公立・私立の施設を多様に組み合わせたほうが全員就園制の構想に近づきやすいからである。また,無償制と国営制の構想は必ずしも重ならない。国家予算や地方予算の支援(国庫負担・地方負担)があれば無償か,それに近い私立施設の開園が可能だからである。そのため,原理的にいえば,無償の施設で全員就園制の構想を実現する際に,それが国立・公立の施設である必要はない。逆に,国立・公立の施設が部分的にせよ保育料を徴収することで,保育施設が増え,より多くの幼児が入園しやすくなるときもある。実際にこれは,第3期に有償制が導入されるとき,その範囲を私立施設だけでなく国立・公立の施設まで広げるべきだ,という論者の根拠となった。

初期ロシア共和国において,中央の保育部や地方の国民教育部(教育委員会に相当)保育課などの保育行政機関が保育制度構想のなかで最も重視したのは国営制だった。それは,第1に,明治期の日本と同じく,国営という形での国家的な後押し,国庫負担がなければ,保育事業を開始し,それを全国に広げるのが難

しかったからである。国土の規模や政権の安定度を考えれば，ロシアではこの点がさらに重要だった。第 2 に，帝政末期の有産階級向けの私立施設への反感や，前述した個人や家族などへの不信が保育行政機関や新政権に全体として認められたからである。これには，内戦と戦時共産主義という時代の風潮だけでなく，党に伝来の家族観なども反映していた。第 3 に，より根本的な原因は，国家消滅論に象徴される反国家主義を標榜していた党が，1917 年の革命によって獲得した政権を内戦という大きな代償を払って維持したあとは，国家を絶対視する国家主義の立場に徐々に移っていったことである。

障害　第 2 に，障害というのは，まず，1920 年代中頃のロシア共和国で約 1200 万人を数えた幼児をみな受け入れる保育施設を用意するのには，建物・設備・遊具・教材・食糧・保育者などに関して膨大な初期投資が必要で，それだけの財政的な余裕を新政権がもたなかったからである。つぎに，農村人口が総人口の 8 割以上を占めるロシアに全員就園の必要性を通年で認めるのは難しかったからである。都市から持ちこまれた保育施設に初めのうち疑いを示していた農民が，農繁期の無償の施設で園児の死亡率が低いことなどから，その保育に多少の信頼を寄せるようになったのは確かである。しかし，農閑期にも施設を支援し，維持しようとする農民はまれだった。この点は，1920 年代中頃に農村に派遣され，農繁期の保育施設の開園と運営に従事した都市の学生が実感することになる。

意図　第 3 に，保育関係者の間の異なる意図とは，保育部と保育専門家の間やモスクワ派とペトログラード派の間に端的に示されたものである。保育部などは，前述の高揚した社会状況のなかで新社会の求めに応える「ソビエト人」の育成を保育にとって最大の課題と考え，幼児の育つ場を家庭から保育施設に全面的に移そうとした。そのため，第 1 回大会で保育部は保育施設の基本タイプとして，全日，子どもを受け入れる児童ホームを，それが無理なときには長時間制の託児所を主張した。他方，保育専門家らは，帝政末期に実験段階に終わった国内外の保育の理論や実践を全国規模で実施できることを新政権の保育政策や保育予算に期待した。そのため，彼らの多くは，実践上の蓄積が少しあり，家庭などでの養育の一部を受けとめる短時間制の幼稚園を広げるように主張した。また，保育者に対して保育部などは保育活動と社会活動の双方の遂行

を求めた一方，保育専門家らは保育活動への専念を要求した。保育部と保育専門家の間，モスクワ派とペトログラード派の間に，保育の価値を「社会主義的な（る）もの」におくか，「近代化への志向」に求めるかという点での相違，あるいは，2つの価値の間における比重の不一致がみられた。それは保育者の保育の自由や，保育活動に「政治的観点」を持ちこむことの妥当性，たとえば4～6歳児の自治機関や選挙制度という具体的な問題となって，第1回大会と第2回大会(1921年11～12月)で論議された。その後は保育の自由の制限，社会活動と政治的観点の強調という方向に進んでいった。

こうした困難や障害，異なる意図がさらに明白になるのは第2期(1921～1924年)からであった。

予算　この時期には，読み書き算の能力の養成と向上，新世代の形成と国民統合，強固な心身をもった兵士の供給――これらの基礎を担うことが望まれた初等教育でさえ後退を強いられた。1921年の国家予算に占める教育予算の比率は前年の値から一挙に7ポイントほど低下した。その教育予算における社会教育予算の比率は，職業教育予算と政治教育予算に抜かれ，1割以下になった。教育人民委員部は職業教育と政治教育を自らの守備範囲とし，社会教育の条件整備の責任を弱体化しつつあった地方の国民教育部に任せたからである。

国家予算の代わりに期待された地方(県・郡・郷)予算，とくに中央と農村を結ぶ郷予算のなかで教育予算は4分の1ほどを占めた。しかし，郷予算の確立が結果的に失敗したことに象徴されるように，地方予算は不安定なうえに，その多くが初等学校の教員の賃金に回され，保育予算は2％ほどを占めるにすぎなかった。

施設と行政機関　国民教育部は初等教育の後退を最小限に留めようとした[1]。それは，同部からみて必要度の低い保育の施設と行政機関を縮小することに直結した。

都市には保育需要が少しあり，それに応える機関や団体などが存在したので，1925年初めに残った常設施設数は1921年比で3分の1だった。他方，そうし

1　優先された初等教育でさえ，4年間の義務制がソ連全土で実現されるのは1934年のことである(所，2000年を参照)。

た条件に欠ける農村では同じ期間に大半の常設施設が閉鎖された。この動きの影響を3地域のなかで最も強く受けたのはヴァトカ県で，そこでは1921～1925年の間に常設施設が9割も削減された。他方，ペトログラード県では6割強，モスクワ県では4割強，全国平均では8割の削減率だった。このように，第1～2期のヴァトカ県における施設網の拡大と縮小の過程やその程度は全国の傾向を増幅していた。施設数の急減によって全国平均の就園率は1％未満（1926年には0.6％）になり，全員就園制の構想は挫折した。

同じ事情が保育行政機関の縮小と削減を招いた。教育行政部門の職員数は1921年後半から1922年前半にかけて5分の2に減少した。残された職員は主に職業教育・政治教育・初等教育・中等普通教育などに割かれた。県・郡の国民教育部が保育課を疎んじたため，同課はなくなるか，せいぜい1～2人の職員を残すに留まった。それに対して保育部は，「削減はやむをえない。しかし，他の部門と同じ程度にしてほしい」と要望するのが精一杯だった。

幼稚園会議　こうした状況を少しでも改善するため，学校会議を模した幼稚園会議の設置を保育行政機関は各園に勧めた。しかし，1918年の統一労働学校規程がすべての教職員と生徒・労働住民などの代表で構成するとした学校会議は，1923年の統一労働学校令によって，住民代表の代わりに党・女性部・労働組合・ソビエト（代議制権力機関）・コムソモール（共産主義青年同盟）などの機関代表を構成員と規定した。同令とそれを先取りした1921年の幼稚園会議規程案のねらいは，教育施設や保育施設の内部の秩序と統制を回復するとともに，さまざまな機関の援助で施設の財政危機を打開する点にあった。同時にそれは，住民の参加や下からの自発性で施設を支える試みを断念する「参加なき支援」を暗示し，その後のロシアの教育界や保育界にみられる民意の軽視という風潮に結びついた。

保育理論と保育者養成　保育施設網の維持や拡大が難しくなるのと同じ頃，保育の思想や理論の問題が保育界で論議されるようになった。この時期，保育部が強く批判したのは，最も広まっていた児童中心主義的な傾向の自由教育論であり，ついでモンテッソリ思想だった。他方，フレーベル思想は，それらに対抗するものとして，擁護された。また，学校と保育施設の関係や保育内容上の個別の問題なども関係者の間で論じられ始めた。

保育者養成のあり方も第1期と同様に注目され，第2回大会では総合的で長期的な養成課程についての報告があった。しかし，実際の保育者の大半は，中等教育を修了し，保育の短期課程を終え，3〜5年ほどの保育経験をもつ，10歳代後半〜20歳代の女性が占めていた。労働者や教師に比べて低い賃金に代表されるように[2]，保育者の労働条件はたいてい悪かったからである。

構想の転換 保育制度構想の実現が近いという第1期の見込みや希望が消えたなかで保育部は，全員就園ではなく労農層の幼児を優先的に入園させ（階級的優先），無償制の構想の代わりに部分的な有料化を実施し，国立施設の減少分を公立施設・私立施設や安価な簡易施設で埋める，という方針を考えた。上記の事情で全員就園制の構想をあきらめた保育部は，無償制と国営制の構想の転換について1921年秋の第2回大会であいまいに提起し，1926年3月の第3回協議会までにこの転換を実質的にほぼ終えた。

こうした政策変更は保育関係者に当惑を生んだ。彼らは全員就園制・無償制・国営制の構想が調和的に進むものと思い，わかりやすい保育制度構想に第1回大会でおおむね賛同した。それが，全員就園制の構想を断念し，無償制と国営制の構想の均衡に留意し，保育制度構想自体を転換する必要性に直面したので，関係者の意見はさまざまに分かれた。第2回大会から第3回協議会にかけての5年足らずの年月は，そのための論議に費やされた。

転換の背景 この論議の背景には，第1に，市場経済化の原理を部分的に導入したネップ（新経済政策）による企業や工場の独立採算化への動きと，内戦の終結後に復員した男性労働力の過剰を主な原因として，わずかな保護規定をもった女性の労働者が減少し，失業者が増大した——第1期における女性労働者数の6割減，第2期におけるその低迷と女性失業者数の6倍増——という事情があった。そのため，女性労働者の比率が高く，一定の保育需要が見込まれた繊維工場などでも保育施設は不要とみなされがちになった。

そのため，第2回大会は保育施設の基本タイプを，第1回大会で合意した短時間制の幼稚園から，女性労働者の雇用に役立つ長時間制の託児所に変えた。し

---

[2] 女性労働者の平均賃金は男性労働者のおおよそ3分の2の水準であり，大半の教師とくに農村の教師は賃金のみで生活を維持できず，しばしば農村の自己課税に頼らざるをえなかった。

かし，託児所は幼稚園よりも給食の回数が多く，多数の保育者が必要なため，この変更は財政面の負担増を伴い，その実施は難しかった。児童ホームを基本タイプとするのはさらに現実的でなかった。

第2に，1921～1922年の大飢饉があった。ヴォルガ流域などで生まれた450万～500万人以上の飢えた浮浪児に衣食住を提供し，飢饉地域から疎開させるため，その受け皿である児童ホームの必要性が高まった。そのため，ホームの数は，保育施設とは逆に，増大した。だが，絶対数がわずかで，内部が過密だったホームでは，入所児の死亡率が8～9割に達することさえあった。他方，放置された子どもは路上にあふれていた。そこで1926年家族法は，1918年家族法で禁止された養子制度をあらためて認めた。浮浪児数は，1920年代中頃に激減したとはいえ，数十万人の水準で推移し，1930年代初めに再び増大することになる。また飢饉は，一時的にせよ，内戦終結で低下した乳児死亡率を押し上げた。とくにモスクワ市では1922年に40ポイント，ペトログラード市では55ポイント，前年よりも上昇した。

(4) 1920年代中頃以降における保育制度構想の転換

第3期(1924～1928年)の保育制度構想に関する論議の基調は第2期のそれよりも厳しいものとなり，保育行政機関にとって政策上の選択の余地はさらに狭まった。

転換後の構想　全員就園制の構想はとうに断念され，代わりに入園時の階級的優先権が提起された。ただし，園児に労農層の幼児が実際に多いとは限らなかった。保育施設のある地域の特性が園児の社会的構成を左右しがちだったからである。

無償制と国営制の構想への期待も保育関係者の間からしだいに消えた。有償制と私立施設が施設網縮小の歯止めとされ，その導入の範囲と基準が1924年10月の第3回大会から1926年春の第3回協議会にかけて論議された。

有償制については，その範囲を私立施設だけでなく国立施設や公立施設まで拡大する妥当性が問われ，1925年に全施設で保育料の徴収が始まり，所得に応じて保育料を払う累進制の原則が採用された。その際，都市の私立施設の定員の1～3割以上の園児と農村の全施設の園児からは保育料をとらないと決めら

た。ただし，それとくいちがう事例がよくみられた。

開園権の構造　私立施設についていえば，その開園権を認める範囲が，新政権の中核だった党(女性部を含む)から権力関係の上で近い順に，「ソビエト，コムソモール，ピオネール，労働組合，各種の協同組合，工場委員会，農民相互扶助委員会など」―「企業，工場，農業コミューンなど」―「住民・親・私人のグループ」―「個人」に区分された。1921年秋の第2回大会から1926年春の第3回協議会にいたる論議で開園権は最終的に住民グループまで付与された。簡易施設に限って個人にも開園権を与えるという例外的な決定が第3回協議会でなされた。しかし，保育行政機関は全体として個人には開園権を認めようとしなかった。

権力の中心から周辺に保育施設の開園主体が広がる傾向を，逆に周辺からみれば，周辺自らが施設の開園や運営に参加する可能性の拡大を意味した。しかし，この点で重要な幼稚園会議では，その規程案が論議された第2期に，施設の管理や運営に対する住民代表の参加の可能性が閉ざされようとしていた。参加の道筋を狭めつつ，中心は周辺を自らの影響下におこうとした。当然，こうした方針には無理があった。そこで保育部は直轄の実験・モデル施設などを管理するだけでなく，県や郡の保育界の中心となる中央施設を通して他の一般施設の動向までも常に把握しようとした。また，国営制の構想の後退に伴って導入せざるをえない私立施設に対しても，保育部はその監督権限をしきりと強調するようになった。そればかりか，保育部は，これらの管理と監督の前線にある県や郡の保育課の動きにも不安を覚え，その掌握に気を配らざるをえなかった。

保育施設網と簡易施設　常設施設数は1925年初めに最低水準に落ちこんだあと，第3期に緩やかな回復傾向を描いた。そのすきをつく形で，少数の園児を対象にした住民グループや個人による保育グループや家庭幼稚園が広まった。しかし，その実態を保育行政機関はあまり把握していなかった。さらに家族消滅論や1926年家族法などの影響から，保育行政機関は無登録の保育施設を施設網の拡大策に位置づけるのをためらった。そのため，1928年12月の第4回大会で保育部が提起できたのは，第1期に急増したあと第2期に閉鎖された子どもの広場や子どもの部屋などの簡易施設を拡大するという方針だった。それを再び保育政策の主柱にせざるをえないほど，保育行政機関の選択肢は限られて

いた。

農村の活動　農村との関係の改善をめざした党の「農村重視」政策の一部として，1924〜1928年の毎夏，約300〜400人の主に女子学生らが二人一組で各地の農村に派遣された。彼女らは農繁期に子どもの広場を開き，保育を実践し，秋にその反省をした。こうした活動などを反映して子どもの広場は増大し，開園された村では農民の養育観や保育観に多少の変化がみられた。しかし，この活動は季節的なものに留まり，常設施設網の回復は結びつかなかった。他方，短期間の点のような実践だったものの，学生らの啓蒙を主とする活動形態は，1920年代末からの文化革命期における「保育の行進」のそれとは異なっていた。

(5)　保育需要と保育制度構想

こうして，第1期に提起された「(入園を望む)すべての幼児を国立施設で無料で保育する」という制度構想は，第2〜3期の転換を受けて，「ごく一部の幼児を主として公立と私立の施設で，基本的に有料で保育する」という実態に行き着いた。

潜在的な保育需要　こうした転換の原因は入り組んでいる。それを簡潔に整理するならば，第1に，保育需要の「量」と「質」について指摘しなければならない。上記の(2)で保育制度構想を支持する社会的基盤の1つ目にあげた都市の女性労働者の保育需要は潜在的なものだった。実際に女性労働者が保育施設を求めるようになるためには，まず，彼女らが都市への流入とそこからの流出を繰り返すのではなく，都市に定住できるようになること，すなわち都市生活の安定が必要だった。

つぎに，社会的基盤の2つ目でふれた，長期にわたる高い水準の乳幼児死亡率の影響を受けて形成された子どもの死に対する親や大人の見方が変わる必要があった。初期のロシア社会は多産少死段階に移りつつあったとはいえ，乳児死亡率が低下し始めたばかりであり，この見方は帝政期のそれとあまり変わらなかった。そこに親の子どもへの愛情，とくに死にいく子どもへの憐れみがなかったというのではない。世紀転換期まで続いた多産多死段階の社会で子どもの死に直面した母親は，「神は自らなし給うことを私たち以上によくご存知だ」

と考え，泣かなかったという[3]。そうすることで，親がその半生で味わった数多くの苦しみを亡くなった子どもは経験しなくて済む，ということをせめてもの救いだと思ったり，思いこもうとしたりしたからだろう。こうした見方が変わり，子どもに手をかける意義と必要性を感じるようになって[4]，親はわが子を保育施設に通わせるようになる。

しかし，このように女性労働者の生活が安定し，大人の子ども観が変化するのに，ソ連初期の10余年間は短すぎた。そのため，保育制度構想の基礎にある保育需要が保育政策を左右するほどに顕在化せず，その結果，構想実現への社会的な合意は形成されなかった。

不一致の表面化　第2に指摘すべきは，第1期に保育関係者が保育制度構想に抱いたさまざまな期待や意図に内在していた不一致や矛盾が，第2～3期に表面化したことである。

先に(3)でふれたように(249ページを参照)，保育部やモスクワ派は，新社会の建設を新世代である子どもに期待して，幼児を親元から離して保育施設に入れるべきだと考え，すべての幼児を施設だけで育てるという養育の全面的な共同化を重視した。ただし，革命直後に彼らは，保育料の徴収が無理なために無償制の構想を想定していた一方，保育施設は私立でも構わないと考え，国営制の構想をもっていなかった。保育部が1918年秋に国営制の構想を原理とみなすようになったのは，学校コミューン論や家族消滅論に代表される戦時共産主義的な考えが後押ししたからである。しかし，翌1919年春の第1回大会で保育部の書記が私立施設への支援を重視したように，国営制の構想に対する異論は行政従事者の間になお残っていた。

他方，欧米諸国の保育の理論や実践の蓄積に通じていた保育専門家やペトログラード派は，ロシア社会における幼児の生存や生活の環境をみて，その改善のために保育施設が欠かせないと考え，入園を望むすべての幼児を施設と家庭などで協力して育てるという養育の部分的な共同化を主張した。その背景には，

3　See Ransel, 2000, pp. 185–195.
4　さらに，健康や成長の面で在宅の幼児よりも園児のほうが全体として良好になる必要がある。しかし，この点がなかなか達成されず，保育施設に対する親の不信がソ連期を通して存在していたことは，10頁の註23であげた訪問記などに詳しい。

義務性〔制〕・無償性〔制〕・世俗性という近代公教育の（基本）原理に対する保育専門家らの配慮があった。

　保育施設がゼロに近い帝政末期の状況から，その増設をめざし，実際にそれが多少とも実現した第１期には，保育部と保育専門家の間などにみられた不一致は議論の水準に留まり，実際上の障害にはなりにくかった。

　それが第２～３期に顕在化し，保育制度構想の転換が始まった。その要因として，①戦時共産主義からネップへの国策の変更に伴い，保育施設の財政的基盤が弱体化した，②1924年秋の第３回大会から1928年暮れの第４回大会にかけて保育専門家の多くが政策論議の場より退場し[5]，代わりに保育官僚に代表される行政従事者が主役になりつつあった，③ただし，１点目と同じ理由で保育者や行政従事者は大幅に減少した，という事情を指摘できる。

　財政的に厳しく，近代公教育の原理を重視する人々や保育に関わる人々が少なくなれば，保育制度構想を掲げるのが難しくなり，また，掲げることの保育政策上の意味が薄らいだ。

　第１回大会における保育部と保育専門家の間などで異なった，入園対象児が「すべての幼児」か「入園を望むすべての幼児」かという点は，「すべての幼児」という原則のもとで労農層の子どもを優先する方策が1921年秋の第２回大会で提起され，事実上の決着がついた。全員就園制の構想を擁護する必要性は行政従事者と専門家の双方になくなった。第２回大会の少し前に就園率が上昇から低下に転じたことが，全員就園制の構想をめぐる事態の変化とその政策上の意味を保育関係者に認識させた。

　無償制と国営制の構想についても第２回大会で問題になり，その後の５年弱の間に実質的な転換がしだいに進められた。

　保育制度構想への関係者の関心が第２～３期のロシア社会で急速に弱まったことが，構想の実現を追求する主体の未形成につながった。そして，この関係は逆にも言える。

　再考の機会　以上の点を別の角度から再考しよう。第２～３期の保育制度構

---

[5] たとえば，第１回大会と第２回大会でともに２つの報告を担当し，議長団の一員だったチヘーエワは，第３回大会では代議員として討論に参加するだけになり，第３回協議会と第４回大会では記録にその名前が登場しなくなる。

想の転換は，ネップという時代状況に強いられたものであると同時に，保育の政策と現実——施設の実態や幼児をとりまく環境——との距離を詰める「仕切り直し」の機会でもあった。そこで初めて行政従事者や専門家，モスクワ派やペトログラード派などは，保育制度の長期的で総合的な計画を描く難しさを実感した。また，保育制度構想がもつ教育学的意義の検討を迫られ，数回の全国規模の大会や協議会で関係する議論を積み重ねた。さらに，諸国や帝政末期の保育の蓄積に学び，一部の保育施設で実験的な試みを行なった。

　その過程で特徴的だったのは，保育行政機関，とくに保育部が保育制度構想にこだわり，公式的な対応を繰り返したことである。こうした姿勢は保育部ばかりか，当時の党や，それに近い他の機関や団体などにも広くみられた。ただし，保育部にはつぎの特有な事情もあった。同部の主力は，帝政期から積み残された近代化を遂行しつつ，社会主義の建設にとりくむという二重の課題に直面した党の構成員が占めた。そのために保育部は，①家庭の機能，とくに養育の全面的な共同化に役立つ保育施設，とりわけ長時間制の託児所を急いで整備する，②そこで新社会の担い手であるソビエト人の育成を始める，という二重の任務を抱えた。少なくとも保育部はそう考え，予算の裏づけが乏しくなるなか，保育制度構想にもとづかないで，これらの課題や任務を達成することが難しい点を自覚していた。

　オールタナティヴ　初期ロシア保育界の実態からすれば，保育制度構想の実現にいたるうえで保育行政機関が重視すべきは，①家庭によって違う保育需要に適した幾つかのタイプの保育施設を，国家予算や地方予算だけでなく社会団体や住民の資金にも頼って開き，②家庭の支払い能力に応じて保育料徴収の有無とその額を決め，③できるだけ長期にわたり保育施設を安定して運営できるようにすることだった。要するに，保育施設の多様な設置形態と柔軟な運営形態を通して保育制度構想にゆっくり近づいていく慎重さが保育行政機関に求められた。その際，家庭などでの養育に対する援助と啓蒙によって新たな保育需要を開拓することや，保育実践を担う良質の保育者を系統的に養成することも不可欠だった。

　一般に，親や地域の住民らの支えなしに，どのような保育施設も，いかなる保育制度構想も現実的な根拠をもちにくい。それだけに保育行政機関にまず求

められるのは，親や住民らの保育需要をよく考慮し，その視点を共有し，それを保育政策に生かす姿勢である。

保育部の選択　しかし，保育部は，保育専門家の協力を十分に得られないうえに，保育そのものが新規に近い事業だったので，そうした姿勢とそれを裏づける保育経験をもつ人材を保育界に適切に配置できなかった。同時に保育部は，後発国ロシアが社会主義の道に進むことで近代化をはかるという新政権の方針の一翼を担うように求められた。

　国内外の緊迫した状況から，こうした方針では性急さが前面に出た。そのため，上記のように保育制度構想に慎重に接近する道を保育部はたどれなかった。そこで保育部は，第1に，公式的な把握による「あるべき保育需要」にもとづいて養育の全面的な共同化を差し迫った課題とし，それに応える生活施設である児童ホーム，あるいはそれに準じる長時間制の託児所を保育施設の基本タイプとみなした。第2に，社会団体や住民の自発性に頼るとき，施設・設備・教材・食糧・保育者・資金などの確保をそこに期待し，保育施設の管理・運営や保育内容は保育行政機関の統制下におこうとした。第3に，労働者と農民，なかでも貧農との同盟という党の公式な政治路線を直接に反映して，労農層の子どもの優先的な入園にこだわり，保育料の徴収に足を踏み出すのをためらった。第4に，家庭を非文化的な場であり，消滅すべき存在とみなしがちだったので，家庭での養育に対する援助という視点が弱かった。第5に，保育者の力量の形成よりも労農層の出身である点を重視し，短期間の保育者養成を合理化しようとした。他方，こうした方向に異論をはさむ保育専門家らの発言は第2〜3期にしだいに弱まっていった。

(6) 保育制度構想の歴史的・今日的な意義

　最後に，21世紀の社会を担う乳幼児の養育や保育の今後を考えるうえで保育制度構想がもつ意義とは何か，という少し大きな問題について，広く「近代公教育」「社会主義」「公共圏」という系譜から断片的に述べてみたい。これは本書の含意や今後の課題にあたるので，これまでの実証からやや離れたり，よく知られた点をあらためて論じたりする部分があることをあらかじめ断っておきたい。なお，これらの系譜が歴史的にみて，また今日もなお重要であることを

説明する必要はないだろう。ほかにも人文・社会科学には大切な問題があるにもかかわらず，この3つを選んだ理由については，本書をここまで読み進めてきた方には容易に理解いただけると考えるからである。

1. 近代公教育の系譜（19世紀以前との関係）

第1に，保育制度構想は19世紀まで主要国で積み重ねられた近代公教育の原理という系譜にあった。

戦後日本の公教育論　この系譜を早い時期に「教育の思想と構造」のなかに位置づけたのは堀尾輝久である。彼は，1971年の著書とそのもとになった1960年代の論文で[6]，第二次世界大戦後の日本に成立した「憲法・教育基本法体制」の特質を，戦前の「大日本帝国憲法・教育勅語体制」との関係においてだけでなく，「現代教育」に先行する「近代〔公〕教育」の文脈からも理解しようとした。それは，「家永・教科書裁判」の第2次訴訟の杉本判決（1970年）で主要な論旨に採用され，国民の教育権や教育の自由に関する論として社会的に知られるようになった。この背景には，戦後の四半世紀を経て近代社会が日本のなかに定着し，そのひとつの原則が近代公教育の原理だったという事情が存在した。

少し遅れて，M. フーコー（1926～1984年）らによる近代（社会）批判の一部として学校批判（「脱学校論」「反学校論」）が1970年代後半の日本に紹介され始めた[7]。それは近代後の社会，すなわち現代社会から近代社会の原則（近代公教育の原理など）や，それがもたらしたものを批判するもので，高度経済成長期にさまざまな矛盾が噴き出し，学校が「通いたいところ」から「通わせられるところ」に変わりつつあった日本社会に多少とも受け入れられた。

21世紀初めの時点からみれば，堀尾の教育理論が，近代化を課題とした1970年代前半まで（以下，「戦後前半期」とよぶ）の教育の到達点を近代公教育の原理から照らし出したのに対し，フーコーらの学校批判は，1970年代後半以降（以下，「戦後後半期」とよぶ）の現代社会で学校や教育が直面することになる色々な困難を

---

6 堀尾，1971年。同書の内容の大半は1961年の博士論文であり，他は，1958～1959年の共著論文を除けば，1960年代後半の2論文である。

7 フーコー，1977年（原著は1975年刊）など。

予測していた。ただし，堀尾は，前近代の教育思想から近代公教育の原理の積極面を評価するとともに，19世紀後半のヨーロッパ諸国を事例として，この原理がそこで成立する「福祉国家（大衆国家）」によって裏切られ，損なわれる点にも留意していた。

他面で，当然なことに，1960年代に成立した堀尾の理論は1970年代以降のフーコーらの批判をよく考慮していなかった。また堀尾は，戦後前半期にめだった国家と国民の対抗関係に注目し，国民の教育権，とりわけ教育内容の決定権を専門家としての教師に委ねる，という論理を組み立てた。そのため，教師が国家の教育権を教育の最先端の場で執行する立場にある，という別の側面に堀尾はあまり注意を払わなかった[8]。「子どもと教師」「親と教師」といった「国民」を構成する人々の間における権力関係は戦後前半期にそれほど表に出ていなかったからである。だが，後半期になると，このような色々な層の国民の間の権力関係がしばしば問題となり，教師が教育の場でもつ権力性が社会的に批判されることが多くなった。この教師の権力性を指弾した代表的な著作が1970年代～1980年代前半のフーコーのそれである[9]。

ふだんは実感されにくいけれども確実に存在する国家と国民の対立や階級間の闘争などの「大きな権力関係」ではなく，日常生活のなかにあり，以前はあまり自覚されなかった「小さな権力関係」に人々の目が向くようになったのが現代社会のひとつの特徴である。近年の日本で各種の「バイオレンス」や「ハラスメント」が社会問題となり，それを規制する法令が制定されてきたのは[10]，その一例である。

こうした動向に配慮した見直しが絶えず必要なのは確かであるものの，近代

---

8 西原，2006年，73～85頁。堀尾理論に対する早期の批判として奥平，1981年を，また教育の公共性との関わりで同理論を分析したものとして井深，2000年，第5章を参照。

9 フーコー，1977年；同，1986～1987年（原著は1976～1984年刊）。

10 「雇用の分野における男女の均等な機会及び待遇の確保等に関する法律」第21条（職場における性的な言動に起因する問題に関する雇用管理上の配慮。1999年4月施行），「ストーカー行為等の規制等に関する法律」（2000年12月施行），「配偶者からの暴力の防止及び被害者の保護に関する法律」（2001年10月施行）など。「アカデミック・ハラスメント」や「パワー・ハラスメント」という用語もしだいに広まっている。

社会の到達点，たとえばここでは公教育の原理を捨て去ったり，一面的な批判に留まったりするのは適切ではない。この原理が今もなお重要なことは，20世紀後半に作成された教育や子どもに関する国際条約や国際的文書にそれが反映されている点をみれば，わかるだろう[11]。

公教育の原理など，近代にわれわれが手にした色々な原理や価値が前近代や近代の社会にとってだけでなく現代社会にとっても大切なのは，現代社会が近代社会の単純な否定のうえに成立するのではないからである。また，近代の原理や価値にもとづく行動様式に代わる人間のあり方が十分に見つかっていないからでもある[12]。

フランス革命期の公教育論　ところで，「前近代」「近代」「現代」という時代区分のなかで大局的な位置を与えられた近代公教育の原理が，最初に明瞭な形をとったのはフランス革命期の公教育論である。これについては堀尾もその著書でページを割いている。ただし，教育史学によるその本格的な分析は1950年前後の渡辺誠の著書から始まっており，1960年代後半の松島鈞の著書などに引き継がれてきたものである[13]。

このテーマの研究でいま注目すべきは川口幸宏や小林亜子，今野健一らの近年の仕事であろう[14]。そこで彼らが強調しているのは，渡辺や松島らが義務性・無償性・世俗性として定式化した近代公教育の原理が，フランス革命期においてではなく，それから1世紀ほどあとの1880年代に政治的・社会的な関心を引き，そこで原理として確立されたという点である。そのため，逆に，この原理だけからフランス革命期の教育をみることは，「革命期のオリジナリティ及び豊かさを見誤ることになりかねない」という[15]。

「フランス革命期の公教育論」で「明瞭な形をとった」とひとつ上の段落で述べた近代公教育の原理は，英国やフランスなどの先発国で資本主義的な生産関

11　国際教育法研究会，1987年；堀尾ほか，1998年などを参照。
12　杉田，1993年，105頁。
13　渡辺誠，1949年；同，1950年；同，1952年と，1966年の博士論文をもとにした松島，1968年。
14　川口，2001年；小林，2003年；今野，2006年。
15　小林，2003年，116頁。

係が確立し，日本やロシアなどの後発国で資本主義化が本格的に始まった時期に原理として認められだしたというのである。その英国で，これより20年ほど前の1862年に同国の「近代公教育制度の起点」をなしたと評価される改正教育令が出され，それから世紀転換期にかけて近代公教育の原理が教育法に盛りこまれるようになった経過も興味深い[16]。

このように，先発国で近代社会が始まってから一定の期間が過ぎた1860年代～1880年代に近代公教育の原理が社会的に認知された。この時期に近代国家・民族国家としての国民国家の確立や再編が，後発国では初めて，先発国ではあらためて課題となり，その主要な方策のひとつである学校と教育に対する政治と社会の関心が増したからであろう。ある実際上・実践上の課題や問題に直面した社会が，それを打開する道を求めて，歴史的な知見や構想を振り返り，それを自らの時代にふさわしく位置づけ直す——というのは，比較的よくみられることである。

『国民教育と民主主義』　　上と同じ時期にロシアでは大改革が行なわれ，資本主義化が開始された。他方で，1866年の皇帝暗殺未遂事件をきっかけとした反動化が始まるとともに，1870年代前半には都市の知識人や学生らが農村に出かけて活動するナロードニキ（人民主義者）の運動が盛んになった[17]。1890年代にこの運動を否定したマルクス主義者の一人であるクルプスカヤが，夫のレーニンとともにヨーロッパに亡命していた1915年に『国民教育と民主主義』を著わした。同書は近代公教育の原理をよく摂取しており，フランス革命期の公教育論，とりわけ1793年のL.-M. ルペルチェ（1760～1793年）による「国民教育計画」案を重視した[18]。それはつぎのように要約される[19]。

16　大田，1992年，8～15頁。大田直子は，近代公教育の原理が「近代公教育制度の発展のメルクマールとされ，それ自体望ましい自明の制度原理として評価されてきた」と従来の研究を批判している。原理と実態を混同し，原理を実態とみなしたり，「進歩史観」から原理を捉えたりすることへの警句である。

17　和田春樹，2005年を参照。

18　クルプスカヤ，1976年，70頁。クルプスカヤの教育思想については関，1994年を参照。

19　タレイランほか，1972年，130～167頁；小林，2003年，124～127頁。同案を国民公会で読み上げたM. M. I. de ロベスピエール（1758～1794年）の側近にL. A.

「社会はその構成員に対して等しく教育の義務を負う」というM. de コンドルセ〔1743～1794年〕による公教育に関する1792年の法案を[20]，ルペルチェは不完全だと批判した。彼は，公教育の施設(国民教育舎)を，来るべき平等な社会のモデルとなる学校のユートピアと位置づけた。公教育の施設は，共和国の費用により〔国営制・無償制〕，5歳から11歳(女児)まで，あるいは12歳(男児)までのすべての子どもが家族から離れて暮らす〔全員就園・就学制〕，半ば寄宿舎，半ば兵舎のような男女別の寮と想定された。そこで子どもは，厳しい規律，絶えまない監視，厳密な時間割，画一化された規則のもとで，同じ着物・栄養・世話を授けられるものとされた。こうして体育，手の労働〔労働実習〕，徳育を中心とした「共和主義者の鋳型」をくぐれば，子どもは「新しい人民」に再生すると考えられた。

　ここには，注記したように，本書でいう保育制度構想が含まれている。さらに，最後の文章にある「新しい人民」を「ソビエト人」と考えれば，初期ロシア共和国の教育人民委員部や保育部が学校コミューンや保育施設でねらったものとよく似ている。

　1世紀余りの隔たりをもつフランスとロシアの革命期に教育や保育について類似の構想が掲げられた。ただし，ルペルチェ案は実施されなかったのに対して，ソ連初期の構想は多少とも実際に追求された。そして，「ヘーゲルはどこかで，すべて世界史上の大事件と大人物はいわば二度現れる，と言っている。ただ彼は，一度は悲劇として，二度目は茶番として，とつけくわえるのを忘れた」[21] というマルクスの言葉とは逆に，ソ連初期の実験は厳しい結果をもたらした。

---

　　deサン＝ジュスト(1767～1794年)がおり，その遺稿「共和制度についての断片」に含まれた国民教育案(タレイランほか，1972年，178～180頁; 河野，1989年，439～442頁)は「さらに極端な徳育主義体制を夢想してい」た(谷川，1997年，103～105頁)。

20　コンドルセ，1962年，130～222頁; 河野，1989年，285～290頁。コンドルセの「公教育に関する5つの覚え書」の最初にあたる「公教育の本質と目的」が，「公教育は国民に対する社会の義務である」という文章から始まっていることはよく知られている。これらの覚え書や1792年の法案では，近代公教育の原理とともに，「就学非強制の原則」(堀尾，1971年，14頁)が提起されていた。

21　マルクス，1962年，107頁。

保育分野におけるその原因については第2～4章で詳しく述べ，終章の(1)～(4)でそれを要約した。そこで強調しなかった点をここでひとつだけ加えておきたい。すなわち，18世紀末以降に多くの地域で確立した近代的な国民国家の間の対立が20世紀初めにかけて激化し，その利害を平和的に調整する手段がまだ整っていなかったので，1917年のロシア革命に対する諸外国，とくに日本からの干渉が著しかった点である[22]。第1期の乳幼児や保育施設をめぐる状況の厳しさ，保育制度構想に関する論議の先鋭さに，この対ソ干渉戦争が影響していた。

2. 社会主義の系譜（20世紀との関係）

第2に，保育制度構想は社会主義の思想や体制という系譜にあった。このうち，思想には19世紀までの蓄積があった一方，体制は1917年の革命でロシアに誕生したばかりだった。だが，同国では，1905年の日露戦争の敗北と第一次革命，1914年の大戦の勃発，1917年の帝政の崩壊と十月革命という一連の事態が続いたため，思想を体制として具体化する時間が党や新政権にあまりなかった。そのため，一面で，そこに出来上がりつつあった体制は必ずしも思想と結びついておらず，それを補う意味で体制の実際は思想の言説で覆われることが多かった。他面で，思想の言葉で表わされた体制の現実は思想を実態化したものであるかのように受けとめられがちだった。この典型的な事例は，内戦期に都市で強いられた厳しい共同生活と，それをつくろった家族消滅論である。

3つの構想の比重の相違　この両面から保育制度構想をみて興味深いのは，全員就園制・無償制・国営制の間に政策上の位置づけの違いが認められる点である。すなわち，1917年10月の教育人民委員部と12月の保育部のそれぞれによる呼びかけは国営制と全員就園制の構想を提起していなかった。1918年7月のロシア共和国憲法は学校について無償制と義務制の構想をうたい，さらにその学校に6～7歳児の幼稚園を付設することは1918年学校規程に盛りこまれた。1919年春の第1回大会で保育部長は全員就園制と無償制の構想の重要性について報告した一方，国営制の構想には決議がわずかに触れただけだった(4, 80～81，

22　カー，1967年，第1巻，第3篇；原，1989年などを参照。ソ連に派兵した14か国のなかで日本のシベリア出兵は規模が最大で，時期が最長だった(川端ほか，2004年，332～333頁，吉村道男・執筆；同，448～449頁，藤本和貴夫・執筆)。

105〜109ページを参照）。

　無償制 → 全員就園制 → 国営制という順に保育制度構想が提起された背景には学校制度構想をめぐる論議があった。そこでも無償制の構想は革命直後から当然視され，1918年の憲法や1919年3月の党綱領に明記された。同時に，これらの文書には義務制すなわち全員就学制の構想も入れられた。学校の重要性に配慮したからである。

　学校制度構想のうちで注目すべきは国営制である。1919年4月に無償制の構想が全面的に実施され，授業料が完全に廃止されたので，私立学校は存続できなくなった。それに伴い，革命直後には想定されておらず，1918年学校規程でも原理とされなかった国営制の構想が，1919年春から原理とみなされるようになった。そのため，この「戦時共産主義による学校の国営化」の推移を検討した所伸一は，国営制を「内戦期〔に特有〕の学校制度事実〔学校制度構想〕」と評価した[23]。

　本書では国営制の構想について少し違う見方をする。上記のルペルチェの「国民教育計画」案のように，フランス革命期の有力な公教育論では，国営制の構想は無償制や全員就学〔就園〕制の構想と一体のものだった。ところが，フランスで1880年代に定式化された近代公教育の原理には無償制と全員就学制の構想が盛りこまれた一方，国営制の構想は入らなかった。これは，第1に，19世紀後半のフランスや英国で私立学校網が無視や軽視を許さないほどの規模にあったからだろう。保育施設についても，1850年代〜1880年代のフランスでその3分の2ほどは公立施設だったものの（6ページを参照），1890年代前後の一時期は私立施設が半数を超えていた[24]。第2に，全部の学校を国営〔国立〕とするのには膨大な費用が必要だったからである。第3に，より根本的な理由として，フランス革命期の1793年末に成立した教育法（ブキエ法）が，「無償義務教育法」とよばれるように[25]，国営制を想定していなかったからである。すなわち，同法の「教育は自由である」という条文は，「誰でも学校を開設でき，国家は原則として初

　23　所，1987年，126〜132頁。
　24　Briand et al., 1987, p. 36–37.
　25　河野，1989年，年表21頁。

等学校の設置を行わない」ことを意味していた[26]。

逆にいえば,私立の学校や施設がほとんどなく,教育や保育の予算が相対的に豊かで,教育の自由への配慮が乏しかったら,国営制の構想は教育政策や保育政策の選択肢となりうる。内戦期のロシアはこうした状況に近かった(これはソ連期を通してほぼ続いた)。少なくとも教育人民委員部や保育部は「近い」と考え,国営制を原理とした。ただし,これは政策の選択の可能性についてであり,政策の妥当性に関して述べているのではない。現代社会の教育や保育における国営制の構想の意味については第3の系譜のところで少しだけふれたい。

近代化と社会主義 20世紀のロシア社会を見る際にやっかいなのは,近代化と社会主義化がソ連期にほぼ並行して進められたからである。そのため,保育や教育の制度構想には上記の第1と第2の系譜が混在していた。さらに事柄を複雑にしているのは,戦後の前半期と後半期に分けて日本を例に述べたように,主要国においては近代社会から現代社会への移行が20世紀後半に進み,ロシアもこの動きに追いつこうとしたことである。すなわち,近代化だけでなく現代化についてもロシアでは,社会主義社会ひいては共産主義社会の実現という名のもとに課題とされた。

この点を言葉の綾としないためには「近代化と社会主義」「近代社会から現代社会への移行」についての説明や定義が必要である。それをここでは二人の論者から借用しよう。

まず近代化と社会主義の関係全般については,塩川伸明が有益な構図を提供している[27]。彼は近代化を「社会経済的な近代化」と「政治面における近代化」に分け,前者の「最小限の定義」として工業化,都市化,公教育の普及という,ともに地域共同体の解体につながりかねない3つの要因をあげる。そして,ソ連期には「独自な個性をもった近代化」すなわち「社会主義的近代化」が進み,それは,スターリン体制期とほぼ重なる1930年代〜1950年代に成果をあげたものの,その後はしだいに順調にいかなくなったという。

実際のところ,工業化の指標として,ソ連で第二次産業に従事する労働者が

---

26 今野,2006年,52頁。
27 塩川,1999年,299〜341頁など; 同,2004年,95〜118頁。

全労働者に占める割合を算出すると，1922年の32％から1940年の44％に上昇したあとはほとんど変わらず，1980年代中頃まで45％前後で推移した[28]。また都市化の指標としてロシアの都市人口比をみると，1926年の17％から1950年の43％，1970年の62％，1989年の74％と上昇を続けた[29]。さらに公教育拡大の指標としてロシアの9〜49歳の識字率をみると，19世紀末の30％弱から1920年代中頃の60％台まで上がり，1940年頃には90％に近づき，1960年前後からはほぼ100％に達している[30]。

この限りでいえば，工業化は第二次世界大戦を控えた1930年代に頂点に近づき，公教育の普及は同年代から1950年代にかけて前進した一方，都市化は1960年代以降も進んだことになる。のちに概観するソ連初期後の保育制度構想の推移は都市化の進展にほぼ比例しており，都市化が進むにつれて保育需要が増し，保育が社会問題になるという一般的傾向に合致している[31]。

塩川の構図に戻ると，そこで強調されているのは，乳児死亡率の推移(99ページの表2-6を参照)などに示されているように，ロシアが「初歩的な近代化には一応成功した上で更なる改善という段階でつまず」いており，「一応の近代化達成の中での跛行性」が大きく，「それに伴う新たな矛盾」が発生していた，という点である。これを本書の言葉でいえば，ロシア社会はさまざまな問題をはらみつつも，近代化をある程度まで達成したものの，現代化については芳しい成果

---

28 大津，1988年，356頁から。この値は，同書の用語でいえば，コルホーズ員を除いた16部門の国民経済部門別労働者・職員における第二次産業部門の労働者の割合にあたる。

29 Сенявский, 2003, c. 124.

30 Гаврилова, 1997, c. 280.

31 日本の場合，市部人口比は1920年の18％から1940年の38％，1950年の37％，1955年の56％，1960年の63％，1970年の72％と上昇し，1980年以降は70％台後半にある。このうち1950年代，とりわけその前半の急騰には市町村合併による市数の倍増と町村数の約6割減の影響が大きい。そこで，1960年に設定された実質的な都市人口比(人口集中地区の値)をみると，同年の44％から1970年の54％，1980年の60％，2000年の65％と推移している(国立社会保障・人口問題研究所，2006年，166頁)。この2つの比率の変化に示唆されているのは，①戦間期の市部人口比の上昇が後述する新中間層すなわち近代家族の増加の背景となった，②1960年代〜1970年代の都市人口比の高まりが養育の共同化の必要性を増し，保育施設数の急増や就園率の急騰の基盤になった，という点である。

を得られなかった，ということになる。

現代化の構図と養育共同化の見取り図　その現代化，すなわち近代社会から現代社会への移行については，20世紀の2度の大戦を総力戦とみなし，なかでも第二次世界大戦下の総力戦体制がこの移行を進めたとする山之内靖らによる共同研究の成果が参照されるべきであろう[32]。とくに山之内の総論「総力戦とシステム統合」「総力戦体制からグローバリゼーションへ」は重要である。

それによれば，19世紀から今日にかけて主要国は近代社会から現代社会の第1段階を経て，その第2段階へという過程をたどってきた。このうち最初の移行が総力戦体制によって促された結果，システム社会としての性格を強く帯びた資本主義社会である現代社会の第1段階が第二次世界大戦後に成立した[33]。そしてそれは，脱工業社会の到来によって現代社会が第2段階に移行する近年まで続いた。

階級社会としての性格を強く帯びた資本主義社会である近代社会と異なり，現代社会では，国民国家の存続のために身分差別が撤廃され，国民の強制的な均質化が図られた。そこで，社会政策の位置づけが高まり，福祉国家が押し出され，公共性と公共圏の内容が変わった。すなわち，家族は市民社会化し，市民社会レベルの公共性とそれにもとづく市民的公共圏のなかに包摂される一方，国家も市民社会化し，福祉国家の道を歩んできた。その結果，市民社会は家族がかつて担ってきた機能の一部を担当するようになり，国家が遂行する社会政策の下請け機関となった。たとえば養育や介護の共同化に示されるように，男女は，家族を通してではなく，直接に個人として生活世界における社会的再生産の単位となった。その意味で「家族の失敗」[34]，より正確にいえば近代家族の「失敗」（役割の終了）は明らかであり，現代社会は「公的性格と私的性格を分離不能

32　山之内ほか，1995年；同，2003年。

33　山之内がシステム社会の指標とみなすのは，本文中のつぎの段落でふれる「国家と市民社会の相互浸透による福祉国家化，家族と市民社会の相互浸透による私生活の公共化あるいは公共空間〔公共圏〕の私的空間化」とともに，「階級対立の社会的制度化，階級間の社会的流動性の制度化」「自然環境システムと社会システムの間の深刻な摩擦」という3点である（山之内ほか，1995年，47頁）。

34　富永健一，2001年，とくに第2章を参照。

な形で結びつけている諸組織の織物の総体」[35] という様相を呈している——と山之内はみなした。

この構図を本書に引きつけ，近現代社会における乳幼児の養育と保育の変遷について一般的な見取り図を示すと，つぎのようになる[36]。

　①工業化・都市化・公教育普及などの点で近代化が進むと，前近代社会において生産と再生産の両活動で主要な位置にあった村落共同体などの地域共同体が解体し始める。

　②その結果，それまで家庭と共同体・親族網などで分担していた養育の機能や責任を，近代社会ではもっぱら家庭が担うようになる。同じ頃，多産多死段階から少産少死段階に向かう第1の人口転換を基盤として，性別役割分業や子ども中心主義などを特徴とする近代家族が誕生する。そこでは専業主婦が家の中のこと，なかでも育児を一身に，愛情をもって引き受ける。

　③現代化の進行とともに，生産と再生産をめぐる状況の著しい変化や，これらの活動に対する価値観の揺らぎを背景として，第2の人口転換というべき出生率の極端な低下といった問題が現われる。兼業主婦は専業主婦を量的に上回るようになり，近代家族の解体が始まる。

　④そのため，養育の一部，まれに全部を再び共同化する必要性が増し，国家や社会の関心が保育に集まる。同時に，保育施設の公共圏としての根拠(正当性の基準)として，保育の公共性が問われるようになる。

日本における養育の共同化　戦間期の日本で近代家族を主に構成していた都市の新中間層が全就業者に占める割合は1920年の4%から1940年の12%に上昇した。戦後は，高度経済成長期を挟んで，1955年の14%から1975年の23%に増大した[37]。それに加えて，兼業主婦のなかで相当数を占めていた農家の

35　Melucci, 1999, p. 171（訳文は山之内ほか，1995年，37頁から）．
36　近代家族論を日本に紹介した落合，1985年とそれを批判した幾つかの文献，および，宍戸，1969年b; 同，1994年; 諏訪，1972年; 瀬地山，1996年; 宮澤，1998年; 斎藤，2002年; 落合，2005年などを参考にした．木本，2004年を参照．
37　門脇，1988年，231，235頁．新中間層の労働・消費生活における特徴は，頭脳労働，俸給，資本家と賃労働者の中間的位置，生活水準の中位性という点にあった（寺出，1994年，186頁）．

嫁が同じ時期に減ったこともあり[38]，1975 年には専業主婦が全主婦の半数を超えた。だが，その後この割合は低下し始め，1982 年には再び兼業主婦が多数になった[39]。いいかえれば，近代家族は戦後の前半期と後半期の境目にあたる 1970 年代中頃に最も輝いたあと，後半期にはそのきらめきを失っていった。

これと似た変化を示したのが養育の共同化の過程である。それは 1960 年代から本格的に始まり，1970 年代にかけて加速し，1980 年代〜1990 年代前半には足踏みしたものの，1990 年代後半から再び進んでいる。たとえば，保育所の園児数は 1950 年の 26 万人から 1960 年の 69 万人，1970 年の 113 万人，1980 年の 200 万人と増えたあと，1995 年には 168 万人まで減り，その後は 2004 年に過去最高の 209 万人に達した[40]。1950 年から 2005 年にかけて合計出生率が 3.65 から 1.26 に 3 分の 1 まで低下し，出生数が 234 万人から 106 万人に半減していることを考えるならば[41]，園児数の増大に示される養育の共同化の歩みの確かさがわかるだろう。

これらの変化は，近代家族を復古させて，三歳児神話や母性愛神話にもとづいた母子密着型の養育に乳幼児を委ねるのが今や不可能なことを示している。

ただし，山之内の構図とは少し異なり，養育や保育に関する限り，その全てを個人単位で考えるのは難しく，「失敗した家族」とその機能の新たな担い手である色々な機関や施設との間で協力や連携が必要である。

ロシアの養育共同化と「初期」後の制度構想　ロシアでは 1860 年代の大改革から近代化が始まったにもかかわらず，帝政崩壊までの半世紀の間にまとまった形で近代家族が誕生するには至らなかった。また，その後のソ連期には，女性労働力を活用する政策のため，近代家族や専業主婦の存在は難しかった。

38　労働力調査によれば，女性の農林業従事者数は 1955 年の 744 万人から 1975 年の 325 万人に半減した（6 月の季節調整値）。http://www.stat.go.jp/data/roudou/longtime/zuhyou/lt01-04.xls　2006 年 10 月 14 日）。これ以前に農業労働に従事した女性の割合が高かった理由や，その労働の特徴については斎藤，1991 年を参照。

39　阿藤，2000 年，109 頁など。

40　全国保育団体連絡会ほか，2006 年，175 頁。ほかに幼稚園に 174 万人，無認可保育施設に 18 万人が 2005 年に在園している（同上，178，190 頁）。本書の 8 頁を参照。なお，2005 年 3 月 1 日時点の保育所の園児数は 215 万人である。

41　厚生労働省大臣官房統計情報部，2006 年 b。

本書で対象とした1920年代末までの女性労働者の概数は表1-1 (28ページ)と表2-5 (90ページ)にあるので，ここでは戦後の推移を概観しよう[42]。そうすると，1) 15歳以上の全女性に占める就業者の割合は1959年の69%から1979年の84%に上がり，男性の87%に近づいていた，2) 乳幼児を抱える可能性が高い20歳代後半の女性の同じ割合は1959年の74%から1970年の89%に，30歳代の値は同じ期間に78%から93%に上昇しており，大半の女性が出産後も仕事を継続していた，ということがわかる。なお，ソ連崩壊後は女性労働者の解雇が進み，1990年代中頃に失業者の7割を女性が占めていた。

　この変化を上記の養育共同化の見取り図に照らすと，ロシアでは，近代家族や専業主婦の誕生と解体という②と③の段階をあまり経ることなく[43]，現象面では④の養育共同化の段階に移行した，ということになる。

　それはソ連初期後の保育制度構想の変遷にも反映していた。まず全員就園制について見てみると，1920年代中頃に1%を割った全国平均の就園率は1970年代に5割に達した。構想の提起から約半世紀後に，保育部の主張した「すべての幼児」という目標からみて，その半分の地点まで，また保育専門家らのいう「入園を望むすべての幼児」という目標からみれば，おそらくかなりの水準にまで達したわけである。だが，その後，就園率は1980年代後半に7割を超えたあと，1991年のソ連崩壊の前後から低下し，1998年には54%になり，1970年代の水準に戻った。とくに農村の就園率は低く，35%ほどに急落した。

　つぎに無償制の構想は1930年代以後も完全には実現されず，1980年代中頃には労働者層などの平均賃金の約5%にあたる保育料が徴収されていた。ソ連崩壊後，保育料は園児一人の保育に必要な実費の約20%となり，実質的に高騰している。

42　以下の数値は大津，1988年，41〜42頁; 大崎ほか，1998年，86，401〜404頁 (И. チホツカヤ，村知・執筆); Госкомстат России, 2004, c. 384 などから。村知，1997年を参照。

43　専業主婦への志向はソ連期にも存在し，部分的に実現していた。これはごく少数の専業主婦をさしているだけでなく，1960年代末に導入された育児休業制度を念頭においている。休業期間は当初の1年が1981年から3年に延長され，多くの女性が一時的に専業主婦を体験していたからである (塩川，1997年，488頁; David et al., 1999, pp. 228, 234)。

先に (3) でふれた事情などを反映して(248～249 ページを参照), 国営制の構想だけは事情が違った。就園率の上昇に比例して 1950 年代～1980 年代に新設された保育施設の大半は国立・公立の施設や, 国営企業に付設された施設だった。しかし, ソ連崩壊後は企業付設の保育施設の多くが閉鎖されたり, 公立施設に移管されたりしている。他方, 1990 年代に入って公認された, 私人・社会団体・宗教団体などによる保育施設の開園はあまり進んでいない[44]。

こうして, 1980 年代までは全員就園制と国営制の構想を現実化する動きが進んだ一方, 無償制の構想は実現こそしなかったものの, 保育料は低水準におかれてきた。保育制度構想がこれくらいまで実現されるために半世紀以上の努力が必要だった。ソ連末期のこの到達点を「ロシア型」とすれば, それは序章でみたフランス型に少し近く, 日本型とはかなり違う(5～8 ページを参照)。

しかし, 1990 年代からロシア型の姿は急速に変わりつつある。そこでは, 保育内容などの「多様化」「自由化」が進むとともに, 保育機会の保障の基礎をなしてきた制度構想に対する行政機関の関心は薄らぎ, 構想は後退している。これは上記の養育共同化の見取り図でいえば, その ④ から ② への回帰という現象と対応しており, 旧社会主義国の「脱社会主義化」の代表的なパターンである[45]。その意味でも保育制度構想のロシア型の今後は興味深い。

3. 公共圏の系譜(21 世紀との関係)

第 3 に, 保育制度構想は, 公共の空間である公共圏のあり方という現代社会が直面する問題の系譜につながっている。

公共圏と公共性の理論　　養育共同化の見取り図でふれた公共圏と, その内容の正当性を判定する基準である公共性については, H. アレント(1906～1975 年)の『人間の条件』(1958 年)や J. ハーバーマスの『公共圏の構造転換』(1962

44　ロシア連邦教育法(1992 年)第 11 条によれば, 保育施設などの教育機関の設置者として認められるのは, 国家権力機関や地方自治体, 国内外の組織とその連合体(協会や組合), 社会基金や私的基金, 市民, 国内の社会団体や宗教団体である。

45　瀬地山, 1996 年, 77～83, 106～113 頁。ただし, ソ連崩壊後に表出し, 強まっている専業主婦願望を実現できているのは「新ロシア人」「ニューリッチ」とよばれる新興資本家層や, 逆に企業の民営化などの影響で解雇された底辺層などに限られている。

年)が1973年に邦訳されたことなどを契機に[46]，日本でも研究が続出するようになった。教育学の分野ではこの動きが少し遅れたものの，1990年代から似た状況がみられる。本書では，そうした膨大な蓄積のごく一部を，論旨に必要な範囲で振り返り，つぎの2点を指摘したい[47]。

1つ目は，公共圏にはその最初のモデルを古代ギリシャに見出すという長い歴史があり，17世紀末以降に英国やフランスなどで成立した自由主義的な市民的公共圏などの近代的な公共圏に限っても，ハーバーマスの書名にあるように，その構造はこれまで幾度も変化してきたという点である。そこで重要なのは，その時々の支配的な公共圏と他の公共圏の関係であり，とりわけ前者が後者を排除し，自らが公共圏のすべてだと主張する傾向である。たとえば，19世紀に主要国で国民国家の再編や確立が進められると，同じ頃に形成された近代家族の内部という親密な領域に対してだけでなく，18世紀～19世紀初めにその理念型が発展していた市民的公共圏に対しても，国家の意思や意向が「公共」や「国民」という名で浸透するようになった。こうして広がりと強さを増した国家だけが公共性を体現するものとしてふるまい，公共圏を占有するようになり，国家的公共圏が生まれがちだった。

20世紀に入り，その極致に至ったのが，選挙を通して大衆の熱狂的な支持を集めて，ドイツや日本などで戦間期に成立し，その後に破綻したファシスト的な公共圏である。これは公共圏の「非自由主義モデル」であるとともに，国民的公共圏のひとつでもあり，現代社会における公共圏の起源の一部をなしている。ここから国民的公共圏が必ずしも国家的公共圏やファシスト的公共圏と対抗するとは限らないことがわかる。後二者の公共圏から区別され，市民的公共圏のかつての，すなわち構造転換前の理念を現代社会に生かすような「対抗的公共圏」の形成がいま問われている。

2つ目は，現代社会で支配的な，新自由主義的・新保守主義的な公共性に対抗する公共性にもとづいた公共圏のあり方を考えるとき大切なのは，公共性や公共圏に対する歴史的な視点であり，公的領域と私的領域の区分の見直しだ，と

---

46 アレント，1973年; ハーバーマス，1994年。
47 以下の2点は同上; 佐藤卓己，1996年; 野平，2000年a; 同，2000年b; 渋谷，2003年; 谷澤，2006年などによる。

いう点である。

　国民的公共圏が国家的公共圏やファシスト的公共圏と結びつくのを避けるためには，この結合の経緯を分析し，それを繰り返さないようにする必要がある。新自由主義的公共性は，「未来志向」などの表現を多用して，過去を省みないようにするし，新保守主義的公共性は，過去の記憶を作り変えることで，過去そのものをなかったことにしたり，新たな過去を作り出したりするからである。それだけに「歴史への説明責任としての公開性の原理」を求めると同時に，歴史に対する国家と国民の責任を問い続けることが，対抗的公共圏にとって不可欠な抵抗のエネルギーを枯渇させないために大切である。

　こうした歴史的な視点からすれば，公的領域と私的領域の関係についても常に見直しが必要なことがわかる。実際，現代社会において両者は，先に山之内の構図でふれたように，分かちがたく結びついている反面，常に部分的に入れ替わっている。前述した養育・保育の変遷や近代家族の誕生・解体の過程はこの入れ替わりの一例である[48]。

　公私の線引きの再検討はまた，新自由主義的公共性や新保守主義的公共性に対抗するうえで，保育や福祉・雇用などの分野における国家の責任を重視し，公共の利益を説く社会民主主義的な公共性に過度に依存しない，という意味でも重要である。近年の日本のように新自由主義的・新保守主義的な公共性が支配的な社会では，社会民主主義的な公共性がそれへの一定の歯止めになりうる。だが，国家がもつ責任の限りない追及は結果的に国家的公共圏の拡大を招きかねないし，公共の利益のいきすぎた重視は公共それ自体のもつ閉鎖性や排他性を見過ごすことにつながるからである。

　保育の共同性　ここで公共圏の構造転換と対抗的公共圏にふれたのは，後者の小さな一部を保育施設が構成していると考えるからである。

　つぎに，その意味を明らかにするため，保育の公共性について考察しよう。その際に手がかりとなるのは，公共性に関する近年の研究のなかで最もわかりや

48　註10でふれたバイオレンスやハラスメントの多くも従来は私的領域のこととされていたのが，公私の線引きの見直しによって公的領域に移されたものである。この点については佐藤和夫，2003年；時安，2004年などを参照。

すく，それだけに少し図式的な山口定の論文である[49]。そこで興味深いのは，山口が公共(性)を「公」と「共」にいったん分解している点である。そして，公が共を圧倒し，吸収しかねない「公＞共性」と，公が確固たる共の上に構築される「公＜共性」という2つの概念を区別している。前者は国家的公共圏の支柱となる新自由主義的・新保守主義的な公共性を，後者は市民的公共圏のかつての理念や対抗的公共圏の新たな公共性をさしていると思われる。

山口の区分にそって保育の公共性について考えてみると，「保育は公共的なのか」という問いは，「保育は公的なのか」と「保育は共同的〔協同的〕なのか」という2つの問いに分かれる。

そこで，その答えを，問いとは逆の順に，考察してみたい。かつて家庭や共同体で担われ，その後いったん家庭内に収められた養育の一部をひとつの社会制度として再び共同のものとするのが保育である——とみなす本書では，保育の共同的な側面である共同性は明らかだと思うからである。

しかし，共同や共同性についてまず一般的に考えてみると，中西新太郎らが指摘するように[50]，そこに幾つかの難問のあることに気づかされる。

第1に，共同の観念があいまいな点である。それを表わす用語や類語には「協同」「協力」「協調」「協業」「合同」「互助」「互恵」「相互扶助」「助け合い」「共済」「友愛」「連帯」「提携」「同盟」「参加」「ソシアビリテ(社会的結合)」「社会的紐帯」などと数多い。そして，これらは互いに内容が重なりつつも，部分的に異なっている。

第2に，それに加えて，共同には理想化されやすい側面と構成員に対する抑圧的な側面が混在しているため，その評価は世代〔年齢〕・階級〔階層〕・性・学歴・国籍・民族・宗教〔宗派〕，職業の有無や職種などによって分かれる。これらの属性の違いを超えた共同観を社会的に共有するのは簡単でない。

第3に，抑圧的な側面を少しでも減らすために構成員の自発的で選択的な参加や脱退という要素を重視すると，今度は共同を維持するのが難しく，共同性そのものが不安定になる。

---

49 山口定，2003年。
50 中西，1998年; 同，2005年など。

第4に，公共圏をめぐる先ほどの関係と同じように，新自由主義の浸透によって従来の共同(共同体・共同性)が破壊されるとともに，格差や不平等の要素を拡大した共同が生まれる。すると，そこで生じかねない分裂を防ぐために新保守主義が浸潤しやすくなる。

　第5に，これら2つの潮流に対抗する原理をもつ共同の想像と創造は容易でないうえ，その担い手の形成はさらに難しい。

　つぎに保育の共同性について考えてみると，それは，義務(教育)や(通)学区といったものから相対的に自由な入園という契機をもとに，保育施設という具体的な空間において生ずる園児・親・保育者らの自発的な共同活動にもとづくものである。そのため，彼らの間に発生しうる権力関係に注意さえすれば，はっきりした内容の共同観をある程度まで共有しやすく，上記の1点目から3点目までは障害となりにくい。

　4点目は，「はじめに」のviページで述べたように，教育・福祉分野における構造改革の一部として1990年代中頃から保育の領域でも強まっている。少子化対策として保育を重視する政策も新自由主義的・新保守主義的な潮流と結びついており，そこから逃れるのは大変である。ただし，保育施設の内部では園児や親についてはもとより，保育者についても，水平的な関係が基本にあるので，平等理念と結びついた共同理念を実体化しやすく，格差や不平等の要素が表に出るのを抑えることは可能である。

　5点目については，新自由主義・新保守主義に対抗する原理にもとづいた保育内容を日々の実践のなかで用意する必要がある。その担い手は個々の親と保育者，それぞれの集団と双方からなる集団である。最後の集団では，保育者が親に権力的に接しないとともに，親の属する職場や近隣などにおける共同の経験や知恵を生かすことが求められる。また，実践場面では保育者の意図だけでなく，それを受けとめる側であり，保育の主役でもある園児の意思ができるだけ実践に反映されることが望ましい。

　最後の2点への注意は必要なものの，結論的には，保育という営みの本来的・本質的な側面として共同性が存在する，少なくとも内在するとみてよい。この共同性がよく発揮されて，抑圧につながらず，平等を重んじる共同的関係を保育のなかで経験することは，人間としての出発点にある乳幼児にとってばか

りか，個別化と競争の圧力を受け，いつもは抑圧的で差別的な共同しか身近にない多くの親にとっても，またときには保育者にとっても重要である。

保育制度構想の読み替え　　山口の区分にそったもうひとつの問いは保育の公的な側面，あえてよぶなら「公性」についてである。それを考えることは本書の副題にある公的保育の意味を明らかにすることでもある。

その前に述べておかなければならないのは，「すべての幼児を国立施設で無料で保育する」という保育制度構想を，21世紀初めの時点で「すべての乳幼児に無料の公的保育を保障する」と読み替えることができるし，また，そうする必要性が増している——という点である[51]。

ここでは「幼児」を「乳幼児」に，「国立施設で(保育すること)」を「公的(保育)」に読み替えている。最初の点は20世紀後半に日本などの国々で乳児保育の実践が進んだことに伴うものなので[52]，おそらくそれほど異論はないだろう。

51　この点に関する日本国内の最近の動きを例示すると，つぎのようになる。① 中央教育審議会が答申「子どもを取り巻く環境の変化を踏まえた今後の幼児教育の在り方について——子どもの最善の利益のために幼児教育を考える——」(2005年1月28日)で「入園を希望するすべての満3歳児から5歳児の就園を目標に幼稚園の整備を進める」とした (http://www.mext.go.jp/b_menu/shingi/chukyo/chukyo0/toushin/05013102.htm　以下，ともに2006年9月19日)，② 民主党の日本国教育基本法案(2006年5月12日)が第6条第2項で「国及び地方公共団体は，幼児期の子どもに対する無償教育の漸進的な導入に努める」と規定した (http://www.stop-ner.jp/060524taisho.pdf)，③ 経済財諮問会議の「骨太の方針」(経済財政運営と構造改革に関する基本方針2006について。2006年7月7日閣議決定)が「幼稚園・保育所の教育機能を強化するとともに，幼児教育の将来の無償化について歳入改革にあわせて財源，制度等の問題を総合的に検討しつつ，当面，就学前教育についての保護者負担の軽減策を充実する」と記した (http://www.keizai-shimon.go.jp/cabinet/2006/decision0707.html)。

　　国際的にみると，「保育への権利」(legal right to pre-school) と保育の無償制に関する調査結果を経済開発協力機構が2001年に報告している。それによれば，対象12か国のうち，保育権を法的に明記しているのが8か国，就学前の1年間の保育を無料にしているのが9か国である (OECD, 2001, p. 50)。

52　日本における乳児の就園率は1960年の0.04%，1970年の0.16%，1980年の1.2%と漸増し(各年10月1日の値。村山祐一，1983年，15頁)，2005年には7.0%まで上昇してきた(4月1日の値。8頁の註20を参照)。他方，ソ連期には，乳児を含む3歳未満児の保育は，教育行政ではなく保健行政の対象とされてきた(22頁を参照)。3歳頃をめどにしたこの区分は他の諸国でもほぼ共通する。また，

問題は2つ目の読み替えの理由である。序章でみたように,保育制度構想に関して先発国であるフランスでは保育施設網の拡大に際して私立施設が先行し,しだいに公立施設に比重が移っていった。他方,後発国の日本では逆に国立・公立の施設から出発し,30年ほどして私立施設が全体の半数を超えるようになった(6ページを参照)。ロシアでは,これまで見てきたように,帝政期には私立施設が大半だったのが,ソ連初期に逆転し,70年余りのソ連期を通して国立・公立の施設が原則とみなされてきた。こうした違いがあるものの,これらの国々で国立・公立の施設が保育施設網の拡大を主導した点は共通しており,私立施設しかなかったという国は見当たらない。

しかし,主要国で現代化が進んできている今日,国営制の構想を文字どおりに解釈して,国立施設のみの普及をはかる,逆にいえば,公立や私立の施設を禁じる,というのは適切でない。公教育が国立・公立の学校での教育とともに私立学校における教育も含むように,公的保育の尊重は私立施設の軽視を意味しない。それどころか,私立施設に対する国庫負担や地方負担,すなわち公費負担の正当性を裏づけることになる[53]。

公的保育を尊重する立場では,たとえばviページでふれた保育施設の民営化(公立施設の私立施設への改組)の動きを必ずしも否定しない。施設の設置や運営の形態にかかわらず,すなわち,施設が国立・公立・私立であろうと,国営・公営・私営であろうと,そこでの保育が公的性格をもつ限り,さまざまな側面,とりわけ財政面での公的な支えが存在するからである。逆にいえば,公費によって組織された保育制度が公的保育の中核にあるので,公費の削減を主な目的とした民営化は公的保育の本質を損なうことを意味する[54]。

1960年代末にはロシアで乳児保育の妥当性をめぐる論争が起こり,出産休暇直後からの保育の必要性に迫られていた日本の関係者にも一定の影響を与えた(岩崎恭枝,1978年; 嶺井,1983年)。

[53] (公)教育費に関する原理的考察として黒崎,1980年; 井深,1999年などを参照。

[54] 初等・中等教育の機会の格差を是正するため,1960年代中頃の米国で幼児らを対象にヘッドスタート計画が始まった経緯を思い出すと(上野,1983年などを参照),保育機会の格差を拡大するような民営化は歴史に無知だとしかいえない。保育行政機関の役割は,その権力を適正に用いて,逆にこの格差を少しでも縮小することにある。

現代社会における公的保育の制度構想　最後に保育の公性,すなわち公的保育の成立に必要な条件を考えることで,上のように読み替えた構想が現代社会における公的保育の制度構想としてもつ意義について述べたい。

現代社会で保育が公的である最大の理由は,それがどの乳幼児にも必要であり,それを社会全体で保障しないと乳幼児期の育児がうまくいかないという点にある。子ども,なかでも乳幼児は人々の結びつきと支え合いのなかで育つ存在なので,たとえ相当な資産をもつ親であっても自分だけで,あるいは,資産で購入できる人や物だけでわが子を育てるのは難しいからである。ましてや,資産に乏しい親の場合,公的保育がないと,人間形成の最初期にふさわしい環境にわが子をおくのは現代社会ではまず無理である。

どの乳幼児にも保育が必要だという意味で,全員就園制の構想は公的保育が成立するうえで必要な条件である。ただし,具体的な就園形態は乳幼児の成長や発達,親の事情などに応じて柔軟なほうがよい。たとえば,「保育時間に長短があり,保育開始年齢に早い遅いがある」「通園は必ずしも毎日でなくてもよい」「育児休業中でも短時間の不定期な通園はありうる」「通園ではなく,施設で暮らすこともある」というように。乳幼児や親が,保育需要の中身に応じて,多様な保育の場から自分たちに必要で適切な場を,できるだけ希望どおりに選択できることが保育の豊かさを意味する。

さまざまな形態でどの乳幼児も保育を受けられるようにするためには,保育料が無料か安価でなければならない。その意味で無償制の構想は,全員就園制の構想を仲立ちにして,公的保育の成立に必要な条件である。逆にいえば,公的保育の中核にある公費による保育を充実することで,保育料はより安価になり,無料に近づく。

「どの子にも無料の公的保育を」という本書の副題は,以上のようにして3つの要素がひとつになった保育制度構想の今日的なあり方——フランスやロシアの革命期に芽生えた保育の公共性の現代社会における発現形態——を端的に示すものである。

年　表

註: (日)は日本，(ロ)はロシア，(仏)はフランス，(独)はドイツ，(英)は英国，(伊)はイタリアの略。
1918年1月末までのロシアのみに関する事項はロシア暦で示す。
法令類は基本的に施行年月を示す。

中扉: 長く待った春の到来を喜ぶ子どもたち（Баранов и др., 2006, с. 108)。

1764 年	（ロ）	4 月：モスクワ養育院の開設(1771 年：サンクトペテルブルク養育院の開設)
1769 年	（仏）	牧師 J.-F. オーベルラン(1740～1826 年)が編み物学校の開設に着手し，そこで貧困児を保育(世界初の保育所)
1792 年	（仏）	4 月：M. de コンドルセ(1743～1794 年)の公教育に関する法案
1793 年	（仏）	5 月：初等学校法
		8 月：L.-M. ルペルチェ(1760～1793 年)の「国民教育計画」案
		12 月：ブキエ法(無償義務教育法)
1794 年	（仏）	7 月：L. A. de サン＝ジュスト(1767～1794 年)の処刑(遺稿中に国民教育案)
1816 年	（英）	R. オーエン(1771～1858 年)がニューラナークの工場内に幼児学校を含む新性格形成学院を開設
1828 年	（ロ）	帝室慈善協会をマリア皇后庁に改称
1840 年	（独）	F. W. A. フレーベル(1782～1852 年)が 1837, 1839 年にカイルハウの近くに創設した施設を幼稚園と命名(世界初の幼稚園)
1845 年	（ロ）	ペテルブルクで乳児向けの保育所の開園
1859 年	（ロ）	ゲリシンクフォルス(現ヘルシンキ)で有償幼稚園の開園(1863 年：ペテルブルクで有償幼稚園の開園)
1861 年	（ロ）	2 月 19 日：大改革の開始を告げる農奴解放令の発布
1862 年	（英）	改正教育令
1864 年	（ロ）	1 月 1 日：県・郡ゼムストヴォ制度に関する規程
1866 年	（ロ）	4 月：皇帝アレクサンドル二世暗殺未遂事件(1881 年 3 月：暗殺)
		ペテルブルクで民衆幼稚園の開園
		『幼稚園』誌の創刊(1877 年：『教育と教授』誌に改称)
1867 年	（ロ）	ロシア赤十字社の創設(1925 年：ソ連赤十字・赤新月社同盟に改称)
1870 年	（ロ）	6 月 16 日：市会と市参事会をおく新都市法の成立
		モスクワ保母・女性教師協会の創設
1870 年	（英）	基礎教育法
1871 年	（ロ）	ペテルブルク・フレーベル協会の創設
	（日）	10 月：女性宣教師が横浜に幼児教育施設「亜米利加婦人教授所」を開園
1872 年	（ロ）	ペテルブルク県で農繁期保育所の開園(1884 年：モスクワ県で農繁期保育所の開園)
		保育者養成機関であるフレーベル学院の創設(1918 年 9 月：保育専門学校に改組 → 1925 年 9 月：同校など 3 つの専門学校の統合によりレニングラード国立教育大学の開設 → 1991 年 1 月：ロシア国立教育大学に改称)

モスクワ高等女学院の創設(1818年10月:第2モスクワ大学に改組→1921年10月:保育科を含む教育学部の開設→1930年:同学部を母体にモスクワ国立教育大学に改組)
(日)8月3日:6歳までの幼児に「小学ニ入ル前ノ端緒」を教える幼稚小学をうたう「学制」
10月:東京市養育院の開設
カトリック系孤児院の開設(1872年の横浜慈仁堂,1874年の長崎・浦上養育院,1878年の函館聖保禄女学校など)
1873年　(ロ)ナロードニキ(人民主義者)による「人民の中へ」の運動(～1875年)
1876年　(日)11月:東京女子師範学校附属幼稚園の開園
1879年　(日)1月:県立鹿児島女子師範学校附属幼稚園の設置
9月:教育令で幼稚園という名称を使用
1880年　(ロ)モスクワ県の紡績工場で労働者の乳幼児向けの保育所の開園
(日)4月:最初の私立幼稚園の開園(東京)
1882年　(ロ)6月1日:12歳未満児の労働の禁止と工場監督官制度の導入
モスクワとペテルブルクで貧困・病弱児童保護協会の創設
1883年　(日)2月:渡辺嘉重(1858～1937年)が茨城県に子守学校を開設
1884年　(ロ)ペテルブルク親サークルの創設
1885年　(ロ)6月:工場・製作所・マニュファクチュアにおける未成年者・女性の深夜労働の禁止
1886年　(日)3月:教育令の廃止と小学校令などの制定(4年間の義務教育を規定→1907年:6年間に延長)
1889年　(日)2月11日:大日本帝国憲法
1890年　(ロ)4月:工場・製作所・マニュファクチュアにおける未成年者・女性らの労働などに関する規則を手工業者にも適用
(日)5月:筧雄平(1842～1916年)が鳥取県に季節(農繁期)保育所を開園
10月30日:教育勅語
1891年　(ロ)飢饉の発生(～1892年)
1892年　(ロ)ペテルブルク身体発達促進協会の創設
エリザベス慈善協会の創設
(日)9月:女子高等師範学校附属幼稚園分室の開園
1894年　8月:日清戦争(～1895年4月)
(日)3月:東京紡績株式会社が東京市深川に託児所を開園(1900年5月ないし1902年8月:鐘ケ淵紡績株式会社が東京市墨田に幼児保育所を開園)
1895年　(ロ)モスクワ市初の子どもの広場(夏季のみの民衆幼稚園)の開園
産業会館・貧窮院監督協会の創設(1905年:労働救済監督協会に改

		称）
1896 年	（日）	4 月: 女子高等師範学校にフレーベル会の開設(1918 年 10 月: 日本幼稚園協会に改称)
1897 年	（ロ）	1 月 28 日: 帝政期唯一の国勢調査
		6 月 2 日: 11 時間半労働日を規定した工場法
		飢饉の発生（～1899 年）
1898 年	（ロ）	3 月: ロシア社会民主労働党の創設(1903 年 7 月 17 日: ボリシェビキ＝多数派とメンシェビキ＝少数派に分裂 → 1918 年 3 月 6～8 日: 第 7 回党大会で「ロシア共産党(ボリシェビキ)」に改称 → 1925 年 12 月 18～31 日: 第 14 回党大会で「全連邦共産党(ボリシェビキ)」に改称。以上をみな「党」と略)
1899 年	（日）	6 月: 幼稚園保育及設備規程
1900 年	（ロ）	モスクワで聴覚障害児向けの有償幼稚園の開園
	（日）	1 月: 野口幽香(1866～1950 年)・森島峰(1868～1936 年)が二葉幼稚園を開園(1916 年: 二葉保育園に改称)
1903 年	（ロ）	保育施設についてうたう党綱領の教育条項
1904 年		2 月: 日露戦争(～1905 年 5 月)
1905 年	（ロ）	1905 年革命(= 第一次革命。1 月 9 日の「血の日曜日」事件から 12 月 19 日のモスクワ蜂起の終了まで)
		保育～高等教育の全タイプの施設の開設や教育の自由をうたう立憲民主党(略称「カデット」。1905 年 10 月 12～18 日に創設大会)の綱領
1906 年	（ロ）	3 月 4 日: 職業団体臨時条例, 集会結社臨時条例
		4 月 23 日: 国家基本法(憲法)
		4 月 27 日～7 月 9 日: 第 1 国会
		11 月: モスクワでセツルメント協会の創設
		モスクワ子どもの共同教育・養育サークルの創設
1907 年	（ロ）	10 月: キエフ民衆幼稚園協会の創設(1917 年:「保育への権利」を提案)
		11 月 1 日～1912 年 6 月 9 日: 第 3 国会
	（伊）	ローマのスラム街に「子どもの家」が開設され，その教育を M. モンテッソリ(1870～1952 年)に委任
1908 年	（ロ）	国会で「幼児の教育・教授施設規則」の検討
		2 月 22 日: 保育施設への財政援助の開始を地方自治機関に提案
		4 月 22 日: 幼稚園法案の必要性に関する国会での論議
		5 月 20 日: 法案「幼児の教育施設について」
		12 月 10～16 日: 第 1 回全ロシア女性大会
		ペテルブルク保育促進協会の創設

(日)赤沢鍾美(1864～1937年)・ナカ(1871～1941年)夫妻が1890年に創設した新潟静修学校に守孤扶独幼稚児保護会を開き，保育事業を正式に開始
1909年　(ロ)2月:「子どもの労働と休息」協会の創設(1919年3月:教育人民委員部付設国民教育第1実験ステーションに改組)
1872年に創設されたモスクワ女子教育学院が保育者養成を開始
1911年　(ロ)モスクワ教育サークルの創設
「ボードラヤ・ジーズニ〔元気な生活〕」コロニーの開設
飢饉の発生(～1912年)
1912年　(ロ)出産休暇を規定した保険法の成立
作家トルストイの娘がモンテッソリの子どもの家を訪問
12月30日～1913年1月6日:第1回全ロシア家庭教育大会
1913年　(ロ)全ロシア母子保護協会の創設
10月:ペテルブルクにモンテッソリ思想による幼稚園の開園
1914年　(ロ)1月:モスクワ学童保護協会連合の創設(「予備役軍人の子どものための託児所」の開園，保育者養成などにとりくむ)
7月1日:「政府教育施設規則適用外の国民教育省管轄の私立教育施設・学級・課程に関する規則」
8月18日:ペテルブルクをペトログラードに改称
(日)6月:河野清丸(1873～1942年)『モンテッソリー教育法と其応用』(同文館)の刊行
8月～1918年11月:第一次世界大戦(ロシアで365万人が死亡)
1915年　(ロ)モスクワで聴覚障害幼児保護協会の創設
10月15日:「子どもの労働と休息」協会が保育者養成を開始
1916年　(ロ)ペトログラード初等教育協会の創設
12月:国民学校長大会
1917年　(ロ)2月27日～3月2日:二月革命(帝政の崩壊と臨時政府の成立)
5月:ペトログラード保育協会・施設・活動家同盟の創設。党「地方自治体政綱の基本的立場」。クルプスカヤ「地方自治体学校綱領」
6月:国家国民教育委員会保育テーゼ検討委員会のテーゼ
10月27日:レーニンを議長(首相)とする人民委員会議(政府)の成立(=臨時政府の打倒と新ソビエト政権の成立。十月革命=ロシア革命)
10月29日:教育人民委員部のロシア市民への呼びかけ「国民教育について」
10月末:一日8時間，一週48時間労働の原則を確立する布告
11月9日:国家教育委員会の創設

11月12日: 教育人民委員部に保育部を設置(部長はラズルキナ → 1922～1928年のヴィレンスカヤ → 1928～1930年のスロフツェワ)

11月20日: 国家国民教育委員会の解散

11月26日:「子どものために持てる力を振り絞ってほしい」という国家教育委員会保育・児童保護部の呼びかけ

12月7日: 反革命・サボタージュ取締り全ロシア非常委員会(チェーカー)の創設

12月18日: 布告「民事婚,子および身分証書の管轄について」

12月19日: 布告「離婚について」

12月20日: 保育部の呼びかけ「保育について」

1918年　(ロ) 1月20日: 国家の教会からの分離と学校の教会からの分離に関する布告(政教分離令)

3月3日: ドイツとの単独講和条約

3月14～16日: 第4回全ロシア・ソビエト大会(ペトログラードからモスクワに首都移転を決定)

3月ないし4月: 全ロシア母子保護協会の仕事を引き継いだ母子保護部の創設

4月: 北部州コミューン同盟人民教育委員部の創設

5月25日: チェコ軍団の反乱を契機に内戦の開始(＝対ソ干渉戦争。日本は8～10月に7万人余りをシベリアなどに出兵し,1925年1月に撤兵を完了。内戦期に新政権が戦時共産主義政策を採用)

6月18日: 規程「ロシア共和国の国民教育事業の組織について」

7月4～10日: 第5回全ロシア・ソビエト大会(ロシア共和国憲法の採択)

8月25日～9月4日: 第1回全ロシア教育大会

9月30日: 統一労働学校規程(1918年学校規程)

9月末: 児童救済連盟の創設

10月10日: 労働法典

10月16日: 統一労働学校の基本原則

10月22日: 身分証書・婚姻法・家族法・後見法に関する法典(1918年家族法)

10月: 保育研究所の創設(1919年: 国民教育アカデミーに統合 → 1924年: クルプスカヤ記念共産主義教育アカデミーに改称 → 1941年: ゲルツェン記念レニングラード国立教育大学に統合)

1919年　(ロ) 1月4日: 決定「児童保護会議の設置について」

2月2～8日: 第1回全ロシア児童保護活動家大会

3月18～23日: 第8回党大会(保育施設網の創設をうたう新綱領を採

4月12日: 統一労働学校の維持費を共和国の資金にするという通達
4月25日〜5月4日: 第1回全ロシア保育大会
9月6〜9日: 全ロシア保育者養成所協議会
9月: 党女性部の創設
「幼稚園・託児所」「託児所・幼稚園の運営に関する通達」(1899年の日本の幼稚園保育及設備規程に該当)
(日) シベリア出兵を契機にした米騒動(1918年7〜9月)の救済基金で大阪市が託児所2園を開園(このあと公立託児所の設置が続く)

1920年 (ロ) 2月: 労働義務制(〜1921年4月)
4月25日〜10月12日: ソ連とポーランドの戦争
8月: タンボフ県で農民反乱の発生(〜1921年7月)
9月21日: 人民委員会議による飢饉対策の開始
10月12日: 布告「子ども週間について」
11月18日: 人工妊娠中絶の合法化(1924年6月: 登録制になる)
11月21〜28日:「子ども週間」の実施
11〜12月: 内戦がほぼ終結(ロシアで戦闘員250万〜330万人が死亡)
12月1〜5日: 第1回全ロシア母子保護集会
12月22〜29日: 第8回全ロシア・ソビエト大会
12月31日〜1921年1月4日: 第1回国民教育問題党協議会
(日) 10月1日: 第1回国勢調査

1921年 (ロ) 2月1〜5日: ペテルブルクの保育協議会(二月協議会)
2月10日: 児童生活改善委員会(子ども委員会)の創設
2月11日: 社会教育・総合技術教育総管理局の創設
2月28日〜3月18日: クロンシタット水兵の反乱
2月8〜16日: 第10回党大会(ネップ=新経済政策の採用)
6月30日:『プラウダ』で飢饉を公認
7月13日: ゴーリキーらによる飢饉救済の訴えがナンセン(ロシア救済国際委員長)に到着
7月18日: 飢餓住民救済中央委員会の創設
7月20日: 米国救援局と新政権の間で救済活動に関するリガ協定を締結
7月21日: 全ロシア飢饉救済委員会の創設
7月27日: 飢饉の規模に関する公式見解を『イズベスチア』に掲載
9月30日: 教育人民委員代理の各県国民教育部への回状
10月22日: 学校その他の文教施設の経済的必要に奉仕するための

市・町地区別学校経営会議の設置令
11月25日〜12月2日: 第2回全ロシア保育大会

1922年 (ロ) 2月22〜28日: 第2回全ロシア国民教育部長大会
3月8日: 17歳未満児の社会教育・総合技術教育に関する一般規程
4月: バシキール自治共和国特別決定「人肉喰いについて」。スターリンが党書記長に就任
5月5日: 全ロシア教育・芸術労働者同盟総会
6月29日: 児童施設管理規程
ほぼ夏まで: 米国救援局やロシア救済国際委員会による救済活動が継続(今回の飢饉で約100万人が死亡)
10月11〜17日: 第3回全ロシア県国民教育部長大会
10月30日: 新労働法典
12月23〜27日: 第10回全ロシア・ソビエト大会
12月30日: 第1回ソ連ソビエト大会(ソ連の結成を宣言)

1923年 (ロ) 3月11〜17日: 第2回全ロシア県社会教育部長大会
3月22日: 教育人民委員部の施設における授業料徴収手続きに関する布告
4月17〜25日: 第12回党大会
12月18日: 統一労働学校令(1923年学校令)
12月20日: 協力委員会規則

1924年 (ロ) 1月24日: レーニンの死
1月26日: レーニン基金の創設。ペトログラードをレニングラードに改称
5月23〜31日: 第13回党大会
7月2日: 保育施設規程
7月24日: 社会団体の資金による保育施設の開園に関する通達(1926年2月13日: 同通達の補足)
10月15〜21日: 第3回全ロシア保育大会
12月20日: 決定「教育人民委員部管轄の教育施設における授業料徴収規程の変更について」。決定「社会団体の資金による保育施設網の発展のために」

1925年 (ロ) 2月2日: 子ども委員会新規程
11月28日: トゥルクメン共和国決定「社会教育部〔管轄〕の都市の学校と幼稚園における教授の有償制について」

1926年 (ロ) 2月6〜7日: 第1回「子どもの友」協会大会
3月6日: 通達「社会団体の資金による保育施設の開園について」
3月15〜20日: 第3回全ロシア保育協議会

	10月7日: 決定「ウズベク共和国の都市の学校と幼稚園における授業料の徴収について」
	11月19日: 婚姻・家族・後見法典の施行について(1926年家族法)
	12月17日: ソ連初の国勢調査
	(日)4月: 幼稚園令，幼稚園令施行規則
1927年	(ロ)2月4日: 保育施設会議規程
1928年	(ロ)12月1〜5日: 第4回全ロシア保育大会
1929年	(ロ)4月23〜29日: 第16回党協議会で第1次五か年計画(1928〜1932年)を承認(=急進的工業化。ほぼ同時に始まった全面的農業集団化や文化革命とともに「上からの革命」と総称)
	5月28日:「保育の行進」開始
	10月: 世界恐慌
	(ロ)12月: スターリンの個人崇拝(スターリン体制期)の開始
1930年	(ロ)7〜8月: 決定「普通〔全員〕義務初等教育について」(1934年: 4年間の義務教育をソ連全土で実施)
1931年	9月18日: 満州事変
1932年	(ロ)6月21日: 保育施設会議規程
	飢饉の発生(〜1933年)
1933年	(日)4月: 東京帝大セツルメント児童部を中心に児童問題研究会の結成
1934年	(ロ)5月15日: 決定「ソ連における小学校・中学校の構成について」
	12月1日: 革命家キーロフの暗殺(ヴァトカをキーロフに改称)
1936年	(ロ)6月27日: 決定「中絶禁止，妊婦への物的援助の増大，多子家族への国家的扶助の制定，産院・保育所・幼稚園網の拡大，養育料不払いに対する刑事罰強化，離婚法制の一部改正について」
	12月12日: 新憲法(スターリン憲法)
1937年	7月: 日中戦争(〜1945年8月)
1939年	(ロ)9月:『ソ連共産党(ボリシェビキ)歴史小教程』
1939年	9月: 第二次世界大戦(〜1945年8月)
1943年	(日)5月: 戦時託児所使用条例
	農繁期託児所が5万か所を超える
1946年	(ロ)飢饉の発生(〜1947年)
1947年	(日)3月31日: 教育基本法，学校教育法(幼稚園を規定。2006年12月22日: 教育基本法の全面改定)
	5月3日: 日本国憲法
	12月12日: 児童福祉法(保育所を規定)
1953年	(ロ)3月5日: スターリンの死亡
1955年	(日)高度経済成長(〜1973年=第一次石油ショック)

	10月: 日本社会党の統一
	11月: 自由民主党の結成。これらをのちに「1955年体制」(＝開発主義国家体制)とよぶ(1993年8月: 非自民連立内閣の成立＝同体制の崩壊)
1956年	(ロ)2月25日: 第20回党大会でのスターリン批判
1968年	(ロ)7月: 1年間の育児休業制度の導入(1981年9月: 3年間に延長)
1977年	(日)義務教育諸学校等の女子教育職員及び医療施設, 社会福祉施設等の看護婦, 保母等の育児休業に関する法律
1985年	(ロ)ソ連の合計出生率 2.05(2004年に1.25)
	3月11日: ゴルバチョフが党書記長に就任
	(日)9月: プラザ合意(ドル高是正のために各国の協調介入を決定)
1986年	(ロ)4月26日: チェルノブイリ原発事故
	6月16日: ペレストロイカ(ソ連社会の再建)の開始
	(日)4月: 雇用の分野における男女の均等な機会及び待遇の確保等女子労働者の福祉の増進に関する法律(男女雇用機会均等法。1999年4月: 雇用の分野における男女の均等な機会及び待遇の確保等に関する法律＝改正男女雇用機会均等法)
	円高・ドル安, 好景気, 地価高騰などのバブル経済(〜1991年)
1989年	11月: 国連総会で子どもの権利条約を採択(1990年8月: ロシアが批准。9月: 発効。1994年4月: 日本が批准)
1990年	(日)前年の合計出生率による「1.57ショック」(2005年に1.26)
1991年	(ロ)9月6日: レニングラード市をペテルブルク市に改称(レニングラード州は改称せず)
	12月: ソ連の崩壊とロシア(連邦)などの独立(独立国家共同体の創設)
1992年	(ロ)7月: ロシア連邦法「教育について」(ロシア連邦教育法。1996年1月: 改正)
	(日)4月: 育児休業に関する法律(1995年10月: 育児休業, 介護休業等育児又は家族介護を行う労働者の福祉に関する法律)
	12月: 『国民生活白書』で「少子化」という用語を使用
1996年	(日)8月: 橋本内閣(〜1998年7月。「構造改革」の第1段階[1])
1995年	(日)4月:「今後の子育て支援のための基本的方向について」(エンゼルプラン)と緊急保育等5か年事業(〜1999年度)
1997年	(日)6月: 児童福祉法改正
1998年	(日)6月:『厚生白書』で三歳児神話を否定

---

1 後藤, 2004年, 12頁。

　　　　　　　6月：中央教育審議会答申「『新しい時代を拓く心を育てるために』
　　　　　　　——次世代を育てる心を失う危機——」
1999年　（日）6月：男女共同参画社会基本法
2000年　（日）4月：重点的に推進すべき少子化対策の具体的実施計画(新エンゼルプラン。～2004年度)
　　　　　　　11月：児童虐待の防止等に関する法律(児童虐待防止法。2004年4月：改正)
2001年　（日）1月：中央省庁の再編(文部科学省・厚生労働省など)
　　　　　　　4月：小泉内閣(～2006年9月。「構造改革」の第2段階[2])
2003年　（日）7月：次世代育成支援対策推進法
　　　　　　　9月：少子化社会対策基本法
2004年　（日）6月：少子化社会対策大綱
2005年　（日）4月：「少子化社会対策大綱に基づく重点施策の具体的実施計画について」(子ども・子育て応援プラン。～2009年度)
2006年　（日）10月：就学前の子どもに関する教育，保育等の総合的な提供の推進に関する法律(認定こども園)

2　同上。

文　献

ロシア語文献

註: ①議事録類, ②公文書館資料, ③雑誌・新聞, ④著書・論文の順。①は大会などの開催年の順。
③のうち改称されたものは代表的な名称で示す。
書誌要件の表記は最近のロシアの慣例と異なる。

① 議事録類

Протоколы I-го Всероссийского съезда по просвещению. М., 1919.

Резолюции I-го Всероссийского съезда по просвещению, 25-го августа – 4 сентября 1918 г. М., 1918.

Резолюции и тезисы докладов первого Всероссийского съезда по дошкольному воспитанию. М., 1919 (ГАКО, Р–1137/1/176/22–30об.).

РСФСР.НКЗ.Отдел ОММ(сост.) (1921). *Материалы первого Всероссийского совещания по охране материнства и младенчества, Москва, 1–5 декабря 1920 г*. М.

Первый Всероссийский съезд по дошкольному воспитанию (Доклады, протоколы, резолюции). М., 1921.

Спутник делегата II Всероссийского съезда по дошкольному воспитанию. М., 1921.

Резолюции по докладам Второго Всероссийского съезда по дошкольному воспитанию (С 25 ноября по 2 декабря 1921 г.). М., 1921.

Резолюции II-го Всероссийского съезда заведующего Губсоцвосами, 11–17 марта 1923 г. М., 1923.

Спутник делегата III Всероссийского съезда по дошкольному воспитанию, 15 октября 1924 года. М., 1924.

Резолюции по докладам Третьего Всероссийского съезда по дошкольному воспитанию, 15–21 октября 1924 г. М., 1924.

Виленская М.М. и др. (ред.) (1925). *III Всероссийский съезд по дошкольному воспитанию, 15–21 октября 1924 г. (Через дошкольное воспитание - к новому быту). М.

Спутник делегата III Всероссийской конференции по дошкольному воспитанию, 15 марта 1926 г. М., 1926.

Резолюции по докладам III Всероссийской конференции по дошкольному воспитанию, 15–20 марта 1926 г. М., 1926.

Стенограмма III Всесоюзной [Всероссийской] конференции по дошкольному воспитанию, 15–18 марта 1926 г. (ГАРФ, А–1575/10/79).

РСФСР.НКЗ (1926). *Труды III Всесоюзного съезда по охране материнства и младенчества, 1–7 декабря 1925 г.* М.

Резолюции IV Всероссийского съезда по дошкольному воспитанию. М.-Л., 1929.

Спутник делегата IV Всероссийского съезда по дошкольному воспитанию. М., 1928.

Цирлина Е.Е. и др. (ред.) (1929). *Материалы IV Всероссийского съезда по дошкольному воспитанию (По стенографическому отчету).* М.-Л.

② 公文書館資料

ГАКО（キーロフ州国立公文書館）.

ГАРФ（ロシア連邦国立公文書館。旧ロシア共和国中央国立公文書館　ЦГА РСФСР）.

ЦГА СПб.（ペテルブルク中央国立公文書館。旧レニングラード州中央国立十月革命・社会主義建設公文書館　ЦГАОРСС ЛО）.

ЦГАИПД СПб（ペテルブルク中央国立歴史・政治資料公文書館。旧ソ連邦共産党レニングラード州委員会付属党史研究所の党公文書館　ПА ИИП ЛО КПСС）.

ЦИАМ（モスクワ市中央歴史公文書館。旧モスクワ市中央国立歴史公文書館　ЦГИА）.

③ 雑誌・新聞

《*Бюллетень НКП*》, М., 1921–1940.

《*Бюллетень отдела дошкольного воспитания НКП РСФСР*》, М., 1920–1921.

《*Вестник просвещения*》, М., 1922–1929.

《*Дошкольное воспитание*》, Киев, 1911–1917.

《*Дошкольное воспитание*》, М., 1928–.

《Журнал Общества русских врачей в память Н.И.Пирогова》, М., 1895 – 1908.
《Известия》, М., 1917 –.
《На путях к новой школе》, М., 1922 – 1933.
《Народное просвещение》 (Ежемес.), М., 1918 – 1930.
《Народное просвещение》 (Еженед.), М., 1918 – 1922.
《Педагогическая мысль》, П., 1918 – 1924.
《Педагогический листок》, СПб., 1871 – 1885.
《Правда》, М., 1912 –.
《Просвещение》, Краснодар, 1921 – 1923.
《Путь просвещенца》, Вятка, 1924 – 1927.
《Свободное воспитание》, М., 1907 – 1918.
《Социологические исследования》, М., 1974 –.

④ 著書・論文

Абакумов А.А. и др. (сост.) (1974). *Народное образование в СССР (Общеобразовательная школа. Сборник документов. 1917 – 1973 гг.).* М.

Аборт в 1925 году (1927). М. (СССР.ЦСУ. *Статистика СССР*, т.35, вып.2).

Аборт в 1926 году (1929). М.

Абрамсон С.Б. (1955). *История дошкольного воспитания на Украине (Развитие дошкольного воспитания на Украине до Великой Октябрьской социалистической революции, в годы гражданской войны и в восстановительный период до 1925 г.).* Харьков. (Диссертация на соискание ученой степени кандидата педагогических наук).

Альмединген-Тумим Н.А. (1922). Современная дошкольная работа; Общественное и семейное дошкольное воспитание, в кн. Ее же и др. (ред.). *Дошкольное дело.* П., с.5 – 29; с.153 – 162.

Андреев Е.М. и др. (1993). *Население Советского Союза, 1922 – 1991.* М.

―― (1998). *Демографическая история России, 1927 – 1959.* М.

Антокольская М.В. (1996). *Семейное право.* М.

Араловец Н.А. (2003). *Городская семья в России, 1897 – 1926 гг. (Историко-демографический аспект).* М.

Бабинцева Т.В. (1987). *Развитие общественного дошкольного воспитания в г. Кирове* (неопубликовано).

Баранов Д.А. и др. (2006). *Русские дети (Основы народной педагогики.*

Иллюстрированная энциклопедия). СПб.

Белая К.Ю. и др. (1997). *Листая страницы истории (Из истории дошкольного воспитания в Москве)*. М.

Беляева Н.К. (1987). *Проблемы воспитания детей раннего возраста в истории советской дошкольной педагогики, 1917–1941 гг.* М. (Диссертация на соискание ученой степени кандидата педагогических наук).

Бернадский В.Н. и др. (ред.) (1948). *Сборник, посвященный 30-летию деятельности института, 1918–1948*. Л.

Богуславский М.В. и др. (1994). *Юлия Фаусек (30 лет по методу Монтессори)*. М.

Болдырев Н.И. (сост.) (1947). *Директивы ВКП(б) и постановления советского правительства о народном образовании (Сборник документов за 1917–1947 гг.)*, вып.1. М.-Л.

Брокгауз Ф.А. и др. (изд.) (1892) (1893) (1899) (1902). *Энциклопедический словарь*, т.7–А, 11–А, 27–А, 36–А. СПб.

Бухман К. (1923). Голод 1921 года и деятельность иностранных организаций, ⟨*Вестник статистики*⟩, No. 4–6, с.87–113.

В помощь работнику яслей на селе (1934). Воронеж.

Васильева В.М. (1928). Основные типы учреждений в области социально-правовой охраны несовершеннолетних и борьбы с детской беспризорностью, в кн. Калашников А.Г. (ред.). *Педагогическая энциклопедия*, т.2. М., с.353–368.

—— (1931). Детский дом, в кн. Шмит О.Ю. (гл.ред.). *Большая Советская Энциклопедия*, 1–е изд., т.21, М., с.618–624.

Виленская М.М. (ред.) (1926). *Лицом к деревне (Дошкольная работа в деревне)*. М.-Л.

—— (1927). Дошкольное воспитание и октябрь, ⟨*На путях к новой школе*⟩, No. 10, с.59–75.

—— (1928a). Дошкольное воспитание с октября 1917 года, в кн. Калашников А.Г. (ред.). *Педагогическая энциклопедия*, т.2. М., с.45–58.

—— (ред.) (1928b). *Справочная книга по дошкольному воспитанию*. М.-Л.

—— (ред.) (1929). *Дошкольное строительство (Рабочая книга по дошкольному воспитанию в РСФСР)*. М.

Вишневский А.Г. (ред.) (1977). *Брачность, рождаемость, смертность в России и в СССР (Сборник статей)*. М.

Волков Е.З. (1930). *Динамика народонаселения СССР за восемьдесят лет*. М.-Л.

Волобуева Л.В. (1994). *Становление и развитие общественного дошкольного воспитания в Москве, 1900–1928 гг.* М. (Диссертация на соискание ученой степени кандидата педагогических наук).

—— (1996). Подготовка специалистов дошкольного воспитания в Москве, 1900–1928 гг., в кн. *Подготовка специалистов к работе в условиях гибкой многофункциональной сети дошкольных образовательных учреждений*. Шадринск, с.53–61.

Всероссийский дошкольный съезд (1921), 《*Народное просвещение*》 (Еженед.), No. 94 (30 декабрь), с.10–12.

Гаврилова И.Н. (1997). *Демографическая история Москвы*. М.

Главнейшие предварительные данные переписи города Москвы в марте 1912 года (1913). ч.1, *Общие данные о населении, квартирах и владениях города Москвы и пригородов*. М.

Государственный комитет Российской Федерации по статистике [Госкомстат России] (1998). *Население России за 100 лет, 1897–1997*. М.

—— (2004). *Социальное положение и уровень жизни населения России*. М.

Давыдов В.В. (гл.ред.) (1993) (1999). *Российская педагогическая энциклопедия*, т.1–2. М.

Дмитриева Е.В. (2003). *Санкт-Петербург. Век XX (Пособие по истории города с заданиями и тестами)*, 2-е изд. СПб.

Егоров С.Ф. (ред.) (2001). *Введение в историю дошкольной педагогики (Учебное пособие)*. М.

Жиромская В.Б. и др. (ред.) (2000). *Население России в XX веке*, т.1, *1900–1939 гг*. М.

Жиромская В.Б. (2001). *Демографическая история России в 1930-е годы*. М.

Жуков И.М. (гл.ред.) (1969). *Советская историческая энциклопедия*, т.12. М.

Залужская М. (1957). 40 лет общественного дошкольного воспитания, 《*Народное образование*》, No. 12, с.28–32.

Иванова Л.В. и др. (сост.) (1975). *Культурная жизнь в СССР, 1917–1927 (Хроника)*. М.

Институт дошкольного образования (1920). П.

Инструкция по ведению очага и детского сада (1919), 《*Народное просвещение*》(Ежемес.), No. 6/7, с.84–86 (РСФСР.НКП.Дошкольный отдел [сост.]. *Справочник по дошкольному воспитанию,* М., 1919, с.34–38 などに所収).

Исупов В. (2000). *Демографические катастрофы и кризисы в России в первой половине XX века (Историко-демографические очерки).* Новосибирск.

Каиров И.А. и др. (ред.) (1957). *Народное образование в СССР.* М.

Калашников А.Г. (ред.) (1928). *Педагогическая энциклопедия*, т.2. М.

Каптерев П.Ф. (ред.) (1898–1910). *Энциклопедия семейного воспитания и обучения*, вып. 1–57. СПб.

Канторович П. и др. (1927). Дошкольная работа за 10 лет, 《*Вестник просвещения*》, No. 11, с.13–38.

Кашин М.П. и др. (ред.) (1970). *Народное образование в РСФСР.* М.

Кваша Е.А. (2003). Младенческая смертность в России в XX веке, 《*Социологические исследования*》, No. 6, с.47–55.

Кировский областной комитет государственной статистики (1996). *200 лет Вятской губернии, 60 лет Кировской области (Статистический сборник).* Киров.

Ковригин М.Д. (гл.ред.) (1957). *Сорок лет советского здравоохранения (К 40-летию Великой Октябрьской социалистической революции, 1917–1957).* М.

Колоярцева Е.И. (1955). *Общественно-педагогическая деятельность Л.К.Шлегер в области дошкольного воспитания.* М. (Диссертация на соискание ученой степени кандидата педагогических наук).

Комиссия по улучшению жизни детей при ВЦИК (1936). *XV лет работы по улучшению жизни детей.* М.

Кондрашин В.В. (1996). Голод в крестьянском менталитете, в кн. Данилов В.П. и др. (ред.). *Менталитет и аграрное развитие России.* М., с.115–123.

Константинов Н.А. и др. (ред.) (1955). *История педагогики (Пособие для педагогических институтов).* М.

Конференция по дошкольному воспитанию, 1–5 февраля 1921 года (1921), 《*Педагогическая мысль*》, No. 1–4, с.128–130.

Конюс Э.М. (1954). *Пути развития советской охраны материнства и младенчества (1917–1940),* М.

Корнейчик Т. (1928). Система социального воспитания в РСФСР, в кн.

Калашников А.Г. (ред.). *Педагогическая энциклопедия*, т.2. М., с.25–32.

Королев Ф.Ф. (1958). *Очерки по истории советской школы и педагогики, 1917–1920*. М.

Красногорская Л.И. (1938). *Очерки развития дошкольного воспитания*. М.

Крылова В.С. (1976). *Становление и развитие общественного дошкольного воспитания в Чувашии, 1917–1941*. М. (Автореферат диссертации на соискание ученой степени кандидата педагогических наук).

Кудрявцев П.Ф. (1900). *Деревенские ясли-приюты в Симбирской губернии летом 1899 г. (Опыт санитарно-статистического исследования о влиянии яслей-приютов на здоровье и благосостояние деревенских детей вообще и в смысле понижения детской [и общей – для всех возрастов] смертности населения в частности)*. Симбирск.

Кузин Н.А. и др. (ред) (1980). *Очерки истории школы и педагогической мысли народов СССР, 1917–1941 гг*. М.

Куркин П.И. и др. (1927). *Естественное движение населения г.Москвы и Московской губернии*. М.

Куфаев М.Н. (1927). Библиография русских педагогических журналов, в кн. Калашников А.Г. (ред.). *Педагогическая энциклопедия*, т.1. М., с.395–416.

Лазуркина Д.А. (1959). Славное сорокалетие, 《*Дошкольное воспитание*》, No. 5, с.15–17.

Левицкая Е.Г. (1920). Обзор положения дошкольного воспитания по данным отчетов на 1 октября 1919 года, 《*Народное просвещение*》 (Ежемес.), No. 16/17, с.92–98.

Литвин Л.Н. (ред.) (1981). *История дошкольной педагогики*. М. (2–е доп.изд., 1989).

—— (1990). Первый Всероссийский съезд по дошкольному воспитанию, 《*Дошкольное воспитание*》, No. 3, с.56–59.

—— (1992). *Общественное дошкольное воспитание в РСФСР, 1917–1940 гг*. Мурманск.

—— (1993). *Становление и развитие системы общественного дошкольного воспитания в РСФСР, 1917–1940 гг*. СПб. (Диссертация на соискание ученой степени доктора педагогических наук; Автореферат диссертации на соискание ученой степени доктора педагогических наук).

Лубенец Н. (1917). Первые шаги по пути к завоеванию права дошкольного воспитания, ⟨*Дошкольное воспитание*⟩, No. 5, с.271–274.

Лыков С.В. (1996). *Проблемы взаимосвязи целенаправленного обучения и самодеятельности детей в дошкольной педагогике России (Вторая половина XIX — начала XX вв.).* М. (Диссертация на соискание ученой степени кандидата педагогических наук).

—— (1997). Законодательные инициативы Киевского общества народных детских садов, в кн. Егоров С.Ф. (ред.). *Педагогика и политика в образовании России конца XIX — начала XX веков (Материалы конференции молодых ученых 25–26 февраля 1997 г.),* ч.2. М., с.37–40.

Мазуренко Ю.П. (общ.ред.) (1927). *Детское право Советских Республик (Сборник действующего законодательства о детях).* Харьков.

Материалы по вопросу (Кому помогало и сколько детей призревало в своих Приютах, Убежищах, Яслях и Очагах Елизаветинское Благотворительное Общество в Москве и Московской губернии за 20 лет своих действий с 1892 по 1912 год) (1914). М.

Махлина М.Е. и др. (общ.ред.) (1932). *Дошкольное воспитание в Ленинграде за 15 лет, 1917–1932.* М.-Л.

Медведева Г.А. (1992). *Становление и развитие общественного дошкольного воспитания в Российской Федерации с 1917 до 1932 гг. (По материалам Алтайского Края).* М. (Диссертация на соискание ученой степени кандидата педагогических наук).

Миронов Б.Н. (1999). *Социальная история России периода Империи, XVIII — начало XX в.,* т.1–2. СПб. (3–е испр. и доп.изд., 2003).

Москва и Московская область 1926/27–1928/29 (Статистико-экономический справочник по округам) (1930). М.

Мусаев В.И. (2001). *Преступность в Петрограде в 1917–1921 гг.и борьба с ней.* СПб.

Мчедлидзе Н.Б. и др. (сост.) (1988). *История советской дошкольной педагогики (Хрестоматия),* 2–е перераб.и доп.изд. М.

Н.А. [Альмединген-Тумим] (1922). Второй Всероссийский съезд по дошкольному воспитанию в Москве, ⟨*Педагогическая мысль*⟩, No. 1/2, с.111–116.

Н.С. (1918). Педагогический институт дошкольного образования, ⟨*Педагогическая мысль*⟩, No. 9–12, с.182–184.

Нечаева А.М. (1998). *Семейное право (Курс лекций)*. М.

Новосельский С.А. (1958). *Вопросы демографической и санитарной статистики (Избранные произведения)*. М.

Орлов И.Б. (2004). Между «Царь-голодом» и «Товарищем Урожаем», 1921–1922 гг. в кн. *Социальная история (Ежегодник, 2001/2002)*. М., с.467–485.

Палария В.Г.(1987). *Теоретическая и практическая деятельность дошкольного отдела первой опытной станции по народному образованию Наркомпроса РСФСР, 1919–1937 гг.* Кишинев. (Диссертация на соискание ученой степени кандидата педагогических наук).

Писменный Н. (1904). О влиянии фабричных условий работы и жизни матерей на смертность детей. *«Журнал Общества русских врачей в память Н.И.Пирогова»*, No. 1/2, с.39–45.

Плюснин-Кронин Б.А. (1926). *Система народного образования РСФСР (Современная система и программы ГУС'а)*. М.

Положение о губернском отделе народного образования (1921), *«Бюллетень НКП»*, No. 10, с.2–6.

Поляков Ю.А. (отв.ред.) (1994). *Население России в 1920–1950-е годы (Численность, потери, миграции. Сборник научных трудов)*. М.

—— и др. (ред.) (1999). *Всесоюзная перепись населения 1939 г. (Основные итоги)*. СПб.

Представительство Российского общества Красного Креста в Америке (1922). *Голод, 1921–1922*. Нью-Йорк[, предсл., 1922].

Прокофьев М.А. и др. (ред.) (1967). *Народное образование в СССР, 1917–1967*. М.

Прохоров А.М. (гл.ред.) (1997). *Большой энциклопедический словарь*, 2-е перер.и доп.изд. М.-СПб.

Прушицкая Р.И. (1959). Борьба за советскую дошкольную педагогику, *«Дошкольное воспитание»*, No. 5, с.19–21.

Рашин А.Г. (1929). *Фабрично-заводские служащие в СССР (Численность, состав, заработная плата)*. М.

—— (1940). *Формирование промышленнаго пролетариата в России (Статистико-экономические очерки)*. М.

—— (1956). *Население России за 100 лет, 1811–1913*. М.

—— (1958). *Формирование рабочего класса России (Историко-экономические очерки)*. М.

РСФСР.НКП (1927). *Народное просвещение в РСФСР [Альбом диа-*

грамм] *(К докладу НКП РСФСР на XIII Всероссийском съезде советов. Апрель 1927).* М.-Л.

—— (1928) (1929) (1930). *Народное просвещение в РСФСР к 1927/28 [1928/29] [1929/30] учебному году (Отчет НКП РСФСР за 1926/27 [1927/28] [1928/29] учебный год).* М.[-Л.]

—— (1932 a). *Народное просвещение в РСФСР в основных показателях (Статистический сборник. 1927/28–1930/31 гг., со включением некоторых данных за 1931/32 г.).* М.-Л.

—— (1932 b). *Народное просвещение в РСФСР в цифрах за 15 лет советской власти (Краткий статистический сборник).* М.

РСФСР.НКП.Дошкольный отдел (сост.) (1919). *Справочник по дошкольному воспитанию.* М.

РСФСР.ЦСУ.Петроградский губернский отдел статистики (1922). *Статистический сборник по Петрограду и Петроградской губернии.* П.

Рындзюнский Г.Д. и др. (1923). *Детское право Р.С.Ф.С.Р.* М.

Савинова Л.К. (1969). *Становление и развитие советской системы общественного дошкольного воспитания в Петрограде-Ленинграде, 1917–1931 гг.,* вып.1–2. Л. (Диссертация на соискание ученой степени кандидата педагогических наук).

Садчиков М. (1922). 2-й съезд по дошкольному воспитанию, «*Просвещение*», No. 3/4, с. 95–98.

С.-Петербургское общество содействия дошкольному воспитанию детей (1912–1913). *Вопросы дошкольного воспитания (Сборник),* вып.1–2. СПб.

Свентицкая М.Х. (1913). *Наш детский сад.* М.

Семенов Н.Ю. (ред.) (2000). *Благотворительность и милосердие в Санкт-Петербурге (Рубеж XIX–XX веков. Историко-документальное издание).* СПб.

Синявский Ф.С. (2003). *Урбанизация России в 20 веке (Роль в ист. процессе).* М.

Смирнова Т.М. (2004). Дети Советской России (По материалам Деткомиссии ВЦИК, 1921–1924 гг.), в кн. *Социальная история (Ежегодник, 2001/2002).* М., с.486–526.

Собрание законов и распоряжений Рабоче-крестьянского правительства СССР [СЗ СССР] (1936), М.

Собрание узаконений и распоряжений рабочего и крестьянского пра-

вительства РСФСР [СЗ РСФСР] (1917–1926), М.

Социальное воспитание (1923). 《*Народное просвещение*》 (Ежемес.), No. 1, с.15–27.

СССР.ЦСУ (1929 a). *Всесоюзная перепись населения СССР 1926 года*, т.9. М.-Л.

—— (1929 b). *Народное просвещение в СССР (1926–1927 учебный гот)*. М.

Статистический отдел Московского совета (сост.) (1927). *Статистический ежегодник г.Москве и Московской губернии.*, вып.2, *Статистические данные по г.Москвы за 1914–1925 г.г.* М.

Статистический отдел Московской городской управы (1910). *Статистический ежегодник города Москвы*, год 2–й (1907/8). М.

Статистический справочник по гор.Ленинграду (1930). Л.

Стрельцов И.Т. (1931). *В центре голода, 1921–1922 г. (Пугачевский уезд).* М.-Самара.

Тройницкий Н.А. (ред.) (1904). *Первая всеобщая перепись населения Российской Империи, 1897 г.*, т.10. [СПб.]

—— (ред.) (1905). *Общий свод по Империи результатов разработки данных первой всеобщей переписи населения, произведенной 28 января 1897 года*, т.1–2. СПб.

Труды Первого Всероссийского съезда по семейному воспитанию, т.1–2 (1914). СПб.

Труды ЦСУ СССР, 1917–1926, т.1, 8, 18, 28 (1920–1927). М.

Уиппль Ч. и др. (1929). *Основы демографической и санитарной статистики.* М.

Урунтаева Г. (2002). Е.И.Тихеева (Воспитатель должен не только любить детей, но и знать их возрастные особенности), 《*Дошкольное воспитание*》, No. 10, с.91–94.

Устав Московского общества грамотности (1907), М.

Чехов Н.В. (1912). Увеличение казенных ассигновок на дошкольное воспитание в России, 《*Дошкольное воспитание*》, No. 1, с.13–18.

—— и др. (1928). Опытно-показательные педагогические учреждения, в кн. Калашников А.Г. (ред.). *Педагогическая энциклопедия*, т.2. М., с.317–339.

Чувашев И.В. (1928). Исторические очерки развития дошкольного воспитания в России до Великой Октябрьской революции, в кн. Калашников А.Г. (ред.). *Педагогическая энциклопедия*, т.2. М., с.33–

46.

—— (1950). *История русской дошкольной педагогики*, ч.1–2. М. (Диссертация на соискание ученой степени доктора педагогических наук).

—— (1955). *Очерки по истории дошкольного воспитания в России (До Великой Октябрьской социалистической революции)*. М., 1955.

Шабаева М.Ф. (ред.) (1953). *История педагогики (Учебное пособие для дошкольных педагогических училищ)*. М. (2-е изд., 1955; 3-е испр.и доп., 1961).

—— (ред.) (1981). *История педагогики*. М.

Шацкий С.Т. (1908). *Дети-работники будущего*. М.

Шикалова Т.Н. (1999). *Становление и тенденции развития содержания дошкольного образования в отечественной педагогике 20-х годов*. Ижевск. (Автореферат диссертации на соискание ученой степени кандидата педагогических наук).

Шлегер Л.К. (1915). *Практическая работа в детском саду*. М.

Шмидт С.О. (ред.) (1961). *Государственный исторический архив Московской области (Путеводитель)*. М.

—— (гл.ред.) (1997). *Москва-Энциклопедия*. М.

Штамм С.И. (1985). *Управление народным образованием в СССР, 1917–1936 гг. (Историко-правовое исследование)*. М.

Эпштейн М.С. и др. (ред.) (1927). *На пороге второго десятилетия (Практика социального воспитания)*. М.-Л.

Ядэшко В.И. и др. (ред.) (1978). *Дошкольная педагогика*. М.

英語文献など

Attwood L. (1999), *Creating the New Soviet Women: Women's Magazines as Engineers of Female Identity, 1922–53* (N.Y.).

Avdeev A. et al. (1995), "The History of Abortion Statistics in Russia and the USSR from 1900 to 1991," *Population: An English Selection*, Vol. 7, pp. 39–66.

Ball A.M. (1992), "The Roots of *Besprizornost'* in Soviet Russia's First Decade," *Slavic Review*, Vol. 51, No. 2, pp. 247–270.

—— (1994), *And Now My Soul Is Hardened: Abandoned Children in Soviet Russia, 1918–1930* (Berkeley, Los Angeles, London).

Beatty B. (1995), *Preschool Education in America: The Culture of Young Children from the Colonial Era to the Present* (New Haven, London).

Bechhofer C.E. (1921), *Through Starving Russia: Being the Record of a Journey to Moscow and the Volga Provinces in August and September 1921* (London; rpt., 1977).
Bernstein L. (1997), "The Evolution of Soviet Adoption Law," *Journal of Family History*, Vol. 22, No. 2, pp. 204–226.
Bobroff A. (1974), "The Bolsheviks and Working Women, 1905–1920," *Soviet Studies*, Vol. 26, No. 4, pp. 540–567.
Bobroff-Hajal A. (1994), *Working Women in Russia under the Hunger Tsars: Political Activism and Daily Life* (Brooklyn: NY).
Bosewitz R. (1988), *Waifdom in the Soviet Union: Features of the Sub-Culture and Re-Education* (Frankfurt am Main, Bern, N.Y., Paris).
Brennan D. (1994), *The Politics of Australian Child Care* (Cambridge; 2nd ed., 1998).
Briand J.-P. et al. (1987), L'Enseignement primaire et ses extensions: Annuaire statistique, 19e–20e siecles: Ecoles maternelles, primaires, primaires superieures et professionnelles (Paris).
Burds J. (1991), "The Social Control of Peasant Labor in Russia: The Response of Village Communities to Labor Migration in the Central Industrial Region, 1861–1905," in Kingston-Mann E. et al. (eds.), *Peasant Economy, Culture, and Politics of European Russian, 1800–1921* (Princeton), pp. 52–100.
Chase W.J. (1987), *Workers, Society, and the Soviet State: Labor and Life in Moscow, 1918–1929* (Urbana, Chicago).
Chatterjee C. (2002), *Celebrating Women: Gender, Festival Culture, and Bolshevik Ideology, 1910–1939* (Pittsburgh).
Cusden P.E. (1938), *The English Nursery School* (London).
DaVanzo J. (ed.) (1996), *Russia's Demographic "Crisis"* (Santa Monica: CA).
David H.P. et al. (eds.) (1999), *From Abortion to Contraception: A Resource to Public Policies and Reproductive Behavior in Central and Eastern Europe from 1917 to the Present* (Westport: CT).
Duranty W. (1935), *I Write as I Please* (N.Y.).
Edmondson C.M. (1970), *Soviet Famine Relief Measures, 1921–1923* (Ph.D.diss., Florida State University).
Edmondson L.H. (1984), *Feminism in Russia, 1900–1917* (London).
Elwood R.C. (1992), *Inessa Armand: Revolutionary and Feminist* (Cambridge).
Engel B.A. (1994), *Between the Fields and the City: Women, Work, and Family in Russia, 1861–1914* (N.Y.).
Farnsworth B.B. (1977), "Bolshevik Alternative and the Soviet Family: The 1926

Marriage Law Debate," in Atkinson D. et al. (eds.), *Women in Russia* (Stanford: CA), pp. 139–165.

Fisher H.H. (1927), *The Famine in Soviet Russia, 1919–1923: The Operation of the American Relief Administration* (N.Y.).

Fisher W.A. (1980), *The Soviet Marriage Market: Male Selection in Russia and the USSR* (N.Y.).

Fitzpatrick S. (1970), *The Commissariat of Enlightenment: Soviet Organization of Education and the Arts under Lunacharsky, October 1917–1921* (Cambridge).

Frieden N.M. (1978), "Child Care: Medical Reform in a Traditionalist Culture," in Ransel D.L. (ed.), *The Family in the Imperial Russia: New Lines of Historical Research* (Urbana, Chicago, London), pp. 236–259.

Gibbs P. (1930), *Since Then* (N.Y., London).

Gilbert M. (2002), *The Routledge Atlas of Russian History: From 800 BC to the Present Day*, 3rd ed. (London, N.Y.).

Glass B.L. et al. (1987), "Family Law in Soviet Russia, 1917–1945," *Journal of Marriage and the Family*, Vol. 49, No. 4, pp. 893–902.

Glickman R.L. (1977), "The Russian Factory Women, 1880–1914," in Atkinson D. et al. (eds.), *Women in Russia* (Stanford: CA), pp. 63–83.

—— (1984), *Russian Factory Women: Workplace and Society, 1880–1914* (Berkeley, Los Angeles, London).

Goldman W.Z. (1987), *The 'Withering Away' and the Resurrection of the Soviet Family, 1917–1936* (Ph.D.diss., University of Pennsylvania).

—— (1989), "Women, the Family, and the New Revolutionary Order in the Soviet Union," in Kruks S. et al. (eds.), *Promissory Notes: Women in the Transition to Socialism* (N.Y.), pp. 59–81.

—— (1991), "Working-Class Women and the 'Withering Away' of the Family," in Fitzpatrick S. et al. (eds.), *Russia in the Era of NEP: Explorations in Soviet Society and Culture* (Bloomington, Indianapolis), pp. 125–143.

—— (1993), *Women, the State and Revolution: Soviet Family Policy and Social Life, 1917–1936* (Cambridge).

—— (2002), *Women at the Gates: Gender and Industry in Stalin's Russia* (Cambridge).

Great Britain. Board of Education. Consultative Committee (1933), *Report of the Consultative Committee on Infant and Nursery Schools* (London).

Hayden C.E. (1979), *Feminism and Bolshevism: The Zhenotdel and Politics of Women's Emancipation in Russia, 1917–1930* (Ph.D.diss., University of California at Berkeley).

Haynes M. et al. (2003), *A Century of State Murder?: Death and Policy in Twentieth-Century Russia* (London, Sterling: VA).

Heer D.M. (1968), "The Demographic Transition in the Russian Empire and the Soviet Union," *Journal of Social History*, Vol. 1, No. 3, pp. 193–240.

Hoffmann D.L. (2003), *Stalinist Values: The Cultural Norms of Soviet Modernity, 1917–1941* (Ithaca, London).

Ilic M. (1999), *Women Workers in the Soviet Interior Economy: From 'Protection' to 'Equality'* (London, N.Y.).

Jahan H.F. (1990), "The Housing Revolution in Petrograd, 1917–1920," *Jahrbücher für Geschichte Osteuropas*, Bd. 38, Heft 2, pp. 212–227.

Johnson R.E. (1979), *Peasant and Proletarian: The Working Class of Moscow in the Nineteenth Century* (New Brunswick: NJ, Leicester).

—— (1991), "Family Life in Moscow during NEP," in Fitzpatrick S. et al. (eds.), *Russia in the Era of NEP* (Bloomington, Indianapolis), pp. 106–124.

Kiaer C. et al. (eds.) (2006), *Everyday Life in Early Soviet Russia: Taking the Revolution Inside* (Bloomington, Indianapolis).

King K.Z. (1989), *Soviet Preschool, 1918–1921* (MA, Colorado University at Denver).

—— (1992), "Soviet Preschool, 1918–1921: The Dreams and Realities as Seen in *Narodnoe Prosveshchenie*," *East/West Education*, Vol. 13, No. 2, pp. 143–152.

Kingsbury S.M. et al. (1935), *Factory, Family and Woman in the Soviet Union* (N.Y.).

Kirschenbaum L.A. (1993), *Raising Young Russia: The Family, the State, and the Preschool Child, 1917–1931* (Ph.D.diss., University of California at Berkeley).

—— (2000), "The Kindergarten and the Revolutionary Tradition in Russia," in Wollons R. (ed.), *Kindergartens and Cultures: The Global Diffusion of an Idea* (New Heaven, London), pp. 195–213.

—— (2001), *Small Comrades: Revolutionizing Childhood in Soviet Russia, 1917–1932* (N.Y., London).

League of Nations (1922), *Report on Economic Conditions in Russia: With Special Reference to the Famine of 1921–1922 and the State of Agriculture* [Geneva].

Lindenmeyr A. (1993), "Maternalism and Child Welfare in Late Imperial Russia," *Journal of Women's History*, Vol. 5, No. 2, pp. 114–125.

—— (1996), *Poverty Is Not a Vice: Charity, Society, and the State in Imperial Russia* (Princeton).

Madison B. (1963), "Russia's Illegitimate Children before and after the Revolution," *Slavic Review*, Vol. 22, No. 1, pp. 82–95.

McAuley M. (1991), *Bread and Justice: State and Society in Petrograd, 1917–1922* (Oxford, N.Y., Toronto).

McDermid J. et al. (1998), *Women and Work in Russia, 1800–1930: A Study in Continuity through Change* (London, N.Y.).

McKean R. (1990), *St.Petersburg between the Revolutions: June 1905–February 1917* (New Haven: CT).

Melucci A. (1989) (J. Keane et al. [eds.]), *Nomads of the Present: Social Movements and Individual Needs in Contemporary Society* (London) ［アルベルト・メルッチ『現在に生きる遊牧民――新しい公共空間の創出に向けて』山之内靖ほか訳, 岩波書店, 1997年］.

Michel S. (1999), *Children's Interests/Mothers' Rights: The Shaping of America's Child Care Policy* (New Haven: CT).

Ministère de l'éducation nationale, de l'enseignement supérieur et de la recherché, *Évaluation et statisques: Repères et références statisques sur les enseignements, la formation et la recherché, 2005* (http://www.education.gouv.fr/stateval/rers/rers2005.htm 2006年9月15日).

Mironov B. (2000) (Eklof B. et al. [tr.]), *A Social History of Imperial Russia, 1700–1917*, Vol. 1 (Colorado, Oxford).

OECD (2001), *Starting Strong: Early Childhood Education and Care* (Paris).

Patenaude B.M. (2002), *Big Show in Bololand: The American Relief Expedition to Soviet Russia in the Famine of 1921* (Stanford: CA).

Ransel D.L. (1982), "Problems in Measuring Illegitimacy in Prerevolutionary Russia," *Journal of Social History*, No. 16, pp. 111–127.

―― (1988), *Mothers of Misery: Child Abandonment in Russia* (Princeton).

―― (2000), *Village Mothers: Three Generations of Change in Russia and Tataria* (Bloomington).

Rose E. (1999), *A Mother's Job: The History of Day Care, 1890–1960* (N.Y.).

Scherbov S. et al. (1999), "Marital and Fertility Careers of Russian Women Born between 1910 and 1934," *Population and Development Review*, Vol. 25, No. 1, pp. 129–143.

Schlesinger R. (ed.) (1949), *The Family in the U.S.S.R.: Documents and Readings* (London; rpt., 1998).

Solomon S.G. (1992), "The Demographic Argument in Soviet Debates over the Legalization of Abortion in the 1920s," *Cahiers du monde russe et soviétique*, Vol. 33, No. 1, pp. 59–82.

Smith J. (1928), *Woman in Soviet Russia* (N.Y.).

Stolee M.K. (1982), *'A Generation Capable of Establishing Communism': Revolu-

tionary Child Rearing in the Soviet Union, 1917−1928 (Ph.D.diss., Duke University).

Tolstoï [-Soukhtine] T. (1975), *Avec Léon Tolstoï* (Paris).

Waters E. (1987), "Teaching Mothercraft in Post-Revolutionary Russia," *Australian Slavonic and East European Studies*, Vol. 1, No. 2, pp. 29−56 ［エリザベス・ウォーターズ『美女・悪女・聖母──20世紀ロシアの社会史』秋山洋子訳, 群像社, 1994年, 167～207ページ］.

Weissman B.M. (1974), *Herbert Hoover and Famine Relief to Soviet Russia, 1921−1923* (Stanford: CA).

Wheatcroft S.G. (1983), "Famine and Epidemic Crises in Russia, 1918−1922: The Case of Saratov," *Annales de demographie historique*, pp. 329−352.

── (1997), "Soviet Statistics of Nutrition and Mortality during Times of Famine, 1917−1922 and 1931−1933," *Cahiers du monde russe*, Vol. 38, No. 4, pp. 525−558.

Williams C. (1989), *Soviet Public Health: A Case Study of Leningrad, 1917−1932* (Ph.D.diss., University of Essex).

Wood E.A. (1997), *The Baba and the Comrade: Gender and Politics in Revolutionary Russia* (Bloomington, Indianapolis).

Worobec C.D. (1991), *Peasant Russia: Family and Community in the Post-Emancipation Period* (Princeton).

Zenzinov V. (1931) (A. Platt [tr.]), *Deserted: The Story of the Children Abandoned in Soviet Russia* (London; rpt., Westport: CT, 1975).

日本語文献

青木恭子 (2000年)「書評」『ロシア史研究』第66号, 90～98ページ。
阿藤誠 (2000年)『現代人口学──少子高齢社会の基礎知識』(日本評論社)。
荒又重雄 (1971年)『ロシア労働政策史』(恒星社厚生閣)。
──(1885年)「帝政ロシアにおける婦人労働者(1880−1914)の新研究──Rose L.Glickman, Russian Factory Women, Workplace and Society, 1880−1914──」『(北海道大学)経済学研究』第35巻第2号, 359～366ページ。
ハンナ・アレント (1973年)『人間の条件』(志水速雄訳, 中央公論社; ちくま学芸文庫, 1994年)。
伊賀光屋 (1982年)「戦間期の都市における労働者家族」『家族史研究』第5集, 172～192ページ。
池田嘉郎 (2005年)「革命期ロシアにおける全般的労働義務制」『史学雑誌』第114編第8号, 1329～1361ページ。

石井規衛(1997年)「内戦と干渉戦のなかで」田中陽兒ほか編『世界歴史大系 ロシア史』第3巻(山川出版社)61～100ページ。
一番ケ瀬康子ほか(1962年)『日本の保育』(ドメス出版)。
稲子恒夫ほか(1966年)「初期のソビエト家族法」『(名古屋大学)法政論集』第36号，83～127ページ。
──(1968年)「1926年のロシア家族法典とその発展」同上，第43号，106～158ページ。
稲子宣子(1972年)「ソビエト法における後見と児童の保護」『日本福祉大学研究紀要』第22号，1～72ページ。
──(1991年)『ソ連における子どもの権利』(日本評論社)。
──(1998年)「家族法の改革」藤田勇ほか編『体制転換期ロシアの法改革』(法律文化社)263～285ページ。
井深雄二(1999年)「教育費政策の諸類型──日本教育費政策史研究序論──」『日本教育政策学会年報』第6号，124～138ページ。
──(2000年)『現代日本の教育改革──教育の私事化と公共性の再建』(自治体研究社)。
岩崎正吾(2002年)「マカーレンコ教育思想受容の一断面──作品『教育詩』と映画『人生案内』の関係についての考察──」『教育学研究』第69巻第2号，215～226ページ。
岩崎次男(1974年)「近代的幼児教育施設の誕生」梅根悟監修『世界教育史大系』第21巻(講談社)38～199ページ。
──(1999年)『フレーベル教育学の研究』(玉川大学出版部)。
岩崎恭枝(1978年)「ソビエトの就学前教育──ゼロ歳児保育論争の背景──」『日ソ経済調査資料』第558号，17～20ページ。
岩橋文吉(1962年)『ソ連の教育見たまゝ』(慶応通信)。
上野辰美(1983年)「ヘッド・スタート計画の展開」岡田正章ほか監修『世界の幼児教育』第8巻(日本らいぶらり)321～334ページ。
──(1995年)『アメリカ幼稚園教育の公教育性発展過程に関する研究』(風間書房)。
カ・エヌ・ヴェントツェリほか(1985年)『ロシアの新教育』(佐々木弘明著訳，明治図書)。
後田茂ほか(1975年)「第2次大戦後のソ連における就学前教育の制度と理論の前進」梅根悟監修『世界教育史大系』第22巻(講談社)248～271ページ。
江口朴郎編(1968年)『ロシア革命の研究』(中央公論社)。
大阪保育研究所編(2006年)『「幼保一元化」と認定こども園』(かもがわ出版)。
大崎平八郎ほか監修(1998年)『情報総覧 現代のロシア』(大空社)。
大田直子(1992年)『イギリス教育行政制度成立史──パートナーシップ原理の誕生』

(東京大学出版会)．
大津定美(1988年)『現代ソ連の労働市場』(日本評論社)．
小川富士枝(2004年)『イギリスにおける育児の社会化の歴史』(新読書社)．
奥井明子(1977年)「ソビエトにおける養育の史的展開に関する一考察 その1 養育論における家庭教育の位置づけの変化――家族論と家族法(政策)の分析を通して――」『(筑波大学)教育制度研究』第10号，45〜60ページ．
――(1979年)「ソビエトにおける養育の史的展開に関する一考察 その3――〈就学前の行進〉を中心にして――」『(筑波大学)教育学研究集録』第2集，117〜126ページ．
奥田央(1996年)『ヴォルガの革命――スターリン統治下の農村』(東京大学出版会)．
――(2006年)「農村におけるネップの終焉」同編『20世紀ロシア農民史』(社会評論社)403〜452ページ．
奥平康弘(1981年)「教育を受ける権利」芦部信喜編『憲法Ⅲ 人権(2)――経済的自由(1)，人身の自由，社会権』(有斐閣) 361〜426ページ．
長田三男(1995年)『子守学校の実証的研究』(早稲田大学出版部)．
落合恵美子(1985年)「『近代家族』の誕生と終焉――歴史社会学の眼――」『現代思想』第13巻第6号，70〜83ページ(『近代家族とフェミニズム』勁草書房，1989年，2〜24ページに所収)．
――(2005年)「世界のなかの戦後日本家族」歴史学研究会ほか編『日本史講座』第10巻(東京大学出版会)159〜196ページ．
E. H. カー(1967年)『ボリシェヴィキ革命』第1巻(原田三郎ほか訳)，第2巻(宇高基輔訳，みすず書房)．
――(1977年)『一国社会主義』第2巻(南塚信吾訳，みすず書房)．
――(1979年)『ロシア革命――レーニンからスターリンへ，1917-1929年』(塩川伸明訳，岩波書店; 岩波現代文庫，2000年)．
梶川伸一(1997年)『飢餓の革命――ロシア十月革命と農民』(名古屋大学出版会)．
――(1998年)『ボリシェヴィキ権力とロシア農民――戦時共産主義下の農村』(ミネルヴァ書房)．
――(2004年)『幻想の革命』(京都大学学術出版会)．
桂川甫周(1990年)『北槎聞略――大黒屋光太夫ロシア漂流記』(岩波文庫)．
門脇厚司(1988年)「新中間層の量的変化と生活水準の推移」日本リサーチ総合研究所編『生活水準の歴史的分析』(総合研究開発機構)213〜249ページ．
上笙一郎ほか(1980年)『光ほのかなれど――二葉保育園と徳永恕』(朝日新聞社)．
川口幸宏(2001〜2003年)「La commune de Paris 1871における近代公教育三原則の成立に関する研究」(1)〜(3)『学習院大学文学部研究年報』第48〜50号．
河野健二編(1989年)『資料フランス革命』(岩波書店)．

川端香男里ほか監修(2004年)『ロシアを知る事典』新版(平凡社；旧版，1989年)。
木本喜美子(2004年)「家族と企業社会——歴史的変動過程——」渡辺治編『変貌する「企業社会」日本』(旬報社)299〜340ページ。
久米邦武編(1980年)『特命全権大使 米欧回覧実記』第4冊(田中彰校注，岩波文庫)。
キャロル・グラック(1997年)「近代としての20世紀——日本の『戦後』を考える——」『世界』11月号，139〜160ページ。
クルプスカヤ(1969年)(1976年)『クルプスカヤ選集』第3，7巻(五十嵐顕ほか訳，明治図書)。
クループスカヤ(1973年)『幼児教育について』(園部四郎訳，新読書社)。
黒崎勲(1980年)『公教育費の研究』(青木書店)。
桑原清(1987年)「ソビエト教育学における浮浪児問題——浮浪児の実態と『道徳的欠陥』理論をめぐって——」竹田正直編『教育改革と子どもの全面発達』(ナウカ社)168〜196ページ。
厚生省児童家庭局編(1991年)『児童福祉法母子及び寡婦福祉法母子保健法精神薄弱者福祉法の解説』改訂版(時事通信社)。
厚生労働省雇用均等・児童家庭局編(2006年)『平成16年度全国家庭児童調査結果の概要』(http://www.mhlw.go.jp/houdou/2006/06/h0630–6.html 2006年9月23日)。
厚生労働省大臣官房統計情報部(2006年a)『平成16年 社会福祉施設等調査報告』(厚生統計協会)。
——(2006年b)『平成17年 人口動態統計(確定数)の概況』(http://www.mhlw.go.jp/toukei/saikin/hw/jinkou/kakutei05/index.html 2006年12月21日)。
神津善三郎(1974年)『教育哀史——子守・工女・半玉の学校』(銀河書房)。
国際教育法研究会編(1987年)『教育条約集』(三省堂)。
国立社会保障・人口問題研究所(2006年)『人口の動向 日本と世界——人口統計資料集 2006年版』(厚生統計協会)。
小島修一(1991年)「帝政ロシアの農家労働力移動——明治日本との一比較——」『甲南経済学論集』第31巻第4号，163〜194ページ。
後藤道夫(2004年)「岐路に立つ日本」同編『日本の時代史』第28巻(吉川弘文館)7〜94ページ。
小林亜子(1986年)「フランス革命における〈公教育〉と〈祭典〉——憲法制定国民議会期(1789〜1791)を中心に——」『日本の教育史学』第29集，115〜149ページ。
——(2003年)「フランス革命期の公教育と公共性」安藤隆穂編『フランス革命と公共性』(名古屋大学出版会)95〜152ページ。
コンドルセ(1962年)『公教育の原理』(松島鈞訳，明治図書)。

今野健一(2006年)『教育における自由と国家——フランス公教育法制の歴史的・憲法的研究』(信山社出版).
斎藤修(1991年)「農業発展と女性労働——日本の歴史的経験——」『(一橋大学)経済研究』第42巻第1号, 31〜41ページ.
——(1997年)「アジア人口史展望」同上, 第48巻第1号, 59〜79ページ.
——(2001年)「近代人口成長」速水融ほか編『歴史人口学のフロンティア』(東洋経済新報社)67〜89ページ.
——(2002年)「家族再生産とセーフティネット」社会経済史学会編『社会経済史学の課題と展望』(有斐閣)325〜336ページ.
阪本秀昭(1977年)「1921年のパヴォルジエにおける飢饉——その実情と原因をめぐって——」『天理大学学報』第110号, 22〜32ページ.
佐々木弘明(1983年)「ロシアの新教育とレフ・トルストイ」『横浜国立大学教育学部紀要』第23号, 17〜31ページ.
——(1984年)「帝政ロシアの幼児教育——フレーベルとのかかわりを中心に——」『近代幼児教育史研究』第5号, 25〜33ページ.
笹沼弘志(1990年a)「ソビエト政権初期における教育法原理の生成と構造——国家と教育の革命——」(1)〜(3)『(早稲田大学)法研論集』第52〜54号.
——(1990年b)「初期ソビエト教育法原理の生成と展開——『教育への権利』論への序説——」『比較法研究』第52号, 171〜175ページ.
——(1992年)「ソビエト18年憲法と『人間の権利』——人権と社会モデルの関連からの考察——」『社会主義法研究年報』第11号, 193〜212ページ.
ビアンカ・ザゾ(1989年)『2歳児の幼稚園教育は是か非か』(久保田正人ほか訳, 大月書店).
佐藤和夫(2003年)「家族・親密圏・公共性——H.アーレントの公私観の視角から——」山口定ほか編『新しい公共性——そのフロンティア』(有斐閣)59〜80ページ.
佐藤進ほか監修(1998年)『実務注釈 児童福祉法』(信山社出版).
佐藤卓己(1996年)「ファシスト的公共性——公共性の非自由主義モデル——」井上俊ほか編『岩波講座 現代社会学』第24巻, 177〜192ページ.
佐藤芳行(1994年)「ロシアにおける人口と土地不足問題——農村過剰人口, 世帯分割, 工業化——」『(中部大学)国際研究』第10号, 69〜120ページ.
——(1996年)「工業化とクスターリ——ロシア農村工業の歴史人口統計学——」『中部大学国際関係学部紀要』第16号, 1〜36ページ.
——(2000年)『帝政ロシアの農業問題——土地不足・村落共同体・農村工業』(未来社).
塩川伸明(1984年)『「社会主義国家」と労働者階級——ソヴェト企業における労働者統轄1929〜1933年』(岩波書店).

―――(1985年)『スターリン体制下の労働者階級――ソヴェト労働者の構成と状態:1929～1933年』(東京大学出版会)。
―――(1991年)『ソビエト社会政策史研究――ネップ・スターリン時代・ペレストロイカ』(東京大学出版会)。
―――(1997年)「ソ連史におけるジェンダーと家族」田中陽兒ほか編『世界歴史大系 ロシア史』第3巻(山川出版社)481～491ページ。
―――(1999年)『現存した社会主義――リヴァイアサンの素顔』(勁草書房)。
―――(2004年)『「20世紀史」を考える』(勁草書房)。
宍戸健夫(1968年a)「日本の百年 その歩みと展望(16)保育の100年」『青少年問題』第15巻第12号、33～39ページ。
―――(1968年b)「二葉幼稚園の設立とその意義(明治33年)」日本保育学会『日本幼児保育史』第2巻(フレーベル館)213～224ページ。
―――(1969年a)「大正期の託児所」同上、第3巻、32～50ページ。
―――(1969年b)「幼児教育思想と集団保育論」『思想』第542号、61～71ページ。
―――(1974年)「戦争中の託児所の普及と衰退」「農村における季節託児所の状況」日本保育学会『日本幼児保育史』第5巻(フレーベル館)35～47、193～198ページ。
―――(1987年)「明治中期における幼稚園――女子高等師範学校附属幼稚園分室の設立を中心に――」『愛知県立大学児童教育学科論集』第20号、24～40ページ。
―――(1988年)『日本の幼児保育――昭和保育思想史』上巻(青木書店)。
―――(1990～1991年)「明治後期における二葉幼稚園の研究」(1)(2)『愛知県立大学児童教育学科論集』第23、24号。
―――(1994年)『保育の森――子育ての歴史を訪ねて』(あゆみ出版)。
児童福祉法規研究会編(1999年)『最新児童福祉法母子及び寡婦福祉法母子保健法の解説』(時事通信社)。
柴田義松ほか編(1976年)『資料 ソビエト教育学――理論と制度』(新読書社)。
渋谷望(2003年)『魂の労働――ネオリベラリズムの権力論』(青土社)。
シャツキー(1973年)『生活教育論』(森重義彰訳、明治図書)。
シャツキーほか(1984年)『教育農場――ボードラヤ・ジーズニの記録』(森重義彰訳著、明治図書)。
杉田敦(1993年)「政治における『近代』と『脱近代』」山之内靖ほか編『岩波講座 社会科学の方法』第7巻、69～107ページ。
鈴木健夫(1995年)「近代ロシアと農村共同体」和田春樹ほか編『講座 スラブの世界』第3巻(弘文堂)213～242ページ。
―――(2006年)「ヴォルガ河に鳴り響く弔鐘――1921-1922年飢饉とヴォルガ・ドイツ人――」奥田央編『20世紀ロシア農民史』(社会評論社)253～289ページ。
諏訪義英(1972年)『保育の思想――家庭教育と幼・保教育の構造』(風媒社)。

『世界大百科事典』（1998年）第2版，CD-ROM（日立デジタル平凡社版）．
関啓子（1994年）『クループスカヤの思想的研究——ソヴェト教育学と民衆の生活世界』（新読書社）．
瀬地山角（1996年）『東アジアの家父長制——ジェンダーの比較社会学』（勁草書房）．
全国保育団体連絡会ほか編（2006年）『保育白書 2006年版』（ちいさいなかま社）．
ソ連共産党（ボリシェビキ）中央委員会特別委員会編（1971年）『ソ連共産党（ボリシェビキ）歴史小教程』（東方書店出版部訳，東方書店）．
高田和夫（1979年）「近代ロシア工場労働者の社会的相貌——大戦前夜ペテルブルクの金属工を中心に——」『ロシア史研究』第30号，2〜27ページ．
——（1988年）「近代ロシアの労働者教育」『（九州大学）社会科学論集』第28集，59〜172ページ．
——（1990年a）「近代ロシアの労働者と農民——モスクワ地方の労働力移動をめぐって——」『（九州大学）法政研究』第57巻第1号，1〜97ページ．
——（1990年b）「ロシア農村共同体の実態——モスクワ県のある共同体の場合——」『（九州大学）社会科学論集』第30集，111〜164ページ．
——（1994年）「1906年憲法体制下の国家と社会」田中陽兒ほか編『世界歴史大系 ロシア史』第2巻（山川出版社）395〜446ページ．
——（1995年a）「ロシア農民とリテラシイ」『（九州大学）法政研究』第62巻第1号，1〜81ページ．
——（1995年b）「ロシア革命」歴史学研究会編『講座 世界史』第5巻（東京大学出版会）269〜296ページ．
——（2004年）『近代ロシア社会史研究——「科学と文化」の時代における労働者』（山川出版社）．
高橋一彦（2002年）「ロシア家族法の原像——19世紀前半の法的家族——」『神戸市外国語大学外国学研究所研究年報』第39号，1〜77ページ．
——（2003年）「ロシア婚姻法の展開——帝政末期のその変容——」同上，第40号，33〜122ページ．
——（2004年）「近代ロシアの婚外出生」同上，第41号，97〜159ページ．
——（2005年）「近代ロシアの後見法制」同上，第42号，1〜59ページ．
竹田正直（1963年）「プロレタリアートの独裁と過渡期の教育」『スラブ研究』第7号，67〜102ページ．
——（1976年）「第一次ロシア革命と教育運動」梅根悟監修『世界教育史大系』第15巻（講談社）252〜293ページ．
——（1977年）「ボリシェビキーの教育政策」「大十月社会主義革命期の教育」「社会主義教育政策の確立」同上，第16巻，30〜33，34〜79，80〜106ページ．
——（1991年）『ロシア革命と民主主義教育』（共同文化社）．

渓内謙(1970年)『スターリン政治体制の成立』第1部(岩波書店,全4部)。
──(1989年)『ソヴィエト政治史──権力と農民』新版(岩波書店; 初版, 勁草書房, 1962年)。
谷川稔(1997年)『十字架と三色旗──もうひとつの近代フランス』(山川出版社)。
タレイランほか(1972年)『フランス革命期の教育改革構想』(志村鏡一郎訳, 明治図書)。
塚本智宏(1991年)「ロシア革命とカ・エヌ・ヴェンツェリ『子どもの権利宣言』」『北海道大学教育学部紀要』第56号, 183～197ページ。
──(1993年)「近代ロシア初等教育におけるツァーリ崇拝──19世紀前半神の法『祈り』の教育の成立・展開を中心に──」『稚内北星学園短期大学紀要』第6号, 55～90ページ。
──ほか(1991年)「ロシア革命と児童法──1920年代ソビエトにおける子どもの位置──」上『(北海道大学)産業と教育』第9号, 181～193ページ。
寺出浩司(1994年)『生活文化論への招待』(弘文堂)。
時安邦治(2004年)「問い直される公共圏/親密圏」『社会思想史研究』第28号, 73～81ページ。
所伸一(1985年)「ロシア・ソビエト共和国『統一労働学校令』の実施過程; 無償原則(第3条)の危機とこれへの対応(1921-1923年)を中心に』『日本の教育史学』第28集, 151～170ページ。
──(1987年)「ロシア革命と私立学校の自由──私学の自由の承認から私学の消滅へ──」竹田正直編『教育改革と子どもの全面発達』(ナウカ社)112～138ページ。
──(2000年)「ソビエト義務教育の成立史について」『北海道大学教育学部紀要』第80号, 235～250ページ。
冨岡庄一(1998年)『ロシア経済史研究──19世紀後半～20世紀初頭』(有斐閣)。
富田武(1996年)『スターリニズムの統治構造──1930年代ソ連の政策決定と国民統合』(岩波書店)。
富永桂子(1992年)「初期ジェンオトデール 1919-1921年」『(日本女子大学)史艸』第33号, 120～148ページ。
富永健一(2001年)『社会変動の中の福祉国家──家族の失敗と国家の新しい機能』(中公新書)。
アンリ・トロワイア(2000年)『帝政末期のロシア』(福住誠訳, 新読書社)。
内閣府編(2005年)(2006年)『少子化社会白書』平成17年版, 平成18年版(ぎょうせい)。
中嶋毅(1999年)『テクノクラートと革命権力──ソヴィエト技術政策史, 1917～1929』(岩波書店)。
中西新太郎(1998年)「共同の社会構想──その理念と現実──」『唯物論研究年誌』

第3号，40～72ページ．
―― (2005年)「リアルな不平等と幻想の自由――新自由主義『社会開発』の特質と帰結――」竹内章郎ほか『平等主義が福祉をすくう――脱「自己責任＝格差社会」の理論』(青木書店) 1～45ページ．
中村政則 (2005年)『戦後史』(岩波新書)．
―― (2006年)「終わった戦後と終わらない戦後」『歴史学研究』第818号，38～42, 61ページ．
中山弘正 (1988年)『帝政ロシアと外国資本』(岩波書店)．
西原博史 (2006年)『良心の自由と子どもたち』(岩波新書)．
西山克典 (2002年)『ロシア革命と東方辺境地域――「帝国」秩序からの自立を求めて』(北海道大学図書刊行会)．
二宮宏之 (1983年)「歴史のなかの『家』」同ほか編『叢書 歴史を拓く――アナール論文選』第2巻(新評論) 7～35ページ．
―― (1994年)『歴史学再考――生活世界から権力秩序へ』(日本エディタースクール出版部)．
―― (2005年)『マルク・ブロックを読む』(岩波書店)．
日本赤十字社 (2004年)『世界の赤十字社，赤新月社』(日本赤十字社)．
A. ノーヴ (1982年)『ソ連経済史』(石井規衛ほか訳，岩波書店)．
野平慎二 (2000年a)「教育と公共性」小笠原道雄監修『近代教育の再構築』(福村出版) 271～284ページ．
―― (2000年b)「教育の公共性と政治的公共圏」『教育学研究』第67巻第3号 (2000年) 281～290ページ．
橋川喜代美 (1995年)「無償幼稚園の発展とセツルメント事業」『日本の教育史学』第38集，306～324ページ．
畠山禎 (1998年)「近代ロシアにおける出稼ぎと人口・家族――コストロマー県西北部の場合――」若尾祐司編著『近代ヨーロッパの探求』第2巻(ミネルヴァ書房) 280～322ページ．
―― (1999年)「近代ロシアにおける都市化と建設業――ペテルブルクを中心に――」『社会経済史学』第64巻第5号，699～721ページ．
ユルゲン・ハーバーマス (1994年)『公共性の構造転換――市民社会の一カテゴリーについての探究』第2版(細谷貞雄ほか訳，未来社，原著1990年刊；初版，1973年)．
速水融編 (2003年)『歴史人口学と家族史』(藤原書店)．
原暉之 (1989年)『シベリア出兵――革命と干渉 1917～1922』(筑摩書房)．
肥前栄一 (1997年)『ドイツとロシア――比較社会経済史の一領域』新装版(未来社；初版，1986年)．
広岡直子 (1993年)「リャザーニ県における出生率の推移とその歴史的諸原因――19

世紀末から1920年代のロシア農村女性の生活と心理——」ソビエト史研究会編『ロシア農村の革命——幻想と現実』(木鐸社) 87～125ページ。
——(1994年)「ロシア農村の伝統世界——農民暦を読む——」原暉之ほか編『講座スラブの世界』第4巻(弘文堂) 269～298ページ。
広瀬興(1938年)「乳幼児保護」阿部重孝ほか編『教育学辞典』第3巻(岩波書店) 1834～1837ページ。
福井憲彦(2006年)『歴史学入門』(岩波書店)。
福田誠治(1980年)「ソビエト社会主義革命と浮浪児」『季刊 教育運動研究』第11号, 73～85ページ。
——(1981年)「ソビエト新教育プログラム研究」(1)『都留文科大学紀要』第17号, 25～47ページ。
ミヒャエル・フーコー(1977年)『監獄の誕生』(田村俶訳, 新潮社)。
——(1986～1987年)『性の歴史』全3巻(渡辺守章ほか訳, 新潮社)。
藤井敏彦(1975年)「ソ連における社会的乳幼児保育の確立と展開」梅根悟監修『世界教育史大系』第22巻(講談社) 145～173ページ。
——(1983年)「ソビエト就学前教育の歴史」川野辺敏編『世界の幼児教育』第3巻(日本らいぶらり) 15～53ページ。
——(1996年)「ソビエトの幼児教育」川野辺敏監修『ロシアの教育』(新読書社) 74～96ページ。
藤井穂高(1997年)『フランス保育制度史研究——初等教育としての保育の論理構造』(東信堂)。
藤田勇(1973年)「ロシア革命と家族」青山道夫ほか編『講座 家族』第1巻(弘文堂) 341～361ページ。
——(1986年)『概説 ソビエト法』(東京大学出版会)。
古木弘造(1949年)『幼児保育史』(厳松堂書店。寺崎昌男ほか監修『日本教育史基本文献・史料叢書』第37巻, 大空社, 1996年に所収)。
マルク・ブロック(1978年)『比較史の方法』(高橋清徳訳, 創文社, 原著1928年刊)。
K. マルクス(1962年)「ルイ・ボナパルトのブリュメール18日」『マルクスエンゲルス全集』第8巻(大月書店)107～204ページ。
保育園を考える親の会(2005年)『95都市 保育力充実度チェック 2005年度版』。
堀尾輝久(1971年)『現代教育の思想と構造——国民の教育権と教育の自由の確立のために』(岩波書店; 岩波同時代ライブラリー, 1992年)。
——ほか編(1998年)『平和・人権・環境——教育国際資料集』(青木書店)。
松井憲明(1976年)「1920年代ソビエト農村社会の一特質について——農家不分割政策の問題を通して——」『(北海道大学)経済学研究』第26巻第4号, 953～1003ページ。

――(1978年)「改革後ロシアの農民家族分割――その政策と論争――」椎名重明編著『土地公有の史的研究』(御茶の水書房)117～152ページ。
松井康浩(1999年)『ソ連政治秩序と青年組織――コムソモールの実像と青年労働者の社会的相貌，1917-1929年』(九州大学出版会)。
――(2003年)「スターリン体制下のコミュニティ活動――自主運営食堂事業を中心に――」『香川大学法学部創設20周年記念論文集』213～233ページ。
松川由紀子(1987年a)「19世紀末カリフォルニアの無償幼稚園運動とわが国への影響――森島峰とカリフォルニア幼稚園練習学校を中心に――」『山口女子大学研究報告 第1部』第13号，27～37ページ。
――(1987年b)「19世紀後半ニュージーランドにおける無償幼稚園創設に関する研究」『保育学年報1987年版』171～184ページ。
――(2000年)『ニュージーランドの保育と子育ての支え合い』(渓水社)。
松里公孝(1993年)「帝政ロシアの地方制度，1889-1917」『スラブ研究』第40号，167～183ページ。
――(1995年)「ゼムストヴォの最後――ロシアにおける市民的民主主義の可能性――」和田春樹ほか編『講座 スラブの世界』第3巻(弘文堂)243～269ページ。
松下恭子(1972年)『子どものモスクワ』(岩波新書)。
松島鈞(1968年)『フランス革命期における公教育制度の成立過程』(亜紀書房；復刊，1984年)。
松田澄子(2003年)『子守学級から農繁託児所へ――村山・置賜地区編』(みちのく書房)。
松塚俊三(2001年)『歴史のなかの教師――近代イギリスの国家と民衆文化』(山川出版社)。
ミヒャエル・ミッテラウアー(1994年)『歴史人類学の家族研究――ヨーロッパ比較家族史の課題と方法』(若尾祐司ほか訳，新曜社)。
嶺井明子(1983年)「0歳児保育の周辺」岡田正章ほか監修『世界の幼児教育』第3巻(日本らいぶらり)224～236ページ。
宮崎昇訳(1969年)『ソヴェト家族法典――ロシア社会主義連邦ソヴェト共和国婚姻・家族および後見に関する法律の法典(ソヴェト法研究資料1)』(立花書房)。
宮澤康人(1998年)『大人と子供の関係史序説――教育学と歴史的方法』(柏書房)。
村知稔三(1997年)「『ソビエト保育』の『脱国家化』過程の現状――ロシア連邦キーロフの場合――」『保育学研究』第35巻第2号，152～160ページ。
――(2000年)「ロシア農村における保育活動の展開と矛盾(1924～1926年)」『ロシア史研究』第67号，61～80ページ。
――(2002年)「20世紀前半のロシアにおける人口転換の特徴」『西洋史学論集』第40号，63～86ページ。
――(2003年a)「19世紀後半～20世紀前半の欧露部における乳幼児死亡率の変動

とその諸因」『ロシア史研究』第73号，3〜22ページ。
——（2003年b）「19世紀後半〜20世紀前半のロシアにおける人口再生産行動の特徴——多産を促した結婚の諸条件を中心に——」『西洋史学論集』第41号，45〜67ページ。
——（2005年）「19世紀末のロシアにおける乳幼児死亡率対策としての農繁期保育所の役割」（未定稿。『日本教育学会第64回大会発表要旨集録』206〜207ページを参照）。
——（2006年）「ロシアの保育制度史から乳幼児の生活史へ」『長崎大学教育学部紀要—教育科学—』第70号，69〜81ページ。
村山士郎（1980年）『ロシア革命と教育改革』（労働旬報社）。
——（1998年）「ロシアにおける学校コミューン構想とその実験——シャツキーの学校構想とその実験を中心に——」河内徳子編『21世紀の民族と国家』第7巻（未来社）277〜325ページ。
——（1999年）『ソビエト型教育の形成と学校コミューン』（大月書店）。
村山祐一（1983年）『現代の保育所・幼稚園』（青木書店）。
森重義彰（1977年）「社会主義建設と教育制度・政策」梅根悟監修『世界教育史大系』第16巻（講談社）108〜140ページ。
——（1981年）「シャツキー」川野辺敏ほか編『現代に生きる教育思想』第6巻（ぎょうせい）285〜316ページ。
森下敏男（1981〜1983年）「初期ソビエトにおける家族法理論の展開——社会主義家族法の原理的考察——」（1）〜（9）『神戸法学雑誌』第30巻第4号〜第32巻第4号。
——（1982年）「家族消滅論のイデオロギー構造——1920年代ソビエト文化革命の一側面——」溪内謙ほか編『ネップからスターリン時代へ』（木鐸社）49〜85ページ。
——（1985年）「ソビエト親子法の生成と展開」（2）『神戸法学雑誌』第35巻第1号，185〜238ページ。
——（1988年）『社会主義と婚姻形態——ソビエト事実婚主義の研究』（有斐閣）。
守屋光雄（1972年）『明日への保育』（新読書社）。
文部科学省生涯学習政策局調査企画課（2006年）『教育指標の国際比較 平成18年版』（国立印刷局）。
谷澤正嗣（2006年）「公共性——公共圏とデモクラシー——」川崎修ほか編『現代政治理論』（有斐閣）217〜241ページ。
山口喬（1975年）「ロシア共和国『単一労働学校法』（1923年）に関する文献紹介」『日本の教育史学』第18集，108〜118ページ。
——（1980年）「ソビエトにおける教育史研究，教育史教育をめぐる方法論的論議の検討」（II）『福岡教育大学紀要 第4分冊』第30号，137〜153ページ。

──(1996年)「1928-29年ソビエトにおける『統一労働学校規程』改訂論議について」同上，第45号，189～197ページ。
山口定(2003年)「新しい公共性を求めて──状況・理念・規準──」同ほか編『新しい公共性──そのフロンティア』(有斐閣)1～28ページ。
山下徳治(1938年)「ソヴィエト連邦の教育」阿部重孝ほか編『教育学辞典』第3巻(岩波書店)1490～1491ページ。
山之内靖ほか編(1995年)『総力戦と現代化』(柏書房)。山之内靖「方法的序論──総力戦とシステム統合──」(9～53ページ)。
──(2003年)『総力戦体制からグローバリゼーションへ』(平凡社)。山之内靖「総論──総力戦体制からグローバリゼーションへ──」(29～78ページ)。
湯川嘉津美(2001年)『日本幼稚園成立史の研究』(風間書房)。
淀川雅也(1982年)「1920年代のソビエト・ロシアにおける国民教育管理制度の改革と社会主義的民主主義」『ソビエト教育学研究 1981～2年』27～43ページ。
ピーター・ラスレット(1983年)「家族と世帯への歴史的アプローチ」二宮宏之ほか編『叢書 歴史を拓く──アナール論文選』第2巻(林田伸一訳，新評論)37～76ページ。
ルナチャルスキー(1960年)『労働教育論』(矢川徳光訳，明治図書)。
レーニン(1958年)「偉大な創意──銃後の労働者の英雄主義について。『共産主義土曜労働』について──」『レーニン全集』第29巻(大月書店)413～439ページ。
若尾祐司(1993年)「解説 ドイツ語圏の歴史家族研究とウィーン・グループ」M.ミッテラウアーほか『ヨーロッパ家族社会史──家父長制からパートナー関係へ』(若尾祐司ほか訳，名古屋大学出版会)189～215ページ。
──(1998年)「中欧圏の都市化と家族構成──ウィーンとその周辺部を中心に──」同編著『近代ヨーロッパの探求』第2巻(ミネルヴァ書房)221～278ページ。
和田あき子(1989年)「1860年代ロシアのフェミニズム運動の展開」『ロシア史研究』第47号，2～22ページ。
和田春樹(2005年)『テロルと改革──アレクサンドル二世暗殺前後』(山川出版社)。
渡辺治(2004年a)「開発主義・企業社会の構造とその再編成」同編『変貌する「企業社会」日本』(旬報社)23～114ページ。
──(2004年b)「高度成長と企業社会」同編『日本の時代史』第27巻(吉川弘文館)7～126ページ。
渡辺健治(1996年)『ロシア障害児教育史の研究』(風間書房)。
渡辺誠(1949年)『コンドルセ──フランス革命教育史』(岩波新書)。
──(1950年)『教育における自由と平等──フランス革命教育の潮流』(世界評論

社)。
――(1952年)『フランス革命期の教育』(福村書店)。
渡邊洋子(2000年)『女性の労働・社会参加と育児・子育ての意識および形態に関する研究――育児・子育ての社会的基盤としての季節託児所の発達経緯を中心に』(1996〜1998年度科学研究費報告書)。

索　引

註：人名は基本的に本文中にある者だけをあげる。欧米人の氏名は姓のみを記す。地名に県・郡・市などの行政単位を付さない。「⇨」は該当する項目、「➡」は参照する項目、斜字体は年表に記載の項目を示す。

あ
アザレヴィッチ　65-66, 235
アストラハン　158
アリメディンゲン＝トゥミム　111, 128
アルキン　127
アルタイ　13
アルテリ　62, 97, 177, 243
アレクサンドラ皇后　53
アレント　273
アントーノフ　188

い
イオルダンスカヤ　128
育児　iv, 3, 12, 43, 51, 120, 153, 243, 270, 272, 280, *291*（➡子育て、保育、養育、幼児教育）
医師・医療　46, 51-53, 95-96, 118, 158, 184, 186, 232（➡産休、出産、中絶、妊娠）
イジェフスク　206, 210
一般施設　66, 172-173, 219, 254（➡中央施設）
一般団体　201-202, 222, 225（➡公認団体、社会団体）
衣服・靴　64, 74, 105, 147, 156
イワノヴォ＝ヴォズネセンスク　61, 202
インストラクター　122, 126, 129-130, 132, 145, 164, 192

う
ウィートクロフト　141

ヴィノグラドフ　65
ヴィレンスカヤ　⇨保育部長
「上からの革命」　18, 225, *290*
ヴェンツェリ　54, 60, 65
ヴォチャーク　142, 210
ヴォルガ　140, 144, 146-147, 151-152, 181, 253
ヴォログダ　224
ヴォロネシ　52, 102, 142
ヴォロブエワ　15-17, 64
ウクライナ　19, 38, 52, 64, 100, 102, 140-141, 143-144, 147, 169, 190, 206, 219
ウシンスキー　59
ウズベク　212, *290*
ウスペンスキー　125
乳母・牛乳・授乳　34, 45, 48-49, 93, 142, 146, 233
ウファ　102
ウモフ　65
ヴャトカ　ii, vi, 19, 21-22, 27-32, 35, 74-75, 86-89, 130-131, 134-135, 147, 157-158, 161-163, 173, 175-177, 180-181, 183, 202, 211, 231-234, 236, 247, 251, *290*
ウラジミル　28, 34, 49, 142, 147
ウラル　21, 140, 144, 147, 169, 180-181

え
英国　8, 22, 100-101, 262
衛生　33, 53, 63, 73, 99, 122, 128, 130-131, 151, 196, 233-234, 242

栄養　33, 233, 242, 264
エカチェリナ二世　67
疫病(伝染病)　v, 33, 48, 96, 140, 145, 152, 163, 234, 242
エリザロワ　83
エンゲル　40
エンゲルス　14, 155
園児　v–vi, ix, 9, 23–24, 51–54, 56, 58, 65, 68–72, 74–75, 84–89, 112, 114, 116, 118–120, 144, 147, 162–163, 171–182, 185–186, 192, 194–195, 197, 205, 208–215, 217, 220, 222–224, 226–228, 232–234, 237, 247, 249, 253–254, 256, 271–273, 277

お
欧露部(ヨーロッパ＝ロシア部)　20–22, 29–36, 38–39, 43, 47, 51, 86–87, 90, 99–100, 139–140, 146, 149, 154, 164, 180, 241–242, 265
オーストリア　47
オデッサ　50, 59–60, 244
親・親子　ii, 3, 6, 17, 19–20, 37, 42, 46, 53, 59–60, 68, 74, 112, 119–120, 144, 146, 150–151, 155, 159, 161, 163, 176, 184–187, 195–197, 205, 207, 209–211, 216, 218, 220–221, 223–225, 228, 232–233, 236, 242–243, 246, 248, 254–256, 258–259, 261, 277–278, 280 (➡父親, 母親)
オルシャンスキー　128
オールタナティヴ　18, 57, 111, 258
オルロワ　117, 127, 133–134, 206

か
カー　155
開園権　56–57, 80, 160, 201–209, 213–225, 254
街区団体　202–203, 221
ガイリス　217

学生　126, 212, 231–237, 249, 255, 263
カザン　59–60, 146
家事(労働)　48–49, 96–97, 155, 243 (➡労働)
家事奉公(人)　41, 43, 47, 53
家族　ii, 3, 9–10, 27, 37–42, 44, 46, 54, 62, 93–97, 104, 115, 117, 119, 144, 150, 153–154, 167, 194, 223, 241–243, 246, 249, 258, 264, 268–272, 274–275 (➡家庭, 世帯)
家族消滅論　62, 96–97, 104–105, 117, 119, 152, 154, 254, 256, 265
家族法　93–96, 150–155, 232, 246, 253–254, *287*, *290*
学校　ii, 6–9, 17, 20, 52, 55, 57–61, 63, 65, 67–71, 80–82, 109, 196–197, 260, 263–264, 266–267, 279, *283*, *285* (➡統一労働学校)
学校会議, 学校コミューン, 学校主事 ⇨ 統一労働学校
家庭　iv, 3, 16, 20, 23, 27, 43, 46, 48–49, 54, 57, 60–61, 63, 65, 68, 95, 103–105, 108, 111–112, 114–117, 119–120, 128, 196, 205–206, 209, 211–213, 220, 223, 232–233, 241, 245–247, 249, 254, 256, 258–259, 270, 276 (➡家族)
家庭幼稚園　16, 23, 60–61, 209, 222 (➡保育グループ, 保育施設, 幼稚園)
寡婦　29, 40–41, 241, 246
神の法　69, 72, 74, 147, 244
カーメネフ　143
カリーニナ　152
カリーニン　143
カルーガ　66, 74
川口幸宏　262
簡易施設　23–24, 108, 116, 119, 125, 130, 147, 217, 223–230, 239, 254 (➡子どもの部屋, 保育グループ, 臨時施設)
カンツェル＝ダン　101

索引

き

キエフ 50, 52, 57, 59–60, 64, *285*
飢餓・飢え・飢饉 33, 67, 75, 91–92, 97–100, 103, 122, 139–150, 165–166, 188, 192, 201, 242, 247, 253, *284–286, 288–290*
企業 iv, 18, 60, 97, 133–134, 161, 168–169, 182, 184, 186, 192–193, 195, 205–206, 221, 252, 254, 273
北カフカス 139–140, 144, 147, 181
義務性・義務制 ⇨近代公教育の原理
給食・おやつ 52–53, 70–71, 74–75, 97, 105, 118–119, 142, 145, 160–163, 197, 204, 215, 219, 226, 230–231, 233–234, 253
教育アカデミー 126–127, 231, *287*
教育行政 158, 185, 187, 278 (➡行政, 保育行政)
教育施設 55–56, 58, 98, 111–112, 156, 170, 173, 187, 198, 206, 212, 251, *285*
教育人民委員(部) 4, 11–12, 19, 22, 57, 66, 79–83, 101–102, 110, 123–124, 127, 134, 143, 145–149, 152, 155–157, 160, 163, 170, 184–188, 196–198, 202, 207–209, 212, 214–219, 226–227, 229, 232, 245, 250, 264–265, 267, *286–289* (➡人民委員)
教育政策 7, 57, 79–80, 106, 156, 193, 267
教育予算 110, 155–157, 162, 185, 247, 250, 267 (➡社会教育予算, 保育予算)
教材・おもちゃ 55, 63–65, 72–74, 105, 118, 121, 129–130, 160–163, 219, 232, 249, 259
共産主義 93, 96, 98, 106, 111, 203, 208, 267 (➡戦時共産主義)
教師・教員 4, 12, 59, 61, 63, 65, 69, 71–72, 126–127, 135, 158, 161, 184–186, 213, 217–218, 232, 238, 250, 252, 261, *283*

行政 4, 20, 45, 65, 148, 157, 187, 190, 278 (➡教育行政, 保育行政)
共同化・共同性 96–98, 104 (➡養育の共同化, 保育の公共性)
協同組合 23, 61, 97, 150, 159, 161, 186, 202–203, 206, 209–210, 216, 221, 226, 234, 254
共同体 27, 40–41, 62, 81, 91, 158, 202, 213, 231, 235, 241, 243, 245–246, 267, 270, 276
協力委員会 187
極東 180–181, 224
ギリャンツィヤン 234
キルギスタン 141
キルシェンバウム 16–17
キング 12–13
近代・近代化・近代社会 iii–iv, 10, 37, 106, 108, 250, 258–260, 262–263, 265, 267–271 (➡現代)
近代公教育の原理 4–5, 58, 191, 245, 257, 260–266, *283* (➡保育制度構想)
　義務性・義務制・全員就学制 4, 13, 80–81, 156, 198, 250, 257, 262, 264–266, 277, *283–284, 290*
　世俗性 4–5, 9, 257, 262
　無償性 80–81, 156, 257, 262, 265

く

グース 16, 197, 233
クニポヴィッチ 129
クリミア 140, 218
クルスク 52, 234, 236
クルプスカヤ 58, 126–127, 235, 263, *286–287*
クロンシタット 188, *288*

け

経済開発協力機構（OECD） v, 278
結婚・婚姻 3, 29, 32, 34, 37–38, 40–44, 47, 94–95, 152–154, 165, 242, 246, *287*

(➡離婚)
ゲリシンクフォルス　50, *283*
現代・現代化・現代社会　iv, vi, 3, 40, 260–262, 267–270, 273–275, 279–280 (➡近代)

こ

工業（化）　15, 18, 27–29, 37, 39, 45, 49, 54, 91, 166–170, 180, 241, 267–270, *284*, *290*
公共圏　269–270, 273–277
公共性　ii, 261, 269–270, 273–276, 280
工場　28–29, 34–35, 39–40, 43–46, 48–49, 51, 55, 60, 84, 116, 133, 159, 161, 166–170, 174, 184–186, 192–195, 201–203, 206, 210, 221–222, 243–244, 252, 254, *283–285*
コウスコワ　101
構造改革　vi, 277–278, *291–292*
公的保育　ii, 278–280
高度経済成長　iii–iv, vi, 260, 270, *290*
公認団体　201–208, 218, 222, 225, 234, 236 (➡一般団体, 社会団体)
五か年計画　18, 167, *290*
国営制　⇨保育制度構想
国勢調査　21–22, 36, 165–166, 180, *285*, *288*, *290*
国民　ii, 7, 104–105, 155, 231, 243, 245, 250, 260–261, 264, 269, 274–275
国民教育　4, 12, 156, 263–264, 266, *283*, *286* (➡教育, 社会教育)
国民教育省　54, 57–58, 63, 244, *286*
国民教育部　19–20, 68, 81–82, 89, 101, 103, 117, 122, 124, 127, 130, 133–135, 152, 157, 159–161, 163–164, 176–177, 182, 184, 186–187, 191, 196–197, 202, 204–205, 207–209, 214–221, 228–229, 231, 233–234, 248, 250–251, *288* (➡社会教育部, 全ロシア県国民教育部長大会)

孤児（院）　47, 64, 67, 95, 101, 120, 150, 168, 196, 232, *284* (➡捨て子, 浮浪児, 児童ホーム)
小島修一　39
コストロマ　28, 42
子育て　i, *291–292* (➡育児, 保育, 養育, 幼児教育)
国家　i, 7, 18, 53–56, 81–83, 96, 104–106, 109, 112, 114, 117
国会　55, *285*
国家教育委員会　79, 81, *286*
国家国民教育委員会　56–58, 79, 244, *286–287*
国家予算　iv, 55, 149, 155–157, 159, 161, 188, 192–194, 197, 219, 245, 247–248, 250, 258 (➡地方予算)
子ども　ii, iv, ix, 7–8, 10, 14, 17, 21, 33–37, 43–44, 46–52, 54–55, 57, 59, 64–68, 71–73, 75, 79, 81–84, 95, 97–98, 100–102, 104–107, 111–115, 117–120, 126–127, 130, 139–151, 153–156, 161, 165, 177, 184, 189–192, 194–196, 204, 207, 209, 211–212, 217, 220, 223, 228–229, 235, 242–243, 253, 255–257, 259, 261–262, 264, 270, 278, 280, *291–292* (➡3歳未満児, 児童, 生徒, 乳幼児)
子ども委員会　102–103, 144, 148, 161, 163, *288* (➡児童保護会議)
子ども週間　148, *288*
「子どもの友」協会　148–149, 159, 186, 221, *289*
子どもの広場　22–24, 59, 64, 71–72, 83–84, 88–89, 101, 129–130, 161–162, 172, 183, 223–224, 226–228, 231–237, 254–255, *284* (➡簡易施設, 保育施設, 臨時施設)
子どもの部屋　23–24, 182, 223–224, 226, 254 (➡簡易施設, 保育施設)
子どもの町　171, 178
「子どもの労働と休息」協会　66, 70–73,

索　引

286
小林亜子　262
コミ゠ズリャン　158
コムソモール(員)　103, 133, 148, 163, 184–186, 202–203, 205–206, 211, 220–221, 224, 226, 234–236, 238, 251, 254
ゴメリ　115
子守学校　230, *284*
ゴーリキー　142, *288*
コルニロフ　126–127
コロニー　24, 59, 70–71, 74, 83, 101, 114
コロレンコ　100
コロンタイ　97, 103, 117, 155
コワレフスキー　55
婚外子　46–47, 67, 94, 153, 243–244, 246
コンドルセ　264, 283
今野健一　262

さ

サゾノフ　63
里子・里親　48, 150, 244
サマラ　52, 86, 105, 141, 146, 151, 218, 229
サラトフ　100, 141
ザレスカヤ　68
産休(出産休暇)　viii, 34, 45, 49, 243, 279, *286*
産業会館・貧窮院監督協会　75, *284*
三歳児神話・母性愛神話　v, 271, *291*
3歳未満児・3歳未満児施設　22–24, 84–85, 112, 120, 189, 228, 232, 234, 278（➡就学前々教育）
サン゠ジュスト　264, *283*

し

ジェジュリナ゠ウスペンスカヤ　128
シェフストヴォ　159, 213
ジェルジンスキー　102
塩川伸明　267–268
市会・市参事会　44, 54–56, 59, 64–65, 68, 71–72, *283*
シカロワ　17
識字・識字率　70, 124–125, 133, 164, 189, 268
自己課税　158, 197, 252
シシキン　128
市場・市場経済化　18, 39, 44, 148, 188, 205, 252（➡ネップ）
慈善(協会・団体)　6, 9, 44, 51–52, 67, 71, 74, 204, 244, *283*, *284*
失業(者)　90–91, 153, 164–167, 177, 204, 222, 252, 272
実験・モデル施設　66, 123, 125, 134, 178, 192–193, 222, 254
児童　iv–v, 8–9, 16, 54, 60, 63–64, 68, 70–71, 92, 129, 131, 251, *290–292*（➡子ども, 3歳未満児, 生徒, 乳幼児）
児童学　126, 128
児童救済(連盟)　52, 100–101, *287*
児童施設　100–101, 108, 142, 148, 184, 186–187, *289*
児童保護(会議)　79, 83, 100–102, 152, *287*（➡子ども委員会）
児童ホーム　24, 85, 95, 98, 114–115, 117–120, 134, 144, 149–152, 156, 171–172, 174–176, 178, 182, 189–190, 195, 201, 249, 253, 259（➡孤児, 捨て子, 浮浪児）
ジバンコフ　53
シベリア　13, 139, 140, 144, 180–181, 265, *287–288*
死亡(率)　3, 32, 34–36, 47–49, 52–53, 57, 67, 75, 94, 96, 100, 140–141, 144–145, 152, 237, 244, 249, 253, *286*, *288–289*（➡乳幼児死亡率）
資本主義　28, 54, 62, 94, 104–105, 262–263, 269
シムビルスク　52, 86
シモノヴィッチ　59, 62
社会教育　85, 110–112, 128, 134, 157–

158, 164, 184, 189, 193–195, 198, 202, 217, 247, 250 (➡教育，国民教育)

社会教育・総合技術教育総管理局 152, 201–202, 216–217, 220, 288

社会教育部 20, 122, 147, 150, 212, 215, 218, 289 (➡国民教育部)

社会教育予算 110, 157–159, 250 (➡教育予算，保育予算)

社会主義 i, 3–4, 9–10, 81, 83, 94, 104–108, 114, 117, 123, 131, 157, 204, 208, 246, 250, 258–259, 265–268, 273

社会団体 55–57, 70–72, 159–160, 187, 192–194, 201–202, 205–208, 213–216, 219–220, 222, 226, 244, 258–259, 273, 289 (➡一般団体，公認団体)

シャツカヤ 73

シャツキー 61, 65–66, 70, 73–74, 107, 116, 121, 123–124, 129, 132, 212–213

就園率 vi, 6–9, 84, 86–89, 110, 112, 180–183, 214, 220, 247, 251, 257, 268, 272–273, 278

就学 8–9, 22, 56–57, 83, 86, 122, 181, 185–186

就学準備 7, 22, 68–69, 83, 180–182, 245, 278

就学前々教育 22, 84, 189 (➡3歳未満児)

十月党 55, 244

宗教 4–5, 32, 94, 242, 246, 273, 276 (➡ロシア正教)

自由教育論 54, 60–61, 69, 120, 194–195, 213, 251

住宅・住居 23, 32, 43–44, 46, 49, 97, 129, 133, 153, 168, 203, 209, 221, 243

住民(グループ) 21, 23, 37, 66, 82, 113–114, 116, 121, 153, 155, 159, 184–187, 189, 191–192, 195, 197, 202–209, 212–217, 219–222, 226, 228, 231–232, 243, 251, 254, 258–259

出産・産院・産婆・助産婦・妊産婦 32–34, 45–47, 49, 91–92, 96, 154, 166, 234,

242–243, 246, 272, 290 (➡医師，産休，中絶，妊娠)

出生(率) 3, 32–33, 35–37, 45–47, 89, 91, 94, 98–100, 141, 154, 242–243, 270–271, 291

シュネイデル 188, 191–192, 196

主婦 42, 133, 165, 243, 270–273

シュレイフェル 109

シュレーゲル 65–66, 73, 113, 115, 119, 123, 127, 129–130

障害児 24, 72, 84–85, 128, 130, 184, 247, 285

少子化・少産化 i, iv, 100, 277, 291–292

常設施設 22, 24, 71, 84–87, 159–162, 170–179, 182–183, 201, 211, 217, 219, 222, 226–230, 237, 247, 250–251, 254–255 (➡幼稚園，託児所，保育施設)

職員 75, 80, 82, 118, 130, 134–135, 149, 153–154, 162–164, 184–186, 189, 191, 207–208, 232, 251, 268

食事・食堂・食費 44, 49, 96–97, 118, 141–142, 144–146, 177, 233

食糧・食料 15, 18, 29, 32, 44, 91, 98–99, 118, 139–143, 148, 151, 156, 170, 188, 231, 233, 235, 246, 249, 253, 259

女性・女児 ii, 3–4, 10, 36, 40–42, 44, 46–47, 49, 91–92, 97, 114–116, 123–125, 135, 146, 153–155, 165, 167, 186, 203, 212, 232, 235, 241, 252, 272 (➡男女，男性)

女性部(員) 102–103, 133, 148, 163, 184–185, 201, 205–209, 215–216, 221, 226, 228, 232, 236, 238, 251, 264

女性労働者・女性労働力 4, 9–10, 20, 27–29, 34, 42–43, 45, 49, 55, 70, 90–93, 116, 153–155, 164–170, 186, 195, 201, 203, 207, 214, 222–223, 228, 242, 246, 252, 255–256, 271–272 (➡男性労働者，労働者)

初等教育 7–9, 55, 58, 60, 62, 69, 85, 135,

158, 189, 247, 250–251, *290*
新教育運動　9, 54, 107
人口・人口転換・人口動態　ii, x, 3, 9–10, 22, 27, 29–32, 34–39, 44, 91, 97, 100, 139–140, 153, 164–166, 231, 241–242, 246, 249, 268, 270
新社会　81, 104, 106, 119, 125, 133, 189, 191, 193–194, 249, 256, 258
新自由主義　v, 274–277
新政権　xxiii, 11, 14–15, 21, 46, 57–58, 79–81, 83, 90, 92–93, 96, 100–101, 106, 110, 119, 123–124, 139–140, 142–144, 154, 156–158, 188, 202, 207, 213, 218, 221–222, 233, 235, 246–249, 254, 259, 265, *286–288*
親族・親戚　49, 146, 150, 243
新保守主義　274–277
人民委員(部)・人民委員会議　22–23, 79–80, 83, 96, 101–102, 118, 139, 143, 148, 150, 154, 167, 180, 183, 185, 198, 212, *286*, *288*（➡教育人民委員部，帝政政府，臨時政府）

す
スヴェンチツカヤ　60, 68
スターリン　ix, 11–13, 16–17, 222, 267, 289–291
捨て子　34–35, 67, 146, 243（➡孤児, 児童ホーム, 浮浪児）
ストリー　12
ストルイピン　66
スホチナ　63
スホード　235–236
スモレンスク　234
スロフツェワ ➡保育部長

せ
生活・暮らし　i–ii, 5, 24, 32, 34, 40, 42–43, 45
政教分離令　5, *287*

生産・再生産　39, 81–82, 98, 108, 139, 166–167, 169, 222, 267–270
生徒　82, 131, 171, 184, 209, 251（➡子ども，3歳未満児，児童，乳幼児）
性比　41, 43（➡男女）
赤十字　75, 101, 141, 144, *283*
世俗性 ➡近代公教育の原理
世帯　37–40, 53, 242–243（➡家族）
セツルメント　54, 61, 63, 66, 70, *285*, *290*
セニコフスキー　59
ゼムストヴォ　45–46, 51–53, 55–56, 67, 238, *283*
ゼレンコ　61–62, 65, 70
全員就園制 ➡保育制度構想
戦間期　8, 14, 22, 93, 165, 268, 270, 274（➡第一次世界大戦，第二次世界大戦）
1905年革命　62, 69, 265, *285*（➡二月革命，ロシア革命）
戦後(第二次世界大戦後)　iii–v, 6, 9, 230, 260–261, 267, 269–272（➡第二次世界大戦）
戦時共産主義　15, 18, 96, 140, 188, 190, 204–205, 249, 256–257, 266, *287*（➡共産主義）
全ロシア家庭教育大会　55, 61–62, *286*
全ロシア教育・芸術労働者同盟　156, *289*
全ロシア教育大会　82–83, *287*
全ロシア県国民教育部長大会　197–198, *289*（➡国民教育部）
全ロシア県社会教育部長大会　194, 198, *289*
全ロシア児童保護活動家大会　83, *287*
全ロシア女性大会　45, *285*
全ロシア・ソビエト大会　4, 140, 155, 170, 198, *287–289*
全ロシア中央執行委員会　4, 93, 102, 143, 148, 152, 156, 166, 198
全ロシア保育協議会
　第3回協議会　11, 19, 216–221, 225,

234, 237, 252–254, 257, *289*（➡全ロ
シア保育大会）
全ロシア保育者養成所協議会　125, 130,
288
全ロシア保育大会（➡全ロシア保育協議会）
　第1回大会　11, 19, 71, 79, 87, 103–
　　109, 113–116, 121–125, 245–246,
　　248–250, 252, 256–257, 265, *288*
　第2回大会　11, 19, 109, 132–134, 178,
　　188–195, 197, 201, 219, 221, 224–
　　225, 250, 252, 254, 257, *289*
　第3回大会　11, 19, 156, 201–213, 221,
　　223–225, 234, 237, 253, 257, *289*
　第4回大会　11, 19, 160, 221, 225–230,
　　236, 254, 257, *290*
全ロシア母子保護協会　33
全ロシア母子保護集会　120, *288*

そ

疎開　102, 126, 144–145, 253
ソビエト　xxiii, 20, 103, 135, 149, 159,
　184–186, 192–193, 202, 206–208, 217,
　221, 232, 251, 254
ソビエト（型）保育　13–14, 238
ソビエト人　191, 249, 258, 264

た

第一次世界大戦　20, 27, 31–32, 41–42,
　58, 64, 66, 69, 71, 90–91, 98–100, 118,
　143–145, 152, 165–166, 247, 265, 268–
　269, *286*（➡戦間期，戦後，第二次世界
　大戦）
第二次世界大戦　iii, 6, 9, 230, 260, 269,
　290（➡戦間期，戦後，第一次世界大戦）
大改革　10, 29, 31–32, 38, 40–41, 153,
　241–242, 263, 271, *283*
託児所　v, 6–7, 22–23, 49, 65, 71–73, 81,
　83–84, 96, 112–120, 134, 159, 161,
　172–174, 178, 181–182, 185, 189, 191,
　195, 198, 201, 204, 207, 209, 214, 245,

247, 249, 252–253, 258–259, *284*, *286*,
288, *290*（➡常設施設，保育施設，幼稚
園）
タシケント　229
タムボフ　188
男女　28, 41, 167, 168–169, 172, 261,
　264, 269, *291–292*（➡女性，性比，男
　性）
男性・男児　4, 36, 40–42, 49, 68, 71, 85,
　91, 95, 116, 151–152, 165–168, 241,
　243, 264, 272（➡女性，男女）
男性労働者・男性労働力　27, 29, 42, 93,
　116, 135, 166, 169, 207, 242, 247, 252
　（➡女性労働者，労働者）

ち

チェーカー　101–103, 143, *287*
チェコスロバキア　144, *287*
チェーホフ　54, 60, 61, 65
チェリャビンスク　61
チェルヴォネッツ・ルーブル　134, 168,
　232
父親　95, 146, 150（➡親，母親）
チヘーエワ　60, 63, 82, 106, 107, 111,
　121–125, 129, 190–191, 257
チフリス　50, 59–60
地方　19–21, 103, 121, 125, 130, 132,
　134, 196–197, 205, 218–219, 229–230,
　236, 247–248, 250（➡中央）
地方予算　149–150, 156–161, 163, 193–
　194, 197, 208, 219–220, 234, 248, 250,
　258（➡国家予算）
中央　19–20, 103, 122, 130, 132–133,
　143, 172, 213, 218, 229, 248, 250（➡地
　方）
中央アジア　140, 144
中央工業地方　28, 38, 52, 61, 142, 181,
　243
中央施設　68, 172–173, 220, 222, 254
　（➡一般施設）

索引 *331*

中央農業地方 38–39, 52, 61, 180–181
昼間保護施設 60, 64, 70
中絶・堕胎・産児制限 46–47, 95–96, 153–154, 242, 246, *288*, *290*（➡医師，産休，出産，妊娠）
チュワショフ 50, 54
賃金 27, 29, 39, 42, 44–45, 49, 52, 70, 75, 92, 95, 134–135, 158, 160–163, 168–169, 204, 207, 210–211, 215, 219, 223–225, 243, 250, 252, 272

つ
ツァルスコエ・セロー 51
ツィルリナ 160, 226–229, 236

て
帝政（政府・ロシア） 10, 40, 47, 50, 54–55, 62, 65, 67, 93–94, 144, 188, 244–245, 265, 271, *286*（➡臨時政府，人民委員会議）
出稼ぎ 32, 34, 38–42, 53, 62, 241–243, 246
デレガートカ 133, 186, 224, 236

と
ドイツ 9, 32, 35, 62, 69–70, 100, 144, 208, 244, 274, *287*
党（ロシア社会民主労働党，ロシア共産党，全連邦共産党，ボリシェビキ） xxiii, 11, 15, 55, 58, 80, 98, 101–102, 123, 133, 143, 150, 154, 167, 180, 184–187, 192–193, 202, 206–207, 209, 216, 221–222, 225, 231–232, 234–236, 238, 244, 246, 249, 251, 254–255, 258–259, 265–266, *285*, *289–291*
党員 80, 123, 149, 207, 220, 235–236
党大会 81, 167, 188, 203, 211, 231
統一労働学校 xxiii, 4–5, 81–86, 106–107, 110, 142, 156, 170, 185–186, 196–198, 209, 245, 251, 265–266, *288–289*,

290（➡学校）
学校会議 82, 183–187, 251
学校コミューン 81, 98, 184–185, 245–246, 256, 264
学校主事 185–186
第Ⅰ段学校 85, 111, 170–171, 174–176, 180–181, 245, 250
第Ⅱ段学校 85, 131, 171, 197, 245
統一労働学校規程（1918年学校規程） xxiii, 4–5, 13, 81–83, 85, 183–184, 186, 245, 251, 266, *287*
統一労働学校の基本原則 4, 81, *287*
統一労働学校令（1923年学校令） xxiii, 109, 183, 185–186, 197–198, 251, *289*
トヴェリ 40, 41, 59, 142, 152, 160
東京女子師範学校附属幼稚園 6–7, *284*
同郷人会 62, 243
トゥルクメン 212, *289*
所伸一 187, 266
都市（化） 21, 23, 32, 34–35, 37, 39–47, 49–51, 54–55, 62, 64, 87, 91–92, 94–99, 124–125, 140, 153–156, 159, 164–166, 171–172, 176–181, 183, 188, 194, 208, 212, 230–232, 234, 237–238, 241–244, 246–247, 249–250, 253, 255, 263, 265, 267–268, 270, *283*, *289–290*（➡農村）
富永健一 269
トロツキー 154

な
内戦（対ソ干渉戦争） 15, 32, 54, 91, 93, 98–100, 103, 109, 116, 118, 126, 139–140, 146, 149, 152, 165–166, 188, 232, 245, 247, 249, 252–253, 265–267, *287–288*
中西新太郎 276
ナロードニキ 263, *284*
ナンセン 143, *288*

に

二月革命　55–57, 62, 79–80, 244–245, 248, *286*（➡1905年革命，ロシア革命）
ニコライ一世　67
ニジニ＝ニコラエフスク　224
ニジニ＝ノヴゴロト　52, 60, 107, 228
二宮宏之　vi
日本の養育・保育・教育　iii–vi, 6–8, 58, 98, 100, 183, 230, 248, 260–261, 263, 268, 270–271, 275, 278–279, *283–291*（➡保育制度構想の日本型）
乳児院　23–24, 84（➡保育施設，保育所）
乳幼児・乳児・幼児（➡子ども，3歳未満児，児童，生徒）
乳幼児虐待・児童虐待
乳幼児死亡率　22, 27, 29, 32–35, 46, 49, 51–52, 54, 91, 98–100, 116–118, 141, 150, 189, 242–243, 247, 253, 255, 268（➡死亡率）
ニュリナ　201, 206–208, 210–211, 223–225, 227
妊娠　32, 34, 37, 45, 47, 49, 153, 165, 233, 242–243, 246（➡医師，産休，出産，中絶）

ね

ネップ　18, 103, 139, 149, 155–156, 160, 163, 166–167, 188–189, 191–194, 201, 203–205, 252–258, *288*（➡市場）

の

農家　39–40, 53, 150, 235, 244, 270
農業　18, 35, 38–39, 70, 75, 139–140, 150, 186, 202, 221, 231–232, 234, 254, 272, *290*
ノヴゴロト　52, 60, 61, 86, 107, 160, 228
農村　21, 23, 32, 34–35, 37, 39–42, 46–47, 51–55, 71, 91, 101, 121, 124, 129, 132, 139, 142, 153, 156, 158–159, 164–166, 171–172, 176–181, 183–186, 188, 204, 211–213（➡都市）
農村の保育活動　20, 52, 159, 203, 230–238（➡保育活動）
農繁期保育所・農繁期託児所・季節保育所　23, 51–54, 58, 66, 75, 230–231, 235, 237, 249, *283–284, 290*（➡保育施設，臨時施設）
農民・貧農　80, 193, 259
農民相互扶助委員会　202–203, 211, 221, 234, 254

は

配給　15, 141–144, 147
パウリソン　59
白ロシア　99, 115
バシキール　146, *289*
母親　6, 23, 34, 49, 58, 93, 104, 111, 113–117, 120, 146, 209, 223, 243, 255（➡親，父親）
ハーバーマス　273–274
ハリコフ　59, 64, 102, 148

ひ

ピオネール（員）　186, 202, 206, 211, 220–221, 236, 254
比較・比較史　ii–iii, vi–viii
病院・病気・病死　46, 53, 145, 153（➡疫病）
病児・病弱児　53, 60, 95, 151, 232
貧困　v, 6–7, 47, 52, 54, 67, 70, 94, 112, 153, 156, 161, 211, 244, *283*

ふ

ファウセク　63, 128
フィリティス　71
夫婦・夫・妻
ブキエ法　266, *283*
福井憲彦　vii
福祉　iv–v, 7, 83, 261, 269, 275, 277, *290–291*

索　引

フーコー　260-261
プスコフ　160
二葉幼稚園　7, *285*
フーバー　143
ブハーリン　211
扶養　46, 94-95, 152, 167, 242（➡離婚）
『プラウダ』　140, 211, *288*
フランス　vi-vii, 50, 69, 100, 208, 245, 262-264, 266, 274
フリョロフ　65
フレーベル　13, 51, 59, 62-63, 72, 110, 128, 147, 244-245, 251, *283*
　フレーベル学院　59, 62-63, 111, 122, 128, *283*
　フレーベル協会　55, 59-60, 64, 75, *283*
浮浪児　24, 59, 85, 97, 101, 103, 114-115, 118, 120, 147, 150, 152, 161, 168, 246-247, 253（➡孤児，児童ホーム，捨て子）
ブロック　vi, vii
ブロンスキー　126
文化革命　16, 18-20, 177-178, 182, 209, 225, 238, 255, *290*

へ

平均余命　38, 232
米国　7, 9, 16, 22, 62, 127, 143-144, 151-152, 279, *288-289*
ヘイナル　37, 38
ペスタロッチ　12
ベツコイ　67
ペトログラード（サンクトペテルブルク，レニングラード）　ii, vi, 19, 21-22, 28-32, 35, 37, 39-46, 49-51, 55, 58-63, 82, 86-87, 89, 93-95, 97-101, 104, 110, 117-118, 120, 125, 127-129, 134, 141-142, 144, 148, 153-154, 157-158, 160, 168-170, 173-175, 177, 179-182, 188, 198, 208-209, 227, 241, 244, 246-247, 251, 253, *283*, *285*, *291*

ペテルブルク親サークル　59-60, *284*
ペテルブルク教育学協会　59
ペテルブルク教育集会　59
ペテルブルク身体発達促進協会　60, *284*
ペテルブルク貧困・病弱児童保護協会　60
ペテルブルク保育促進協会　60, 62, *285*
ペトログラード初等教育協会　62, *286*
ペトログラード派（レニングラード派）　81, 82, 110-111, 125-126, 208, 210-211, 217-218, 246, 249-250, 256, 258
ペトログラード保育協会・施設・活動家同盟　57, *286*
レニングラード国立教育大学（ロシア国立教育大学）　50, 67, 127-128, *283*, *287*
ペレストロイカ　i, 13-14, 18, *291*
ヘルソン　60
ペルミ　51
ペンザ　234-235

ほ

保育　i-vi, 3-20, 22-24, 29, 38, 42, 49, 51, 54-62, 64-67, 70-72, 74-75, 80, 83, 87, 89-90, 98, 103-195, 106-109, 111-112, 114-115, 119, 148, 153, 157-158, 160, 164, 172-173, 178, 183, 189-194, 196, 201, 203-206, 213-214, 220, 222, 224-228, 230, 233, 238, 241, 244-252, 255-259, 267, 270, 273, 275, 277-280（➡育児，子育て，養育，幼児教育）
保育界　5, 7, 10, 12, 16, 19-20, 22, 59, 63-64, 71, 108-109, 119-120, 125-126, 128, 172, 189, 191, 198, 202, 214, 218, 225, 244-245, 251, 254, 258-259
保育活動　20-21, 52, 56, 66, 107, 113, 121-122, 132, 159, 161, 188, 190-

192, 196, 203, 211–213, 215–216, 218, 220, 226–227, 229, 245, 249–250 (➡農村の保育活動)
保育関係者　ii–iii, v–vi, 5, 20, 71, 82, 84, 192, 197, 205, 209, 211, 213, 229–230, 247–249, 251–253, 256–257, 279
保育政策　ii, 14–15, 20–21, 55, 57–58, 79–84, 92, 109, 188, 196, 203–204, 223, 225–227, 238, 244, 248–249, 254, 256–257, 259, 267
保育への権利　57, 278, *285*
保育課　19–20, 109–110, 117–118, 122, 124, 127, 134, 147, 162, 164, 172, 191–192, 197, 208–209, 217, 219, 223, 248, 251, 254
保育行政　iv–v, 5, 11, 15, 18–19, 112, 122, 145, 164, 179, 183, 185, 187, 190, 193, 209, 216–217, 221–225, 229–230, 245–249, 251, 253–254, 258–259 (➡教育行政, 行政)
保育グループ　23–24, 209, 214–218, 222–223, 254 (➡家庭幼稚園, 簡易施設, 保育施設)
保育時間　23–24, 71, 112–120, 172, 227, 233, 280
保育施設　ii–vi, 3, 5–9, 15, 18, 20–24, 49–51, 54–58, 62, 65–66, 70–71, 74–75, 81, 83–86, 88–89, 104–106, 108–122, 124, 144–145, 147, 167, 170–179, 185–186, 188–198, 201–209, 211, 213–220, 222–230, 232–235, 237–238, 244–245, 247–249, 251–259, 264–266, 268, 270, 273, 275, 277, 279, *285*, 287, *289–290* (➡家庭幼稚園, 簡易施設, 子どもの広場, 子どもの部屋, 常設施設, 託児所, 農繁期保育所, 乳児院, 保育グループ, 保育所, 幼稚園, 臨時施設)
保育者・保育補助者　134–135
保育者の養成・再教育とその機関　122, 124–134, 191, 203, 218
講習会　61, 74, 83, 121–122, 124–126, 129–132
養成所　60, 72, 83, 121, 124–130, 132–133
保育専門学校　63, 83, 110–111, 120, 122, 125, 128, *283*
保育需要　iv–v, 3, 19, 38–39, 43, 53–54, 89, 92, 167, 170, 174, 179, 195, 201, 214, 237–238, 250, 252, 255–256, 258–259, 268, 280
保育所　iii–v, 6–8, 23–24, 49, 51, 58, 60, 64, 66, 72, 81, 83–84, 120, 154, 186, 223, 230, 232, 236, 271, 278, *283–284*, *290* (➡保育施設)
保育制度構想　ii–iii, vi, viii, 3–13, 15–20, 54–58, 83–84, 103–112, 188–198, 201–222, 244–248, 252–260, 264–268, 271–273, 278–280 (➡近代公教育の原理)
国営制　3, 5, 8, 80–83, 109–110, 191–197, 201–202, 213–225, 245, 248, 252–254, 256–257, 264, 267, 273, 279 (➡開園権)
全員就園制　3–6, 16, 56, 80, 87, 105–106, 108–109, 112, 180, 198, 220, 222, 244, 247–248, 251–243, 257, 265–266, 272–273, 280
日本型　iii, 8, 273 (➡日本の養育・保育・教育)
フランス型　iii, 5–8, 230, 273, 279–280
無償制　3–8, 58, 70–71, 80–81, 105, 108, 163, 177, 159, 191, 193–194, 196–198, 201, 204–206, 209–212, 222, 225, 235, 238, 244–245, 247–248, 252–253, 255–259, 264–266, 272–273, 278, 280
ロシア型　iii, 273
保育専門家　20, 60, 65, 82–83, 106, 108, 113, 115, 119–120, 128, 164, 224–225,

索引　335

245–246, 248–250, 256–259, 272
保育の公共性・共同性　275–278（➡共同化，養育の共同化）
保育部　11, 16, 19, 79–84, 87, 106, 108–109, 119, 122, 124, 126, 130, 132–133, 145, 147, 152, 161–162, 172–173, 182, 193–194, 196–197, 201, 205, 208, 213–216, 218–219, 225, 230, 238, 245–252, 254, 256–259, 264–265, 267, 272, *287*
保育部長　144
　　初代　ラズルキナ　80, 83, 103–109, 111, 114–115, 119, 123, 125, 130, 145, 188–191, 245–246, *287*
　　第2代　ヴィレンスカヤ　11, 127, 192, 194, 201–212, *287*
　　第3代　スロフツェワ　127, *287*
保育予算　iv, 52, 54, 110, 157–163, 172, 182, 185, 201, 203–205, 217, 220, 222–223, 226, 230–231, 247, 249–250, 267（➡教育予算，社会教育予算）
保育料 ⇨保育制度構想の無償制
北西地方　38, 61, 180–181
北部州コミューン同盟人民教育委員部　82, 95, 246, *287*
北部地方　38, 181, 224
保険法　45, *286*
母子保護(施設)・母体保護　23, 166–167
ポーランド　139, 288
堀尾輝久　260–262
ポルタワ　52, 60, 100
ボロズジナ　59

ま
マカレンコ　24
マッサリティノワ　73
松島鈞　262
マリア皇后庁　67–68, *283*
マフリナ　207–209, 219
マルクス　14, 264

み
未成年者　24, 45, 90, 93, 166, *284*
未成年者の社会的・法的保護(施設)　85, 102, 150, 170–171, 247
ミローノフ　38, 39
民衆幼稚園　7, 9, 51, 55, 57–60, 64–66, 70–72, 75, *283–285*
民族　36, 218, 231, 263, 276

む
無償性・無償制 ⇨近代公教育の原理，保育制度構想

め
メドヴェジェワ　13–14, 16

も
モスクワ　v–vi, 15, 19, 21–22, 28–32, 35, 38–44, 47, 49–51, 53, 64–74, 82, 86–87, 91–94, 97–101, 110, 114, 123, 126–130, 134–135, 139, 141, 144, 148, 153–154, 168–169, 173–175, 177–179, 182, 206, 208, 210, 214, 217, 223, 227, 231, 235, 241, 246–247, 251, 253, *283–285*, 287
第2モスクワ大学　127, *284*
モスクワ学童保護協会連合　66, 71, 72, 74, 244, *286*
モスクワ学区　69, 70, 244
モスクワ教員会館　69
モスクワ教育サークル　61, *286*
モスクワ教育専門学校　126
モスクワ国立教育大学　127, *284*
モスクワ子どもの共同教育・養育サークル　56, 60, 65–66, 73, *285*
モスクワ市貧困者保護協会　64, *284*
モスクワ女子教育学院・モスクワ高等女学院　72, 127, *284*, *286*
モスクワ聴覚障害幼児保護協会　72, *286*

モスクワ統合教育専門学校　127
モスクワ派　81, 82, 123, 208, 210, 217, 227, 245, 249–250, 256, 258
モスクワ貧困・病弱児童保護協会　64, *284*
モスクワ保母・女性教師協会　65, 71, 72, *283*
モロジャヴィ　126
モンテッソリ　13, 62–63, 69, 127–128, 147, 244, 251, *285–286*

や

山口定　276
山之内靖　269
ヤロスラヴリ　142, 210, 234

よ

養育　ii–vi, 3–4, 9–10, 16, 19–20, 22, 29, 33, 38, 45–46, 48–51, 54, 57, 59, 94, 103–105, 108, 110–112, 114–115, 117, 128, 154, 177, 237, 241–247, 249, 255, 258–259, 275（➡育児，子育て，保育，幼児教育）
養育院　24, 34, 47–49, 51, 57, 59, 64, 66–68, 72, 74, 152, 244, *283–284*
養育の共同化　3, 23, 83, 97–98, 105, 111, 119–120, 245, 247, 256, 258–259, 268–273, 276（➡共同化，保育の公共性）
幼児教育　iv, v, 9, 17, 278（➡育児，子育て，保育，養育）
幼稚園　iii–v, 5–9, 21–24, 50, 55, 57–60, 62–70, 72–75, 81, 83–84, 88–89, 95–96, 109, 112–120, 125, 130, 134, 147, 154, 159, 161–163, 172–174, 177–178, 180–181, 183–185, 187, 189, 192, 195, 203–204, 206–208, 210, 212, 214–217, 219, 222–223, 226, 229, 233, 235, 237, 245–247, 249, 252–254, 265, 271, 278, *283–286, 288–290*（➡家庭幼稚園，常設施設，託児所，保育施設，民衆幼稚園）

『幼稚園』　59, 62
幼稚園会議　183–187, 191–192, 194, 216, 251, 254
淀川雅也　187

ら

ラウ　72
ラウフス　59
ラズルキナ　➡保育部長

り

リガ　50, 143, *288*
離婚　93–95, 152, 232, 246, *287*（➡結婚）
立憲民主党　55, 101, 244, *285*
リトヴィン　14–15
リトケンス　196
リャザン　46, 152, 160
臨時施設　22, 59, 71, 75, 86, 129, 161–162, 172, 178, 182–183, 237, 244（➡簡易施設，子どもの広場，農繁期保育所）
臨時政府　57, 93, 142, 248, *286*（➡人民委員会議，帝政政府）

る

ルイコフ　17, 143, 150
ルナチャルスキー　4, 57, 80, 82, 96, 101, 143, 150, 156, 188–189, 191, 193, 197, 203, 226
ルペルチェ　263–264, 266, *283*

れ

レースガフト　60
レーニン　80, 96, 101, 103, 140, 149–150, 263, *286, 289*
レーニン基金　149, *289*

ろ

労働　3, 6, 9–10, 15–16, 34, 42–45, 49, 54, 81–82, 92–93, 107–108, 113–117, 119–120, 123, 158, 106–107, 210, 243, 246–247, 271, *284–285*, *288*（➡家事労働）

労働組合　49, 102, 127, 133–134, 148, 159, 161, 167, 184–187, 192–193, 202–208, 214–216, 221, 227, 234, 251, 254

労働者・労働力　v, 3, 7, 10, 21, 23, 28, 39, 43–44, 48–49, 51, 54, 59–60, 62, 66, 70, 75, 80, 92–93, 104, 107, 114, 124, 127, 134–135, 150, 159, 166, 168–170, 174, 182, 192, 195–196, 204–207, 209–211, 215, 220, 223, 226, 241–242, 244, 252, 259, 267–268, 270–272, *284*, *291*（➡女性労働者，男性労働者）

労農監督部　102

労農（層）　123–125, 133, 195, 201, 205, 212–213, 220, 229, 233, 252–253, 257, 259

ロシア革命・十月革命　ii, vi, xxiii, 4, 10–16, 19, 27, 46, 54, 57–58, 63, 65, 68, 74, 80, 91, 93, 95, 100, 104, 110, 114, 116, 120, 135, 139, 144, 150, 152, 166, 188, 196, 218, 234, 243, 249, 256, 264–266, 280, *286*（➡1905年革命，二月革命）

ロシア救済国際委員会　143, *289*

ロシア人　22, 36, 52, 273

ロシア正教　5, 22（➡宗教）

ロストフ＝ナ＝ドヌー　229

わ

渡辺誠　262

著者紹介

村　知　稔　三（むらち　としみ）

岐阜県で生まれ，名古屋市などで学ぶ。埼玉県で保育実践にふれたあと，長崎市で保育者と教師の養成に従事する。その間に札幌・モスクワ・ペテルブルク・ヴャトカ・国立などの各市で研修の機会を得る。2006年度から下記で保育者養成にたずさわる。

勤務先：
〒150-8366　東京都渋谷区渋谷4-4-25
青山学院女子短期大学子ども学科
電話：03-3409-8111（代表）　e-mail：tmurachi@jm.aoyama.ac.jp

著者からふた言：
　保育の実践と研究はいま社会的な注目を集めています。それは，「少子化の進行を食い止める」「子どもの虐待を防止する」といった意味からだけでなく，男女の労働や家族のあり方，人口の動向などという現代社会の焦眉の問題を，その結びつきの中心から問い直す実践であり，学問だからです。もちろんそれは，人間形成の最初期に関わる非常に創造的で想像的な営みです。
　青年期の大半を戦地で過ごした父の世代と異なり，私たちの世代の多くは銃を持つ必要性にこれまで迫られませんでした。この偶然の，でも絶えざる努力で維持されてきた，かけがえのない幸いを次の世代に手渡すとともに，他の国や地域の人々に広めたいものです。

ロシア革命と保育の公共性
　　　（かくめい）　（ほいく）　（こうきょうせい）
──どの子にも無料の公的保育を──

2007年2月28日　初版発行

　　著　者　村　知　稔　三
　　発行者　谷　　隆一郎
　　発行所　（財）九州大学出版会
　　　　　　〒812-0053　福岡市東区箱崎7-1-146
　　　　　　　　　　　　　　　　　九州大学構内
　　　　　　電話　092-641-0515（直通）
　　　　　　振替　01710-6-3677
　　　　　　印刷・製本　研究社印刷株式会社

© 2007 Printed in Japan　　　　ISBN 978-4-87378-934-7